온택트 경영학

온택트 경영학

위기를 기회로 바꾸는
디지털 트랜스포메이션 전략

하버드 비즈니스 스쿨
디지털 트랜스포메이션 전문 교수
마르코 이안시티, 카림 라크하니 지음

어머니 로라, 아내 말레나,
그리고 나의 사랑스러운 아이들에게 이 책을 바칩니다.
- 마르코 이안시티

내 인생을 가치 있게 만들어 준 여인들,
샤힌, 시타라, 도울랏에게 이 책을 바칩니다.
- 카림 R. 라크하니

들어가며

온택트 비즈니스를 구현하는 디지털 트랜스포메이션

인류의 현대사 속에서 우리는 코로나19와 같은 커다란 충격의 시기를 마주한 적이 없다. 우리는 역사상 가장 급변하는 조직적 전환을 목격하고 있다. 많은 회사가 재택근무를 시행하고 있으며, 수많은 공장과 일터가 문을 닫았다. 대학들은 교육의 장을 온라인으로 옮겼으며, 수많은 음식점 또한 온라인 주문과 배달 서비스에 집중할 수밖에 없게 되었다. 이러한 비접촉 방식의 언택트 비즈니스는 이제 온라인을 통해 외부와 '연결'한다는 의미의 "온택트"로 진화하고 있다. 이 과정에서 전통적인 아날로그 방식의 비즈니스를 온택트로 전환하는 것이 바로 디지털 트랜스포메이션이다.

그리고 온택트 시대의 승자가 되기 위한 유일한 방법인 디지털 트랜스포메이션을 구현하는 수단이 바로 AI이다. AI는 우리가 생각하는 것보다 훨씬 이전부터 우리의 삶 속에 존재했다. 그러나 코로나바이러스의 확진자가 폭발적으로 증가한 후로, 비대면과 비접촉을 위한 하나의 수단으로써 새롭게 재조명되기 시작했다. 기업들은 빅데이터 수집에 총력을 기울였고, 디지털 중심의 조직 재편이 시작되었다. 일상에 AI를 결합해 시공간의 제약을 없앤 펠로톤과 같은 온택트 피트니스 기업이 급부상했고, 넷플릭스와 같은 디지털 엔터테인먼트 기업들은 더욱더 성장하게 되었다. 대표적인 핀테크 기업 앤트그룹의 마이뱅크와 같은 디지털 전문 은행들도 성장세가 가파르다. 바야흐로 AI 중심의 디지털 트랜스포메이션이 전 산업으로 확산되고 있다.

하지만 AI는 여전히 경영과는 멀게만 느껴지는 개념이다. AI 산업의 중요성에 비해 AI 전문가 수는 턱없이 부족하며, 각 분야에서 AI를 깊이 이해한 관리자 또한 드물다. 그래서 AI 기반의 디지털 트랜스포메이션으로 급격히 변하는 경쟁 상황에 대비하기 위한 이정표와 같은 이 책의 출간을 준비하게 되었다. 공학자들이나 엔지니어들에게만 익숙한 AI를 누구나 이해하고 비즈니스에 활용할 수 있도록 도움을 줄 수 있어야 했다. 사실 디지털 트랜스포메이션이란 개념은 꽤 오래전부터 존재해 왔지만 팬데믹을 기점으로 더욱 주목받는 전략이 된 것이다. 그에 따라 새로운 시대에 걸맞은 신선한 관점과 전략이 필요했다.

이 책은 그러한 목적에 가장 적합한 내용을 담고 있다. 하버드 비즈니스 스쿨 교수로서 오랫동안 디지털 트랜스포메이션과 AI 경영을 연구해 온 저자들은 지금처럼 불확실한 상황에 대비하기 위한 디지털 전략을 일찍부터 고민해 왔다. 이들은 수많은 경영학도와 경영자들에게 디지털 트랜스포메이션을 강의해온 경험을 바탕으로 이 책에서 AI 활용법을 딱딱한 기술의 관점이 아닌 실질적인 경영의 관점에서 제시한다.

여러분은 이 책의 다양한 사례와 날카로운 통찰을 통해 온택트 비즈니스를 구현하기 위해서는 AI를 비롯한 디지털 기술이 어떻게 활용되어야 하는지, 미래 경쟁의 판도를 바꾸기 위해 어떤 전략을 수립해야 하는지를 배우게 될 것이다. 아날로그적 사고와 전통적 운영 방식을 탈피하여 온택트로 진화하기란 쉬운 일이 아니다. AI와 경영 모두를 이해하고 미래를 내다보아야 하기 때문이다. 이 책을 통해 AI와 디지털 트랜스포메이션에 친숙해진다면 여러분의 비즈니스를 어떻게 디지털화할 것인지 구체적으로 계획할 수 있을 것이다. 그렇게 된다면, 적어도 거대한 온택트 경쟁의 물결에 휩쓸려 떠내려가는 일은 없을 것이다.

이 책의 저자들은 비접촉이라는 단순한 의미의 언택트보다는 한층 진화된 의미의 디지털 트랜스포메이션 전략을 소개하고 있다. 즉, 비대면 비즈니스를 구현하는 AI를 기반으로 우리가 앞으로 무엇을 준비하고 실행해야 하는지를 구체적으로 설명한다. 여기서 우리가 얻을 수 있는 다섯 가지의 통찰은 다음과 같다.

- 온택트 비즈니스의 필요성과 새로운 관점의 AI 중심 디지털 트랜스포메이션
- 경쟁 수단으로서의 AI와 그로부터 파생되는 다양한 시스템의 활용법
- 다양한 글로벌 기업의 사례로 보는 아날로그 기업에서 디지털 기업으로의 전환 과정
- 성공적인 온택트 비즈니스를 위한 조직 운영 방법과 리더십
- 온택트 경쟁 시대에 비즈니스 리더로서 갖춰야 할 위기 대처 능력과 새로운 기회의 발견

이 책은 조직의 디지털 트랜스포메이션 전략을 수립하거나 데이터 수집을 담당하는 사람, 회사의 AI 관련 프로젝트를 담당하는 사람, 기성 기업과

스타트업의 의사 결정자, 온택트 비즈니스 모델을 구상하는 예비 창업가, AI는 물론 경영학, 디자인, 콘텐츠 산업 등 비즈니스와 관련된 모든 전공의 학생들과 선생들에게도 적합하다. 가장 이상적인 추천 독자는 다음과 같다.

- 언택트 시대의 새로운 경쟁 구도를 파악하고 디지털 트랜스포메이션의 전반적 원리를 이해하고자 하는 학생, 경영자, 기술 교육자, 디지털/데이터과학/사업기획 유관 업무 담당자
- AI 기술을 이해하고 이를 바탕으로 새로운 전략과 비즈니스 모델을 개발하는 방법을 배우고자 하는 비즈니스 리더
- 제품 관리 및 개발, IT, 마케팅, 인재 관리, 전략 기획 등 기업에서 디지털 비즈니스 업무를 하고 있거나 기존 기업의 디지털 트랜스포메이션을 모색하는 사람
- 조직에서 디지털 트랜스포메이션 혹은 AI 전담 부서를 구축해야 하는 관리자 혹은 그를 진행 중인 경영 및 기술 담당자

생각보다 많은 조직이 아직도 전통적인 운영방식을 고수하고 있다. 변화하는 시대에 따라가지 못하는 자는 뒤처지기 마련이다. 모든 비즈니스는 디지털 트랜스포메이션으로 전환을 꾀해야 한다. 이 책을 통해 현재 우리가 처한 위기를 객관적으로 돌아보고 AI를 비롯한 디지털 트랜스포메이션을 깊이 이해하는 시간을 가져보자. 준비하는 자만이 침몰하는 배에서 벗어나 새로운 시대를 위한 청사진을 그릴 수 있다.

비즈니스랩 편집부

차례

들어가며 — 6
온택트 비즈니스를 구현하는 디지털 트랜스포메이션

서문 — 14
포스트 코로나 시대, 디지털 트랜스포메이션의 문을 열다

1장 변혁의 시대 — 40
디지털 네트워크와 AI가 기업이 역할을 수행하고 경제를 구축하는 방식을 전환하고 있다. 경제의 모든 조직이 새롭게 가치를 창출하고, 포착하고, 전달해야 하는 온택트 시대가 도래했다.

2장 기업의 경쟁 방식 다시 생각하기 — 78
소프트웨어, 네트워크, AI가 기업의 본질, 즉 기업이 움직이고 경쟁하는 방식을 근본적으로 변화시키고 있다. 디지털 유니콘 앤트 파이낸셜, 오카도, 펠로톤을 통해 비즈니스 및 운영 모델, 강력한 디지털 구성 요소, 그리고 규모, 범위 및 학습을 이끄는 능력을 배워보자.

3장 **가치 전달 경로에서 인간을 배제하는 AI 팩토리** 122

넷플릭스는 '의사 결정 공장'을 만들어 데이터 및 AI 주도 자동화, 분석, 통찰력을 체계적으로 실현했다. 새로운 기업의 핵심은 소프트웨어, 데이터, 알고리즘으로 가동되는, 자유자재로 규모를 조절할 수 있는 '의사 결정 공장'이다.

4장 **디지털 네트워크와 AI로 기업 재구성하기** 162

디지털 네트워크와 AI의 힘을 최대한 활용하려면 기업들은 완전히 다른 경영 구조를 갖추어야 한다. 아마존을 모범 사례로 삼아, 아날로그 기업의 전통적이고 단절된 기업 구조와 디지털 기업의 통합되고 데이터 중심적인 플랫폼 기반 구조를 비교해보자.

5장 **디지털 전환을 위한 기업 혁신** 192

AI 중심의 회사는 데이터, 네트워크, 인공 지능의 힘을 활용해 회사의 체질을 전환하고 재구성한다. 마이크로소프트와 다국적 투자 자문 회사 피델리티의 디지털 전환으로 디지털 운영 모델 구축의 전환 과정을 살펴본다.

6장　새로운 디지털 시대를 위한 전략 수립　230

디지털 전환이 경제를 재편함에 따라 디지털 기업은 전략에 대한 새로운 접근방식을 추구한다. 비즈니스 기회를 분석하기 위한 전략적 네트워크 분석의 요소에 대해 논의하고 우버의 전략적 옵션과 강점 및 약점을 알아보자.

7장　전통적 기업과 디지털 기업의 충돌　276

AI 기업이 전통적인 기업들과 경쟁하고 충돌하면 무슨 일이 벌어질까? 디지털 운영 모델을 특징으로 하는 기업들이 아날로그 기업들과 경쟁할 때 어떤 일이 일어나는지에 초점을 맞추고, 다양한 산업의 경쟁 환경에 관한 사례를 제시할 것이다.

8장　디지털 기업이 마주할 윤리적 문제　308

디지털 네트워크와 AI의 결합으로 기업의 본질이 변화하면서 새로운 윤리적 문제가 발생한다. 디지털 확장, 알고리즘의 편향, 데이터 보안 및 개인 정보 보호의 고려 사항, 플랫폼 제어와 공평성 등 몇 가지 핵심 이슈를 소개한다.

9장 **새로운 게임, 새로운 규칙**   **344**

온택트 시대에 변화하는 게임의 규칙은 우리 모두에게 영향을 미칠 것이다. 아날로그 기업과 AI 기업의 리더들, 그리고 그들을 둘러싼 정부와 지역 사회의 광범위한 영향력을 설명한다.

10장 **디지털 전환을 이끄는 리더의 임무**   **364**

온택트 시대에는 기업, 조직, 규제 기관, 지역 사회의 모든 리더에게 일련의 새로운 도전이 닥칠 것이다. 새로운 미래를 형성하기 위한 리더십의 과제를 살펴보며 책을 마무리한다.

감사의 말   388
참고 문헌   395

서문

포스트 코로나 시대, 디지털 전환의 문을 열다

충돌하는 세계

이 책은, 디지털 네트워크, 분석, 인공 지능(AI)이 형성한 비즈니스 환경에 맞도록 구조화된 완전히 다른 유형의 회사의 등장을 디지털의 시대로 정의하고 있다. 이러한 회사는, 수평적으로 연결되어 있다. 또한, 통합 데이터 기반을 활용해 AI로 작동하는 앱을 신속하게 배치하도록 설계되어 있어서, 규모, 범위 및 학습의 기하급수적 성장을 가능하게 하는 특별한 운영 체계를 갖췄다. 이런 운영 체계는, 성장과 대응력을 제한하고, 민첩한 의사소통과 조정을 방해하고, 의사 결정을 국한하고, 기술과 데이터를 고립시키는, 전통적이고 분리된 기업 구조에서 완전히 벗어나 있다. 이 새로운 구조는 컴퓨터 과학자들이 '약(弱, weak) AI'를 신속하고 광범위하게 배치하게 할 수 있게 해준다. 약 AI는 매우 특별한 용도에 세밀하게 조정된 규격 알고리즘이다. 전통적으로 인간이 해 온 업무를 대행할 수 있는 정도의 컴퓨터 시스템으로, 회사의 가장 중요한 운영 업무 대부분을 실행할 수 있다.

이 책은 디지털 기업의 반복적 패턴이 전통적 구조의 기업들과 모든 부문에서 충돌하고 있음을 보여줄 것이다. 본문에서 등장하는 앤트 파이낸셜(Ant Financial)이 은행과, 유튜브와 넷플릭스가 기존 엔터테인먼트 산업과, 에어비앤비가 전통적 호텔 산업과 충돌하는 것은 세 가지 예에 불과하다. 이러한 충돌에서 우리는 기하급수적으로 확산하는 시스템이 이미 한계에 도달한 포화 상태의 기존 시스템을 만났을 때 어떤 일이 일어나는지 알 수 있다. 고등학교 미적분 수업에서 배웠듯이, 지수 곡선은 원점에서는 완만하게 출발하지만, 그다음부터 매우 빠르게 상승한다.

앤트 파이낸셜, 유튜브, 에어비앤비 사례가 보여주듯이, 초기에는 디지털 기업이 제공하는 가치가 제한적이어서 기존 경쟁자들이 거의 눈치채지 못할 수도 있다. 특히 그런 경우에는 대개 새로운 경쟁을 최소화, 합리화하고 무시하는 경향이 있다. 또 위협이 계속 증가하면서 기존 기업들은 소비자들에게 신규 진입자들의 불리한 점을 마케팅하거나 규제 당국에 로비함으로써 이들의 진입을 늦추려 하기도 한다. 그러다 위협이 점점 더 커지면 일부 기존 회사들은 그들 시스템의 상당 부분을 전환하고 디지털화하면서 운영적으로 대응하기 시작한다. 하지만 이러한 노력은 대부분 너무 늦게 찾아온다. 기하급수적으로 성장하는 회사가 임계점을 지나면 성장률이 폭발해 전통적인 시스템을 압도한다. 안드로이드와 노키아, 아마존과 반스앤노블(Barnes&Noble, 미국에서 가장 큰 서점 체인), 유튜브와 비아콤(Viacom, 미국 최대의 커뮤니케이션 및 미디어 기업), 앤트 파이낸셜과 홍콩 및 중국의 은행 사이에 무슨 일이 일어났는지 생각해 보라.

우리가 이 책을 썼을 때, 우리는 이러한 새로운 유형의 회사의 출현이 불가피하다고 생각했다. 그러나 우리는 그러한 경제의 전환 역시 몇 년이 걸릴 것이기 때문에 대부분의 전통적 기업들이 대응하고 적응할 시간은 충분하다고 생각했다. 하지만 2020년 1월에 이 책을 출간했을 때, 우리는 코로나 19 팬데믹이 그렇게 빨리 경제 및 사회 지형을 변화시키며, 모든 기업이 하룻밤 사이에 이 사태에 적응하고 디지털화하도록 강요할 것을 예측하지 못했다. 코로나 팬데믹은 기업들이 신종 코로나바이러스라는 또 다른 기하급수적인 위협에 맞서기 위해서는 지금 당장 전환을 이루어야 한다는 것을 더욱 분명히 했다.

기하급수적인 위협과 맞서다

코로나 19 위기는 기하급수적으로 성장하는 시스템이 전통적인 시스템과 충돌할 때 어떤 일이 일어나는지 보여주는 적절한 예다. 팬데믹의 초기에는 우리도 몰랐다. 2020년 1월과 2월에 이 책의 홍보 차 미국과 유럽을 돌아다닐 때, 우리는 우리가 이제 막 세계적인 규모로 터질 폭발물 위에 앉아 있다는 사실을 전혀 알지 못했다. 우리는 보스턴, 시카고, 로스앤젤레스, 샌프란시스코에서 강연을 했고 그다음 런던, 뮌헨, 파리, 밀라노를 여행했다. 갈수록 중국발 보도가 경각심을 불러일으켰지만 우리는 거의 신경 쓰지 않았다.

코로나 19는 우리 중 한 명(마르코)이 파리에서 밀라노로 떠난 날 유럽에서 절정을 맞았다. 비행기가 이륙할 때만 해도 상황은 평온해 보였다. 몇몇 승객들은 걱정스럽게 전화기를 응시하고 있었고, 몇몇 승객들은 마스크를 착용하고 있었다. 마르코와 그의 아내가 밀라노에 도착했을 때, 음성 메일이 쏟아져 들어왔다. 밀라노 말펜사(Malpensa) 공항에서 호텔까지 가는 차 안에서 음성 메시지를 듣고, 우리는 중대한 위기가 시작되고 있다는 것을 깨닫기 시작했다. 우리는 불과 지난 며칠 동안 코로나 19 감염자가 엄청나게 증가했다는 사실을 알았다. 코로나바이러스는 이미 폐쇄한 밀라노 근처의 여러 마을을 덮쳤다. 우리는 다른 차로 바꿔 타고 곧장 스위스 취리히로 가면서 몇 시간 잠을 청한 후, 긴박한 분위기 속에 곧장 보스턴으로 돌아가는 비행기를 탔다. 지금까지가 코로나 팬데믹이 우리를 완전히 사로잡은 것을 목격하고, 공포에 떨었던 이야기다.

신종 코로나바이러스는 세계 보건 및 경제계에 엄청난 피해를 주었으며, 기하급수적인 감염 속도가 의료 시스템, 의료 공급 및 기술 회사, 식품 유통, 금융 서비스, 교육 시스템 등과 같은 전통적 조직들을 얼마나 쉽게 압도할 수 있는지 가차 없이 보여주었다. 대부분의 기업과 정부는 초기에 코로나 19에 전혀 관심을 두지 않았다. 그들은 코로나를 통제할 수 있었던 기술, 물자 공급, 프로세스, 시스템 등을 과소평가했다.

바로 이것이 충돌이 일어나는 방식이다.

기하급수적인 시스템이 임계점에 도달할 때까지 무시하는 것은 대재앙을 만들어낸다. 전통적 기업과 디지털 기업 간의 충돌에서 보듯이, 유일한 구조 전략은 위협을 명확히 인식하고, 즉각적으로 대응하고, 장기적인 전환을 위한 사려 깊은 계획을 세우는 것이다. 만약 우리가 그 위협을 충분히 일찍 인지할 수만 있다면, 우리는 여러 가지 전략을 세워 그것을 늦출 수 있다. 코로나19의 경우, 광범위한 증상 추적, 격리, 사회적 거리 두기 등이 그런 전략이었을 것이다. 우리는 위협이 닥칠 때까지 기다려서는 안 된다. 우리는 할 수 있는 한 전통적인 방어를 강화해야 한다. 코로나19의 경우에는 진단 검사에 대규모 투자를 하고, 중요한 물자의 재고를 축적하고, 병원의 중환자실을 늘리는 것이다. 그러나 그런 기본적인 대비책을 넘어, 기하급수적인 위협을 다루기 위한 가장 효과적인 방법은 민첩하고 기하급수적인 대응을 통해 도전과 동등하게 맞설 수 있는 운영 구조를 구축하는 것이다. 이것은 코로나에 가장 효과적으로 대응하고 있는 조직을 살펴본 결과 알게 된 것이다. 그런 조직들은 오래된 조직이든 새로운 조직이든, 소프트웨어, 분석 및 AI의 도움으로 심층적이고 통합된 데이터 기반을 사용해 운영적 의사 결정을 가동했다.

신속한 전환이 중요하다는 사실을 이보다 더 명확하게 강조할 수는 없을 것이다. 모든 조직은 이제 운영 규모, 범위 및 학습을 가속할 수 있는 프로세스, 시스템 및 역량을 디지털화하고 구조화하기 위해 노력해야 한다. 더는 기다릴 이유가 없다. 당신의 조직이 새로운 조직이든 오래된 조직이든 상관없다. 코로나바이러스가 아니라면, 당신의 경쟁자들이 당신을 잡을 것이다. 몇 가지 예를 들어보자.

완전히 다른 유형의 기업, 모더나

우리가 이 책을 출판하느라 바빴던 사이, 몇몇 기업들은 이미 코로나 19와 싸우는 데 깊이 관여하고 있었다. 코로나 팬데믹의 초기 몇 주 동안 무슨 일이 일어났는지 생각해 보자.

2019년 12월 31일, 우한시 보건위원회는 중국 후베이성 우한에서 폐렴 환자가 집단 발생했다고 보고했다.

1월 4일, 세계보건기구(WHO)는 소셜 미디어에 우한에서 다수의 폐렴 환자가 발생했으나 사망자는 없다는 글을 올렸다.

1월 5일, WHO는 신종 바이러스 질병이 처음 발생했다는 뉴스를 발표했다. 메사추세츠주 케임브리지(Cambridge)의 생명공학 회사인 모더나(Moderna)의 스테판 반셀(Stéphane Bancel) 최고 경영자(CEO)가 이 보고서에 주목했다.

1월 12일, 중국은 코로나 19의 유전자 서열을 공유했다.

1월 13일, 미국 국립보건원(NIH)과 모더나의 전염병 연구팀이 이 회사의 코로나 19 백신인 mRNA-1273의 디지털 유전자 서열을 확정했다.

2월 7일, 메사추세츠주 노우드(Norwood)에 있는 모더나 공장은 백신의 첫 번째 임상 분량을 생산했다.

2월 24일(우리가 유럽에서 미국으로 돌아가던 바로 그때), 모더나 백신의 첫 번째 임상 분량이 1단계 임상 연구에 사용되기 위해 NIH로 보내졌다.

5월 7일, 모더나는 FDA의 1단계 검토가 성공적으로 완료되었고, 백신 개발이 2단계에 들어갈 수 있다고 발표했다. 3단계는 2020년 초여름부터 시작될 것으로 예상하기 때문에, 시간상으로는 백신 개발이 시작된 지 11개월도 안 되는 12월 초에 백신이 완성될 가능성이 있다.

모더나의 진도는 전례 없는 일이었다. 임상 시험이 성공적으로 마무리되면 역사상 가장 빠른 백신 개발 사례가 될 수 있다.

생명을 위한 소프트웨어

모더나는 완전히 다른 유형의 생명 공학 회사다. 여러 가지 면에서, 이 회사는 이러한 빠른 대응과 기하급수적인 영향을 위해 특별히 설립된 회사이다.

CEO 스테판 반셀은 모더나를 '생물학을 표방한 기술 회사'로 묘사한다. 공동 창업자 누바 아페얀(Noubar Afeyan)은 메신저 RNA(mRNA, DNA의 유전정보를 세포질 안의 리보솜에 전달하는 RNA) 기술의 전망을 보고, 2010년 자신의 생명 공학 스타트업 공장인 플래그십 파이오니어링(Flagship Pioneering) 내의 포트폴리오 기업으로 모더나를 출범시켰다. 모더나는 전통적인 바이오 기술 기업과는 다른 기술을 바탕으로 만들어진 회사다. 본질적으로 mRNA 기반의 약품 개발은, 인체가 특정 단백질을 생산하는 데 필요로 하는 것을 부호화하는 데 있어서 mRNA가 하는 역할에 초점을 맞춘 소프트웨어 분야다. 따라서 이 기술은 인체가 특정 질병과 싸울 수 있는 적절한 단백질을 생산하게 하는 소프트웨어 명령을 내린다.

모더나의 백신 개발의 핵심은 인간 세포에 코드를 주입할 수 있는 유기

매개체에 mRNA 명령어를 내장하는 것이다. 이는 파운데이션 DNA 플라스미드(plasmid, 자기 복제로 증식할 수 있는 유전 인자)에 의해 제공되는데, 이것이 신속하게 적응해 특정 mRNA 명령을 전달하는 플랫폼 역할을 하는 것이다. 플라스미드 파운데이션을 대량 생산해 특정 백신에 필요한 mRNA 코드로 개인화하는 것이 모더나 제조 공정의 역할이다. 모더나의 기술 운영 및 품질 관리의 최고 책임자인 후안 안드레스(Juan Andres)는 "우리의 주요 장점 중 하나는 모든 애플리케이션과 모든 백신을 강화하고 모든 지식과 경험이 모이는 하나의 플랫폼을 가지고 있으며, 그런 지식과 경험이 빠르게 축적된다는 것."이라고 말했다. 이 회사의 mRNA 플랫폼의 최고 과학 책임자인 멜리사 무어(Melissa Moore)는 100명 이상의 과학자로 구성된 팀과 함께 mRNA 과학과 보급 능력을 계속 향상하고 있다. 이로 인해 모더나의 임상 연구자들은 수많은 건강 문제에 mRNA가 어떻게 적용될 수 있는지를 충분히 연구할 수 있게 되었다. 무어와 그녀의 팀은, 앱 개발자들이 애플 iOS나 구글 안드로이드의 핵심 애플리케이션 프로그래밍 인터페이스(API, application programming interface)와 소프트웨어 개발 툴킷을 사용해 새로운 애플리케이션을 만드는 것과 같은 방식으로 mRNA 플랫폼에 의존한다.

모더나는 우리가 'AI 팩토리'(3장 참조)라고 부르는 것을 기반으로 설립되었다. 데이터 중심의 운영 모델은 기업의 모든 측면을 아우르기 위해 연구 개발(R&D) 프로세스의 외부까지 확장된다. 모더나의 기반은 통합 데이터 플랫폼으로, 이는 각 부서에서 나온 데이터를 내장하는 일관된 단일

'기록 시스템'이다. 이런 구조는 데이터를 빠르고 신뢰성 있게 결합하고 재결합해 비즈니스 및 과학적 애플리케이션의 범위를 무한대로 확장한다. 이런 애플리케이션은 알고리즘을 사용해, 연구 개발에서 제조, 그리고 금융에서 공급망 관리까지 모든 기능에 걸쳐 사업 수행을 촉진시킨다.

AI 팩토리를 뒷받침하는 기본 아이디어는 데이터, 분석, 인공 지능에 대한 기업의 접근 방식을 산업화하는 것이다. 100여 년 전 산업화가 제조업에 변화를 가져온 것처럼, 모더나의 AI 팩토리는 분석에 변화를 가져왔다. 데이터는 체계적이고 표준화된 방식으로 처리되며, 목록화되고, 집중화되고, 정제되고, 정규화되고, 통합되어 API를 통해 노출되었다. 그리고 이로 인해 모더나 팀은 새로운 비즈니스 애플리케이션을 강화할 수 있었다. 데이터 플랫폼이 기업의 핵심을 이루고 있고, 과학자와 경영자로 구성된 조직이 이를 감독하여 그 힘의 결실을 맺는다. 공급망 예측이든 금융 모델링이든 백신 설계든 제조업 확장이든, 데이터 기반의 소프트웨어 알고리즘이 회사를 운영하는 것이다.

모더나의 근본 기술은 회사의 조직 구조와 과정 또한 형성한다. 실제로 모더나의 디지털 최고 책임자 마르첼로 다미아니(Marcello Damiani)는 우수 프로세스의 최고 책임자 역할도 맡고 있다. 경영진의 일원으로서 다미아니의 임무는 전사적인 프로세스 변화를 추진하는 것이다. 다미아니의 생각은 기존 프로세스의 일부를 수정하는 것만으로는 그를 보다 효율적으로 만들 수 없다는 것이다. 새로운 디지털 및 AI 기술을 사용할 수 있게 되면서, 그의 팀은 다양한 부서와 협력해 운영 프로세스를 완전히 재설계하여 속도, 효율성 및 혁신을 향상할 수 있었다.

현시점에서 모더나의 백신이 성공할지는 알 수 없다. 백신 성과의 초기 업데이트는 상당히 고무적인 것으로 보인다. 그러나 역사적으로 백신 개발은 실패로 가득한 사업이었다. 우리는 물론 그들과 다른 회사들이 모든 인류를 위해 치료제와 백신을 만드는 일에 최고의 결과를 내길 바란다. 어쨌든, 우리가 확실히 알고 있는 것은 백신 개발, 그리고 더 넓은 의미에 있어서 의료 회사는 더는 예전과 같지 않을 것이라는 것이다.

바이러스와의 충돌

우리는 모델링을 바탕으로 많은 계획을 세웠다. 의료 시스템 엔지니어들도 모델링 작업에 참여했다. 우리는 중국, 한국 등 세계 여러 곳의 자료를 살펴보았으며, 특히 이탈리아에서 많은 자료를 접했다. 앞으로 무슨 일이 벌어질지 알아보기 위해 매사추세츠 종합병원(Mass General)과 파트너스 헬스케어(Partners Healthcare)에서의 우리의 경험과 북부 이탈리아, 중앙 이탈리아 두 곳의 경험을 비교했다.
- 폴 비딩거(Paul Biddinger, 매사추세츠 종합병원 응급의학과 응급준비 담당 부원장)

2020년 초겨울, 코로나바이러스가 중국 밖의 많은 나라에서 임계점에 도달하면서 상황은 매우 빠르게 변화하기 시작했다. 지난 3월, 코로나가 기하급수적인 증가 추세에 접어들자 미국은 깜짝 놀랐다. 감염자와 사망자가 며칠 만에 두 배씩 빠르게 증가한 것이다. 그때부터 업계도 극적으로 변화하기 시작했다. 2020년 3월 14일에서 3월 30일까지, 미국은 2주간 이전 10년 동안 목격했던 것보다 더 많은 디지털 전환(digital transformation, 디지털 트랜스포메이션)을 경험했을 것이다. 미국 경제를 대표하는 노동자들의 절반 이상이 재택근무를 하기 시작했다. 우리의 본거지인 하버드 비즈니스 스쿨에서도 2주 동안, 125명 이상의 교수진과 250명의 직원이 약 2,000명에 달하는 MBA 및 박사 과정 학생들을 위한 온라인 교육을 준비하기 위해 지칠 줄 모르고 일했다. 우리 중 몇몇은 이 정도 규모의 변화는 수십 년이 걸릴 것이라고 믿었다.

거의 즉각적인 직장의 전환을 목격하며, 중환자실 침대와 의료품 부족이 심각해지면서 감염자 수가 급증하는 것을 지켜보았다. 감사하게도, 일부 의료 기관들은 수개월 동안 코로나19같은 질병에 대한 계획을 수립해왔고, 바이러스와의 피할 수 없는 충돌에 대비하는 전환에 힘써왔다.

메사추세츠 종합병원(MGH)은 210년 전에 가난한 사람들을 돕기 위한 목적으로 설립되었고, 이 미션은 지금까지 매우 중대하게 지켜지고 있다. MGH는 오래전부터 분석, 엄격한 방법론, 창의적이면서도 체계적인 혁신을 수용하고 있었는데, 이것이야말로 위기 대응과 재난 관리 능력의 기초가 되는 오직 환자 중심의 철학을 함양시키는 밑거름이 되었다.

MGH는 모더나보다 훨씬 오래됐고 여러 면에서 전통적인 조직이다. MGH의 정보 기술 인프라 대부분은 시대에 뒤떨어져 있고 규제 제약과 오랫동안 변하지 않는 업무 처리에 젖어 있었다. 그러나 분명한 실존적 위협에 직면했을 때, 계몽된 리더십이 나타나면서 가장 효율적인 디지털 기업의 특징인 수평적이고 통합된 정보 아키텍처를 만들기 위한 즉각적인 전환을 추구했다.

MGH는 지난 1월부터 코로나 19 대응을 계획하기 시작했다. 중국과 이탈리아 등지의 데이터에서 이 병의 많은 특징을 포착하고 병원이 앞으로 직면하게 될 상황을 명확하게 요약했다. MGH는 전통적으로 서로 분리된 조직 형태였다. 하지만 코로나 19가 급증할 경우 처리해야 할 수많은 복잡한 운영 시스템에 대한 부하를 예측하기 위해, 어디서든 데이터를 수집하고, 그 유효성을 검사하고, 처리할 수 있는 중앙 집중식 정보 처리 조직을 신속하게 구축해야 했다.

기존 부서를 뛰어넘어 복합 기능을 수행하며 기업가 정신으로 무장하고 MGH의 대응을 주도한 한 팀에는 응급 및 중환자 진료팀의 폴 비딩거, 코로나바이러스 사고 지휘관을 맡은 MGH의 부사장 겸 비상대비 책임자 앤 프레스티피노(Ann Prestipino), MGH의 디지털 전환의 노력을 이끈 리 슈왐(Lee Schwamm)이 있다. 그리고 파트너스 헬스케어의 다른 인원들이 참여했다.

MGH는 팬데믹을 대비하면서 역량, 대응력, 민첩성을 확장하기 위해 끊임없이 노력했다. 각 팀은 코로나 19 감염자가 빠르게 늘어날 것을 예측하고 이를 관리하기 위해 방대한 조직 전체에 걸쳐 데이터, 정보 및 활동을 통합하고 조정하는 구조를 구축했다. 이러한 정보 구조의 구축을 통해 MGH는 N95 마스크와 인공호흡기의 부족, 중환자실의 부족 등 계획 과정에서 파악된 모든 문제에 대처할 준비를 했다. 그리하여 환자들이 병원으로 몰려들기 시작했을 때 이를 다루기 위한 구체적인 절차를 진행할 수 있었다.

MGH의 위기 대응 구조의 중심에는 정보 시스템과 데이터 플랫폼이 있었다. 이 시스템은 중앙 집중식 데이터 취합 및 축적을 가능하게 하고, 임상 결과, 계획 시스템, 재무 데이터 및 용량 부하에 대한 정보를 실제 활용 데이터 및 공급망 예측과 통합시킨다. 이로 인해 MGH 팀은 부서별로 대시보드를 신속하게 개발하고 배치하여 임상의들이 명확한 예측 모델을 갖추도록 할 수 있었다.

MGH의 재난 관리 기구는 시스템과 모든 노력을 한 곳에서 통합 조정함으로써 위기상황과 관련된 상호 기능 데이터, 정보 공유, 중요 운영 활동을 조정·통합하는 수평적 구조로 움직일 수 있었다. 이 조직은 MGH 전략과 운영 구조를 통합하는 동시에, 조직의 각 부문 전반에 걸친 전환을 주도하면서 운영 컨트롤 타워의 역할을 했다.

이러한 변화를 통해 MGH가 팬데믹 기간 동안 거둔 가장 큰 성과 중 하나는 원격 의료의 수용과 배치다. 한때 병원의 의료 서비스 제공에서 사소한 부분으로 여겨졌던 원격 의료 플랫폼은 지금은 여러 교육 분야에서 가장 많이 쓰이는 운영 모드로 빠르게 성장했다. 가상 연결은 이제 의사와 환자 사이의 상호 작용뿐만 아니라 의사들 간의 상호 작용에도 매우 중요하다. 의사들은 정보 공유, 코칭, 교육 및 멘토링을 위해 온라인 커뮤니티를 이용한다. MGH의 응급 의학 프로그램에 참여하고 있는 내과 의사이자 디지털 건강 상담사 켈리 위트볼드(Kelley Wittbold)는 "향후 10년 동안 정책 입안자, 보험 납부자들에게 디지털 건강 및 원격 의료의 가치에 대해 설득해야 한다고 생각한다. 코로나 19가 이를 내게 몇 주 만에 알려 주었다"고 말했다.

결과는 매우 인상적이다. MGH는 수많은 생명을 구하며, 팬데믹 기간 동안 사실상 모든 진료 차원에서 탁월한 성과를 보였다. 위트볼드는 "위기 모드에서 모든 기관이 하나로 뭉쳤다"고 말했다. 여러 가지 면에서 MGH의 접근 방식은 5장에서 논의된 디지털 전환 사례의 단계를 그대로 보여준다. 이 접근 방식은 디지털 전환에 대해 우리가 개략적으로 설명한 원칙과 일치하지만, 우리 중 어느 누가 생각했던 것보다 훨씬 빨랐다.

MGH의 사례는 어려운 시기에 명확한 초점과 임무, 그리고 제대로 된 역량만 갖춘다면 최신, 최고의 기술 시스템이 없는 상황에서도, 오래된 조직들도 빠르게 방향 전환을 할 수 있다는 것을 보여준다. 구조야말로 복잡하고 다양한 요소들을 전례 없는 민첩성으로 조정하고 통합하는 열쇠다. 또, 팬데믹에 대한 MGH의 대응은 데이터 중심적인 과학적 추론이 분석의 배치에 얼마나 필수적인지를 보여준다. 간단히 말하자면, 목숨이 위태로울 때는 가짜 뉴스, 꾸며낸 데이터, 조작 정치의 여지가 있을 수 없다. 이것이 데이터 중심, AI 중심 조직을 만드는 데 중요한 리더십, 데이터 중심 및 분석 기반에 대한 특정 접근 방식에 동기를 부여한다. 그것이 없다면 어떤 디지털 운영 모델도 제대로 작동할 수 없다.

MGH의 진화는 아직 끝나지 않았다. 코로나 19가 잠잠해지더라도 다음 과제는 위기 때 배운 많은 교훈을 내면화하고 전환을 지속하는 일이 될 것이다. 이것은 MGH만의 과제가 아니다. 코로나 19는 많은 조직이 특별한 일을 하고, 전례 없는 변화를 받아들이고, 오래된 관료적 습관을 극복하도록 동기를 부여했다. 이제 다른 산업 환경을 살펴보자.

전환을 향한 시동을 걸어라

마침내 우리는 가장 흔히 받는 질문, 즉 "오래된 기업들도 진짜 스스로를 변화시킬 수 있을까?"라는 질문에 대한 답을 얻었다. 코로나 19 긴급 대응은 이미 모든 산업의 기업을 재편했다. 고리타분하게 보이는 많은 전통적 회사들은 그들 역시 빠르게 그리고 즉시 전환을 이룰 수 있다는 사실을 발견했다. 몇 가지 사례를 보자.

인터넷 연결은 계속 되어야 한다

사회적 거리두기가 우리 일의 본질을 변화시키면서 인터넷 접속과 대역폭은 인간의 필수적인 요구가 되었다. 통신 회사들은 중요한 서비스를 제공하는 데 익숙해졌지만 어떤 종류의 혼란에도 대비해야 한다. 그러나 버라이즌(Verizon)의 글로벌 최고 정보 책임자(CIO) 샹카 아루무가벨루(Shankar Arumugavelu)는 세계에서 가장 큰 통신 회사 중 하나인 버라이즌에도 코로나 19 같은 위기에 대한 전술은 없다고 인정했다.

이 통신사의 첫 번째 과제는 사용량이 급증함에 따라 인터넷 대역폭과 서비스 연속성을 보장하는 것이었다. 동시에 버라이즌의 직원 13만 5,000

명의 대부분이 재택근무를 하면서도 변함없이 사업 운영에 필요한 도구와 프로세스에 접근할 수 있어야 했다. 게다가, 1만 명이 넘는 서비스 기사들이 설치나 수리를 위해 더 이상 고객의 시설이나 가정에 들어갈 수 없는 상황이었다. 결국, 회사는 기사들이 가상으로 고객을 방문해 원격으로 설치와 수리를 처리할 수 있는 소프트웨어를 신속하게 배치했다.

코로나 유행 중에도 문을 연 버라이즌 매장을 위해 회사는 다양한 비접촉 경험을 구축했다. 그 예로는 고객 약속을 위한 앱 기반의 사전 예약 시스템, 제품 정보에 대한 소매점 직원과 고객 간의 원격 공동 검색, 완전한 디지털 계약 체결 및 신원 확인, 자동화된 키오스크를 통한 현금 처리를 포함한 비접촉 디지털 결제 옵션이 있다.

수많은 다른 조직들과 마찬가지로, 버라이즌도 세계에서 가장 민첩한 회사로 알려진 회사는 아니다. 그러나 팬데믹은 과거에는 방관적으로 기다리기만 했던 변화와 혁신이 신속하게 전개될 수 있는 길을 우리 모두에게 제공했다. 이제 우리는 코로나 이전으로 되돌아갈 수 없다. 이제 경제계의 경영진들과 직원들은 기술이 운영 모델을 얼마나 많이 전환할 수 있는지를 이해하고 그것을 기본 사실로 받아들이고 있다. 우리가 언급한 많은 여러 기업의 CIO들과 마찬가지로, 아루무가벨루도 이제 이러한 접근 방식을 영구적으로 도입하기 위해 각 사업부와 협력해야 할 의무가 있다.

소매 경험의 디지털화

비대면 방식으로 회사를 재설계할 수 없다면 어떻게 하겠는가? 코로나 19가 확산하면서 디지털 여정을 시작한 소매업체들은 전자 상거래를 수용하거나 문을 닫는 것 외에는 달리 선택의 여지가 없었다. 작은 구멍가게부터 제이씨페니(JCPenney)와 니만 마커스(Neiman Marcus) 같은 대형 백화점 체인까지 사업을 접었다. 기업 가치 세계 7위를 자랑하는 가구 소매점 이케아(Ikea)에게도 심판은 즉각적이고 깊게 다가왔다. 전 세계 433개 매장 대부분이 문을 닫아야 할 처지가 된 것이다. 갑작스러운 상황에서 기댈 곳은 오직 전자 상거래뿐이었다.

결국, 이케아는 이 상황에 응답했다. 파란 간판이 달린 이케아 매장은 전자 상거래를 위한 고객 센터가 되었다. 최고 디지털 책임자(CDO) 바바라 마틴 코폴라(Barbara Martin Coppola)의 주도하에 회사는 1주일 만에 13개의 다른 지역 웹사이트를 클라우드로 이동시켜 중앙 집중화해 모든 지역 데이터를 한 곳으로 통합했다. 그리고 다음 3주 동안, 회사의 판매, 가격 책정, 유통 담당 경영진들은 기술, 데이터 및 AI의 사용법을 배우고 완전한 디지털 소매 경험을 형성했다. 이케아의 전설에 걸맞은 조치였다. 이는 심오한 변화를 수반했다. 코로나 19 이전에, 이케아의 각국 책임자들은 50개의 전자 상거래 시장에 대한 권한을 각각 보유하고 있으면서 자체적인 데이터 전략, 가격, 고객 경험을 결정하고 있었다. 코로나 팬데믹으로, 그동안 계획만 세워놓고 실현되지 못했던 디지털 전환의 노력은 이제 현실이 되어야 했다.

이케아의 노력은 거기서 멈추지 않았다. 회사의 디지털 팀은 '주문 후 직접 수령(click and collect, 온라인으로 주문하고 매장을 방문해 물건을 픽업하는 방식)' 모델의 비접촉 영업 방식을 구축함으로써 고객당 주문 단가를 더 높일 수 있었다. 정교한 AI가 온라인 쇼핑객들에게 관련 상품을 추천함으로써 매장 소매팀의 통찰력을 증대시켰다. 고객들은 자신에게 가장 적절한 옵션이 제시되자 추가 상품을 구매했고 장바구니 사이즈는 폭발적으로 증가하기 시작했다. 온라인 판매는 오프라인 판매에 비해 3배에서 5배의 매출 증가를 경험했고 마진도 훨씬 더 높았다.

이 같은 변화는 AI 운영 모델을 재구축하는 것의 가치를 보여주었고, 매장들이 다시 문을 연 후에도 사라지지 않고 있다. 이제 이 회사에서 디지털과 물리적인 것 사이의 전통적인 벽은 무너졌다. 오프라인 소매팀은 이제 디지털 운영을 대체가 아닌 보완적인 것으로 간주한다. 코폴라와 그녀의 팀은 이제 공급망 최적화와 운영 효율성으로 나아가고 있다. 이들은 이제 고객, 직원 및 공급업체의 경험을 향상하는 다양한 알고리즘을 생성하기 위해 이케아의 모든 것을 공통 데이터 플랫폼으로 이동시키고 있다. 코폴라는 이케아가 고객과의 밀접한 연결을 지원하는 기술을 지속적으로 수용하고, 직원들이 매장과 온라인에서 의사 결정을 강화하고 자동화할 수 있도록 지원할 것을 기대하고 있다.

위험에 처한 사람들을 돕는다는 것

더 좋아지든 (때로는) 더 나빠지든, 디지털 운영 모델은 거의 0에 가까운 한계 비용으로 매우 정밀한 표적화를 가능하게 할 수 있다. 코로나 팬데믹 기간 동안, 이런 종류의 정밀함으로 생명을 구할 수도 있다. 가장 어려운 과제 중 하나는 코로나바이러스에 감염될까 봐 다른 곳이 아픈 환자들이 의사를 만나거나, 응급실에 오지 못한다는 것이다. AI는 정확한 표적화를 통해 위험에 처한 환자를 찾아내고 그 환자에게 맞춤형 메시지를 전달해 의사나 응급실을 찾도록 권고함으로써 이 문제를 해결하는 데 도움을 준다.

제약 회사 노바티스(Novartis)는 전통적인 진단이 문제를 파악하기에 몇 년 앞서, (개인 정보를 노출하지 않는 적절한 방법으로) 환자를 원격으로 진단할 수 있는 정교한 예측 모델을 개발하는 데 진전을 이루었다. 이러한 노력을 이끈 과학자 치트라 나라심하차리(Chitra Narasimhachari)는 다발성 경화증, 항경화성 척추염(만성적인 중증 척추 요통) 등의 질환에 초점을 맞춰 인상적인 결과를 얻었다.

노바티스의 데이터 과학팀은 공급업체, 각 부서, 그룹들에 산재해 있는 광범위한 데이터 흐름을 통합해 데이터를 단일 플랫폼으로 정리, 테스트, 통합 및 표준화시켰다. 모더나의 AI 팩토리와 유사하게, 그들의 비전은 모든 관련 데이터를 적격한 사람만이 볼 수 있고 사용할 수 있도록 하고, 여러 부서에 걸친 강력한 예측 모델에 데이터를 신속하게 배치하는 것이었다.

팬데믹이 닥쳤을 때, 상용 촉진 담당 부사장 바티 라이(Bharti Rai)가 주도한 노바티스의 상업용 데이터와 분석의 전환이 한창 진행 중이었다. 플랫폼은 아직 완성되지 않은 상태였다. AI 팩토리 모델은 개별 사례에서 작동하고 있었지만, 아직 범용 운영 모델 기반으로 배치되지 않았다. 데이터 저장소도 아직 완전히 연결되지 않아서 통합되어 있지 않았다. 그러나 코로나 19의 등장과 함께, 노바티스의 모든 부서는 AI의 놀라운 예측력을 이용하기 원했다. 노바티스의 공급 체인들은 어느 물건을 어디에 납품해야 하는지 알아야 했고, 경리부는 현금 수요와 수익 예측을 도출해야 했다. 연구 개발 부서는 새로운 적용 분야에서 의약품의 효능과 안전을 예측하는 모델이 필요했고, 영업부에서는 빠르게 변화하는 임상 수요와 고객의 요구 사항을 알아야 했다. 그리고 무엇보다도 노바티스 팀은 위험에 처한 환자를 빨리 찾아낼 수 있어야 했다.

노바티스 팀은 확장 가능한 데이터 플랫폼을 구축하기 위해 열심히 노력했다. 나라심하차리는 중앙 집중화된 AI 팩토리를 실현해, 전반적으로 보다 많은 데이터와 AI 기능을 필요로 하는 일선의 기업 리더들이 이용할 수 있도록 부서장인 바티 라이와 이미 협력하고 있었다. 노바티스는 모든 여건이 완벽해지기를 기다리지 않고, 다양한 지리적 영역과 질병 종류에 걸쳐 긴급한 환자와 사업적 요구를 정확히 찾아낼 수 있는 다양한 모델을 개발하기 위해 미완성된 플랫폼에서 작업하기 시작했다. 어떤 모델은 어느 환자가 의료적 합병증의 위험에 처해있는지를 찾아내고, 가능한 경우 적절한 의뢰와 치료 방법을 권고했다. 예를 들어, 이 모델들은 환자의 20퍼센트가 의사에게 정기적 또는 필요한 방문을 하지 않기 때문에 심각한 합병증의 위험에 처해있다는 것을 밝혀냈고, 노바티스 고객팀이 의사와 의료 서비스 제공자들에게 이를 알려주는 시스템이 뒤따랐다.

코로나 19는 노바티스에 디지털 전환이라는 스테로이드 주사를 놓아준 셈이 되었다. 노바티스의 빅터 불토(Victor Bulto)사장은 회사의 글로벌 디지털 최고 책임자 버트랜드 보드슨(Bertrand Bodson)과 협력해 코로나19에 대응하기 위한 디지털 전환의 노력을 가속화하고, 그것이 유지되도록 노력했다. 불토 사장은 '미래를 향하여(Look Forward)'라는 새로운 부서를 만들어 코로나 팬데믹이 다음 단계로 이동함에 따라 전환도 함께 계속되도록 관리하고 있다.

몇 가지 교훈

이 책에서 거듭 언급했듯이, 새로운 유형의 회사의 등장과 함께 디지털의 시대가 다가오고 있다. 그러나 이 책을 썼을 때 우리는 디지털 시대가 본격 도래하기까지 어느 정도 시간이 걸릴 것이기 때문에 그 의미를 곰곰이 생각해 볼 수 있는 시간이 있으리라 생각했다. 그리고 경제 전반에서 디지털 세계를 포용하고 전환에 필요한 역량과 윤리를 충분히 이해할 수 있는 새로운 세대의 리더를 성장시킬 수 있는 시간이 어느 정도는 있으리라 생각했다. 그러나 코로나19는 우리에게 그 정도의 사치도 허용하지 않았다. 지구상의 모든 조직은 이제 모든 업무 처리 과정을 디지털화해야 하고, 그것도 가능한 한 빨리해야 한다.

코로나 팬데믹의 경험은 디지털 전환이 우리 중 누가 생각했던 것보다도 훨씬 더 빨리 일어날 수 있다는 것을 보여주는 명확한 증거다. 세계 경제의 상당 부분이 불과 몇 주 만에 가상 모델로 옮겨갔다. 화상 회의 소프트웨어를 대거 도입하여 많은 직장인이 사회적 거리 두기를 실행하면서 이동성은 급격하게 떨어졌다. 대학들도 대부분 온라인 학습 모델로 전환했다. 의료 시스템은 원격 진료를 도입했고, 보험 회사와 규제 기관도 빠르게 규칙과 보상 정책을 변경했다. 기술 회사들은 사무실을 포기했고 그중 일부는 사무실 개념이 영원히 바뀔 것이라고 선언했다. 상업용 부동산과, 에너지 및 여행 산업의 주식은 무너졌다. 초기 단계에 있었던 가상 모델은 빠르게 확산하였다. 우리는 MGH의 채팅봇에서부터 이케아가 고객에게 제품을 추천하는 알고리즘, 노바티스가 위험 환자를 예측하는 모델에 이르기까지 모든 종류의 AI가 빠르게 전개되는 것을 목격했다.

데이터 중심, AI 중심 조직이 되기 위해 굳이 실리콘 밸리의 기술 회사들처럼 될 필요는 없다. 코로나 19 이전에도 우리는 컴캐스트(Comcast, 유선 방송, 광대역 인터넷, 인터넷 전화, TV, 라디오 방송 등을 제공하는 미국의 다국적 미디어 기업)에서 피델리티 인베스트먼트(Fidelity Investments, 미국의 다국적 금융 서비스 회사)에 이르기까지 운영 모델을 디지털화하고 경쟁적 위협에 대응하기 위해 변화하고 있는 조직의 사례를 살펴보았다. 반대론자들은 여전히 오래된 기업들의 전환 필요성과 실행 가능성에 의문을 제기하고 있다. 그러나 코로나 19가 이 모든 주장을 일거에 잠재워 버렸다.

우리는 또한, 의미 있는 전환이 일어나기 위해서, 철저한 계획과 준비가 그 실행의 질과 결과를 얼마나 개선하는지도 배웠다. MGH에서 노바티스, 모더나에 이르기까지, 이런 조직들이 위기 속에서도 성공할 수 있었던 것은, 그들이 이미 접근 방식을 시험하고 그 기반을 구축하기 시작했기 때문이었다. 하버드 비즈니스 스쿨에서도 온라인 강의에 대한 이전의 경험이 전체를 변화시키는 데 매우 중요하게 작용했다. 앞으로의 도전은 전환을 계속 지속시키며 사려 깊고 균형 잡힌 방식으로 형성해 나가는 것이다.

이러한 새로운 관찰은 이 책의 핵심 메시지인 운영 구조가 정말로 중요하다는 것을 새삼 확인시켜준다. AI 중심 기업은 회사가 배치하는 개별 알고리즘이 얼마나 정교한가에 달린 것이 아니라, 회사의 구조와 프로세스가 AI 솔루션의 신속한 배치를 가능하게 하느냐에 달려있다. 이것이 실제 비즈니스 문제를 해결해 주기 때문이다. 모더나의 구조는 확실히 데이터, 분석, 인공 지능이 제 기능을 발휘하도록 구축되었다. 그리고 MGH, 이케아, 노바티스의 경우에서도, 위기가 오히려 그런 통합 데이터 및 조직 구조를 갖추게 함으로써 혁신적이고 정확한 분석을 신속하게 생산하고 배치하도록 동기 부여했음을 알 수 있다. 궁극적으로 코로나 19와 같은 기하급수적인 위협을 극복하고 그런 위협과 기회에 동시에 신속하게 대응할 수 있도록 해주는 것은, 다름 아닌 빠르고 민첩하고 적응 가능한 대응을 할 수 있는 구조를 갖추는 것이다.

그리고 이런 사례들은 규모에 맞게 배치되기만 한다면 우리가 '약 AI'라고 부르는 단순한 AI가 큰 영향을 미칠 수 있다는 것을 확인시켜준다. 변화를 만들기 위해 AI가 꼭 공상 과학 소설에서 나오는 것과 같을 필요는 없다. 올바른 데이터에 의존하기만 한다면 간단한 알고리즘도 중요한 결과를 얻을 수 있다. 간단한 채팅봇이나 기본적인 머신러닝이 중요한 운영상의 병목현상을 완화하거나 중요한 예측을 할 수만 있어도 큰 차이를 만들 수 있다. 이것은 이 책의 또 다른 핵심 주제인데, 그 이유는 경제와 기업이 일하는 방식의 전환이 약 AI에 기초하고 있기 때문이다. 예를 들어, 코로나 19를 돕기 위해 병원 곳곳에 배치된 AI의 상당 부분은 대부분, 올바른 데이터에 의해 훈련되고, MGH에서 N95 마스크의 공급 같은 중요한 예측에 도움을 주었던 단순한 머신러닝 알고리즘과 같은 것들이었다. 다시 강조하지만, 중요한 것은 간단한 AI 기반 인프라를 가능한 많은 비즈니스 프로세스에 걸쳐 구축하는 것이다.

우리는 전환이 결코 아무런 대가 없이 이루어진 것은 아니라는 것에 주목해야 한다. 코로나 19는 디지털 규모, 범위, 학습이 세계 경제와 사회에 미치는 영향을 극적으로 가속화하고 심화시켰다. 가장 우려되는 것은 아마도 코로나 19가 개인뿐만 아니라 기업에서도 가진 자와 가지지 못한 자 사이의 디지털 격차에 미치는 영향이다. 디지털 격차는 경쟁력, 생산성, 소득에 미치는 영향을 넘어, 이제 일할 수 있는 사람과 일할 수 없는 사람, 집에서 안전하게 지낼 수 있는 사람과 그렇게 할 수 없는 사람, 코로나 상황 속에서도 아직 사업을 유지하고 있는 회사와 그렇지 못한 회사 사이의 차이를 정의하게 될 것이다. 그러한 격차는 오랫동안 존재해온 경제적 및 인종적 불평등을 더 심화시키는 비극을 초래할 수 있다.

코로나 팬데믹은 우리 모두를 변화시키면서, 가짜 뉴스에서 편견, 보안에서 사생활에 이르기까지, 디지털 조직과 운영 과정에 관련된 모든 윤리적 문제를 증폭시켰다. 그 과정에서 많은 정부와 사회 기관의 붕괴를 가속화시켰고, 시민 자유에 대한 위협을 더 극명하게 노출시켰다. 이 과정은 아직도 다 끝나지 않았다. 중요한 것은 우리가 모두 이 문제에 관심을 기울이고, 지역적으로나 국제적으로나 그 해결의 민주적 절차를 알리고 보호하는 데 적극적으로 참여하는 것이다.

단순한 데이터를 넘어 지혜로

다시 본론으로 돌아와서, 이 서문의 마지막 단락을 쓰고 있는 지금, 세계는 보건, 경제, 정치 전반에 걸쳐 사실상 전례 없는 불확실성에 직면하고 있다. 몇몇은 코로나 19 확산의 소강상태를 목격하고 있으며 많은 나라에서 경제 재개를 시도하고 있다. 그러나 코로나 19 위기는 아직 끝나지 않았다. 도시가 다시 문을 열면서, 바이러스는 많은 나라와 미국의 여러 주에서 다시 기하급수적인 폭력성을 드러내며 되살아나고 있다. 실제로 어제, 미국과 전 세계에서 하루 감염자가 사상 최고를 기록했다. 보스턴에서의 입원이 줄자 MGH는 또 다른 충돌을 계획하고 있다. 만일을 모르니까.

팬데믹이 계속됨에 따라 불행스럽게도 또 다른 기본적인 교훈을 얻었다. 바로, 깨우친 리더십이 없다면 최고의 데이터와 분석도 지혜로 이어지지 못한다는 것이다. 코로나 팬데믹 초기에 얻은 보다 기본적인 통찰력의 일부가 우리 사회의 일부에만 영향을 미치고 있는 것은 안타까운 일이다. 예를 들어, 우리는 이제 통계적으로 마스크가 감염과 슈퍼 전파자를 피하는 데 도움이 된다는 것을 확실히 알고 있다. 그런데도 이러한 기본적인 분석적 통찰력조차 많은 지도자에게 인정되거나 존중되거나 활용되지 못하고 있어, 불필요한 사망을 초래하고 있다. 그리고 우리는 여기 앉아서, 수많은 데이터, 분석, 인공 지능이 이 유행병을 퇴치할 수 있는 집단적 지혜에 이바지하지 못하는 것을 두려워하며 지켜보고 있다.

그러나 어떤 미래가 펼쳐진다 해도, 경제의 디지털 전환을 향해 앞으로 나아가는 발걸음은 돌이킬 수 없을 것이다. 디지털의 영향에 대한 인식은 어디에서나 찾아볼 수 있고, 우리는 그 증거를 모두 공유하고 있으며, 그 가속도는 되돌릴 수 없는 수준으로 이미 구축되었다. 어떤 일이 일어나더라도, 우리가 확실히 알고 있는 것은 전환의 속도가 극적으로 가속화되어, 다음의 경제 시대를 이끄는 데 도움이 되는 비즈니스와 기술 리더십에 대한 즉각적인 필요성을 만들어냈다는 것이다.

이것이 효과를 내기 위해서는 우리 사회의 리더들이 엄격한 기준과 분석의 가치를 올바르게 평가하고, 데이터 플랫폼, 디지털 네트워크, AI의 기술과 경제에 대한 기본적인 이해를 갖추어야 하며, 변화와 전환에 대한 갈망을 늦춰서는 안 될 것이다. 그러나 무엇보다도 리더들은 디지털 규모, 범위, 학습의 윤리에 대한 깊은 공감이 필요하며, 전환이 가져오는 부정적인 경제적, 사회적 영향을 깊이 이해할 필요가 있다. 우리는 이 책이 그들에게 전략적인 자원이 되기를 진심으로 바란다.

마르코 이안시티와 카림 R. 라크하니
2020년 7월

1장   변혁의 시대

변혁의 시대

"렘브란트다!"

말끔하게 차려입은 백발의 신사가 비디오 영상을 재빨리 손으로 가리키며 그렇게 외쳤다. 곧바로 다른 청중 몇 명이 그에 호응하며 외쳤다. 호주에서 유명 미술관을 운영하는 이 신사는 17세기 네덜란드 거장의 독특한 스타일을 잘 알고 있지만, 비디오(그림 1-1)에 나온 렘브란트 초상화는 처음 본 듯 당황해했다. 비디오는 계속 돌아가기 시작했고, 내레이터가 이 그림의 출처를 설명하자 방안은 다시 조용해졌다. 그 초상화는 렘브란트 작품이 아니었다. 이 그림은 2016년 미국의 유명 광고대행사 J. 월터 톰슨(J. Walter Thompson)과 마이크로소프트가 협력해 네덜란드 은행 ING 그룹(ING Group)의 홍보용으로 만든 것이었다.

이 그림은 렘브란트의 알려진 작품 300여 점에서 찍은 16만8,263개의 스캔 사진을 바탕으로 만든, 1억4800만 화소로 구성된 이미지다. 데이터 과학자, 엔지니어, 렘브란트 전문가들로 구성된 팀이 머신러닝 알고리즘을 적용해 초상화를 분석하고 렘브란트 작품에서 전형적으로 나타나는 특징을 반영해 만들었다. 30세에서 40세 사이의 얼굴에 털이 난 백인 남성이 모자를 쓰고 흰 칼라가 달린 옷을 입고, 얼굴을 약간 오른쪽으로 돌

그림 1-1 더 넥스트 렘브란트(The Next Rembrandt)

린 모습의 그림을 만들어 낸 것이다. 렘브란트와 똑같아 보이게 하기 위한 모든 요소들을 완전한 형태의 구성으로 조합하기 위해 더 많은 알고리즘이 사용되었다. 그런 다음, 3D 프린터가 이 거장의 붓놀림을 면밀하게 모방해, 페인트로 만든 UV 잉크를 캔버스에 13겹으로 쌓았다. 이렇게 해서 거장이 세상을 떠난 지 350년이 지난 후에 인공 지능을 통해 '더 넥스트 렘브란트(The Next Rembrandt)'라고 불리는 이 작품이 탄생하게 됐다.

AI는 다양한 학문과 미디어를 연결하고 예술적 가능성의 범위를 넓힘으로써 예술 분야에서 힘을 발휘하고 있다. 예를 들어, 구글은 AMI(Artists+Machine Intelligence)라는 프로그램을 통해 예술가와 엔지니어로 구성된 공동체를 조직해 창의력 구현이 어떻게 변화되고 있는지를 탐구한다. 이 공동체는 영화에서부터 음악에 이르기까지 다양한 주제와 미디어에 걸쳐, '더 넥스트 렘브란트'에 사용된 스타일 이전(style transfer, 신경망을 이용해 기존 이미지의 형상은 유지하면서 스타일만 원하는 대로 변경하는 기술) 같은 기술을 적용한다.

그러나 AMI 같은 프로그램들은 보다 더 창조적인 영역으로 AI의 활용 범위를 확장하고 있다. 기존의 스타일을 복제하는 것 외에, 완전히 새로운 예술 작품을 창조하는 데 AI를 사용하고 있다. 이러한 노력은 예술 작품을 정교하게 만드는 방법뿐만 아니라, 예술 작품을 구상하고 창조하는 구성 및 과정까지 변화시킨다. 뉴저지 주립대학인 럿거스대학교(Rutgers University)의 예술 및 인공 지능 연구소의 아흐메드 엘가말(Ahmed Elgammal) 소장은 예술가들의 도움 없이도 새로운 창작품을 만들도록 프로그램된 AICAN이라는 예술 창작 알고리즘을 연구하고 있다. 이 프로그램은 14세기에 그려진 엄청난 양의 그림에서 추출한 데이터로 훈련을 받은 다음 완전히 다른 그림, 즉 기존의 예술적 스타일에 '영감'을 받았으면서도 전혀 새로운 그림을 만들어냈다. 결국, AI 알고리즘은 예술가의 창작 및 표현 방법의 범위를 단순히 확장하는 차원을 넘어선다. 예술사의 전 과정을 본보기로 삼아 작품의 구상부터 추상에 이르기까지 오랜 기간에 걸친 발전 과정에 대한 통찰력을 제공하고, 500년 이상 집단 무의식 속에서 진행되어온 과정을 이해할 수 있도록 도와준다.

이것은 시작에 불과하다. 만약 컴퓨터 과학자들과 기본적인 AI의 도움을 받은 컴퓨터가 인류 역사에 빛나는 창의적인 천재들의 작품을 모방하거나, 협업하거나, 심지어 확장할 수 있다면 인간이 인공 지능의 도움을 받지 않고 독립적으로 할 수 있는 분야는 거의 없을 것이다. 디지털 네트워크와 AI가 학문과 산업의 종류를 불문하고 널리 침투하면서, 기업과 우리 모두에게 새로운 시대가 도래하고 있다.

"AI가 우리가 하는 모든 것을 형성하는 시대(runtime)가 오고 있다"
– 마이크로소프트 CEO 사티아 나델라

오늘날 AI는 보편적 실행 엔진이 되고 있다. 디지털 기술이 점점 더 '우리가 하는 모든 일'의 기반이 되면서 빠르게 증가하는 수많은 업무를 처리할 수 있게 되었다. 이제 AI는 기업의 새로운 운영 기반, 즉 회사가 어떻게 업무를 실행할 것인지를 정의하는 기업 운영 모델의 핵심이 되고 있다. AI가 인간의 활동을 대체할 뿐만 아니라 기업의 개념마저 바꾸고 있는 것이다.

그런 점에서 볼 때, 인공 지능이 우리에게 가장 극적이고 우선적으로 시사하는 바는 AI가 인간의 본성을 모방하는 역할을 하는 존재라기보다는 기업 조직의 본질과 기업이 우리를 둘러싼 세상을 형성하는 방식을 전환하는 역할을 하는 존재라는 것이다.

이 책은 인공 지능이 기업에 얼마나 중요한 영향을 미치는지를 설명할 것이다. AI는 기업의 본질, 즉 기업의 운영 방식과 경쟁 방식을 전환할 것이다. AI가 이끄는 기업에서는 소프트웨어 명령과 알고리즘이 기업이 가치를 제공하는 방식의 중요한 경로를 결정한다. 이것이 나델라가 언급한, AI가 모든 프로세스의 실행을 형성하는 '시대'를 의미하는 것이다. 디지털 운영 모델에서는 인간이 운영 체제를 설계할 수는 있지만, 실제로 일을 수행하는 것은 컴퓨터다. 앞서 본 디지털 렘브란트의 그림을 그리는 일, 아마존이 가격을 결정하는 일, 월마트 모바일 앱에서 상품을 추천하는 일, 앤트 파이낸셜이라는 핀테크(FinTech, 금융Finance과 기술Technology의 합성어로, 금융과 IT의 융합을 통한 금융 서비스 및 산업의 변화를 통칭함) 회사에서 대출 고객을 심사하는 일들은 과거에는 그 일의 설계에서 실행까지 모두 사람의 지능이 필요했던 일들이다.

소프트웨어가 운영 실행의 중요한 경로를 형성한다는 것은 매우 중요한 의미가 있다. AI가 주도하는 디지털 프로세스는 기존 프로세스보다 확장성이 크다. 디지털 프로세스는 무수한 다른 디지털 사업들과 쉽게 연결되기 때문에 사업의 외연을 더 넓게(또는 다양하게) 확장할 수 있을 뿐 아니라, 훨씬 더 복잡하고 정교한 예측을 가능하게 해준다. 또 프로세스에 대한 근본적인 이해 능력을 키움으로써 보다 강력한 학습과 개선의 기회를 창출한다. 이를 통해 네트워크와 AI는 기업의 운영 기반을 재편하고, 디지털 규모 성장, 외연 확대, 학습 기회 창출을 가능하게 하며, 수백 년 동안 기업의 성장과 영향을 제약해 온 뿌리 깊은 한계를 극복해 나간다.

우리는 이미 그런 시대에 와 있다. 페이스북이나 텐센트(Tencent, 중국의 인터넷 서비스 업체, 이 회사의 메신저 프로그램 위챗은 중국의 페이스북이라 불림) 같은 기업들의 폭발적인 성장을 이끌어온 AI는 사실 그렇게 정교한 AI도 아니다. 우리가 설명하는 극적인 변화를 끌어내기 위해 인간과 구분하기 어려울 만큼 높은 추론 능력을 갖춘 강(強, strong) AI가 필요한 것은 아니다. 우리는 통상 약 AI라고 일컬어지는 전통적으로 인간이 수행해 온 업무를 대행할 정도의 컴퓨터 시스템만 있으면 충분하다. 소셜 네트워크에서 콘텐츠의 우선순위를 정하고, 완벽한 카푸치노를 만들고, 고객 행동을 분석하고, 최적의 가격을 결정하고, 심지어 렘브란트 스타일로 그림을 그리기 위해 완벽한 인간 복제품이 필요한 것은 아니다. 기업의 본질과 운영 방식을 전환하는 데에는 불완전한 약 AI만으로도 충분하다.

지난 10년 동안 우리 사회에 폭발적으로 늘어난 AI는 비교적 기초적인 약 AI에 불과했지만, 우리는 전례 없는 변화를 목격하고 있다. 이제 네트워크와 알고리즘이 기업 구석구석에 파고들어 기업이 역할을 수행하는 방식과 경제가 돌아가는 방식을 변화시키는 새로운 시대가 도래했다. 신생 기업이든 오래된 기업이든 더 이상 디지털 지식을 별개의 분리된 기술 세트로 취급해서는 안 되며, AI를 특정 직무나 부서에만 필요한 것으로 간주해서도 안 된다. 새로운 디지털 시대에 전략과 리더십에 관한 낡고 구태의연한 가설은 더 이상 적용되지 않는다. 앞으로 나아가고 싶다면 새로운 기회와 도전을 이해해야 한다.

경쟁의 양상을 전환하다

디지털 시대로 접어들면서 디지털 운영 모델의 등장이 경쟁의 양상을 전환하고 있다. 사진술을 예로 들어보자. 100여 년 전, 사진술이 발명되면서 손으로 직접 그리는 그림에 대한 수요가 크게 줄었고 결국 그림을 그리는 '기술'에 막대한 지장을 주었다. 화가들은 이 위협에 대응하는 데 어려움을 겪었지만, 결국 자신들의 접근 방식을 바꿔 새로운 기법과 스타일을 추구했다. 여기서 중요한 점은 필름을 사용하는 사진술이 낡은 규범(그림)을 위협하며 새로운 기회를 창출했지만, 경제를 획기적으로 전환하지는 못했다. 필름 사진술과 그림과의 싸움은 저장 기술인 디스크 드라이브부터 굴삭기까지, 다양한 산업에서 한 시대를 풍미했던 기술이 새로 등장한 기술에 의해 파괴되는 패턴에서 관찰된 양상과 다르지 않았다. 새로운 기술이 비록 기존의 경쟁자들에게 도전장을 내밀기는 했지만, 기존의 경제는 과거와 큰 변화 없이 그대로 계속되었다.

이와는 달리, 디지털 사진술이 세상에 나왔을 때 어떤 일이 벌어졌는지 살펴보자. 1975년 최초의 디지털 카메라가 발명되면서(디지털 카메라의 등장으로 쇠락의 길을 걷게 된 코닥Kodak의 스티븐 새슨Steven Sasson에 의해 디지털 카메라가 발명되었다는 것은 아이러니다), 사진은 이제 컴퓨터 화면에 띄워 사진 이미지를 보정할 수 있는 저장 데이터 파일이 되었다. 물론 초기의 디지털 사진들은 선명하지 못했고 비용도 많이 들었지만, 시간이 지나면서 디지털 사진은 더 선명해졌고 비용도 더 저렴해졌다. 그러자 디지털 사진은 과거에 파괴적인 기술이 그랬던 것처럼 전통적 사진술을 위협하기 시작했다. 전통적인 사진 관련 산업을 파괴하면서 새로운 기업들에게 기회를 창출하기 시작한 것이다.

그러나 디지털 사진술은 과거에 크기가 작은 디스크 드라이브가 나오면서 크기가 큰 디스크 드라이브의 수요를 파괴한 것처럼 단지 새 기술이 옛 기술을 대체하는 수준에 그치지 않았다. 디지털 표현 방식은 사진술 자체뿐 아니라 사진과 관련된 모든 산업의 본질과 다양성을 완전히 변화시켰다. 사진을 공유하기가 쉽고 자유로워지면서(디지털 자동화는 사진의 한계 비용을 제로화시킴, 필름을 사용하지 않기 때문에 사진을 만드는 데 추가 비용이 들지 않는다는 의미-역주) 사람들은 사진을 더 많이 찍고 이를 공유하기 시작했다. 어떤 행사를 하든, 어떤 활동을 하든, 심지어 함께 식사할 때에도 소셜 미디어에 사진을 올리는 것은 너무나 간단한 일이 되었다. 이것이 가능해지자 페이스북, 텐센트, 스냅챗(SnapChat, 사진과 동영상 공유에 특화된 모바일 메신저), 라인(Line, 일본, 중국, 동남아 등에서 1억 6500만 명이 사용하고 있는 메신저), 틱톡(TikTok, 중국 바이트댄스의 SNS 앱) 같은 이전에 없었던 새로운 종류의 회사들이 생겨났다. 이 회사들의 공통된 특징은 사용자들이 자신들의 삶과 세계에 대한 디지털 표현들을 선택하고, 형성하고, 공유할 수 있도록 도움을 주는 대규모로 확장 가능한 디지털 운영 모델을 갖고 있다는 것이다.

    여기에 갈수록 정교해지는 AI가 사진술의 전환이 세상에 미치는 영향을 더욱 극적으로 확대하고 있다. 사람들이 매일 얼마나 많은 사진을 촬영하는지 생각해 보라(오늘날 사람들은 매년 10조 장이 넘는 디지털 사진을 생산하고 있는데, 이는 지금까지 촬영된 총 사진 수보다 만 배나 더 많은 양이다). 엄청난 양의 데이터가 늘어나고 있는데, 대부분의 사진들이 구글, 페이스북, 위챗(WeChat)의 클라우드에 저장되어 있어 언제든 알고리즘에 의해 분석될 수 있다. 이 방대한 양의 사진들은 안면 인식, 사진 정렬, 이미지 보정에 사용되는 알고리즘의 발전에도 힘을 보태고 있다. 예를 들어 구글, 페이스북, 위챗과 같은 소셜 플랫폼들은 그들이 이미 보유하고 있는 데이터로 AI를 조금만 훈련해도, 가족, 친구들을 자동으로 식별할 수 있다. 게다가, 사진 속 인물들의 관계(사진 속 인물이 한 가족인지)와 배경(그 인물이 학창 시절 친구인지)도 알아낼 수 있다. 사진 앱은 이미 사용자가 좋아할 만한 제품, 서비스, 심지어 뉴스 목록까지 추천하고 있으며, 당신이 공유한 사진 속 인물의 친분이나 배경을 바탕으로 누군가에게 당신을 소개하겠다고 제안하는 친구 추천 앱도 있다.

디지털 기술이 전통적인 사진술과 충돌했을 때, 디지털 기술은 단지 더 저렴한 가격이나 높은 품질, 예를 들어 차별화된 해상도 같은 장점으로 전통 사진술을 대체하는 선에서 그치지 않았다. 디지털 기술로 인해 출현한 새로운 유형의 회사는 고객들에게 서비스를 제공하기 위한 새로운 가치를 제안하고, 완전히 다른 운영 모델을 활용해 다른 방식으로 경쟁하며 점점 더 강력해진다. 디지털 기술은 결국 사진 산업을 변화시켰을 뿐만 아니라 사진 산업을 둘러싼 세계를 재편성했다. 그림의 붓 자국이 픽셀로 전환된 것처럼, 화가의 활동이 디지털화되면서 깊은 곳에서부터 변화가 일어났기 때문이다. 디지털 표현은 확장 가능성이 무한하다. 이제 표현하고자 하는 패턴을 추가 비용을 들이지 않고 복제해 세상 어디든 누구에게든 무제한으로 전송함으로써 쉽고 완벽하게 의사소통을 할 수 있게 되었다. 또 이러한 활동의 디지털화는 관련 보조적 활동까지 추가 비용 없이 무한정으로 연결되게 만들어 그 범위를 극적으로 증가시킨다. 마지막으로 디지털 활동은 처리 명령, 즉 행동을 형성하고 다양한 선택과 반응을 할 수 있는 AI 알고리즘을 스스로 갖출 수 있다. 이러한 논리적 활동이 데이터를 처리하면서 스스로 학습하고 지속해서 훈련함으로써 자체의 알고리즘을 발전시키는 것이다. 결국, 인간 활동의 디지털 표현은 아날로그 프로세스가 할 수 없는 방식으로 스스로 학습하며 개선해나간다. 이런 요인들이 기업의 운영 방식을 완전히 전환시킨다.

전통적으로 기술의 본질적인 확장성, 외연 확대 가능성 및 학습 잠재력은 그 기술이 배치된 조직의 운영 구조에 따라 제한되었다. 그러나 지난 10년 동안 우리는 디지털 네트워크, 데이터, 알고리즘, AI의 잠재력이 충분히 발휘될 수 있도록 설계되고 구조화된 기업들이 출현하는 것을 목격했다. 실제로 디지털화에 최적화하도록 설계된 기업일수록, 규모 성장, 외연 확대, 학습 잠재력을 끌어올릴 수 있는 운영 모델을 갖고 있으며, 가치를 창출하고 획득한다(그림 1-2 참조). 디지털화, 분석 및 AI/머신러닝의 수준을 높이면, 기업의 확장성을 획기적으로 향상시키고, 사용자 수나 참여도의 척도로 간주하는 가치 곡선을 더 빠르게 성장시킬 수 있다. 결국, 디지털 운영 모델이 기존 기업과 충돌하면서 전통적 기업은 살아남을 수 없게 되었다.

첫 번째 패자는 이런 변화에 적응하지 못한 전통적 기업들에서 나왔다. 코닥이 망한 것은 후지(Fuji)나 디지털 사진 스타트업 때문이 아니라, 스마트폰과 소셜 네트워크 회사가 출현했기 때문이었다. 페이스북, 텐센트, 구글은 필름 현상이나 판매 같은 기존 차원의 일에 매달리지 않고, 사용자를 연결하고 네트워크를 통해 흐르는 정보를 획득하고 분석하는 데 초점을 맞췄다. 이 회사들은 가치를 다르게 창출하고, 가치를 다르게 포착하며, 그 가치를 고객에게 전달하기 위해 코닥과 완전히 다른 운영 모델을 사용한다. 결과는 근본적으로 다른 경쟁 방식으로 나타났다. 이 회사들은 애초부터 코닥을 경쟁자로 생각하지도 않았다. 이 필름 회사는 사진 공유가 핵심 서비스가 되어버린 네트워크상에서 보다 많은 사용자를 차지하려는 새로운 회사들의 경쟁의 부수적인 희생양이 되었을 뿐이다.

그러나 이야기는 거기서 끝나지 않는다. 소셜 플랫폼과 모바일 플랫폼들이 전례 없는 규모의 성장, 외연 확대, 학습 잠재력을 달성했지만, 디지

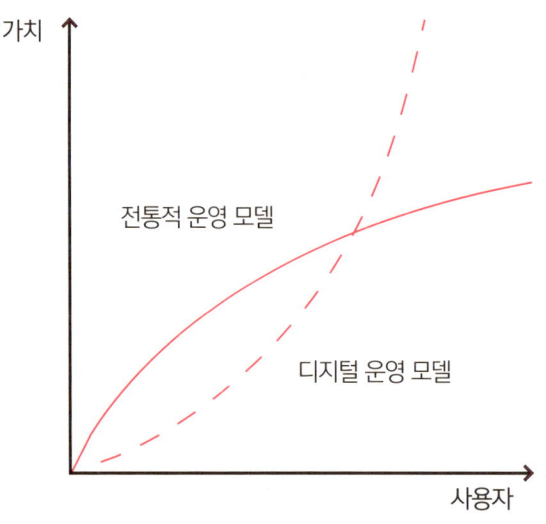

그림 1-2 전통적 운영 모델과 디지털 운영 모델의 충돌

털 운영 모델은 전통적인 경쟁자들을 파괴하는 동안 일련의 새로운 도전을 초래했다. 그들의 무분별한 성장과 통제되지 않은 영향력이 새로운 위험을 일으킨 것이다. 개인 정보 보호의 문제에서부터 사이버 보안, 데이터 편향에서 가짜 뉴스에 이르기까지, AI를 앞세운 기업의 부상은 우리 사회에 새로운 종류의 위협도 함께 부각했다. 과거의 기업들은 기업이 주변 경제, 환경, 사회 시스템에 미치는 일련의 영향이 한정적이라는 문제에 직면했었다. 그러나 새로운 종류의 디지털 기업들은 확장성, 범위, 미치는 영향 등에서 본질적으로 제한이 없기 때문에 리더십, 규제, 윤리 문제에 대한 새로운 접근법이 요구되었다.

알렉사는 경제를 어떻게 변화시킬까?

디지털 운영 모델을 활용해 전통적인 산업을 변화시키는 방법을 구현한 회사라 하면 다른 어떤 기업보다 아마존이 이에 부합한다. 아마존은 실제 물건, 즉 우리가 매일 필요로 하는 재화와 서비스를 판매한다. 그런데 아마존은 그런 일을 하는 과정에서 수 세대에 걸쳐 같은 방식으로 재화와 서비스를 판매해 온 모든 기업과 충돌한다. 아마존은 디지털 방식에 기반해 전통적인 사업 운영 방식을 재창조했다. 아마존은 물건을 판매하면서 디지털 기술, 분석 및 AI/머신러닝을 최대한 활용해 규모의 성장, 외연 확대, 학습 잠재력까지 키우고 있다. 아마존은 서적에서부터 가전제품, 식료품에 이르기까지 모든 부문에서 전통적인 기업들과 충돌함으로써 경쟁의 규칙을 바꾼다.

전통적인 기업에서 규모의 성장은 양날의 칼이다. 사업이 성장함에 따라, 기업은 일반적으로 더 저렴한 가격으로 더 많은 가치를 제공할 수 있다. 그러나 규모의 성장으로 인한 이점은 기업이 고객에게 약속한 가치를 제공하기 위해 사용하는 모든 자산과 절차를 망라하는 회사의 운영 모델에 의해 제한되는 경향이 있다. 회사가 커질수록 운영 모델은 점점 복잡해지고, 동시에 복잡성과 온갖 문제가 발생하기 때문이다. 당신이 자주 가는 소매점에 사람들이 너무 많아 물건을 살 때마다 긴 줄을 서야 한다거나, 회사가 너무 빠르게 성장한 나머지 신규 직원을 너무 많이 뽑아 혼란이 생겼다거나, 다양한 제품에 대한 수요가 급증해 생산 공장이 어려워진 경우 등을 생각해 보자. 궁극적으로, 전통적인 기업은 기업의 복잡성으로 인해 운영 비용이 증가하거나, 서비스 수준이 떨어지는 등의 한계에 부딪히며 몰락을 마주했다. 공장의 조립 라인부터 복잡한 사업부의 기업 구조 모두 운영상의 복잡성을 다루기 위해 지난 100년간 발전해온 경영 관리 시스템이었음에도 말이다.

그러나 아마존은 운영 업무를 디지털화하면서 디지털의 규모 성장, 외연 확대, 학습 잠재력이라는 장점을 그대로 수용했다. 아마존의 디지털 시스템은 회사의 운영 규모가 커지고 복잡해져도 규모를 쉽게 확장해 나가면서 계속 발전했다. 주문 접수 시스템이 완전히 디지털화되자 이용하는 소비자들이 더 많아졌고 소비자들은 더 많은 다양성을 요구했지만, 그것을 관리하는 것이 더 이상 어려워지지 않았다. 오히려 규모가 커지면서 점점 더 좋아졌다. 고객 가치를 제공하는 프로세스와 업무가 디지털화됨에 따라 오히려 기업이 더 확장 가능해졌고 전례 없이 많은 종류의 제품과 서비스를 제공할 수 있게 되었다. 이 모든 것이 개선 속도를 높이고 정밀 표적 마케팅을 가능하게 해주었다.

고객에게 제품을 제안하는 것을 예로 들어보자. 전통적 소매점에서는 매장 내 직원들이 고객에게 상품 제안을 하지만, 그런 직원들을 채용하고 교육하는 인건비 예산 때문에 그 수를 마냥 늘릴 수도 없다. 게다가 직원들에게 특정 품목에 대한 판매 전문 지식을 교육하기도 어렵다. 예를 들어 낚싯대를 잘 파는 직원이 아기 옷도 잘 팔지는 못한다. 그러나 아마존 웹사이트에서 고객에게 제품을 제안하는 알고리즘은 그런 제한에 얽매이지 않는다. 이 시스템은 고객이 이전에 무엇을 샀는지, 어떤 제품이 이전의 구매와 관련이 있는지(예를 들면 이전 구매에서도 동시에 구매했던 적이 있는지) 등에 대한 엄청난 양의 데이터를 수집한다. 시스템은 이 모든 데이터를 분석한 후 제품 사양과 고객 특성을 고려해 새롭게 어필할 수 있는 제품을 제안한다. 이 시스템은 소비자의 모든 이전 행동과 모든 관련 제품으로 학습하며 학습 능력을 발전시킨다. 데이터가 많을수록 규모와 제품의 다양성이 높아질수록, 그 성능은 좋아져서 아마존의 판매 실적도 계속 향상된다.

아마존의 협업 필터링 알고리즘 같은 AI 엔진은 업무가 복잡해져도 의사소통이나 업무 협력에서 그로 인한 비용을 발생시키지 않는다. 사업이 성장해도 효율성이 떨어지지 않기 때문에, 사람이 학습하는 것보다 확장성이 훨씬 더 높다. 게다가 이 시스템은 서로 다른 부문에 쉽게 상호 연결된다. 예를 들어 소비자들이 어떤 책을 좋아하는지에 대한 학습이 비디오나 옷 등 거의 모든 다른 품목의 판매에도 적용될 수 있다.

아마존의 핵심은 디지털 운영 모델을 계속 확장하는 것이다. 아마존의 운영 철학은 인공 지능과 머신러닝, 로봇 공학을 폭넓게 응용하고, 가능한 많은 노하우를 소프트웨어로 구현함으로써, 탁월한 운영을 디지털화하는 것이다. 전통적인 기업들은 창고에서도, 앞서 살펴본 제품 제안의 경우처럼 여러 제한을 겪으며 창고 업무를 관리하고 수행한다. 그러나 아마존에서는 그렇지 않다. 아마존의 가장 중요한 작업 흐름에서 사람은 부차적인 역할을 할 뿐이다. 수요 예측에서부터 창고 관리까지, 공급망 관리부터 물동량 계획에 이르기까지, 대부분의 업무에서 소프트웨어와 AI가 수행하는 부분이 많아지고 있다. 아마존은 여전히 많은 사람을 고용하고 있다. 하지만 그들 중 대부분은 디지털 네트워크의 가장자리에 배치되어 컴퓨터가 아직 처리할 수 없는 일(예를 들면 창고 선반에서 특이하게 생긴 제품을 고르는 일)을 하는 등, 경영상의 복잡성을 최소화하거나 디지털 확장성의 영향을 극대화하는 일을 한다. 그리고 컴퓨터는 넓은 창고에서 특정 물건을 찾는 최적의 경로를 찾는 것과 같이 인간이 해야 할 일을 정해준다(인간이 컴퓨터가 할 일을 정해주는 것이 아니다).

아마존은 끊임없이 전통적 산업 환경과 충돌하며, 환경을 디지털화시키고 자동화시켰으며 AI가 대체할 수 있는 일이 더 많아지도록 그 산업을 변화시켰다. 전통적인 기업은 일의 양이 많아지면 복잡성에 직면하지만, 아마존의 서비스는 일의 양이 많아져도 일 처리 능력이 점점 더 개선된다.

그것이 아마존이 성장함에 따라 전통적 기업은 사라지고 산업이 변모하는 이유다.

아마존의 스마트 스피커 에코(Echo)는 AI 플랫폼의 음성 인터페이스 알렉사(Alexa)를 활용해 회사의 전략을 새로운 영역으로 한 단계 더 확장했다. 에코는 처음에는 "알렉사, 아마존 음악 서비스에서 레이지 어겐스트 더 머신(Rage Against The Machine, 미국의 랩 메탈 밴드의 이름이자 그들이 1992년 발매한 동명의 음반) 틀어줘" 같은 간단하고 사소한 명령들을 이해하는 수준이었다. 하지만 수집하는 데이터의 양과 유형이 증가하면서 그 데이터로 자신을 훈련해 빠르게 능력을 키워나갔다. 시간이 지나면서 에코의 기능이 늘어나고 발전함에 따라, 에코-알렉사 듀오는 비타민 주문, 책 읽어주기, 자동차 서비스 주문, 홈 시스템 제어 등의 수많은 전통적인 업무와 계속 충돌하면서 그 일을 변화시킨다.

더 중요한 것은, 알렉사 서비스가 사실상 모든 종류의 서비스와 제품에 사용자를 무제한으로 연결할 수 있는 진정한 허브로 설계되었다는 사실이다. 2018년 9월 현재, 알렉사는 5만 가지 이상의 기술(음성 명령으로 수행할 수 있는 행동)을 보유하고 있는데, 이 많은 기술은 제삼자 개발자들이라 할 수 있는 대규모 생태계가 개발했다 해도 과언이 아니다. 에코가 계속 이런 방식으로 발전해 나간다면, 아마존 솔루션에 처리를 부탁하는 인간의 요청 건수는 계속 증가할 것이다. 당신이 알렉사에게 사야 할 물건들을 말할 때마다, 아마존 에코가 쇼핑 목록을 만들어 당신에게 보낼 것이다. 그리고 당신이 구매한 물건을 반품하거나 교환할 때마다, 아마존 알고리즘은 계속해서 그것을 학습해 당신이 필요한 물건을 예측하는 능력을 키워나갈 것이다.

아마존의 모델은 놀라울 정도로 훌륭하게 규모를 키워가고 있다. 아마존은 의류, 컴퓨터, 소비재, 오락 산업과 같은 모든 산업에서 아날로그와 디지털 모델 간의 충돌을 촉발하며, 월마트에서 컴캐스트에 이르기까지 충실히 역할 수행을 해오던 전통적 소매업체들을 위협했다. 이 과정에서 아마존은 산업 전체의 전환을 이끄는 핵심 동력이 되었다. 아마존은 전 세계에 걸쳐 사람들이 쇼핑하는 방식을 변화시켰고, 소비자 제품과 서비스에서 개인화에 대한 기대치를 높였다. 아마존이 서적에서부터 식료품까지 시장의 더욱 많은 영역으로 규모를 키워나가면서 아마존의 영향력과 회사의 시가 총액은 계속 치솟고 있다.

그러나 빠른 속도로 성장하고 변화함에 따라 아마존은 지역 사회와 규제 당국의 철저한 조사에 직면하고 있다. 아마존이 전통적인 시장에도 광범위하게 영향을 미치고 있다는 점을 고려할 때, 아마존의 모델이 기존의 독점 금지 관행에 저촉될 가능성은 그리 크지 않다. 아마존의 지속 가능한 성장은 아마존이 경제에 가져올 변화로 말미암은 혼란과 아마존을 이용함으로써 많은 소비자가 누리는 이익 간의 균형을 아마존 경영진이 얼마나 유지할 수 있느냐에 달려있다. 동시에 아마존의 경쟁사들도 가만히 있는 것만은 아니다.

더 확실한 디지털 기업이 되어야 한다

아마존의 영향을 가장 민감하게 느끼고 있는 산업은 단연 소매업이다. 아마존의 편리성, 낮은 가격, 개인화 및 추천 기능, 소프트웨어 지원 물류 인프라 등은 전통 기업들에는 가공할 만한 도전이다. 2017년에는 오래된 유통업체 20곳 이상이 파산을 신청했고, 2018년에는 125년 된 백화점 대기업 시어즈(Sears)도 파산 대열에 이름을 올렸다. 매출 기준 세계 최대 기업인 월마트(Walmart)조차 그 운명을 피하고자 최선을 다하고 있다.

1962년 샘 월튼(Sam Walton)이 설립한 월마트는 전통적 기업이긴 하지만 기술을 도외시하지는 않았다. 월마트는 초기에 개발한 리테일 링크 시스템(Retail Link System, 공급업체가 인터넷에서 판매 지점의 POS 데이터와 기타 정보에 접근할 수 있는 도구)을 EDI(전자 문서 교환) 및 RFID(반도체 칩이 내장된 태그, 라벨, 카드 등에 저장된 데이터를 무선 주파수를 이용해 비접촉으로 읽어내는 인식 시스템) 기술로 계속 발전시키며, 지난 수십 년 동안 소매 공급망(supply chain) 기술과 네트워크 인프라 분야의 표준을 구축했다. 데이터가 풍부한 공급 체인은 월마트의 운영 모델에서 중요한 역할을 담당했고, 규모 확장의 핵심 요인이었다. 그러나 월마트처럼 가장 성공적인 전통적 운영 모델들조차도 근본적인 전환 없이는 아마존의 거센 공격에 맞설 만큼 충분히 강하지 못했다.

월마트는 아마존과의 승부에서 지지 않기 위해, 디지털과 AI를 기반으로 운영 모델을 재구축하고 있다. 기존의 단절된 기업 소프트웨어 시스템은 클라우드 기반의 통합 구조로 대체되고 있다. 월마트의 고유 데이터 자산을 강력하고 다양한 새 애플리케이션에 점점 더 노출하는 것이다. 이로 인해 더욱 많은 운영 업무가 분석과 AI에 의해 강화되고 자동화될 수 있을 것이며, 성장과 전환을 가로막던 기존의 병목현상을 제거하게 될 것이다.

또한, 회사 밖에서도 도움이 될 만한 자원을 찾고 있는 월마트는 상거래 기업 제트닷컴(Jet.com), 남성복 온라인 플랫폼 보노보스(Bonobos) 등 여러 개의 디지털 기업을 인수했다. 2018년 7월에는 마이크로소프트와 제휴해 디지털 전환을 추진하고 마이크로소프트의 클라우드 서비스, 기술, 온 디맨드(on-demand, 소비자의 수요에 맞춰 즉각적으로 맞춤형 제품 및 서비스를 제공하는 경제 활동) AI 서비스에 접근할 것이라고 발표했다.

월마트의 온라인 매출은 이미 2018년에 전년보다 거의 50퍼센트 증가하는 등 큰 성장을 보이며 아마존과 본격적인 대결을 벌이고 있다. 그러나 월마트가 이 같은 성과를 유지하기 위해서는 데이터, 분석, AI를 최대한 활용해 매장 내 경험을 혁신해야 할 것이다. 오프라인 매장이 완전히 없어지진 않겠지만, 쇼핑객들을 즐겁게 하고 온라인 경험을 보완하기 위해서는 오프라인 소매 경험이 진화해야 한다. 월마트가 2018년 뉴욕주 레빗타운에 인공 지능과 대화형 디스플레이를 활용한 미래형 매장 인텔리전트 리테일 랩(Intelligent Retail Lab)을 출범시킨 것은 그런 점을 충분히 인지했기 때문이다.

매장 내 프로세스를 개선하기 위한 노력의 상당 부분이 현재 온라인 세계에서 일상적으로 제공되는 디지털 기능을 오프라인에 적용하는 방법을 배우는 것이라는 점은 매우 아이러니하다. 오프라인 매장에서 물건을 구매할 때 느끼는 좌절감은 온라인 쇼핑보다 엄청나다. 특정 품목을 찾기 위해 매장을 돌아다니는 데 낭비되는 시간, 가격이 적절한지에 대한 불확실성, 게다가 제품 추천도 받지 못하고 다른 매장과 비교도 할 수 없어 제품을 선택할 때마다 한계를 느끼는 경우를 생각해 보라. 전자 상거래는 소매업에 대한 소비자의 기대치를 변화시켰는데, 전통적인 소매업체들은 온라인 경쟁업체들이 제공하는 편리성, 개인화, 용이성에 견줄 만큼 아직 진화하지 못하고 있다. 여기에 엄청난 기회가 존재한다.

첨단 분석과 AI 덕분에 월마트는 온라인 경험을 매장에 도입할 수 있게 되었다. 카메라와 센서를 배치하고, 매장을 컴퓨터의 시각 인식 장치와 딥러닝 소프트웨어로 무장시킴으로써, 오프라인 매장에서도 온라인 쇼핑의 편리함을 추구할 수 있게 되었다. 월마트는 온라인 소매업체들이 고객의 이동 경로와 사이트를 돌아다니며 누른 클릭 수를 추적할 수 있는 것처럼, 매장에서의 고객 움직임과 구매 패턴을 포착하는 방법을 실험하고 있다. 이 데이터는 고객 패턴의 열 지도(heat map)를 만들어 고객이 모이는 지역이 어디인지, 왕래가 적은 지역이 어디인지 같은 중요한 정보를 표시하는 데 종합적으로 사용될 수 있다. 이런 정보들은 매장이 어떤 상품을 고객들에게 제공해야 하는지, 어떤 제품을 배치해야 하는지, 매장의 구조는 어떻게 해야 하는지, 심지어 공급망과 상품 조달에 관한 결정을 개선하는 데도 도움이 될 수 있다.

또, 월마트 등 유통업체들은 개인용 기기(휴대 전화)에서 나오는 위치 등 실시간 정보를 과거의 온라인 거래 이력과 통합해 고객이 누구인지 인식하고 쇼핑 경험을 개인화하는 연구도 진행하고 있다. 어느 영업 담당자가 고객의 과거의 선호도에 대한 세부 정보를 가지고 있어서 고객에게 제품을 더 잘 추천하고 고객과 더 잘 소통할 수 있다고 생각해 보라. 물론 실행은 간단하지 않다. 소비자들이 아마존 추천 알고리즘만큼 많은 정보를 가진 영업 사원을 진짜 좋아할까? 개인화와 개인 정보 보호 사이의 균형은 어떻게 맞출 것인가? 소비자들은 이런 서비스들을 인간 영업 사원에게 받는 것을 좋아할까, 아니면 그냥 휴대 전화로 추천받는 것을 더 좋아할까?

우리는 이미 매장 경험의 극적인 변화를 목격하고 있다. 예를 들어 무인 매장 아마존 고(Amazon Go, 아마존닷컴이 운영하는 식료품점)에는 계산원도 없고 돈을 지불하기 위해 길게 줄 설 필요도 없다. 매장에 들어서면서 아마존 앱을 스캔하기만 하면 매장의 모든 기술이 나서서 당신의 움직임과 구매를 추적한다. 쇼핑을 끝내고 매장을 나서면 영수증이 이메일로 전송된다. 우리는 시스템을 교란하려고 일부러 3인 1조로 가게에 들어갔다. 그리고 진열대에서 여러 가지 물건을 들었다가 전혀 다른 장소에 되돌려 놓고, 여러 번에 걸쳐 출구로 나갔다. 그러나 이 시도로 아마존의 기술을 속일 수 없었다. 우리 세 사람 각자, 자신이 실제로 선택한 모든 품목의 영수증을 즉시 이메일로 받았다.

고용하거나 교육하거나 관리할 직원도 필요 없는 정교한 디지털 공급망으로 운영이 가능한 이런 무인 매장을 더 많이 구축하는 데 방해가 되는 장애물은 무엇일까? 이런 매장을 운영하는 소매 회사가 할 일이라고는 매장에 가서 하드웨어를 설치하고 필요한 소프트웨어를 탑재하는 것뿐이다. 이런 매장을 여러 개 확장한다 해도 사실상 관리 비용이 들지 않는다. 중국에서 징동닷컴(JD.com, 알리바바에 이은 중국 2위 전자 상거래 플랫폼)은 이미 덜 공격적인 디지털 운영 모델을 활용해 매주 수천 개의 편의점을 열겠다고 발표했다(징동은 2018년 7월에 중국 전역에 5,000개의 무인 편의점을 내겠다고 선언했고, 실제로 200여 개의 무인 편의점이 생겼지만 중국의 무인 매장들의 폐업과 파산이 속출하면서 12월에 계획을 철회함-역주). 월마트가 주목해야 할 대목이다.

고마워, 위챗!

루 샤오슈에는 말레이시아 쿠알라룸푸르의 잘란 알로르(Jalan Alor) 레스토랑 일대 거리에서 중국 관광객들을 위해 노래를 부르며 생계를 이어간다. 스마트폰으로 그녀의 위챗 QR 코드를 스캔해 그녀에게 기부한 한 행인에게 그녀는 감사를 표했다(그 행인은 이 책의 저자 중 한 명인 카림 라크하니였다!).

이제는 걸인들이나 길거리 공연자들도 디지털 시대에 진입했다. 그녀의 위챗(또는 알리페이) 앱을 몇 번 두드리기만 하면 쿠알라룸푸르(아시아의 거의 모든 도시에서도 가능하다) 거리의 행인 누구나 디지털 방식으로 그녀에게 즉시 안전하게 돈을 송금할 수 있다. 서양에서 온 관광객들은 종종 그들이 가지고 온 현금을 사실상 쓸 일이 없다는 사실을 알고 충격을 받는다. 이제는 상점이나 식당은 물론 심지어 걸인들까지도 앱 기반의 디지털 시스템 결제 방식을 선호하면서 데이터, 분석, AI를 활용한 새로운 앱의 물결이 이 지역의 대세가 되었다. 쌍둥이 빌딩으로 알려진 페트로나스 타워(Petronas Towers) 내 고급 쇼핑몰에 있는 편의점 세븐일레븐은 신용 카드 대신 위챗 페이(WeChat Pay)를 요구한다. 기술의 본고장인 실리콘 밸리에서 한참 멀리 떨어진 이곳에서도 디지털 기술은 모든 종류의 기업, 직업, 앱들과 충돌하며 이들을 재편하고 있다.

이러한 충돌의 배경에는 위챗 앱을 만든 중국의 텐센트가 있다. 1998년 선전(深圳)에서 설립된 텐센트는 중국 사용자를 위한 PC 기반 인터넷 인스턴트 메시지 서비스로 시장에 진출했다. 아마도 상용 웹 초기(1996년)에 출시돼 전 세계 친구들과 즉시 대화를 가능하게 해준 메시지 서비스 ICQ(인스턴트 메시지의 원조, I Seek You의 약자)를 기억하는 사람은 그리 많지 않을 것이다. 대부분의 중국 인터넷 사용자들이 카페나 직장에서 컴퓨터를 공유해야 한다는 것을 알게 된 텐센트는 ICQ 기능을 응용해 사용자 데이터와 채팅 기록을 텐센트 서버에 집중시킴으로써 모든 컴퓨터 기기에 프로그램 이식을 가능하게 만들었다. 텐센트는 자사의 서비스를 오픈 ICQ(Open ICQ)라고 부르고 1999년 2월에 서비스를 시작했다. 이 서비스가 소문이 나면서 순식간에 중국 최대의 메신저 서비스 및 소셜 네트워크가 된 것이다.

규모가 커지자 텐센트는 광고와 프리미엄 서비스(특별 아이콘 등)로 메시징 네트워크를 수익화했다. 이후 아바타, 게임, 가상 재화 등 다양한 보완 제품과 서비스에 사용자를 연계시킴으로써 앱의 범위를 넓혀 나갔다. 텐센트는 2011년 텐센트 메시징 네트워크를 기반으로 구축된 모바일 메시징 앱 위챗을 출시했다. 위챗은 단순한 모바일 접속을 넘어, 음성 메시지 전송, 동영상 공유, 사진과 GPS 위치 공유, 심지어 돈을 보내고 받는 일까지 가능하게 하는 등, 사용자에게 새로운 기능을 제공했다.

위챗은 소프트웨어 개발자들이 쉽게 접근할 수 있는 API(응용 프로그램 인터페이스, 운영 체제와 응용 프로그램 사이의 통신에 사용되는 언어나 메시지 형식)를 사용한 개방형 플랫폼으로 구축되었는데, 이 인터페이스는 공과금 납부에서부터 진료 예약에 이르기까지 모든 종류의 외부 서비스와 활동에 접속하는 데도 사용된다. 이렇게 해서 텐센트는 새로운 시장으로 앱을 빠르게 확장할 수 있었다.

텐센트는 글로벌 소비자들과 계속 연결해 나가면서 디지털 운영 모델을 엄청난 규모와 범위로 확장해 나갔다. 그 핵심은 사회적 상호 작용, 소비 패턴, 검색 트렌드, 정치적 정서까지 아우르는 광범위한 데이터를 AI가 분석하도록 만든 데이터 플랫폼에 있었다. 텐센트는 최대 경쟁사인 알리페이(Alipay, 알리바바 그룹 내의 앤트 파이낸셜 서비스그룹이 만든 결제 서비스)의 성공을 모방해 머신러닝 알고리즘을 통해 데이터를 분석하고 자동화해 다양한 분야로 서비스를 확장했다. 따라서 중국을 넘어 해외에서, 텐센트와 앤트 파이낸셜은 그들이 보유한 소비자들과의 연결망을 활용해 이 같은 방식으로 금융 서비스에서 의료 분야에 이르는 다양한 산업들과 충돌하며 그를 변화시키고 있다.

이 회사들은 불과 몇 년 만에, 미국과 유럽의 대형 은행들보다 10배나 많은 소비자에게 손을 뻗쳤다. 그들이 제공하는 다양한 상품들은 네트워크와 데이터로부터 나오는 정보가 계속 늘어난다는 강점을 활용하기 때문에 지속적으로 개선된다. 텐센트와 앤트 파이낸셜은 이제 자신들이 가장 널리 사용되는 결제 서비스이며 가장 큰 머니 마켓 펀드(MMF, 초단기 금융상품)이자 가장 큰 중소기업 대출 네트워크라고 주장한다. 그러자 아마존의 경우처럼, 지역 사회와 규제 기관들도 이 회사들에 관한 관심이 높아지기 시작했다.

오늘날 텐센트는 세계에서 가장 기업 가치가 높은 회사 중 하나이자 세계 경제의 중요한 허브가 되었고, 다양한 산업(및 규제 기관들)과 충돌하고 있다. 은행들과 규제 당국들도 이 회사를 경계하기 시작했다. 과연 아마존까지 이 회사를 경계할까?

새로운 시대 이해하기

디지털 렘브란트가 처음 소개되었을 때, 예술계의 반응은 실로 놀라웠다. 이 기술의 명백한 능력과 잠재력에 깊은 관심을 보이며 '매우 인상적이며 충격적이다'라고 말하는 전문가들이 있었는가 하면 '고통스럽고 부도덕한' 노력이라고 비하한 사람들도 있었다. 이 프로젝트를 가장 혹평한 영국 일간지 가디언(Guardian)의 미술 평론가 조나단 존스(Jonathan Jones)는 이 프로젝트를 "끔찍하고 천박하며 무감각하고 영혼 없는 모방"에 불과하다며 최악의 혹평을 쏟아냈다.

사실대로 말하자면 존스의 반응은 우리가 오래전부터 알고 소중히 여기던 전통적 활동을 AI가 주도적으로 대체하는 과정을 목격했을 때, 우리 중 많은 사람이 느끼는 것과 크게 모순되지 않는다. 온라인에서 읽은 뉴스 기사가 나중에 가짜라는 것을 처음 알게 되었던 때를 기억해 보라. 디지털 네트워크와 AI의 등장은 일, 회사, 관습의 본질에 관한 오랜 가정, 예를 들면 각 산업은 고유의 핵심 역량을 갖는 것이 중요하다거나 전통적 기능을 소중히 여겨야 한다거나 하는 생각들에 도전을 제기한다. AI는 자동차를 운전하는 일에서부터 전통적 소매점을 관리하는 일에 이르기까지 과거의 많은 기술과 재능을 쓸모없는 것으로 만든다. 디지털 네트워크는 데이트하는 것에서부터 투표하는 것에 이르기까지 사회적, 정치적 상호 작용에 대한 기존의 접근 방식을 바꾸고 변화시킨다. AI 배치의 확대는 미국 내에서만 수백만 개의 일자리를 위협할 수 있다. 우리의 경제와 삶의 더욱 많은 부분이 디지털 네트워크에 연결되면서, 우리의 능력이 침해를 당하거나, 전통적 기술이 위협을 받거나, 그 외 다른 직접적인 경제적, 사회적 영향을 받는 것을 넘어, 우리의 존재는 점점 더 취약해지고 있다. 이제 사이버 보안은 소니 픽처스(Sony Pictures)나 미국 주정부 선거 위원장 협회(NASED)처럼 전혀 상관없이 보이는 어느 조직에든 중요한 문제가 되었다.

    디지털 세계와 아날로그 세계가 하나로 합쳐지고 있다는 사실을 피할 수 없다. 우리가 보는 것은 이제 어떤 새로운 기술, 특별한 종류의 회사, 또는 이전에 없던 '새로운' 경제가 아니다. 우리는 지금 제조, 서비스, 소프트웨어 제품 전반에 걸친 전체적인 경제 시스템, 모든 산업, 모든 부문, 모든 국가가 하나로 연결된 경제를 보고 있다. 우리는 경제의 모든 조직(그리고 실제로 어떤 직업의 근로자든)이 가치를 창출하고, 포착하고, 전달하기 위해 어떻게 행동해야 하는지를 재정의하는 새로운 시대로 접어들었다. 좋든 싫든 디지털 네트워크와 AI가 기업과 사회를 변화시키고 있다.

이 책이 여러분에게 건네는 약속

디지털 운영 모델의 등장은 신규 회사든 오래된 회사든 모든 기업에 피할 수 없는 지상 최대의 과제이다. 그 잠재적 영향력을 가늠할 수 없는 시대에, 우리는 기업을 경영하고, 전환하고, 성장시키고 통제하는 방법을 더 잘 이해해야 한다. 그것을 이해하는 데 이 책이 도움이 되기를 바란다.

만약 당신이 디지털 조직을 이끌고 있다면, 기회와 도전과 더불어 조직의 충분한 잠재력을 인식할 필요가 있다. 만약 당신이 전통적 조직을 이끌고 있다면, 기존의 강점을 새로운 방식으로 활용하고, 새로운 전략을 지원하기 위해 운영 역량을 전환하는 방법을 이해해야 한다.

비디오 대여 전문 브랜드 블록버스터(Blockbuster)에서부터 한때 휴대 전화 시장 점유율 세계 1위를 차지했던 핀란드의 노키아(Nokia)에 이르기까지 우리가 잘 알고 있는 실패들을 거울삼아, 많은 회사가 새로운 시대를 구축하고, AI에 투자하며, 운영 방식을 변화시킴으로써 새로운 성장과 기회를 추구하는 것을 목격하고 있다. 마스터카드(Mastercard)에서부터 세계 최대 자산운용사 피델리티 인베스트먼트까지, 월마트에서부터 다국적 제약사 로슈(Roche)까지 많은 글로벌 회사들이 이런 흐름을 주도하고 있다. 피델리티에서 이러한 노력을 이끄는 비핀 메이어(Vipin Mayar)의 말처럼, AI는 우리를 더 낫게 만들고 있다.

AI는 스타트업이든 기존 기업이든, 기업가든 사내에서 기업가를 꿈꾸는 사람이든, 그리고 새로운 경제, 사회, 정치 기관들은 물론 예술가들에게도 새로운 기회를 제공한다. 스타트업들은 이 책에서 언급하고 있는 운영 모델을 사용해, 이메일 작성부터 엑스레이 사진의 해석까지 모든 일을 분석과 AI를 통해 디지털화하는 새로운 프로세스 구축을 목표로 삼을 수 있을 것이다. 신규 디지털 기업들이 규모와 범위의 무제한이라는 문제와 씨름하고 있는 것처럼, 많은 기존 기업들도 지속적인 성장과 전환을 위해, 새로우면서도 통제가 더 잘되는 운영 모델을 선정할 수 있을 것이다. AI가 주도하는 전환은 새로운 회사의 창설을 촉진할 것이다. 그뿐만 아니라, 기존 기업들이 새로운 종류의 운영 모델 중 최고를 채택하고, 기존의 제동 시스템을 포기하지 않고도 새로운 디지털 엔진이 제공하는 가속도를 수용하게 함으로써 그들에게 다시 도약할 동기를 부여할 것이다. 과거의 경험을 밑거름으로 삼고, 새로운 세대로부터 연료를 공급받은 회사들은 옛것과 새것을 최대한 활용하며 혁신의 길을 걸을 것이다.

이 책의 목표는 기존 회사든, 새로운 회사든, 스타트업이든, 규제 기관이든 모든 조직의 리더들에게 디지털 시대의 경쟁 양상과 운영에 대한 이해의 틀을 제공하는 것이다.

이 책을 쓰기까지의 여정

지난 10년 동안 우리는 하버드 비즈니스 스쿨에서 디지털 전환, 네트워크, 그리고 AI가 기업들에 미친 영향을 이해하기 위해 광범위한 연구 프로젝트 포트폴리오를 주도했다. 샌프란시스코에서 뉴욕까지, 인도 방갈로르(Bangalore)에서 중국 선전까지, 우리는 이 연구에 금융 서비스에서부터 농업에까지 이르는 다양한 산업의 기업 수백 곳을 포함했다. 전략 및 경제 컨설팅회사 키스톤 스트래티지(Keystone Strategy)의 동료들과 자주 협력하면서, 때로는 교사로, 컨설턴트로, 규제 문제 전문가로, 이사회 의원으로, 그리고 때로는 직접적인 참여자로서 수백 건의 전략 및 전환 노력에 참여했다. 우리는 작은 스타트업에서부터 다국적 기업까지, 그리고 아마존, 마이크로소프트, 모질라(Mozilla, 1998년 미국 AOL의 넷스케이프 팀을 중심으로 구성한 자유 소프트웨어 커뮤니티), 페이스북 같은 혁신의 선구자들부터 디즈니, 버라이즌, 미항공우주국(NASA) 같은 전통적인 조직까지 다양한 기업들과 협력해왔다. 그 과정에서 하버드 비즈니스 스쿨의 글로벌 경영자 교육 프로그램의 참가자들과 MBA 커리큘럼 과정을 통해 배울 수 있는 행운도 얻었다.

이 책은 우리가 배운 것의 정수를 뽑아 정리한 매개물이다. 기업가뿐만 아니라 기존 기업의 관리자들에게도 도움이 될 것이다.

이 책에서 설명된 이론들은 중요한 현상을 다루고 있다. 붕괴 이론은 1990년대와 2000년대에 전통적 기업들이 기술 변화의 물결에 직면했을 때 그들에게 닥친 실존적 위협을 정의한 것이다. 우리의 연구는 디지털 규모, 범위, 학습을 특징으로 하는 새로운 종류의 회사가 전통적인 경영 방법과 제약 조건을 뛰어넘고, 전통적인 기업들과 충돌하며, 우리 경제를 전환시키고 있다는 새로운 관찰에 관해 설명한다. 소프트웨어, 분석, 그리고 AI가 회사 운영의 근간을 재편하고 있다는 것을 말이다.

그러나 우리는 이러한 전환이 기술 그 이상의 문제라고 생각한다. 그것은 완전히 다른 회사가 되어야 하는 문제다. 이 책의 후반에서 자세히 살펴보겠지만, 회사 내에 온라인 사업부를 분리하거나, 실리콘 밸리에 연구소를 두거나, 디지털 사업부를 만드는 것이, 이 위협에 맞서는 방법은 아니다. 그보다는 기업의 작동하는 방식을 재설계하고, 데이터를 수집하고, 사용하는 방식을 바꾸고, 정보에 대응하고, 운영 결정을 내리고, 새로운 운영 업무를 실행하는 등 훨씬 더 깊고 종합적인 도전을 수반해야 한다.

사실 우리의 연구는 많은 다른 사람들의 연구에 기반을 두고 있다. 칼리스 볼드윈(Carliss Baldwin)과 킴 클라크(Kim Clark)는 정보 기술이 산업의 본질에 미칠 수 있는 극적인 영향을 보여주었다. 할 바리언(Hal Varian)과 칼 샤피로(Carl Shapiro)는 IT 기업들에 의해 경제 이론에 많은 변화가 생겼음을 처음 강조했다. 사실 우리 말고도 회사 전략과 비즈니스 모델에 대한 디지털 생태계, 플랫폼, 커뮤니티의 역할이 점점 더 커지고 있다는 것을 설명하는 연구를 진행한 사람들은 많다(진 티롤Jean Tirole, 마이클 쿠스마노Michael Cusmano, 애나벨 가워Annabel Gawer, 제프 박Geoff Park, 마샬 반 알스타인Marshall Van Alstyne, 데이비드 요피David Yoffie, 펑 주Feng Zhu, 마크 라이스먼Mark Rysman, 안드레이 하지우Andrei Hagiu, 케빈 부드로Kevin Boudreau, 에릭 본 히펠Eric von Hippel, 셰인 그린스타인 Shane Greenstein 등). 가장 최근에는 이들 외에 다른 연구자들(에릭 브린욜프슨Erik Brynjolfsson, 앤드류 맥아피Andrew McAfee, 카이푸 리Kai-Fu Lee, 밍 쩡Ming Zeng, 페트로 도밍고스Pedro Domingos, 어제이 애그러월Ajay Agrawal, 조슈아 갠스 Joshua Gans 그리고 아비 골드파브Avi Goldfarb)도 컴퓨터가 어떻게 점점 더 중심적인 역할을 하며 업무의 본질을 변화시키고 있는지를 밝혔다. 이 책은 이러한 요인들이 소프트웨어, 분석, AI가 네트워크와 조직에 미치는 영향과 결합했을 때 어떤 놀라운 일이 일어나는지 설명함으로써 이들의 생각을 한군데 모아 더 확장했을 뿐이다. 우리는 100여 년 만에 처음으로 새로운 종류의 기업이 출현하는 것을 목격하고 있다. 바로 이 회사들이 새로운 경제 시대를 정의하고 있다고 생각한다. 이 책은 경영자나 기업가뿐 아니라 사회 전반을 대상으로, 새로운 디지털 시대가 전략과 리더십에 미치는 의미를 설명하고자 한다.

  이 책은 총 10장으로 구성되어 있다. 2장 '기업의 경쟁 방식 다시 생각하기'에서는 디지털 네트워크와 AI가 주도하는 기업의 새로운 개념을 고찰한다. 이 장에서 앤트 파이낸셜, 영국의 온라인 식품 유통기업 오카도(Ocado), 홈 피트니스 회사 펠로톤(Peloton) 세 곳의 디지털 유니콘(기업가치 10억 달러로 평가받는 기술 스타트업)을 깊이 살펴볼 것이다. 세 회사의 비즈니스 및 운영 모델, 강력한 디지털 구성 요소, 그리고 규모, 범위 및 학습을 추진하는 탁월한 능력을 설명할 것이다.

  3장 '가치 전달 경로에서 인간을 배제하는 AI 팩토리'에서는 넷플릭스를 중심 사례로 신생 기업의 핵심을 설명한다. 데이터 및 AI 주도 자동화, 분석, 통찰력을 체계적으로 실현하는 확장 가능한 '의사 결정 공장'을 만드는 것이 3장의 핵심이다. 이 장에서는 세 가지 중요한 공장 구성 요소, 즉 예측과 의사 결정에 영향을 미치는 AI 알고리즘, 알고리즘에 공급하는 데이터 파이프라인, 그리고 알고리즘을 지원하는 소프트웨어, 연결성 및 인프라에 관해 탐구할 것이다.

4장 '디지털 네트워크와 AI로 기업 재구성하기'에서는 AI를 탐구하는 데 왜 새로운 운영 구조가 필요한지를 설명한다. 아마존을 핵심 사례로 삼아, 수백 년에 걸쳐 발전한 전통적이고 단절된 기업 구조와 현대 기업의 특징인 일종의 통합되고 데이터 중심적인 플랫폼 기반 조직을 대조해 볼 것이다. 또 새로운 유형의 운영 모델이 규모, 성장 및 학습을 제약하는 요소들을 어떻게 제거하는지 보여줄 것이다.

5장 '디지털 전환을 위한 기업 혁신'에서는 마이크로소프트의 클라우드 및 AI 기업으로의 전환을 중심으로 디지털 운영 모델 구축의 전환 과정을 살펴본다. 또 AI 준비 지수의 개발을 포함한 350개 기업을 대상으로 시행한 연구 결과를 일반화하고, 가장 앞서가는 기업들이 어떻게 우수한 성장과 재무 성과를 냈는지 보여줄 것이다. 그리고 가장 인기 있고 영향력 있는 기업의 AI 구현 시나리오에 대해 보고하고, 다국적 투자 자문 회사 피델리티의 AI 전환에 대한 설명으로 끝맺을 것이다.

6장 '새로운 디지털 시대를 위한 전략 수립'에서는 디지털 네트워크와 AI의 출현에 따른 전략적 의미를 고찰한다. 이 장에서는 전략적 네트워크 분석의 요소에 대해 논의할 것이다. 디지털 네트워크와 AI가 경제를 재편함에 따라 전략적 네트워크 분석이 비즈니스 기회를 분석하기 위한 체계적인 방법을 제공해 줄 것이다. 또한, 몇 가지 사례를 제시하고, 우버(Uber)의 전략적 옵션, 강점, 약점에 관해서 설명할 것이다.

7장 '전통적 기업과 디지털 기업의 충돌'에서는 경쟁의 역학 관계를 살펴보면서 전략적 의미에 대한 논의를 계속한다. 이 장은 디지털 운영 모델을 특징으로 하는 기업들이 아날로그 기업들과 경쟁할 때 어떤 일이 일어나는지에 초점을 맞추고 있다. 과거의 경쟁 환경(스마트폰)에서부터 오늘날의 전쟁터(주택 및 자동차 공유)에 이르기까지 다양한 예를 제시할 것이다. 디지털 기업의 출현에 따른 광범위한 경쟁적 의미에 대해 논의하는 것으로 장을 끝낼 것이다.

8장 '디지털 기업이 마주할 윤리적 문제'에서는 디지털 네트워크와 AI의 결합으로 야기되는 새로운 범위의 윤리적 과제를 고찰한다. 디지털 확장, 알고리즘의 편향, 데이터 보안 및 개인 정보 보호의 고려 사항, 플랫폼 제어와 공평성 등 몇 가지 핵심 이슈를 살펴볼 것이다. 또 선도 기업과 규제 당국의 새로운 도전과 책임도 설명할 것이다.

9장 '새로운 게임, 새로운 규칙'에서는 새로운 기업과 전통적 기업의 리더들, 그리고 그들을 둘러싼 정부와 지역 사회에 관한 광범위한 영향력을 설명한다. 새로운 시대를 정의하고, 경쟁의 주 무대를 형성하며, 우리의 집단적 미래를 변화시킬 새로운 규칙들을 제시할 것이다.

10장 '디지털 전환을 이끄는 리더의 임무'에서는 새로운 디지털 시대를 형성하기 위한 리더십의 과제를 살펴보며 이 책을 마무리한다. 먼저, 경영자와 기업가가 전환을 주도하고 새로운 모험을 감행할 때 즉각적으로 기회를 발견하게 된다는 것을 확인할 것이다. 또, 디지털 기업이나 전통적 기업의 리더들뿐만 아니라, 규제 당국이나 지역 사회가 취해야 할 행동에 대해 고찰해 볼 것이다. 마지막으로, 점점 더 디지털화되고 있는 회사를 이끄는 가장 중요한 의미가 무엇인지 요약하고, 우리의 집단적 미래 형성에 참여하면서 취할 수 있는 조치들을 간단히 살펴볼 것이다.

AI 여정의 이해를 돕는 길잡이

AI가 불러온 전환이 절실히 필요했던 약속과 투자를 끌어낸다면, 궁극적으로 어느 조직에든 기회가 생길 것이라고 믿는다. 비록 디지털 스타트업이 전통적인 회사들보다는 이러한 길을 더 쉽고 자연스럽게 가는 경향이 있지만, 우리는 수십 년 된 기업들도 이에 잘 적응하고 번창하는 경우를 많이 보았다. 우리의 목표는 이 책의 독자들에게 그들의 사업에 불가피하게 영향을 미칠 충돌에 대비할 수 있는 통찰력을 제공함으로써 그들이 그런 위협에 대처하고, 기회를 포착하고 활용할 수 있도록 돕는 것이다.

우리는 이 책이 기업의 새로운 특성, 구조, 기업이 필요로 하는 기능의 종류, 그리고 기업이 경쟁하는 새로운 환경 구조에 대해 유용한 관점을 제공할 수 있기를 바란다. 전통적 기업들이 전환을 추구할 때에나, 신생 기업들이 새로운 기회와 도전에 직면할 때에나, 이 책이 안내자가 될 수 있기를 바란다. 우리가 모두 새로운 전략과 역량을 이해하고, 구사하고, 운영하는 데 아낌없이 투자한다면, 그리고 새로운 시대가 요구하는 문화적, 리더십 전환에 정직하게 맞선다면 새로운 시대는 기존 기업에게나 신생 기업에게나 지속 가능한 성장과 기회로 이어질 것이다. 이 모든 것을 아우르는 흐름에 역행하기보다, 그 흐름을 이해하고 때로는 자신의 것으로 삼고 심지어 그 흐름을 자신이 주도한다면 우리는 분명히 더 나아질 것이다.

이제 다음 장에서는 회사가 가치를 창출하고, 획득하고, 전달하는 방법을 AI가 어떻게 바꾸고 있는지를 설명할 것이다.

변혁의 시대

2장 기업의 경쟁 방식 다시 생각하기

기업의 경쟁 방식
다시 생각하기

2018년 6월, 앤트 파이낸셜이라는 무명의 회사가 140억 달러(17조 원)라는 기록적 자금을 모금하며 순식간에 1500억 달러(183조 원) 가치의 기업으로 평가받으면서 세계에서 가장 큰 금융 기술(핀테크) 회사이자 가장 기업 가치가 높은 유니콘으로 부상했다. 불과 4년 전에 알리바바에서 분리된 이 회사가 글로벌 금융 회사 아메리칸 익스프레스(American Express)나 미국 최대 투자은행 골드만 삭스(Goldman Sachs)보다 더 가치 있는 회사가 된 것이다.

중국 항저우에 본사를 두고 있는 앤트 파이낸셜은 몇 년 사이에 7억 명 이상의 사용자와 1000만 개 이상의 중소기업에, 이전에 볼 수 없었던 새로운 종류의 서비스를 제공하는 기업으로 성장했다. 초기에는 그동안 제도권 금융에서 소외되었던 중국의 개인과 기업들을 대상으로 다양한 금융 상품을 제공하면서 번창했다. 그러다가 자전거 공유에서부터 기차표 구입, 심지어 자선 단체 기부에 이르기까지 서비스 범위를 넓히면서 점차 시장 전체로 사업을 확장해 나갔다.

앤트 파이낸셜 성공의 핵심은 데이터를 활용해 사용자들의 요구가 무엇인지 알아내고 그런 요구에 부응하기 위해 디지털 서비스를 들고 나왔다는 것이다. 그들의 서비스가 중국 전역으로 확대되고 중국 관광 시장을 통해 아시아, 호주, 유럽에까지 확산 도입되면서 방대한 데이터가 구축되었고, 회사는 이 데이터를 이용해 금융 사기 위험에서부터 새로운 금융 상품의 특징에 이르기까지 모든 의사 결정을 돕는 정보를 고객에게 제공할 수 있게 되었다. 앤트 파이낸셜은 이 데이터를 강력하고 통합된 AI 플랫폼으로 모아, 신청서 처리, 사기 탐지, 신용 평가, 대출 자격 심사 등 강력한 서비스를 제공한다.

앤트 파이낸셜은 디지털 금융의 규모와 범위의 확장, 그리고 끊임없는 학습을 최대한 활용해 금융 서비스를 혁신하고 기존 금융권과의 오랜 갈등을 해결하는 운영 모델을 구축하는 등 21세기 기업을 위한 새로운 기준을 창출해 나가고 있다. 그들의 운영 모델이 얼마나 효율적인지 살펴보자. 앤트 파이낸셜은 7억 명 이상의 고객들에게 광범위한 서비스를 제공하면서도 직원 수는 1만 명도 되지 않는다. 이에 비해 1924년에 설립된 뱅크 오브 아메리카(Bank of America)는 6700만 명의 고객에게 한정된 서비스만을 제공하면서 무려 20만 9,000명의 종업원을 고용하고 있다. 앤트 파이낸셜이 기존 업계와 얼마나 다른지 이해할 수 있겠는가?

본 장에서는 21세기 '디지털' 기업의 새 기준을 제시하며 빠르게 성장하는 세 기업, 앤트 파이낸셜, 오카도, 펠로톤의 사례를 살펴보고자 한다. 이 세 회사는 각각 소프트웨어, 데이터, AI를 주 운영 기반으로 삼아 새로운 종류의 비즈니스 모델을 구현하기 위해 창업된 회사들이다. 세 회사 모두 전통적인 산업에 종사하는 회사들이지만, 기존 기업과 충돌하고, 기업의 운영 방식을 바꾸며, 주변 경제까지 변화시키고 있다. 본 장의 뒷부분에서는 AI를 사업과 운영의 핵심에 두며 보다 확실하게 자리를 잡은 대기업 구글을 집중적으로 살펴볼 것이다.

이 기업들은 고객에 대한 가치를 창출하고, 포착하고, 전달하는 데 새로운 접근법을 사용해 경제의 전환을 주도하고 있다. 그들이 어떻게 그렇게 하고 있는지 이해하기 위해 우선 이 회사들의 사업과 운영 모델을 자세히 살펴보고, 그들이 고객 가치 제안을 어떻게 구축하고 실행해왔는지를 분석해 볼 것이다. 그러고 나서 이 세 회사가 새로운 길을 개척해나가는 방법에 대해 초점을 맞출 것이다.

기업의 가치와 본질 이해하기

전통적 회사의 본질과 목적은 이미 충분히 설명되었다. 로널드 코스(Ronald Coase)와 올리버 윌리엄슨(Oliver Williamson)같은 경제학자들은 시장 구조 속에서 일하는 개인이 할 수 없는 업무를 수행하기 위해 기업이 생겨났다고 선언했다. 오직 시장을 통해서만 모든 근로자의 공동 생산 참여를 조정하는 것은 엄청난 거래 비용이 들기 때문에 기업이 필요하다는 것이다. 기업들은 협상과 타협을 반복하는 마찰을 일으키지 않고 장기계약을 통해 업무를 조정함으로써, 제품과 서비스를 창출하는 데 필요한 거래 비용을 낮춘다. 기업이 체계화시킨 업무 범위, 즉 기업이 하기로 한 일이 무엇인지, 그리고 실제로 그 일을 어떻게 수행할 것인지에 따라 그 '모든 계약'의 가치가 자연스럽게 형성된다.

기업의 가치는 두 가지 개념으로 정립된다. 첫째는 회사의 비즈니스 모델이다. 이것은 기업이 가치를 어떻게 창출하고 획득하느냐를 의미한다. 둘째는 회사의 운영 모델이다. 이는 기업이 그 가치를 고객에게 어떻게 전달하느냐를 의미한다.

따라서 비즈니스 모델은 기업이 자신만의 특별한 재화나 서비스를 제공하거나 자본화함으로써 경쟁사와의 차별화를 어떻게 도모할 것인가에 대한 전략을 포괄하는 개념이다. 반면 운영 모델은 고객에게 재화와 서비스를 전달할 수 있게 하는 기업의 시스템, 절차 및 능력을 포괄하는 개념이다. 즉, 비즈니스 모델이 이론을 정립하는 것이라면 운영 모델은 회사의 인력과 자원이 실제로 매일 수행하는 실행을 다루는 것이다. 또 비즈니스 모델이 기업의 잠재력을 나타내는 것이라면 운영 모델은 기업이 고객에게 제공할 수 있는 가치의 측면에서, 기업이 지닌 제약 조건 내에서 기업의 가치를 실행하는 역할이다.

비즈니스 모델

결국, 기업의 비즈니스 모델은 고객들로부터 어떻게 가치를 창출하고 획득하느냐로 정의될 수 있다. 따라서 이는 정확하게 정의하는 것이 중요하다. 비즈니스 모델에는 두 가지 요소가 포함되어 있는데, 첫째는 고객이 회사의 제품이나 서비스를 소비하도록 촉진하는 가치를 창출해야 한다는 것이고, 둘째는 창출된 가치를 획득하기 위해 몇 가지 방법을 구사해야 한다는 것이다.

그런데 가치 창출이란 고객이 회사의 제품이나 서비스를 사용하기로 선택하는 이유와, 회사가 고객을 위해 해결하고 있는 특정 문제와 관련이 있다. 이것은 종종 회사의 가치 제안이나 고객에 대한 약속이라고 불리기도 한다. 당신이 타고 다니는 자동차를 생각해 보자. 그 자동차 회사의 가치 창출은 당신의 교통 문제를 해결하는 것에서부터 시작된다. 그 차는 당신이 세상을 돌아다닐 수 있게 해준다. 하지만 그런 기본적인 것 외에, 그 자동차 회사는 품질(차가 얼마나 신뢰할 수 있고 안전한가), 디자인(모양), 편안함(실내는 얼마나 고급스러운가), 승차감(엔진과 변속기는 얼마나 부드러운가), 비용(차의 가격은 적당한가), 브랜드(그 차가 당신의 품격을 반영하는가) 등을 전달함으로써 당신에게 가치를 제공한다. 예를 들어 기아 브랜드와 페라리 브랜드가 주는 가치 창출의 차이를 생각해 보라.

가치 창출의 요인은 물론 변할 수 있다. 오늘날 많은 사람에게 자동차에 장착된 기술 패키지나 스마트폰과 얼마나 잘 연동되는지가 자동차의 기본 성능만큼이나 중요한 고려 사항이 되었다.

자동차를 살 때 고려하는 요인은 승차 공유를 할 때 고려하는 요인과 크게 다르다는 점을 주목하라. 당신이 우버를 불렀는데 당신이 좋아하는 캐딜락이 아니라 도요타 프리우스가 왔다고 해서 승차를 취소한 적이 있었던가? 승차 공유에서의 가치 창출은 주변에 올 수 있는 운전자가 있는지, 대기시간, 운전자 신분에 관한 회사 정책의 신뢰성, 운전자에 대한 고객 평가 점수, 앱의 이용 편의성, 승차 비용 등과 관련이 있다.

자동차 제조사인 도요타와 승차 공유 업체인 우버는 이동성을 제공한다는 점에서는 같지만, 그들이 창출하는 가치는 매우 다르다. 도요타가 창출하는 가치는 당신이 차를 사게 만들지만, 우버가 창출하는 가치는 온 디맨드 탑승이다. 따라서 가치 창출에 대한 기업의 접근 방식은 고객을 위해 해결하고 있는 정확한 문제와 시장에서의 위상 정립을 의식적으로 선택할 것을 요구한다. 승차 공유 기업의 가치 창출은 운전자와 탑승자의 생태계에도 의존한다. 이용 가능한 운전자가 많을수록 탑승자에게는 더 많은 가치가 창출되고, 앱을 통해 승차 공유를 요청하는 탑승자들이 많을수록 독립 계약자인 운전자들에게는 더 많은 가치가 창출된다.

가치 획득은 동전의 다른 면과 같다. 기업이 고객에게서 획득하는 가치는 기업이 고객을 위해 창출하는 가치보다 당연히 작아야 한다. 예를 들어 자동차 회사의 경우, 회사의 가치 획득은 기본적으로 자동차 판매 가격(P)이 자동차 제조 비용(C)보다 크다는 사실에 달려있다. P가 C보다 크기 때문에 발생하는 마진이 자동차 회사의 가치 획득을 규정하는 것이다. 또, 자동차 회사는 리스 판매를 통해서도 부가 가치를 획득할 수 있다. 이 경우에는 자동차 회사가 소비자보다 낮은 금리에 접근함으로써 자본 시장의 금리 차이(회사가 금융권에서 자본을 빌리는 금리와 고객이 자동차를 리스로 구매함으로써 자동차 회사에 지불하는 금리의 차)를 이용해 돈을 번다. 자동차 회사는 또한 예비 부품을 판매해서 마진을 올리기도 한다.

반면 승차 공유 회사의 가치 획득 스토리는 매우 다르다. 승차 공유 회사는 소비, 즉 이용 횟수에 따른 지불에 기초한다. 승차 공유 회사는 고객이 자동차를 사기 위해 자동차 값을 모두 지불하는 선행 투자 방식이 아니라, 고객이 승차 공유 서비스를 이용하기로 함에 따라 가치를 획득한다. 여기에서 고객이 지불하는 요금의 70-90퍼센트는 운전자에게 돌아가고, 나머지는 승차 공유 회사가 취득한다. 승차 공유에서 마진은 여전히 중요하기 때문에 가격은 비용보다 커야 한다(두 회사 모두 2019년 상장에서 이 문제에서 빠져나가는 것처럼 보였지만 리프트와 우버 모두 이익을 내지 못한다는 근본적 문제를 극복하지 못하고 각각 3월과 5월 상장 이후 주가는 공모가를 크게 밑돌았다-역주)

새로운 종류의 디지털 회사들은 가치 창출과 가치 획득의 다양한 측면을 실험하고 재조합하면서 비즈니스 모델의 혁신을 추구한다. 기존 기업의 가치 창출과 획득은 대개 밀접하게 얽혀 있는 경우가 많다. 일반적으로 단순한 가격 책정 메커니즘을 통해 동일한 소스(고객)에서 가치가 창출되고 획득되기 때문이다. 반면 완전히 디지털화된 기업의 가치 창출과 획득은 쉽게 분리될 수 있고, 종종 다른 이해관계자들로부터도 생겨날 수 있기 때문에 선택권이 훨씬 더 넓다. 예를 들어, 구글 서비스는 사용자들에게는 무료지만, 제품 포트폴리오 전반에 걸쳐 광고주로부터 가치를 획득한다. 디지털 회사의 이와 같은 혁신적 비즈니스 모델의 밑바탕에는 매우 다른 유형의 운영 모델이 있다.

운영 모델

일관된 운영 모델이 없는 전략은 제대로 진가를 발휘하기 어렵다
― 유명한 이탈리아 속담

운영 모델은 고객에게 약속한 가치를 전달하는 수단이다. 비즈니스 모델이 가치를 창출하고 획득하기 위한 목표를 창출하는 것이라면 운영 모델은 그 목표를 달성하기 위한 계획이다. 그러므로 기업의 실제 가치를 형성하는 데 운영 모델이 매우 중요하다. 어느 기업이 즉시 배송 체계를 갖춘 온라인 소매 사업을 운영하겠다고 약속할 수는 있지만, 그 약속을 실현하기 위해서는 고객의 요구에 철저하게 대응하는 공급망을 갖춘 인상적인 운영 모델이 필요할 것이다. 그런 운영 모델을 고안하고 실행하는 것이 기업에 진짜 중요한 일이다.

운영 모델은 매우 복잡하다. 대개 수천 명의 활동이 뒷받침되어야 하고, 정교한 기술과 중요한 자본 투자가 있어야 하며, 회사가 목표를 달성할 수 있도록 해주는 운영 시스템과 프로세스를 구성하는 수백만 줄의 코드 등 많은 것들이 포함된다. 그러나 운영 모델의 중요한 목표는 비교적 간단하다. 궁극적으로 운영 모델의 목표는 가치를 규모에 맞게 전달하고, 충분히 확장된 범위를 달성하고, 충분한 학습을 통해 변화에 대응하는 것이다. 유명한 경영 사학자 알프레드 챈들러(Alfred Chandler)는 경영진이 직면한 두 가지 주요 도전은 생존과 번영을 위해서 규모와 범위 두 측면에서 기업을 성장시키는 것이라고 주장했다. 경제와 경영의 후속 연구는 이 두 가지에 이은 세 번째 도전인 학습, 즉 끊임없이 개선하고 혁신하는 능력도 두 가지 못지않게 중요하다는 것을 보여준다. 이제 이 세 가지 운영 도전 과제를 자세히 살펴보자.

규모: 간단히 말해서, 규모를 관리한다는 것은 가장 낮은 비용으로 최대한 많은 고객에게 많은 가치를 제공하기 위한 운영 모델을 설계하는 것이다. 규모 개선에 관한 고전적 개념은 예를 들면 자동차 생산이나 패스트푸드 레스토랑에서 생산량이나 고객의 수를 효율적으로 늘리는 문제일 수 있고, 또는 기업 합병이나 공항 건설의 경우처럼 보다 다양하고 복잡한 제품을 제공하는 것일 수도 있다. 포드 자동차 같은 생산 공장에서부터 골드만 삭스 같은 서비스 기업에 이르기까지, 기업들은 개인이 하는 것보다 더 많은(혹은 더 복잡한) 재화와 서비스를 만들고, 판매하고, 제공할 뿐 아니라 그런 일들을 더 효율적으로 할 수 있도록 구조화되어 있다. 한 개인이 완성된 차를 대량으로 생산할 수 없을뿐더러, 복잡한 기업 간 합병에 필요한 모든 문서를 작성할 수도 없다.

범위: 기업의 범위는 기업이 수행하는 활동 영역, 즉 기업이 고객에게 현재 제공하는 다양한 제품과 서비스라고 정의할 수 있다. 기업이 보유하고 있는 자산과 역량은 다양한 종류의 비즈니스를 통해 경제에 이바지하도록 도움을 줄 수 있다. 예를 들어, 어느 기업이 중앙 집중화된 연구 개발 조직을 만들면 여러 제품군에 걸쳐 편익을 제공할 수 있다. 또 한 브랜드에 투자하면 같은 모(母)브랜드 아래에 있는 여러 다른 제품에도 이익이 되며, 중앙 집중식 창고를 운영하면 여러 제품군에 걸쳐 효율을 이룰 수 있다. 이러한 범위의 경제가 중요한 이유는 기업이 여러 사업부를 만들어 다양한 사업 분야에 진출하거나 진정한 대기업으로 도약할 수 있게 해주기 때문이다.

범위의 효율성을 통해 기업은 다양한 재화와 서비스를 효율적이고 일관성 있게 창출하고 이를 고객에게 전달할 수 있다. 예를 들어, 한때 미국 유통업의 상징이었던 시어스가 19세기 말부터 선보인 시어스 카탈로그는 다양한 상품을 효율적으로 전달하기 위해 구성되었다(한 때 3500개 매장을 자랑하던 126년 전통의 시어스 백화점은 2018년 10월 파산 신청하여 헤지펀드의 개입으로 겨우 명맥만 유지하고 있는 상태). 또한, 병원 응급실은 의사 개개인이 직접 하는 것보다 더 효과적으로 다양한 응급 상황을 처리하도록 설계되었다.

학습: 운영 모델의 학습 기능은 지속적인 개선을 유도하고, 시간이 흐름에 따라 운영 성과를 높이고, 새로운 제품과 서비스를 개발하기 위해 필수적이다. 벨 연구소(Bell Laboratory, 미국의 케이블 및 통신업 관련 연구소)의 방대한 연구 개발의 영향에서부터 도요타의 지속적인 공정 개선에 이르기까지, 현대 기업들은 혁신과 학습을 통해 살아남으며 경쟁력을 키우고 있다. 특히 최근 몇 년 동안, 위협에 대처하고 기회를 활용하기 위한 학습과 혁신에 대한 관심은 더욱 높아졌다.

기업이 가치를 전달하고 규모, 범위 및 학습을 최적화하려고 할 때, 기업의 운영 모델은 비즈니스 모델이 설정한 방향과 일치해야 한다. 운영 전략 학자들은 그동안, 기업의 성과는 전략과 운영, 즉 비즈니스 모델과 운영 모델이 얼마나 일치하느냐에 따라 최적화된다고 주장해 왔다. 따라서 기업의 자원은 당연히 기업이 추구하고자 하는 일을 최적화하기 위해 배치되어야 한다. 그림 2-1은 비즈니스 모델과 운영 모델이 일치해야 한다는 개념을 보여주는 것이다.

포드 자동차에서부터 시어즈에 이르기까지, 뱅크 오브 아메리카에서

그림 2-1 회사의 비즈니스 모델과 운영 모델의 일치도

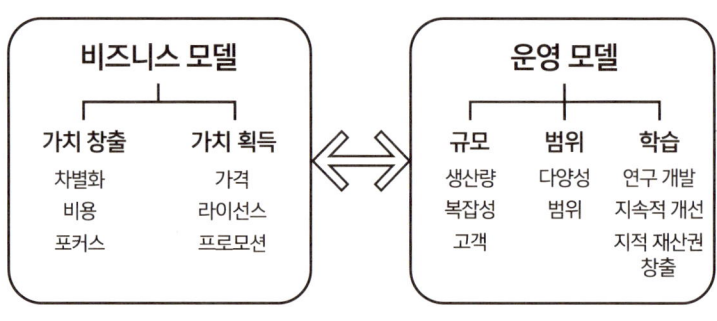

AT&T(미국의 통신 서비스 업체), 제너럴 일렉트릭(General Electric, 미국의 첨단 기술, 서비스, 금융 기업)에 이르기까지, 많은 기업은 오랜 역사에 걸쳐 그들의 비즈니스 모델에 맞춰 규모와 범위, 학습의 목표를 추진하는 운영 모델을 설계하고 구현함으로써 우수한 성과를 달성해 왔다. 기업이 규모, 범위, 학습을 더 많이 추진할수록 궁극적으로 기업의 가치는 더 커진다.

하지만 세 가지 운영 차원을 동시에 확장하는 것은 전통적 운영 모델의 복잡성을 증가시켜 운영 모델을 관리하는 것을 더 어렵게 만들 수 있다. 전통적인 회사에서는 이 경우, 기업이 창출하고 획득한 가치를 제한해 온 운영상의 제약 조건들을 만들어내기 때문이다. 이것이 바로 전통적인 회사가 디지털 기업과 다른 점이다. 디지털 기업들은 근본적으로 새로운 유형의 운영 모델을 구사함으로써, 새로운 수준의 규모 확장에 도달하고, 사업 범위의 외연을 훨씬 더 넓게 확장하며, 훨씬 빠른 속도로 학습하고 적

응한다. 이들은 가치 전달의 중요한 경로를 변화시켰기 때문이다.

디지털 기술이 운영 활동의 장애물이었던 노동력을 소프트웨어와 데이터 기반의 알고리즘 형태로 대체했을 때, 그 의미는 단지 노동이 생산하는 결과를 훨씬 뛰어넘는 것이었다. 이제 앞서 언급한 앤트 파이낸셜, 오카도, 펠로톤이 어떻게 운영 모델을 전환하고 기존의 운영 제약 조건들을 제거하며 비즈니스 모델의 혁신을 추진하고 있는지 살펴보자.

앤트 파이낸셜, 거대 금융 서비스와 충돌하다

> 앤트 파이낸셜은 규모의 성장을 염두에 두고 만들어진 회사다. 여기에서는 사람이 대출을 승인하는 절차가 있을 수 없다.
>
> — 정밍(Zeng Ming), 알리바바 최고 전략 책임자(CSO)

앤트 파이낸셜은 당시에 초창기 전자 상거래 플랫폼이었던 알리바바가 쇼핑객과 상인들의 결제 편의를 위해 2004년에 만든 결제 플랫폼인 알리페이(Alipay)의 성공에서 시작됐다. 오늘날 많은 사람이 온라인 쇼핑을 당연하게 여기지만, 온라인 쇼핑을 만들기 위해서는 구매자와 판매자 사이에 새로운 종류의 신뢰를 쌓기 위한 알리페이 같은 신뢰할 만한 결제 시스템이 필요했다.

인터넷 상거래의 초창기에는 신뢰 문제를 해결하는 것이 많은 회사의 가장 큰 문제였다. P2P(당사자 간 거래) 시장을 자처하며 출범한 알리바바에게 이 문제는 특히 예민한 문제였다. 구매자들은 어떻게 회사가 제안한 상품의 질을 믿을 수 있을까? 판매자들은 구매자들이 지불할 돈이 있는지 어떻게 확신하고 상품을 먼저 발송할 수 있을까? 해결책은 계약 합의가 이행될 때까지 제삼자가 대금을 보유하는 에스크로 시스템(escrow system)에 의존하는 것이었다. 이에 따라 알리바바는 자사 전자 상거래 플랫폼에서 구매자와 판매자가 사용하기 위한 에스크로 서비스로 알리페이를 개발했다. 사용자들은 알리페이를 은행 계좌에 연결했고, 알리페이는 구매자에게서 물품 대금을 받아 구매자가 물건을 수령한 것을 확인할 때까지 보관하고 있다가 판매자에게 대금을 내주는 중개자 역할을 했다. 이 시스템은 온라인 쇼핑에 대한 소비자들의 불신을 해소하는 데 도움을 주었고, 알리바바의 초기 성장을 이끄는 데 중요한 역할을 했다.

앤트 파이낸셜과 알리페이의 초기 비즈니스 모델이 바로 거기에 있었다. 그들에게 가치 창출은 판매자와 구매자 간 거래를 용이하게 하는 에스크로 기반의 금융 결제 서비스 형태로 신뢰를 대신하는 것이었다. 더구나 앤트 파이낸셜은 알리바바와 같은 판매자가 아니기 때문에 소비자와 상인이라는 두 범주의 고객 모두를 위해 가치를 창출해야 한다. 가치 획득은 상인들에게 부과되는 0.6퍼센트의 거래 수수료를 통해 발생하며, 소비자들에게는 이 서비스 이용에 대해 직접적인 요금을 부과하지 않는다.

알리페이의 성장은 거래 흐름을 얼마나 증가시키느냐에 달려있다. 이를 위해서는 기존 구매자와 판매자가 더 많은 거래를 하는 것도 중요하지만 새로운 구매자와 판매자의 수를 늘리는 것이 훨씬 더 중요하다. 즉 알리페이는 플랫폼에서 기존 거래자의 거래 건수를 늘리는 내적 확장뿐 아니라 구매자와 판매자의 수를 늘림으로써 거래 건수를 광범위하게 늘리는 외적 확장을 추구해야 한다.

이 시점에서 가치 창출의 두 번째 요소가 시작된다. 거래 건수가 광범위하게 늘어나면서 이번에는 모든 사용자에게 알리페이의 가치가 높아진다. 상인이 늘어나면 구매자도 늘어난다. 더 많은 구매자가 더 많은 판매자를 끌어들인다. 이런 긍정적인 피드백이 반복되면서 수익 규모도 증가한다. 이러한 네트워크 효과가 서비스에 대한 사용자의 신뢰에 의해 창출된 가치를 증폭시킨다.

알리페이는 출시 직후, 알리바바의 쇼핑 플랫폼을 넘어 중국 내 모든 개인과 기업이 서비스를 사용할 수 있도록 했는데, 이것이 알리페이의 기하급수적 성장을 가져온 신의 한 수였다. 알리페이는 비단 알리바바의 온라인 시장 성공에 기여했을 뿐 아니라 그 성공으로 인해 자신이 최대 수혜자가 되었다. 출시 2년 뒤인 2006년, 알리페이 사용자는 3,300만 명에 이르렀고, 하루 거래 건수는 46만 건에 달했다. 2009년이 되자 사용자 수는 1억 5천만 명, 하루 거래 건수는 400만 건으로 늘어났다.

중국에서 스마트폰 사용자가 급증하자, 알리페이는 2011년에, 스마트폰에 알리페이 앱을 깔면 누구나 알리바바 플랫폼 밖에서도 현금 없이 물건을 구매할 수 있는 권한을 고객에게 부여했다. 이러한 거래를 용이하게 하기 위해 알리바바는 추가 하드웨어가 필요 없는 기존 기술인 QR 코드를 통합시켰다. 상인이 알리페이 계정을 설정하고 매장에 매장 QR 코드를 표시한다. 그러면 쇼핑객들은 알리페이 앱을 열고 그 코드를 스캔해 구매하거나, 상인이 스캔할 수 있도록 그들 자신의 QR 코드를 생성한다. 여기에서도 알리페이는 0.6퍼센트의 거래 수수료를 취한다. 알리페이 사용자들은 이 앱을 이용해 커피, 택시 호출, 공과금 납부, 진료 예약, 식당에서 친구와 나누어 내기(더치페이), 심지어 길거리 공연자에게 기부도 할 수 있다. 물론 거리 공연자나 상대방도 알리페이 계정을 가지고 있다면 말이다.

성장과 팽창

알리바바의 CEO 마윈(Jack Ma)은 정부가 온라인 결제 시스템을 규제할 가능성이 있다고 우려해 알리페이를 분사시켰다(2015년부터 알리바바의 CEO는 장융-Daniel Zhang이다. 마윈은 2019년 9월 그룹 회장 자리에서도 물러났다-역주). 알리페이는 새 회사 앤트 파이낸셜의 사업 포트폴리오의 첫 제품이 되었다. 앤트 파이낸셜이라는 이름은 사려 깊게 선택된 이름으로, 이 서비스가 '평범한 사람'을 목표 고객으로 삼고 있다는 것을 의미한다. 알리바바는 앤트 파이낸셜 세전 수익의 37.5퍼센트를 차지할 권리를 보유하고 있다. 앤트 파이낸셜의 비전은 무수히 많은 작은 거래를 용이하게 함으로써 사회에 이익을 주는 것이다. 알리페이와 2013년 텐센트가 출시한 알리페이의 경쟁자 위챗 페이(WeChat Pay)는 급성장했다. 다행히 이 부문에는 중국의 금융 서비스를 장악하고 있는 국영 은행들과의 경쟁도 없었다. 그들은 인터넷 결제 시장이 매력적이지 않다고 보았기 때문이다. 중국 소비자와 중소기업 상인들이 알리페이를 대거 사용함에 따라 알리페이는 중국 전역뿐 아니라 해외까지 빠르게 보편화되었다. 심지어 알리페이 결제를 선호해, 신용 카드 결제를 완전히 없애버린 상인들도 적지 않다.

앤트 파이낸셜은 여기서 멈추지 않았다. 접근할 수 있는 데이터를 모두 가져와 서비스 범위를 고객사와 더 큰 생태계로 확대했다. 보수적이고 전통적인 중국의 은행들은 알리페이에 엄청난 기회를 만들어 주었다. 중국 은행의 보수적 태도 때문에 중국 인구의 극히 일부만이 신용, 대출, 또는 투자 기회를 가질 수 있었기 때문이다. 앤트 파이낸셜은 이 거대한 기회를 겨냥해, 다양한 서비스를 창출한다는 확실한 목적의식을 가지고 엄청난 속도로 시장에 뛰어들었다. 앤트 파이낸셜은 알리페이 사용자들이 자신의 계좌에 있는 돈으로 이익을 낼 수 있는 투자 플랫폼 위어바오(Yu'e Bao)로 금융 생태계를 확장했다. 수백만 명의 알리페이 고객들이 자신의 계좌에서 소액의 돈을 위어바오의 MMF(자산운용사가 고객의 돈을 초단기 금융 상품에 투자해 수익을 내는 것)중 하나로 이체해 연 4퍼센트의 수익을 올릴 수 있게 한 것이다. 사용자들은 휴대 전화 조작만으로, 최소한의 예탁금 없이도 넓은 시장에 접근할 수 있는 서비스를 이용할 수 있게 되었다.

출시 후 며칠도 안 돼 100만 명이 넘는 사람들이 위어바오의 펀드에 돈을 넣었다. 미국 경제 전문지 포브스(Forbes)의 에릭 무(Eric Mu)는 "사용자들이 아침에 일어나서 가장 먼저 하는 일이 지난 밤사이 돈을 얼마나 벌었는지 계좌를 확인하는 일이었습니다"라고 묘사했다. "위어바오는 수억 명의 개미 투자자들을 만들어 냈습니다. 그들에게 저축과 투자는 게임을 하는 것에 지나지 않았으며, 모든 게임이 그렇듯이 이것 역시 약간의 중독성을 가지고 있었습니다." 불과 9개월 동안 그 펀드는 5,000억 위안(87조 원)이 넘는 돈을 모았다. 2017년 봄이 되자 위어바오는 세계에서 가장 큰 MMF가 되었다.

위어바오의 성공과 함께, 앤트 파이낸셜은 개인 투자 및 재산 관리를 한 곳에서 해결해주는 플랫폼 앤트 포춘(Ant Fortune), 사회 신용 평가 시스템 쯔마 크레딧(Zhima Credit), 인터넷뱅킹 서비스 제공 업체 마이뱅크(MYbank), 그리고 보험 플랫폼까지 금융 서비스 목록을 빠르게 늘려나갔다. 앤트 파이낸셜은 알리페이 앱에서 쉽게 접근할 수 있는 다른 앱도 여러 개 출시했다. 거기에는 교육 서비스, 의료 서비스, 교통 서비스, 사회적 목적 서비스, 게임, 식사 예약, 음식 배달 등 다양한 서비스들이 망라되어 있다.

기능과 서비스에 있어서 앤트 파이낸셜의 광범위한 생태계는 앱의 설치 기반과 사용자들의 참여를 폭발적으로 증가시켰다. 앤트 파이낸셜과 알리페이 서비스가 중국을 넘어 해외에서도 일반적으로 사용될 정도로 확산하기까지는 불과 몇 년도 걸리지 않았다. 고객, 개인화, 혁신에 대한 지식을 향상시키기 위한 회사의 노력으로, 각 앱에 축적된 방대한 양의 데이터가 끊임없이 통합, 분석, 피드백되고 있기 때문이다.

2019년에 앤트 파이낸셜은 7억 명이 넘는 사용자를 확보했다. 텐센트라는 경쟁자가 나타났지만, 여전히 중국 금융 서비스 시장의 상당 부분을 장악하고 있다. 앤트 파이낸셜의 중국 모바일 결제 시장의 점유율은 54퍼센트, 텐센트의 위챗이 38퍼센트를 차지하고 있다. 한 업계 관계자는 영국

파이낸셜 타임스(Financial Times)의 돈 웨일랜드(Don Weiland)와 셰리 페이 주(Sherry Fei Ju)와의 인터뷰에서 다음과 같이 말했다. "이 회사들은 마치 페이스북 같은 회사가 은행을 함께 운영하는 것과 같습니다. 모든 사람이 페이스북에 은행 계좌를 가지고 있다고 생각해보세요. 서방 국가에서는 생각도 할 수 없는 일입니다."

앤트 파이낸셜은 2015년 인도의 전자 결제 기업 페이티엠(PayTM)에 알리바바와 함께 40퍼센트의 공동 지분을 투자하는 것을 시작으로 아시아 시장의 모바일 결제 시스템에 대한 투자를 통한 글로벌 확장에 나섰다. 앤트 파이낸셜은 2016년부터 2018년까지, 해외여행을 하는 중국 사용자들의 욕구를 충족하기 위해 해외 기업과의 제휴와 인수를 추진하며 중국인들의 해외 소비까지 차지하기 위한 기회를 계속 모색해 왔다. 이 회사는 한국의 모바일 결제 플랫폼 카카오페이에 투자했고, 태국의 어센드 머니(Ascend Money), 프랑스의 인제니코 그룹(Ingenico Group SA), 독일의 와이어카드(Wirecard), 콘카디스(Concardis)와 제휴를 맺었으며, 미국의 생체 인증 기술 업체 아이베리파이(EyeVerify)를 인수했다. 또, 앤트 파이낸셜은 2017년에 미국의 송금회사 머니그램(MoneyGram)을 12억 달러(1조 5,000억 원)에 인수하려 했으나 미국 정부가 국가 안보를 이유로 제동을 걸면서 미국 진출이 좌절되기도 했다.

새로운 유형의 운영 모델

급속히 확장하는 알리페이의 비즈니스 모델은 새로운 종류의 디지털 운영 모델을 기반으로 구축되었다. 첫 번째 기반은 AI가 이끄는 디지털 자동화에 폭넓게 의존하고 있다. 마이뱅크를 대표하는 3-1-0 대출 처리 시스템을 예로 들어보자. 고객이 대출을 신청하는 데 3분, 승인에는 1초가 소요되며 이 과정에서 사람은 전혀 개입되지 않는다는 의미인 3-1-0 대출 처리 시스템에서 대출 승인 및 발급의 모든 과정은 오로지 신용 점수에만 의존하며, 전적으로 AI가 디지털로 처리한다. 모든 대출 신청에는 3,000가지의 위험 관리 전략이 실행된다.

알리바바 정밍 CSO는 이에 대해 이렇게 설명했다. "우리 알고리즘은 대출 신청자의 거래 데이터를 검토해 그의 사업이 얼마나 잘 되고 있는지, 시장에서 얼마나 경쟁력이 있는지, 거래 업체의 신용 등급은 얼마나 높은지 등을 평가할 수 있습니다." CSO 정밍은 앤트 파이낸셜의 데이터 분석가들이 대출을 승인하기 전에, 신청자의 사업 관계가 얼마나 양호한지를 평가하기 위해 신청자 커뮤니케이션(문자 교환, 이메일, 기타 중국에서 흔히 사용되는 방식들)의 횟수, 분량, 유형 등에 대한 모든 정보를 알고리즘에 공급한다고 강조한다. 마이뱅크는 2017년 1월까지 500만 건이 넘는 중소기업과 개인 사업자의 대출 신청을 처리했다. 평균 대출 금액은 1만 7,000위안(300만 원)이며 1위안(170원)짜리 대출도 있었다. 총 누적 대출 금액은 8,000억 위안(140조 원)이 넘는다.

앤트 파이낸셜의 마이뱅크 시스템과 같은 속도와 효율을 내려면 엄청난 양의 데이터를 처리할 수 있어야 한다. 앤트 파이낸셜은 규모를 키우기 위해 데이터 처리 비용을 낮게 유지할 수 있는 클라우드 컴퓨팅 기술에 의존했다. 이 회사의 컴퓨팅 인프라는 초당 최대 12만 건의 거래 처리 능력과 99.99퍼센트의 재해 복구 솔루션 능력을 갖추고 있어, 하루 수십억 건의 거래를 쉽게 소화할 수 있다. 회사에 따르면 대출 처리 비용도 기존 은행은 사람이 처리하기 때문에 2,000위안(35만 원)이 들지만, 마이뱅크는 2위안(350원)밖에 들지 않는다. 이러한 디지털 시스템을 갖춘 마이뱅크는 물리적 영업장이나 대규모 인력도 필요 없다. 출범 3년이 지난 2018년에도 마이뱅크의 직원 수는 300명으로 처음과 거의 변함이 없다.

운영 모델의 핵심은 정교한 통합 데이터 플랫폼이다. 수억 명의 사용자들이 매일 알리페이 앱에서 수십억 개의 거래를 하는 이 플랫폼은 사용자들이 얼마나 소비하고 얼마나 저축하는지는 말할 것도 없고, 그들이 먹는 음식에서부터 쇼핑하는 장소, 선호하는 종류의 교통수단 등에 이르기까지 사용자들이 하는 모든 일에 대한 정보를 수집한다. AI는 데이터에 접속해 개인화, 수익 최적화, 소비자에 대한 제안 등 다양한 기능을 수행하며, 앞으로 출시될 신제품 및 서비스 덕분에 창출되는 가치가 얼마나 될지 예측하는 정교한 분석까지 수행한다.

알리페이는 신뢰를 확보하기 위해서도 데이터와 AI를 활용한다. 사용자가 거래를 처음 시작하면 사용자 정보는 다섯 단계의 실시간 디지털 검증을 거쳐 해당 거래와 그 거래에 관련된 당사자들이 합법적인지 확인받는다. 알리페이의 알고리즘은 구매자와 판매자 계정 정보가 의심스러운 활동과 관련되어 있는지 확인하고, 거래에 관련된 기기들을 살펴본 다음, 데이터를 집계해 거래의 타당성에 관한 결정을 내린다. 이 과정은 사람이 하는 것보다 훨씬 빠르다. 정밍 CSO는 "알고리즘 엔진이 더 많은 데이터와 반복을 경험할수록 결과는 더 향상됩니다. 데이터 과학자들이 특정 행위에 대한 확률론적 예측 모델을 도출하면, 알고리즘은 이를 반복할 때마다 많은 데이터를 전부 분석해 실시간으로 더 나은 결정을 내립니다."라고 설명한다.

앤트 파이낸셜이 데이터를 축적하는 데 활용하는 주요 출처는 다음 네 가지다. (1) 내부 소비자 행동 통계(예를 들어, 사용자의 거주지 이전 동향, 공과금 납부 자료, 자금 이체, 재산 관리, 알리바바에서의 구매 패턴 등에 관한 기록), (2) 알리바바 플랫폼의 판매자 거래 데이터, (3) 범죄 기록, 주민 등록 정보, 학력 프로필 등이 들어있는 정부 데이터베이스 같은 공공 데이터, (4) 쯔마 크레딧의 신용 점수에 영향을 주는 앤트 파이낸셜의 제휴 업체 데이터(예를 들어, 상인, 호텔, 제휴 렌터카 회사들). 정밍 CSO의 설명을 들어보자.

앤트는 이 데이터를 사용해 양질의 대출 신청자(제 때에 상환한 사람들)와 나쁜 대출 신청자(제 때에 상환하지 못한 사람들)를 비교하고 두 집단의 일반적 특성을 구분합니다. 그런 다음 그 특성들을 신용 점수를 계산하는 데 사용하지요. 물론 모든 대출 기관들이 어떤 방식으로든 이런 데이터를 사용하지만, 앤트에서는 모든 대출 신청자들을 그들의 다른 모든 행동 데이터와 함께 실시간으로 자동 분석합니다. 그들의 모든 거래,

판매자와 구매자 사이의 모든 커뮤니케이션, 알리바바에서 이용할 수 있는 다른 서비스와의 연결, 앤트의 플랫폼에서 실행된 과거의 모든 조치가 대출 신청자의 신용 점수에 영향을 미치지요. 동시에 이 점수를 계산하는 알고리즘 자체가 실시간으로 진화하고 있어서 계속 반복할 때마다 의사결정의 질이 좋아집니다.

쯔마는 신용이 좋은 소비자에게는 유리한 대출 조건 등의 특전을 제공하는 반면, 신용 점수가 낮은 소비자에게는 호텔 방이나 자전거 대여 등 구매 시 추가 보증금을 내도록 한다.

또 앤트 파이낸셜은 AI 기술을 이용해 종합적인 부정 방지 모니터링 시스템을 구현했다. 이 시스템은 사용자 로그인에서부터 거래가 시작되기 전까지 수백 가지의 사용자 행동을 모니터링한다. 알리페이는 의심스러운 행동을 식별하고, 위험 모델을 통해 이를 전달하도록 소프트웨어를 훈련시켰다. 이에 따라 AI는 그런 의심스러운 행동에 관한 결정을 거의 즉각적으로 되돌릴 수 있다. 모델이 위험성이 낮다고 인식하는 거래는 안전하다고 판단돼 계속 진행되지만, 위험하다고 간주된 행위는 가능한 수동 검토를 포함한 추가적인 정밀 조사가 필요하다.

학습 지원을 위한 실험

앤트 파이낸셜 운영 모델의 또 다른 구성 요소는 매일 수백 개의 실험을 실행하는 정교한 실험 플랫폼이다. 회사는 이 플랫폼을 통해 새로운 기능과 제품들이 제공하는 기회와 위험을 배우고 이해할 수 있다. 궁극적으로 앤트 파이낸셜이 극적으로 확장할 수 있었던 것은 기존 플랫폼에서 다양한 데이터 소스가 통합되는 것이 가능했었을 뿐 아니라, 사내의 애자일 팀(agile team, '기민하고 유연한 부서'라는 의미로 한국에서도 원어 그대로 사용됨)이 구성되어 이 데이터를 새로운 제품과 서비스에 빠르게 재결합할 수 있었기 때문이다. 앤트 파이낸셜의 규모 증가와 사업 영역의 확대는 분석과 민첩한 혁신이 결합한 뛰어난 학습 능력 때문에 가능했다.

앤트 파이낸셜이 사업에서 활용하는 데이터와 알고리즘은 애자일 팀이 개발하는 신규 금융 서비스에도 매우 유용하다. 앤트 파이낸셜은 새로운 앱(솔루션)이나 기회를 개발할 때에도 시나리오에 기반한 시범적 운영(과거의 사례를 이용한)에 의존한다. 이 과정에서 상당 규모의 소비자층을 끌어모으는 동안 이를 가다듬으며 신속하게 주류로 만든다. 또 회사는 데이터 마이닝(data mining, 대규모 자료를 토대로 새로운 정보를 찾아내는 것)과 의미 분석(semantic analysis, 자연 언어 이해 기법의 하나로, 문장의 의미에 근거해 그 문장을 해석하는 방법)을 혁신적으로 활용해 고객 문제 해결을 자동화했다(앤트 파이낸셜은 2020년 6월 22일, 중국 규제 당국으로부터 미션 변경 승인을 받아 회사 이름을 빼고 '앤트 테크놀로지', '앤트그룹'으로 변경했다. 단순한 금융 서비스 회사가 아닌 '혁신적 글로벌 기술 제공자'로 지평을 넓힌 것으로 분석된다—역주).

인간이라는 장애물을 제거하라

앤트 파이낸셜의 사례에서 알 수 있듯이 디지털 운영 모델의 본질은 상품이나 서비스를 고객에게 전달하는 프로세스의 중요한 경로에 인간의 직접적 개입을 없애는 것이다. 인간 직원들이 전략을 정의하고, 사용자 인터페이스를 설계하고, 알고리즘과 소프트웨어를 개발하고, 데이터를 해석하는 일을 돕지만, 고객 가치를 창출하는 실제 프로세스들은 완전히 디지털화되는 것이다. 개인 대출 자격을 심사하거나 특정 투자 상품을 추천하는 회사에서 인간 조직은 오히려 장애물이 된다.

어떻게 그렇게 되느냐고? 이런 회사는 이 모든 프로세스를 중앙 데이터 저장소에 심어놓고 고객 및 운영에 필요한 사항을 통합적으로 처리하기 때문이다. 고객이 비즈니스 프로세스와 상호 소통을 하면 소프트웨어 모듈이 필요한 데이터를 수집하고, 고객의 요구를 발췌해 분석하며, 그 의미를 다른 데이터와 함께 연동해 해석하고(internalize), 고객에게 약속한 가치를 전달한다. 따라서 중앙 집중식 데이터 구조에 고객과의 상호 소통 프로세스만 구축해 놓고, 고객 중심 개념을 명확하고, 실행 가능하며, 확장 가능한 방식으로 운용하고 자동화한다.

앤트 파이낸셜과 같은 새로운 운영 모델들은 데이터 처리 작업을 자동화하고 가치 전달 과정에서 장애물이 되는 인간의 직무를 점차 제거한다. 아마존 모바일 앱 쇼핑을 예로 들어보자. 사용자가 앱을 통해 상품을 탐색하면 사용자의 이전 쇼핑 행태나 유사한 사용자의 행태 데이터를 기반으로 자동으로 상품 추천이 제시된다. 가격 정보가 실시간(또는 거의 실시간)으로 처리되고, 동시에 행태 정보와 병합되어 사용자가 볼 페이지를 역동적으로 구성한다. 물론 제품 관리자가 거래 및 소비자 행동에 대한 종합 데이터를 최종적으로 보게 되지만, 실제 서비스 전달의 중요한 경로에서 인간의 개입은 배제된다. 유일한 예외는 전체적으로 자동화된 창고에서 물건을 골라 담는 일을 하는 근로자와 당신의 집 문 앞까지 물건을 갖다 놓는 배달원뿐이다.

이같이 중요한 경로에서 인적 및 조직적 장애물을 제거하는 것은 회사 운영 모델의 본질에 큰 영향을 미친다. 많은 디지털 네트워크에서 추가로 늘어나는 1명의 사용자에게 서비스를 제공하는 한계 비용은 클라우드 서비스 제공 업체에서 쉽게 이용할 수 있는 컴퓨팅 용량 비용이 눈곱만큼 늘어나는 것을 제외하면 모든 면에서 제로(0)다. 이것은 본질적으로 디지털 운영 모델이 확장하기 쉽게 만든다. 인간 근로자에 의존하지 않기 때문에 성장의 제약이 훨씬 적을 뿐 아니라 조직적 제약도 거의 없다. 운영의 복잡성이 높아져도 상당 부분은 소프트웨어와 분석을 통해 해결되거나 운영 네트워크의 외부 협력 업체에 아웃소싱되기 때문이다.

디지털 운영 모델은 회사의 구조도 근본적으로 변화시킨다. 디지털 기술은 인간 장애물을 제거하는 것 외에도 본질적으로 모듈화되어 있어 다른 회사와 쉽게 연결될 수 있다. 완전히 디지털화되면 회사의 업무 프로세스가 제휴 업체나 클라우드 서비스 제공자의 외부 네트워크, 심지어는 개인의 외부 커뮤니티에까지 쉽게 연결돼, 가치를 추가하거나 보완할 수 있다. 따라서 디지털화된 프로세스는 본질적으로 다변적 특징을 지닌다. 하나의 영역에 가치가 전달된 후(예를 들어, 한 집단의 소비자에 대한 데이터를 축적한 후), 다른 앱들로 가치를 전달하기 위해 같은 프로세스가 연결될 수 있어서, 회사의 사업 영역을 확대할 뿐 아니라 고객에게 전달하는 가치를 배가시킬 수 있는 것이다.

마지막으로, 운영 모델을 디지털화하는 것은 훨씬 더 빠른 학습과 혁신을 가능하게 한다. 방대한 양의 축적 데이터는 즉각적인 앱 개인화에서부터 기능 혁신 및 제품 개발에 이르기까지, 보다 광범위한 업무에 중요한 필요 정보를 제공한다. 또 운영 흐름의 대부분을 디지털화함으로써, 주변의 관료주의적 환경을 제거하고 조직의 전체적 크기를 줄일 수 있다. 따라서 기존 조직보다 상대적으로 적은 수의 애자일 제품 개발팀은 풍부한 데이터를 분석해 제시된 통찰력을 신속하게 실천 대책으로 구현할 수 있다.

궁극적으로 디지털 운영 모델에서, 인간 직원들은 제품이나 서비스를 직접 제공하는 일을 하는 대신, 소프트웨어로 자동화된 알고리즘 기반의 디지털 '조직'을 설계하고 감독하는 일을 한다. 이것은 경영에 영향을 미치는 요인들을 변화시켰고, 기업의 성장 과정을 완전히 바꿔 놓았으며, 기업의 규모, 범위 및 학습을 제약하는 전통적인 운영 장애물을 제거했다.

두 가지 예를 더 살펴보자.

사지 않을 수 없는 디지털 자전거를 만든 펠로톤

우리 회사는 멋진 하드웨어 기술과 멋진 소프트웨어 기술을 기반으로 한 소비자 제품을 만드는 애플, 테슬라, 네스트(Nest, 스마트홈 기기 회사), 고프로(GoPro, 다기능 액션 카메라 회사) 같은 회사들과 더 비슷하다고 생각한다.

- 존 폴리, 펠로톤 창업자 겸 CEO

존 폴리는 차세대 피트니스 회사 펠로톤을 창업하면서 400명 이상의 투자자들로부터 투자 거절을 당한 것으로 알려졌다. 투자자들은 발명된 지 200년도 더 자전거 운동 기구 같은 전통적인 제품이 디지털 미래를 갖고 있으리라고는 확신할 수 없었다. 그러나 한 때 미국 전역에 500여 개의 매장을 보유하고 아마존과 경쟁했던 경험이 있는 미국 최대 서점 반스앤노블의 CEO 폴리는 다른 생각을 하고 있었다. 그는 2014년 금융전문지 바론즈(Barron's)와의 인터뷰에서 이렇게 회고했다. "당시 우리 매출은 5억 달러였는데, 두 배로 불려서 말할 수도 있었을 것입니다. 물론 여전히 1억 달러의 손실을 내고 있었지만요. 하지만 사업가로서 나는 그런 식의 가치 제안을 좋아하지 않았습니다." 이후, 폴리는 자기보다 앞선 규모, 범위, AI 능력을 지닌 다른 경쟁자를 쫓는 데 시간을 낭비하는 대신, 전통적인 분야를 찾아 그것을 디지털로 전환해야 한다는 것을 깨달았다.

펠로톤에 대한 아이디어는 그가 가장 좋아하는 실내 자전거 운동 기구 클래스에 들어가지 못해 좌절하면서 시작되었다. 그 강습소는 수용 능력이 너무 제한되어 있어서 모든 강사의 수업 일정이 발표되자마자 예약이 끝나버렸기 때문이었다. 그는 아마존과 넷플릭스의 성공에서 아이디어를 얻어, 시간과 공간, 수용 능력의 제약을 없앨 수 있는 새로운 개념의 피트니스 회사를 구상했다.

2012년 설립된 펠로톤의 주력 제품은 피트니스 프로그램을 보여주기 위한 21인치 태블릿을 장착한 날렵한 고품질 실내 자전거다. 고객들은 2,200달러를 내고 자전거를 구입하고 월 39달러의 구독료를 추가로 지불하면 피트니스 프로그램을 무제한으로 이용할 수 있다. 그들은 (뉴욕과 런던에서) 하루 14시간 이상 진행되는 라이브 피트니스 강습과 필요에 따라 접속할 수 있는 사전에 녹화된 15,000개 이상의 계속 확장중인 라이브 러리에서 원하는 것을 선택할 수 있다.

디지털 운영 모델을 기반으로 구축된 펠로톤의 비즈니스 모델은 피트니스 산업을 완전히 바꾸어 놓았다. 어떤 사람들은 피트니스 센터에서 운동하는 것을 좋아하고(우리 중 얼마나 많은 사람이 새해 초에 피트니스 센터의 연간 회원권을 샀던가?) 또 어떤 사람들은 집에서 운동하는 것을 좋아한다(고가의 큼지막한 실내 러닝머신을 사놓고 옷걸이로 쓰는 사람이 얼마나 많은가?). 피트니스 센터의 경우, 비즈니스 모델은 자본을 투자해 피트니스 센터를 개설하고 구독 모델(대부분은 첫 달 이후에는 별로 발을 들여놓지 않는다는 것을 전제로 함)을 통해 고객들에게 가입비를 부과하거나 체육 교실을 운영해 수업료를 받는 형식이다. 집에서 운동하는 경우, 가정용 피트니스 장비 제조업체들로부터 장비를 사는 방식으로 돈을 지출하고 매일 집에서 운동하기 위한 동기를 찾을 수 있기를 소망한다. 두 가지 방식 모두 그다지 성공적이지 못하다는 것을 우리는 경험으로 잘 알고 있다. 이와는 대조적으로 펠로톤의 비즈니스 모델은 먼저 '아날로그' 제품을 구입하는 전통적 방식을 취한 다음 디지털 콘텐츠, 데이터, 분석 및 연결성을 추가해 그것을 전환함으로써 전통적인 산업과 충돌한다.

펠로톤의 초기 가치 창출은 간단했다. 고객들은 훌륭한 강사, 동료들과 땀방울을 흘리는 공동체 의식을 포기하지 않으면서 가정에서 피트니스를 경험할 수 있는 혜택과 편의를 원한다. 펠로톤은 피트니스 강습소를 고객의 집으로 가져다주었다. 사용자들에게 자전거 타기, 러닝머신, 요가, 명상, 체력 훈련, 심지어 야외 산책과 달리기 운동까지 무제한의 수업을 제공함으로써 가치 창출을 강화한다. 마치 넷플릭스 가입자들이 쇼 콘텐츠를 동시에 즐기는 것처럼 100만 명이 넘는 회원들이 동시에 운동에 참여할 수 있다.

펠로톤 회원들과의 연결과 그로 인한 공동체 형성은 부가적인 가치 창출 메커니즘이다. 17만 명 이상의 회원들이 펠로톤 공식 페이스북 페이지에 접속하고, 펠로톤 강사(펠로톤 세계에서는 이미 유명인이 되었음)를 중심으로 수백 개의 하위 커뮤니티가 형성되어 있다. 목표, 지역, 그리고 훈련 방식이 다른 사람들끼리 뭉친 집단들은 셀 수 없을 만큼 많다. 또 다른 사람들과 함께 실시간으로 스트리밍되는 수업에 참여할 수 있다는 것도 공동체 경험이다. 회원들은 실시간 리더 보드에서 자신의 기록을 추적할 수 있고, 가상으로 하이파이브를 할 수도 있으며, 서로 연락을 주고받으며 서로의 운동 진도를 비교해 볼 수도 있다. 강사들은 실시간 사용자들의 이름을 부르며 그들의 기록과 진도표를 큰 소리로 말하며 그들의 자세를 지도하거나 힘든 부분을 극복하도록 동기를 부여하기도 한다. 이와 같은 온디맨드 강좌는 우연히 같은 시각에 그 수업을 함께 듣게 된 다른 사람들과 연결해 소통할 수도 있다. 펠로톤은 참가자들 간에 음성 또는 화상 연결을 활성화해 다른 사람들과 함께 어울리며 운동하는 경험을 집으로 가져다주었다. 펠로톤 회원들이 미국, 캐나다, 영국 등지를 여행할 때면 각 나라에 있는 펠로톤의 맨해튼 강습소를 방문해 라이브 강습을 받으며 '홈 라이더 침공'이라는 이벤트를 통해 직접 대면 상봉을 하기도 한다.

펠로톤의 가치 획득 모델에는 제품 판매와 구독이 결합하여 있다. 회원 가입하지 않으면 이 자전거는 그다지 쓸모가 없다. 펠로톤 서비스는 가입자가 100만 명에 달하며, 가입 갱신율이 95퍼센트에 이른다. 자전거를 사고 싶지 않은 펠로톤 팬들도 월 20달러의 모바일 앱에 가입하면 회사의 디지털 콘텐츠와 커뮤니티를 구독할 수 있다.

피트니스 경험의 규모 확장은 펠로톤 운영 모델의 핵심이다. 미국에서 큰 인기를 얻고 있는 실내 자전거 운동 시설 소울사이클(SoulCycle)의 일반적인 클래스 규모는 30~40명이지만, 실시간 스트리밍을 제공하는 펠로톤 사이클 클래스는 500명에서 2만 명까지 동시에 땀을 흘릴 수 있다. 라이브 수업이 끝나면 이 수업 동영상은 회원들이 언제든 자유롭게 이용할 수 있는 온라인 라이브러리에 추가된다. 펠로톤의 경영진들은 회원들이 추가적인 피트니스 옵션을 원한다는 것을 알고 요가, 체력 단련, 러닝머신 등 다양한 강좌를 제공함으로써 그 범위를 확장했다(물론 러닝머신 강좌는 펠로톤의 러닝머신 장비를 구입한 회원들에게만 제공된다).

펠로톤은 여러 면에서 여전히 제품에 초점을 맞춘 회사지만, 폴리는 피트니스 장비의 아이폰을 만들겠다는 생각을 하고 있었다. 펠로톤은 2013년 첫 번째 자전거 모델을 만들었고, 투자를 받은 후 2014년에 개선된 자전거를 만들어 고객의 테스트를 거치며 소비자에게 판매했다. 2015년에 완벽한 자전거가 탄생했고 사업은 본격적으로 날개를 달게 되었다.

회사는 마침내 1억 달러의 자금 유치에 성공하면서 대만 제조업체와 긴밀하게 협력해 생산을 늘릴 수 있었고, 소프트웨어와 분석팀도 확장해 콘텐츠 제공을 획기적으로 증가시켰다. 또한, 회사는 자체 공급망을 구축해 펠로톤 브랜드가 붙은 밴에 자전거를 싣고 배달했고, 자체 직원을 보내 자전거를 설치해 주었으며, 고객의 취향에 맞는 강좌와 강사를 찾는 일에 대한 자문도 제공했다.

펠로톤의 성공은 훌륭한 상품 때문이기도 하지만, 회사의 조직은 소프트웨어 회사와 더 비슷하다. 펠로톤에는 안드로이드 버전용 시스템을 설계하는 소프트웨어 엔지니어만 70명이 넘는다. 회사는 새로운 러닝머신부터 최근 선보인 '파워 존(Power Zone)' 강좌까지 회사가 제공하는 제품과 서비스를 고안, 설계, 생산하기 위해 뛰어난 인재에 의존한다. 그러나 인재가 중요하다 해도 빠르게 증가하는 마니아층에 확장성이 높은 방식으로 그 경험을 전달하는 것은 디지털 서비스다.

펠로톤 서비스를 이용하는 소비자 수에는 제한이 없다(대만 공급업체가 피트니스 장비를 계속 공급하는 한). 앤트 파이낸셜과 마찬가지로 펠로톤의 향후 성장 관건은 인간 근로자에게서 내부 디지털 시스템이나 회사 외부 자원으로 전환되었다. 펠로톤도 앤트 파이낸셜처럼 성장에 있어서 전통적인 운영 제약을 받지 않는다. 뿐만 아니라, 펠로톤 소프트웨어의 디지털 인터페이스(API)는 다양한 보완 앱(애플 헬스Apple Health, 스트라바 Strava, 핏빗Fitbit), 소셜 네트워크(페이스북이나 트위터), 기기(심박 측정기, 스마트워치)에 연결함으로써 사업의 범위를 쉽게 확장할 수 있다.

비록 AI 기술이 앤트 파이낸셜 수준에는 미치지 못하지만, 펠로톤은 정교한 분석 플랫폼과 디지털 스트리밍 콘텐츠를 구축해 피트니스 훈련을 새로운 경험으로 전환했다. 회사는 운동하는 사람의 심박수부터 운동 빈도, 음악 취향까지, 강습소 출석부터 소셜 네트워크 활동까지 광범위한 데이터를 수집한다. 끊임없이 데이터를 분석하고 그 분석을 통해, 강좌 선택에서부터 신제품 설계, 서비스 최적화에 이르기까지 다양한 개선을 실행한다. 또 이런 분석이 사용자 경험을 촉진하고 참여를 대폭 향상시키는 한편, 고객이 쉽게 떠나지 못하게 함으로써 고객 이탈을 감소시킨다.

다른 운동 기구 제품과 달리 펠로톤에 대한 충성도는 매우 높다. 회사가 축적한 데이터를 가지고 무엇을 할 수 있는지, 그리고 어떻게 사업 영역을 확장할 수 있는지 상상하는 것은 그다지 어렵지 않다. 예를 들어, 펠로톤은 영양 서비스, 건강 관리 회사, 그리고 보험 상품에까지 사용자들을 연결할 수 있다. 회사의 저장 데이터는 사용자에게 광범위한 옵션을 제공해줌으로써 피트니스 회사가 무엇을 의미하는지를 재정의한다.

펠로톤은 괄목할 만한 성장을 해왔다. 소프트웨어, 데이터 및 네트워크에 의존하면서 빠르게 확장해 7억 달러가 넘는 매출을 올렸고, 10억 달러의 투자를 유치하며 기업 가치 40억 달러로 평가받고 있다(이것은 상장 전 평가이고, 펠로톤은 2019년 9월 뉴욕 증시에 주당 29달러에 상장했다. 상장 서류에 명시된 펠로톤의 연간 매출은 9억 1500만 달러였고 2억 달러의 손실을 기록했다. 2020년 4월 28일 현재 펠로톤의 주가는 31.87달러에 시가 총액은 89억 달러를 조금 넘는다).

세상에서 가장 어려운 온택트 비즈니스, 식료품 배달업: 오카도 이야기

> 인간은 AI가 할 수 있는 건 다 할 수 있다. 다만 일정하게는 할 수 없다.
> - 앤 마리 네탐, 오카도 테크놀로지(Ocado Technology) 최고운영책임자

온라인 식료품 배달업은 지금까지 고안된 것 중 가장 어려운 사업 중 하나임에 틀림없다. 해가 뜨나, 비가 오나, 눈이 오나, 심지어 올림픽 기간에도, 100만 명의 사람들에게 가장 이익도 작고 부패하기도 쉬운 상품을 5만 가지 이상이나 정시에 배달할 것을 약속한다고 생각해보라. 오카도가 금융 전문가들의 존경을 받는 데 수년이 걸린 것은 지극히 당연한 일이다. 2010년 상장 이후 오카도는 비즈니스 모델, 운영 모델, 심지어 회사 이름(금융 자문 회사 알에프씨 앰브라이언RFC Ambrian Ltd의 애널리스트 필립 도건은 "오카도는 'o'로 시작해서 'o'로 끝나며, 가치는 제로(0)다."라고 혹

평했다)을 이유로 모진 비판을 받았다. 그러나 최근 몇 년 동안, 이 영국 회사는 모두의 예상을 크게 뛰어넘어 금융시장의 총아가 되었다.

오카도의 성공은 비즈니스 모델과 운영 모델 모두에서 AI가 미치는 영향이 급증했기 때문이다. 오카도는 자체 슈퍼마켓의 온라인 및 모바일 서비스와 함께 제삼자 업체 여러 곳의 식료품을 배달한다. 오카도는 늦지 않고 신뢰를 지키며 효율적으로 식품을 배달하기 위해 데이터, AI, 로봇 공학 등 눈부신 기반을 구축했다. 오카도는 사실, 공급망 또는 온라인 식료품점으로 위장한 AI 회사다. 시간이 흐름에 따라 회사에 대한 확신과 투자가 뒤따르면서 이 회사의 역량이 구축된 것은 필연적이라고 할 수 있다.

오카도는 원래 2009년에 브라우저 기반의 상거래를 목적으로 처음에는 모바일 앱을 출시했다. 그러다가 2014년에, 회사의 제품, 고객, 제휴 업체, 공급망, 배송 환경 등 타의 추종을 불허하는 세부 정보를 담은 중앙 집중식 데이터 플랫폼 회사로 변신하며 원점에서부터 재출발했다. 데이터는 클라우드에 축적되며, 배송 경로 설정부터 로봇 배달, 고객의 부정행위 감지, 제품 부패 예측까지 모든 종류의 적용을 최적화하기 위해 구축된, 애자일 팀이 사용하기 쉬운 인터페이스를 통해 노출된다. 이 모든 것이 합쳐져 정시 배달률 98.5퍼센트의 급성장하는 수익성 운영 체제를 구축할 수 있었다.

이 모든 오카도의 운영 실행의 조종은 AI 알고리즘이 맡는다. AI는 초당 수천 개의 경로 계산을 수행하면서, 영국 전역의 날씨와 교통 상황을 고려해 수천 대의 배송 트럭이 최적으로 움직이는 최고의 예측 가능한 배달 모델을 가능하게 한다. 알고리즘이 트럭 경로를 실시간으로 최적화함으로써 배달되는 식품의 신선함이 유지되도록 보장하는 것이다.

AI는 경로 최적화 외에도, 고객이 제품을 주문할 가능성이 큰 시기를 실제 발생 2~3일 전에 예측한다. 알고리즘은 고객들이 무엇을 원하는 지까지 들어있는 매우 특별한 데이터를 사용해 오카도의 공급망에 있는 유기농 농가의 여러 제약 조건을 상호 참조하면서, 냉장 트럭이 언제 오카도의 농장 공급망에 도착해 고기, 가금류, 농작물을 싣고 창고로 운반해야 할 것인지를 예측한다. 그리고 창고 또한 AI 기술의 총체적 작품이다. 창고에서는 수천 대의 로봇이 식료품을 고르고 포장하고 운반하는데, 이 로봇들은 모두 알고리즘에 의해 조정되고 관리된다. 가장 중요하고 제시간에 배달해야 할 것들을 먼저 작업하면서 혼잡을 최소화하고 전체적인 효율성을 최적화하는 것이다.

이 창고(요즘은 고객 만족 센터fulfillment center라고 부른다)야말로 오카도 운영 모델의 보석 같은 존재다. 창고 한 개가 축구장 11개 크기만 하며, 35마일(56km) 길이의 어마어마한 컨베이어가 매일 수십만 개의 식료품 상자를 나른다. 알고리즘이 모든 상자의 경로를 계산해 설정함으로써 혼잡을 피하고 식품의 배송 시한 준수를 가능하게 한다. 전체 창고 시스템을 집계하고 설계하는 역할을 하는 또 다른 알고리즘도 있다.

유연한 이 시스템은 성장과 더불어 용량이 확장됨에 따라 증가하는 매장 수, 고객, 로봇을 모두 수용할 수 있고, 오카도의 기술 운영팀이 학습, 실험, 혁신을 계속하며 규모와 범위를 빠르게 확장한다. 앤 마리 네탐 COO

가 언급했듯이, 머신러닝은 결코 멈추는 법이 없다. 머신러닝이 추구하는 공동의 주제는 배운 것을 시각화하고, 시도하고, 그리고 수량이 많아짐에 따라 이를 계속 반복, 반복, 반복하는 것이다.

시간이 흐르면서 오카도의 AI와 로봇 기술은 여러 부분에서 전통적인 운영 프로세스와 충돌했다. 그러나 인간의 노동력은 고도로 자동화된 창고에서도, 로봇이 따라 하는 데 어려움을 겪는 여러 가지 작업, 특히 까다로운 식료품들을 고르는 일을 수행하는 데 여전히 필요하다. 하지만 앞서 살펴보았듯이 인간의 노동력은 이제 공정의 확장성과 신뢰성을 높이는 핵심적인 과정에서는 상당 부분 제거되었다. 오카도의 최고 기술 책임자(CTO) 폴 클라크는 이렇게 말했다. "우리에게 있어, 인간의 노동력을 제거하는 일은 처음부터 우리가 걸어온 여정입니다. 그 일이 비닐 백을 상자에 담는 일이든, 물건을 작업장으로 나르는 일이든, 우리는 어떤 일을 자동화해야 할 것인가를 항상 찾았지요. 우리는 자동화하기 쉬운 것부터 시작해서 자동화할 다음 것을 차례로 찾았습니다. 이 일에는 끝이 없을 겁니다."

오카도의 심도 있는 AI와 디지털 능력은 두 가지 다른 비즈니스 모델을 가능하게 했다. 오카도는 영국의 온라인 소매 사업을 기반으로 구축된 기능을 활용해 이 기술 플랫폼을 제삼자의 소매 및 배송 서비스를 돕는 데 제공하고 있다. 영국의 유명 소매 회사 막스앤스펜서(Marks&Spencer)가 좋은 예다. 또 오카도는 캐나다의 2위 식품 소매업체 소베이(Sobeys)와 미국 내 4천여 개의 슈퍼마켓을 운영하는 크로거(Kroger)와 제휴해 창고와 고객 센터를 설립해 운영하는 등 해외에까지 업무를 확장하고 있다.

제휴의 일환으로 크로거는 오카도에 대한 지분을 6퍼센트 이상까지 끌어 올렸고, 오카도 스마트 플랫폼의 기능을 온라인 주문, 옴니채널 통합, 고객센터 자동화, 가정배달에까지 활용할 계획이다. 오카도는 매출 20억 달러(2조 4,000억 원)와 70억 달러(8조 5000억원)의 기업 가치와 함께 미국에 진출하면서 아마존의 경계 대상 1호가 되었다.

가치 창출, 획득, 전달을 혁신하다

앤트 파이낸셜, 오카도, 펠로톤의 사례는 회사들이 가치 전달을 디지털화하고, 비즈니스 모델을 혁신하고, 그렇게 함으로써 산업의 전환을 이끈다는 세 가지 접근법을 구사했다. 우리는 세 회사가 규모, 범위, 혁신에 있어서 해당 산업에서 사실상 전례 없는 수준으로 엄청난 소비자 가치를 창출하는 것을 목격했다. 세 회사의 가치 획득이 유사하다는 것도 놀라운 일이다. 각 사례에서 이 회사들은 디지털 기술 사용에 조건을 거의 달지 않고 투자를 늘림으로써 소비자 충성도와 참여도를 높였다. 결국, 서비스에 대한 소비자들의 관심이 높아지면 사용자는 자동으로 늘어나고 수익을 낼 기회는 그만큼 더 커지는 것이다.

세 회사가 각기 다른 산업에 종사한다는 점도 흥미롭다. 이들이 원래 지향했던 산업은 각각 기존의 금융 서비스, 식료품, 피트니스 산업과 다를 바 없었다. 앤트 파이낸셜은 일련의 정보 기반 서비스에 불과했고, 오카도는 매우 효율적인 공급망으로 상품을 배달하는 회사였으며, 펠로톤은 제품과 서비스를 밀접하게 통합시킨 회사일 뿐이었다. 그러나 각 사례에서 보듯이 세 회사는 중요한 운영 프로세스를 디지털화해 혁신적인 변화를 일으켰다.

자세히 살펴보면 각 회사는 알고리즘과 네트워크를 사용하여 시장을 변화시켰을 뿐만 아니라, 그 변화를 추구하면서 자신만의 특별한 능력을 구축하고 특별한 접근 방식을 채택하는 등 특별한 방식을 구사했다. 앤트 파이낸셜은 분석과 AI에서 자신만의 특별한 기능을 구축했으며, 고도로 자동화된 시스템을 사용해 금융 서비스를 넘어, 사실상 전례 없는 규모와 범위로 사업을 확대했다. 오카도도 뛰어난 확장성을 추구하는 알고리즘을 토대로 정교한 AI를 배치하고, 제공하는 제품의 범위를 계속 넓혀 나갔으며, 지속적인 학습과 혁신을 가능하게 하는 운영 모델을 채택했다. 또한, 오카도는 예를 들어, 배달 운전자와 창고에서 제품을 포장하는 근로자들을 도울 수 있도록 자사의 알고리즘이 인간 근로자와 어떻게 통합되었는지를 강조한다. 펠로톤은 여전히 현실 세계의 네트워크와 커뮤니티에 의해 사업이 추진되지만, 데이터와 분석을 사용해 고객의 참여도와 충성도를 크게 높였다. 펠로톤은 인간 직원이 만든 콘텐츠를 무한정 확장되는 고객 커뮤니티로 광범위하게 증폭시켰다. 고객들은 보다 정교해지는 분석을 통해 확장된 서비스를 스트리밍하고 운동을 하고 진도를 점검한다. 오카도와 마찬가지로, 인간의 기술과 노동력은 설계, 생산, 업무 개선의 역할로 전환되고, 핵심 경험을 전달하고 유지하는 일은 디지털 기술이 맡는다.

무엇보다 우리는 이처럼 다른 산업에 종사하는 회사가 비슷한 운영 모델들을 갖고 있다는 데 주목한다. 가장 중요한 프로세스를 디지털화함으로써, 각 운영 모델은 전통적인 장애물을 제거하고 전례 없는 규모, 범위 및 학습을 가능하게 한다. 일단 운영 모델이 구축되면 향후 성장은 클라우드에 쉽게 접근할 수 컴퓨팅 능력을 얼마나 갖추느냐에 달려있다. 성장의 관건이 인간이 아니라 더 발전된 첨단 기술이나, 제휴 업체와 공급업체의 생태계로 이전된다. 그림 2-2는 이들 세 회사의 핵심에 어떤 디지털 비즈니스 모델과 운영 모델이 있는지를 보여준다.

그림 2-2 가치 창출 및 획득 대 가치 전달

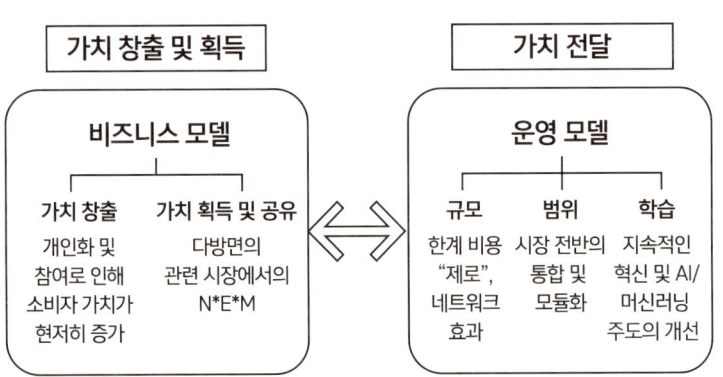

N*E*M = (사용자 수) * (사용자 참여) * (수익성)

이제 구글의 핵심은 AI입니다

2017년 5월 17일 선다 피차이 CEO는 7천 명이 참석한 구글 I/O 컨퍼런스(매년 개최되는 구글의 개발자 회의)에서, 100만 명이 넘는 사람들이 실시간 스트리밍으로 지켜보고 있는 가운데, 깜짝 발표를 했다. 구글의 전략적 초점이 모바일에서 'AI 우선(AI First)'으로 옮겨가고 있다고 말한 것이다.

그 발표는 많은 사람을 놀라게 했다. 구글의 사업과 운영 모델은 처음부터 항상 데이터, 네트워크, 소프트웨어에 의해 주도되어 왔기 때문이다. 구글은 이미 세계 최고의 검색 알고리즘을 상용화했고, 첨단 광고 기술을 개발했으며, 안드로이드를 세계에서 가장 인기 있는 소프트웨어 플랫폼으로 만들었다. 구글은 이미 AI에 많은 투자를 해오면서 웬만한 다른 회사와 대학보다 훨씬 더 많은 AI 관련 발표와 특허를 가지고 있다. 그런데 구글이 'AI 우선'이 된다는 것은 과연 무슨 의미였을까?

피차이는 AI에서 영감을 받은 새로운 제품을 소개한다거나 첨단 분석을 실험하는 파일럿 프로젝트 몇 가지를 출시한다는 것 정도를 말하는 것이 아니었다. 그의 발표의 진정한 의미는 구글이 20년 전부터 소프트웨어 알고리즘과 AI 기술 개발에 투자해 왔다는 사실을 강조하는 것이었다. 그러한 투자로 인해 이제 AI가 회사의 중심, 즉 운영 모델의 핵심이 되었다는 것을 보여준 것이다. AI는 앞으로 점점 모든 운영 과정 전반에 걸친 공통의 토대가 될 것이다. 피차이는 고객이 직접 사용하는 새로운 앱(AI로 가동되는 구글 어시스턴트Google Assistant)부터, 구글의 데이터 센터와 클라우드 서비스를 가능하게 하는 새로운 AI 인프라에 이르기까지 다양한 사례를 들며 이 접근 방식을 설명했다.

　이번 발표는 구글 소비자, 광고주, 외부 개발자, 직원들에게 AI와 데이터 및 분석에 대한 관련 투자가 회사의 비즈니스 및 운영 모델에 필수적인 것이 되었음을 선언하는 분명한 신호였다. 이제 앞으로 사실상 구글의 모든 부문은 이것을 핵심으로 간주할 것이다. 구글의 모든 제품과 서비스(이 중 몇 가지는 수십억 명의 사용자를 가지고 있다)는 대화 형식(말, 문자)의 AI, 기기(모든 유형의)에 장착된 AI, 전후 맥락(당신이 원하는 것)을 이해하는 AI를 통해 그들이 제공하는 가치를 증가시키고, 모든 프로세스는 계속해서 학습하면서 적응해 나갈 것이다.

　내장형 AI 시스템은 항상 소비자가 원하거나 필요로 하는 것을 예측하려고 노력하면서 모든 상호 작용을 통해 그 모델을 업데이트해 나갈 것이다. 이러한 예측력은 물론 구글의 광고주들에게도 매우 큰 가치가 있을 것이다. 'AI 우선' 접근법은 구글의 광고가 점점 더 개인화되고 전후 맥락을 이해하면서 궁극적으로 광고를 보는 소비자와의 관련성을 높여 더 많은 클릭 수를 유도할 수 있게 된다는 것을 의미하기 때문이다.

　피차이의 발표는 분명한 메시지를 주며 우리에게 경종을 울렸다. 이는 그동안 기술과 사업에 집중해 온 구글 직원들에게는 AI에 대한 심층적인 이해를 발전시키고 회사의 가치 창출, 획득 및 운영 모델의 모든 측면에 AI를 적용할 것임을 알리는 신호다. 구글의 거대한 제휴 업체와 개발자를 포함하는 넓은 생태계에는 운동 앱에서 TV에 이르기까지 모든 제품과 서비스를 개선하기 위해 AI를 내장할 것을 당부하는 일종의 초대다. 이 발표를 듣는 우리에게도, 마침내 디지털 시대가 도래했음이 분명해졌다. 말 그대로 수백만 명의 사람에게, AI는 더 이상 미래의 유망한 혁신 기술이 아니라 이미 회사의 핵심이 되고 있었다.

다음 장에서는 구글처럼, 소프트웨어, 데이터, 알고리즘에 의해 구동되는 확장 가능한 의사 결정 공장이 어떻게 회사의 핵심이 되는지를 살펴볼 것이다.

3장   가치 전달 경로에서 인간을 배제하는 AI 팩토리

가치 전달 경로에서 인간을 배제하는 AI 팩토리

우리는 역사를 통해 많은 제품이 장인의 작업장에서 저마다 각고의 정성으로 탄생하였다는 것을 알고 있다. 그러나 산업 혁명이 제조업에 확장할 수 있고 반복 가능한 접근법을 접목해 경제를 전환시키면서 그런 시대는 종식되었다. 기술자와 관리자들은 대량 생산에 필요한 공정을 이해하는 전문가가 되었고, 품질 좋은 상품을 저렴한 가격으로 지속 생산하는 이른 바 1세대 공장을 구축했다. 그러나 생산은 산업화하였지만, 분석과 의사 결정은 여전히 전통적이고 기형적인 과정을 벗어나지 못했다.

이제 근본적인 전환을 주도하는 기업들에 의해 디지털 시대가 그 실체를 분명히 드러내고 있다. 이 'AI 팩토리'는 데이터 수집, 분석 및 의사 결정을 산업화함으로써 현대 기업의 핵심을 재창조하고 있다.

AI 팩토리는 21세기 기업의 디지털 운영 모델에 동력을 불어 넣어주는 확장 가능한 의사 결정 엔진이다. 더 많은 경영상의 결정이 소프트웨어에 내재해 있으며, 소프트웨어는 과거에 직원들이 수행해 온 많은 프로세스를 디지털화시킨다. 구글이나 바이두(Baidu, 중국 최대의 검색 엔진 기업) 같은 기업에서 매일 수백만 건 이루어지는 검색 광고 경매에 인간 경매인 직원이 관여하지는 않는다. 승차 공유 회사 디디(DiDi), 그랩(Grab), 리프트(Lyft), 우버 같은 회사에서 인간인 배차 직원이 어느 차를 배차할지 결정하지 않는다. 스포츠 소매업체들도 아마존에서 판매하는 골프 의류의 일일 가격을 직접 결정하지 않는다. 앤트 파이낸셜 같은 회사에서 은행 직원이 모든 대출을 승인하지 않는다. 이 모든 과정이 의사 결정을 산업 프로세스로 취급하는 AI 팩토리에 의해 디지털화되어 이루어지는 것이다. 분석 능력은 체계적으로 내부 및 외부 데이터를 예측, 통찰력 및 선택으로 변환해, 다양한 운영 조치로 유도하거나 자동화한다. 이것이 디지털 회사가 규모, 범위, 학습의 능력을 탁월하게 운영할 수 있는 이유다.

디지털 운영 모델은 다양한 형태를 취할 수 있다. 때에 따라서 정보의 흐름만 관리할 수도 있고(앤트 파이낸셜, 구글 또는 페이스북을 생각해보라), 회사가 실제 물리적 제품을 구축, 배송, 또는 운영하는 방식을 유도하기도 한다(오카도, 아마존, 구글의 자율 주행 사업부 웨이모Waymo를 생각해보라). 어느 경우든 AI 팩토리는 모델의 핵심에 위치해 가장 중요한 프로세스와 운영 의사 결정을 이끌면서, 인간을 가치 전달의 중요한 경로에서 배제한다.

본질적으로 AI 팩토리는 사용자 참여, 데이터 수집, 알고리즘 설계, 예측, 개선으로 이어지는 선순환을 형성한다(그림 3-1 참조). AI 팩토리는 먼저 여러 자원(회사 내부 또는 외부)에서 생성된 데이터를 통합해 일련의 알고리즘을 다듬고 훈련한다. 알고리즘은 예측을 할 뿐만 아니라 데이터를 사용해 자산의 정확도를 향상시킨다. 예측은 다시 인간에게 통찰력을 제공하거나 자동화된 대응을 가능하게 해줌으로써 결정과 행동을 추진시

가치 전달 경로에서 인간을 배제하는 AI 팩토리

그림 3-1 AI 팩토리의 선순환

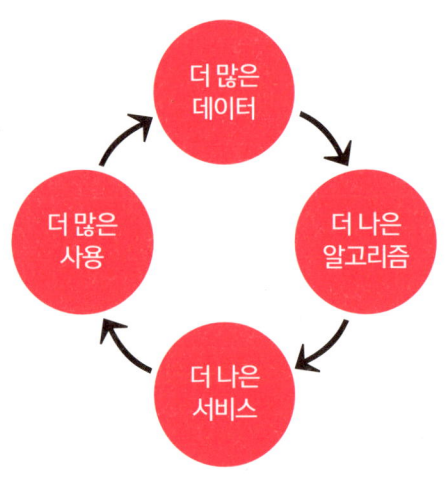

킨다. 다음에는 시스템을 개선하는 변경 사항을 인과적으로 인식할 수 있는 엄격한 실험 프로토콜을 통해 고객 행동 패턴과 경쟁 회사 반응의 변화, 그리고 프로세스 변동에 대한 가설이 테스트 된다. 그리고 사용에 대한 데이터와 예측 결과의 정확성 및 영향에 대한 데이터가 추가 학습 및 예측을 위해 시스템에 피드백된다. 이런 식으로 계속해서 순환 반복되는 것이다.

구글 검색 엔진이나 마이크로소프트의 검색 엔진 빙(Bing)을 예로 들어 보자. 사용자가 검색 상자에 원하는 단어의 첫 몇 글자만 쳐도 알고리즘은 즉시 사용자의 이전 검색어와 과거 행동을 토대로 전체 단어를 역동적으로 예측한다. 이러한 예측 단어들이 드롭다운 메뉴(자동 완성 상자)에 캡처되어 사용자는 원하는 검색어를 빠르게 찾을 수 있다. 모든 사용자 움직임과 모든 클릭이 데이터 포인트로 캡처되고, 수집된 모든 데이터 포인트는 향후 검색 예측 능력을 더욱 향상시킨다. 검색이 많을수록 예측 능력은 좋아지고, 예측을 잘할수록 더 많은 사용자가 그 검색 엔진을 사용할 것이다.

검색 엔진의 AI 팩토리에는 이 외에도 다른 예측 사이클이 몇 개 더 있다. 자연 발생 검색 과정에서 사용자가 검색어를 입력하면 유기적인 검색 결과를 표시하는데, 이 결과는 이전에 조립된 적이 있는 웹 색인에서 추출된 것으로, 이전 검색에서의 결과(클릭이 생성한)를 사용해 최적화된 것이다. 한 검색어를 입력하면 사용자의 의도와 가장 일치하는 관련성 높은 광고에 대한 자동 경매가 동시에 시작되는데, 경매 결과는 추가적인 학습 순환을 통해 형성되기도 한다. 그러므로 유기적인 검색 결과와 관련 광고가 결합한 검색 결과 페이지는 이전 검색 시도 데이터의 영향을 크게 받는다. 그러나 검색 조회 페이지나 검색 결과 페이지에서 클릭하거나 페이지를 빠져나와서 클릭해도 유용한 데이터를 얻을 수 있다.

또한, 검색 엔진 운영을 통해 제품 관리자는 광고를 적게 노출하면 특정 페이지의 수익을 향상시킬 수 있다거나, 검색 결과를 강조하면 클릭율(click-through rates)을 높일 수 있다거나 하는 새로운 가설을 갖게 될 수도 있다. 이런 가설들이 진짜 그런 향상 효과가 있는지 확인하기 위해서는 이러한 가설들을 실험 기계에 올려 관련 사용자 표본에 대해 통계적으로 테스트해 보아야 한다.

분명한 것은 수동 도구를 사용하는 몇몇 분석가나 임시로 조립된 코드로 이 모든 데이터를 분석할 수는 없다는 것이다. AI 팩토리는 데이터 처리 및 분석에 대량 생산 방식을 도입해 디지털 운영 모델의 핵심을 형성함으로써 이 문제를 해결한다. 넷플릭스의 사례로 이 본질을 더 깊이 살펴보자.

넷플릭스의 AI 팩토리 구축 및 운영

넷플릭스는 인공 지능의 힘을 이용해 미디어 산업의 지평을 바꿔놓았다. 넷플릭스의 핵심은 AI 중심의 운영 모델이며 소프트웨어 인프라에 의해 구동된다. 넷플릭스의 소프트웨어 인프라는 데이터를 수집할 뿐 아니라, 사용자 경험의 개인화에서부터 영화 컨셉을 선택하고 콘텐츠 계약을 협상하는 일에 이르기까지 사실상 사업의 모든 분야에 영향을 미치는 알고리즘을 훈련하고 실행한다.

20년 전 초창기에 넷플릭스는 영화 리뷰를 게재하고 고객의 관람 평가에 따라 영화를 추천하고, 신작 DVD를 매장을 통해 판매하는 회사였다. 그러나 그때에도 넷플릭스는 고객 경험을 개선하기 위해서는 데이터를 활용하는 것이 중요하다는 것을 인식하고 있었다. 회사는 초창기에도 시청자들의 평가와 영화 등급, 그리고 유사한 시청자의 선호도 등에 근거해 영화를 제안하는 추천 엔진 개발에 노력을 집중했다. 넷플릭스는 이 데이터를 내부적으로 사용했을 뿐만 아니라 영화사들과도 공유했다. 이 자료를 공유함으로써, 넷플릭스는 영화배급사인 워너 홈 비디오(Warner Home Video)나 컬럼비아 트라이스타(Columbia TriStar)와의 제휴에서 더 나은 조건으로 협상할 수 있었다.

넷플릭스는 스트리밍 서비스를 시작한 2007년 첫해부터 가입자 800만 명을 돌파하며 급성장했다. 이 새로운 시도로 인해, 넷플릭스 분석팀이 광범위하게 사용했던 사용자 데이터에 대한 회사의 접근성을 획기적으로 높일 수 있게 되었다. 넷플릭스는 그동안, 메일 배달 서비스를 통해 사용자가 요청한 영화 제목, DVD 대여 기간, 각 영화의 평가 등급 등만 추적할 수 있었고, 사용자의 실제 시청 습관은 모니터할 수 없었다. 그러나 이제 넷플릭스는 스트리밍을 통해 전체 사용자 경험, 즉 영화 상영 중에 시청자가 어느 부분에서 일시 정지, 되감기 또는 건너뛰기를 하는지, 또는 어떤 기기를 사용하고 있는지까지 알 수 있다. 이러한 고객 행동 데이터는 넷플릭스가 시청자의 예상 선호도를 예측해 어떤 영화의 미리보기 이미지를 보여줄 것인가를 결정하는 데 도움이 된다(미리보기도 시청자가 특정 장르, 배우, 기타 요인 등 무엇을 좋아하는지에 따라 개인화되는 것이다!).

넷플릭스는 보다 발전된 분석을 통해 고객 충성도를 촉발하는 요인들도 예측한다. 가입자의 시청 시간을 늘리고 고객 이탈률을 낮추기 위해 넷플릭스는 AI를 활용해 시리즈의 다음 회를 바로 볼 수 있도록 자동으로 준비시키거나 비슷한 영화를 추천하는 기능을 선보였다. 이른바 맞춤형 서비스와 개인화는 이제 보편적 서비스가 되었다. 2013년 당시 넷플릭스의 커뮤니케이션 책임자(COC) 조리스 에버스(Joris Evers)가 뉴욕타임스와의 인터뷰에서 "넷플릭스에는 3300만 가지의 다른 버전이 있다"고 말한 것은 각 사용자의 넷플릭스 경험이 그만큼 개인화되고 맞춤화되었다는 것을 의미하는 것이었다.

또 넷플릭스는 어떤 자체 콘텐츠를 만들어낼지 결정하는 데도 데이터와 AI 알고리즘을 활용한다. 넷플릭스가 이를 위해 예측 분석을 처음 사용한 것은 2013년 미디어 라이트 캐피탈(MRC)과 협력한, 한 상원 의원의 백악관 입성이라는 허구적 이야기를 담은 하우스 오브 카드(House of Cards)의 가능성을 평가하기 위해서였다. 넷플릭스의 자체 콘텐츠 제작 담당 부사장 신디 홀랜드(Cyndy Holland)는 인터뷰에서 "우리는 콘텐츠 제작을 위한 특정 아이디어나 주제가 제시되었을 때, 그 아이디어에 대한 특정 속성을 고려해 관객의 규모가 얼마나 될지 판단하는 데 도움이 되는 예측 모델을 가지고 있습니다. 우리는 장르별로 이미 많은 프로그램이 있는 영역과 기회가 될 영역을 기본적으로 구분할 수 있는 생각의 기준을 가지고 있습니다."라고 설명했다.

넷플릭스는 이미 2010년에, 회사의 추천 엔진에 분석과 AI를 체계적으로 적용하기 위한 AI 팩토리 접근 방식을 받아들였다. 2014년에는 사용자 행동을 이해하고, 사용자별 맞춤형 스트리밍 경험(접속 속도, 주로 사용하는 기기 등의 요인에 근거한)을 창출하고, 시청자에게 더 가깝게 배치되는 '에지 서버(edge server, 기기와 물리적으로 가까운 분산 네트워크 서버)'에 어떤 영화나 쇼를 고속 저장할 것인지 판단하는 등, 스트리밍 경험을 향상시키기 위해 AI 팩토리를 확장했다. 현재 넷플릭스는 190여 개국에 약 1억5000만 명의 가입자를 보유하고 있으며, 5,500개 이상의 쇼 콘텐츠 라이브러리를 갖추고 있고, 전 세계 인터넷 대역폭의 15퍼센트를 소비하고 있다(2020년 4월 21일 발표한 2020년 1분기 실적발표에 따르면 전 세계 가입자는 1억 8286만 명으로 보고되었음).

넷플릭스와 기타 주요 기업의 경험에 비추어 중요한 AI 팩토리 필수 구성 요소를 요약하면 다음과 같다(그림 3-2 참조):

그림 3-2 AI 팩토리의 구성 요소

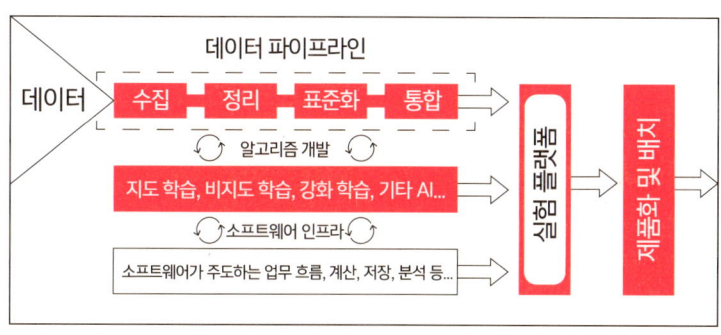

1. **데이터 파이프라인**: 이 프로세스는 체계적이고 지속 가능하며 확장 가능한 방법으로 데이터를 수집, 입력, 정리, 통합, 처리, 보호한다.
2. **알고리즘 개발**: 알고리즘은 사업의 미래 상태나 사업 조치에 대한 예측을 생성한다. 이러한 알고리즘과 예측이야말로 디지털 회사의 고동치는 심장부로서, 회사의 가장 중요한 운영 활동을 주도한다.
3. **실험 플랫폼**: 이는 새로운 예측 및 의사 결정 알고리즘에 관한 가설을 테스트하는 메커니즘으로, 이를 통해 제안된 변화가 의도한 (임의의) 효과를 가져 왔는지 확인한다.

4. **소프트웨어 인프라**: 이 시스템들이 파이프라인을 구성 요소화된 일정한 소프트웨어 및 컴퓨팅 인프라에 내장하고, 필요에 따라 내부 및 외부 사용자에게 적절하게 연결한다.

데이터가 AI 팩토리에 동력을 공급하는 연료라면, 인프라는 그 연료를 공급하는 파이프이며, 알고리즘은 그 일을 수행하는 기계다. 실험 플랫폼은 새로운 연료, 파이프, 기계를 기존 운용 시스템에 연결하는 밸브를 제어하는 역할을 한다. 먼저 데이터 파이프라인을 살펴보자.

데이터 파이프라인

데이터는 AI 팩토리에 반드시 투입되어야 할 입력이다. 최근 몇 년간 AI 시스템이 급진적으로 발전한 이유 중 하나는 분석에 이용되는 데이터의 속도, 양, 다양성이 폭발적으로 증가했기 때문이다. 2012년에 이미 넷플릭스는 광범위한 데이터 입력 기반을 사용하고 있었다. 넷플릭스의 두 엔지니어 자비에 아마트리아인(Xavier Amatriain)과 저스틴 바실리코(Justin Basilico)는 넷플릭스 블로그에서, 입력되는 데이터가 다음과 같이 다양하다고 설명했다.

- 우리는 회원들로부터 받은 수십억 개의 영화 관람평을 확보하고 있다. 우리는 하루에만 수백만 개의 새 관람평을 받는다.
- 우리는 항목 인기를 기준선으로 삼고 있음을 이미 언급했다. 하지만 인기를

계산하는 방법은 많다. 우리는 이를 시간당, 매일 또는 매주 다양한 시간 범위에 걸쳐 계산할 수 있다. 또는 지역이나 기타 유사성 지표별로 회원을 그룹화하여 해당 그룹 내에서의 인기를 계산할 수도 있다.

- 매일 수백만 개의 스트리밍 기록을 수신한다. 여기에는 스트리밍 시간, 스트리밍 시기, 기기 유형 등 스트리밍의 전체 상황이 포함되어 있다.
- 우리 회원들은 매일 수백만 개의 항목을 대기 목록에 추가한다.
- 우리 카탈로그의 각 항목에는 배우, 감독, 영화의 장르, 관람 등급, 관람평 등 풍부한 메타데이터가 들어 있다.
- 프레젠테이션: 우리는 우리가 어떤 영화를 추천했고, 그 영화가 어디(지역 또는 나라)에서 재생되었는지 알고 있고, 우리의 결정이 회원들의 행동에 어떤 영향을 미쳤는지 볼 수 있다. 그리고 우리는 스크롤 기능, 마우스 오버(mouse over, 마우스 포인터가 화면의 개체 위로 이동할 때 그래픽 사용자 인터페이스GUI에서 발생하는 이벤트), 클릭 또는 특정 페이지에 소요된 시간 같은 권장 사항과 회원들과의 상호 작용을 관찰할 수 있다.
- 소셜 데이터는 우리의 최신 맞춤 기능에 최대한 반영된다. 우리는 연결된 친구들이 무엇을 보았는지 어떤 평가를 했는지를 모두 처리할 수 있다.
- 우리 회원들은 매일 넷플릭스 서비스에 수백만 개의 검색어를 직접 입력한다.
- 위에서 언급한 모든 데이터는 내부 출처에서 나온 것이다. 우리는 우리의 기능을 향상시키기 위해 외부 데이터를 이용할 수도 있다. 예를 들어, 우리는 박스 오피스 실적이나 비평가 의견 같은 외부 데이터 기능을 추가할 수 있다.
- 물론, 이것이 다가 아니다. 인구 통계, 위치, 언어 또는 시간적 데이터 등 다른 많은 기능들도 우리의 예측 모델에 사용될 수 있다.

2018년에 넷플릭스 사용자들은 5600여 편의 영화와 TV 시리즈를 시청했다. 사용자가 TV, 컴퓨터, 휴대 전화, 태블릿에서 넷플릭스 앱을 열 때마다 회사의 시스템은 개인 추천 기능을 가동하고 인터페이스를 맞춤화한다. 사실상 사용자 경험은 거의 모든 측면에서 데이터를 생성하고, 그에 따라 넷플릭스는 회사가 제공하는 맞춤 기능을 더욱 세밀하게 조정할 수 있게 된다. (그리고 확실히, 2012년보다 지금 이용 가능한 데이터가 훨씬 많다.) 넷플릭스는 이 모든 데이터를 정리, 통합, 준비, 사용해 서비스에 역동적으로 반영함으로써 약 3억 명의 사용자들에게 제공하는 가치를 지속해서 향상시키고 있다.

넷플릭스가 보유하고 있는 광범위하고 심도 있는 데이터는 업계에서 부러움의 대상이다. 유사한 취향을 가진 시청자들끼리 연결해 약 2,000개의 소규모 취향 공동체를 구축한 것은 이 회사의 데이터와 분석의 중요한 자산이다. 개별 사용자들은 자신이 원하는 몇몇 취향 공동체에 가입해 어울릴 수 있다. 그들은 그저 인구 통계학적으로 비슷한 사람들끼리 모인 집단이 아니다. 인도 뭄바이 같은 대도시에 사는 65세 할머니가 미국 아칸소주의 시골에 사는 십 대 청소년과 같은 쇼를 좋아할 수도 있다.

넷플릭스는 TV 엔터테인먼트를 '데이터화'했다. '데이터화'란 말은 알리바바의 최고 전략 책임자이자 학술 고문인 정밍이 만든 용어다. 이 개념은 어떤 회사에서든 자연스럽게 진행되는 활동과 거래에서 체계적으로 데이터를 추출하는 것을 말한다. 예를 들어, 구글의 네스트 온도 조절기(Nest thermostat)는 가정 냉난방, 환기 시스템(HVAC)를 조절하는 전통적인 활동 스펙트럼을 데이터화함으로써 침체된 시장을 뒤흔들었다. 가정에서 온도와 움직임을 모니터링할 수 있는 몇 개의 전자 센서를 추가하고 컴퓨터 기반 제어 기능에 와이파이를 연결함으로써 네스트는 주택 소유자들에게 새로운 중요한 가치를 창출하는 새로운 데이터 계층을 만들 수 있었다. 네스트의 장치들은 불과 며칠 만에 당신의 습관을 학습해 집 안의 온도를 당신이 원하는 상태로 자동으로 조절하고, 인근의 전력 회사가 주관하는 에너지 절감 프로그램에 참여하며, 스마트폰 제어까지 수행한다.

페이스북의 사회적 행동에서부터 애플워치(Apple Watch)나 핏빗(2018년 11월 구글이 인수한, 애플과 경쟁하는 스마트워치 회사)을 사용한 피트니스, 불면증을 치료하는 신개념 웨어러블 반지 오우라(Oura)와 모티브(Motiv) 반지을 사용한 수면 및 건강 추적 산업에 이르기까지 거의 모든 환경에서 이와 유사한 데이터화가 일어났다. 넷플릭스 사례처럼, 데이터화의 초기 프로세스가 외부 데이터 소스와 결합해 사용자에게 부가가치를 제공하는 경우가 점점 많아지고 있다.

예를 들어, 오우라 반지 앱은 수면 및 심박 수 데이터를 애플워치가 모니터링한 사용자의 활동 수준과 결합해 사용자의 생산적인 생활을 위해 필요한 휴식과 활동 수준을 코칭한다. 우버, 리프트, 그랩, 디디, 고젝(GOJEK, 인도네시아의 승차 공유 및 배달 스타트업) 같은 승차 공유 플랫폼은 교통수단 위주의 데이터화 층을 구축했다. 이들의 앱과 스마트폰 인프라의 결합으로 이 기업들은 개별 교통수단 선호도, 수요와 공급 요구 수준, 도심 내외부의 전반적인 교통 흐름 등에 대해 전례 없는 수준의 데이터를 생성할 수 있게 되었다. 이처럼 정확한 실시간 데이터는 지금까지 존재한 적이 없었다.

전통적인 활동을 유용한 데이터의 원천으로 전환하기 위해서는 때로 혁신이 필요하다. 알리페이와 위챗페이는 QR코드를 결제 목적으로 폭넓게 활용함으로써 경제 거래의 길을 선도했다. 데이터가 충분하지 않거나 존재하지 않는 경우, 기업이 먼저 데이터를 생성하는 기술과 서비스에 우선 투자하는 것이 더 중요할 수 있다. 100년 역사를 자랑하는 우편 장비 제공업체 피트니 보우즈(Pitney Bowes)도 미국의 실제 물리적 주소에 대한 데이터화 전략을 구축했다. 그리고 마케팅, 부정행위 탐지 등 여러 목적에 데이터를 사용할 수 있는 은행, 보험사, 소셜 플랫폼 및 소매업체에 데이터 기반의 지식 체계 솔루션을 제공함으로써 회사의 비즈니스 모델을 강화하고 있다. 이 회사는 단지 우편 판매 이외의 다른 비즈니스 모델로도 가치를 창출하고 획득할 수 있다는 것을 깨달은 것이다.

하지만 AI 팩토리의 건설을 시도하는 많은 기업은 종종 회사가 보유한 데이터가 단편적이고 불완전하며 해당 부서나 별도의 IT 시스템 내에 단절되어 있음을 발견한다. 출장 여행자들이 이용하는 전형적인 호텔 숙박을 예로 들어보자. 이론적으로, 호텔 체인은 집 주소에서부터 신용 카드 정보, 여행 빈도, 이용 항공사, 교통수단, 여행 장소, 객실 등급, 식사 선택, 좋아하는 지역 관광, 건강 및 좋아하는 운동 등에 이르기까지 고객에 대한 수많은 귀중한 데이터를 보유해야 한다. 그러나 실제로는 이 데이터들이 매우 단편화되어 구조적으로 호환되지 않는 다양한 시스템 저장소에 저장되어 있고, 공통 식별자(common identifiers)도 누락되어 있으며, 정확하지 않은 경우도 있다. 기업 경영진은 효과적인 AI 팩토리를 건설하기 위해 기업 전체에 걸쳐 데이터를 정리하고 통합하는 과정에서 직면하는 투자의 어려움과 시급성을 과소평가하는 경향이 있다. 이 경영진들이 직면하는 최우선적 과제는 적절한 투자가 이루어지도록 하는 것이다.

일단 데이터가 수집되면 데이터를 정리하고 표준화하고 통합하는 데 큰 노력을 기울여야 한다. 이 단계는 상당히 어렵다. 데이터 자산의 가장 큰 문제는 데이터가 온갖 종류의 편견과 심지어 명백한 오류로 점철되어 있다는 것이다. 따라서 데이터의 부정확성과 불일치를 신중하고 충분하게 검사하기 위해서는 상당한 투자가 필요하다. 또 복잡한 분석에 데이터를 공급하려면 다양한 종류의 데이터 스트림이 하나의 스트림으로 통합되어야 하므로 여러 종류의 데이터가 표준화되어야 한다. 여기서 특히 중요한 과제는 통합된 데이터 세트(일정 규칙에 따라 배열된 데이터의 집합)를 분석함으로써 얻게 되는 통찰력의 정확성을 기하기 위해서 재무 데이터가 운영 데이터와 일치하는 방식으로 적절하게 사용되고 있는지 확인하는 것이다. 예를 들어, 단위가 일치해야 하고, 중복되는 것은 제거되어야 하며, 변수는 호환되는 것이어야 한다. 이러한 것들이 사소한 것처럼 들리지만, 데이터 집합의 규모가 커지면 절대 사소한 문제가 아님을 명심해야 한다.

알고리즘 개발하기

데이터가 수집되고 준비되면, 이제 데이터를 유용하게 만드는 도구는 알고리즘이다. 알고리즘은 의사 결정을 하거나 예측을 하거나 특정한 문제를 해결할 목적으로 데이터를 사용할 때 기계가 준수하는 일련의 규칙을 말한다.

예를 들어 고객이 넷플릭스 같은 서비스를 그만둘 가능성을 분석한다고 생각해보자. 여기서 알고리즘은 사용(빈도와 강도), 만족도, 연령, 다른 사용자와의 관계나 유사성과 같은 변수의 함수를 가지고 고객 이탈을 예측한다. 예측 알고리즘은 과거 이탈했던 고객의 데이터를 집중적으로 분석하고 비교하면서 그런 과거 데이터나 통제된 실험이 얼마나 정확한가를 테스트하고, 이를 토대로 관리자를 위한 분석 도구 또는 운영 프로세스의 단계를 추가 배치한다(예를 들면 취약한 고객을 유지하기 위한 특별 제안 기능을 자동으로 추가).

토론토대학교의 어제이 애그러월, 조슈아 갠스, 아비 골드파브는 데이터 확산과 AI 알고리즘의 발전으로 인해 정확한 예측을 하는 데 드는 비용이 낮아져 경제 전반에 걸쳐 예측 알고리즘의 사용 범위 및 강도가 크게 늘어나고 있다고 지적했다. 알고리즘은 어떤 구글 포토에 가족이나 친구들이 들어 있는지, 다음에 읽어야 할 페이스북 콘텐츠는 무엇인지, 월마트가 특정 고객을 대상으로 할인 행사를 했을 때 예상되는 매출이 얼마인지, 포드 자동차 생산 시설의 어느 장비가 언제 유지 보수가 필요한지 등 다양한 예측을 수행한다. 오늘날 이러한 종류의 예측은 많은 회사에서 성공의 필수 요건이지만, 사용되는 알고리즘은 일관되고 흔들림 없는 예측을 제공하도록 조율되어야 한다.

AI 알고리즘은 비교적 단순한 예측(매출 예측 같은)에서부터, 많이 팔리는 제품에 대한 재고를 준비하도록 제안하거나, 복잡한 이미지 인식과 인간의 능력을 초월하는 언어 번역 작업에 이르기까지 다양한 목적에 활용될 수 있다. 자동차 운전과 같은 가장 복잡한 목적을 위해서는 서로 다른 다양한 알고리즘들이 동시에 사용된다. 예를 들어, 자동차를 식별해 추적하고, 교통량이 많은 상황에서 자동차 경로를 안내하는 것이 그런 경우라 할 수 있다.

지난 10년 사이에 알고리즘의 적용이 폭발적으로 증가하긴 했지만, 알고리즘 설계의 기초는 이미 꽤 오랫동안 존재해 왔다. 선형 회귀(linear regression, 딥러닝의 가장 기본이 되는 회귀 분석 기법), 집단화 분석(clustering, 데이터에서 비슷하거나 관련이 있는 특징을 머신러닝이 스스로 찾아 그룹화하는 것), 마르코프 기법(Markov chains, 현재의 확률 정보에 따라 미래를 예측하는 방법) 같은 고전적 통계 모델의 개념적 및 수학적 발전은 그 역사가 100년도 넘는다. 오늘날 신경망에 관한 관심이 크게 높아졌지만, 신경망은 1960년대에 처음 개발되었고 규모에 걸맞게 사용될 수 있을 만큼 제작 가능해진 것은 최근의 일이다. 제작 가능한 운영 AI 시스템 대부분은 통계적 모델을 사용하는 정확한 예측(이른바 머신러닝)을 개발하기 위해 세 가지 일반적인 접근 방식 중 하나를 사용한다. 지도 학습, 비지도 학습, 강화 학습이 그것이다.

지도 학습(Supervised Learning)

지도 학습 알고리즘의 기본 목표는 가능한 한 인간 전문가(또는 이미 인정된 사실의 출처)에 가깝게 결과를 예측하는 것이다. 일반적인 예가 사진을 분석해 사진 속의 주체가 고양이인지 개인지 맞추는 것이다. 이 사례에서 전문가는 사진에 고양이나 개의 이미지라고 라벨로 표시해 놓은 인간이 될 것이다. 이런 등급의 머신러닝 시스템 알고리즘은 전문가가 결과(Y)와 잠재적 특성이나 특징(Xs)이라고 라벨로 표시한 데이터 세트에 의존한다. 알고리즘의 조작화를 모델이라고 하는데, 이 모델은 범용의 통계적 접근 방식을 사용해 해결해야 할 예측 문제의 상황에 따른 구체적 실증을 창출한다.

지도 학습의 첫 번째 단계는 라벨 데이터 세트를 만드는(또는 획득하는) 것이다. 예를 들어, 우리가 고양이 사진 수천 장과 개 사진 수천 장이 들어있는 파일을 취득했다고 해보자. 각 사진에는 해당 라벨 표시가 되어있다. 다음에 이 데이터를 훈련용과 검증용으로 나눈다. 훈련용 데이터 세트는 결과 예측(해당 그림이 고양이인지 개인지)을 생성하는 모델의 매개 변수를 판단하는 데 사용된다. 모델이 훈련되면 검증용 데이터 세트를 사용해 모델의 정확도를 테스트한다. 모델이 검증 데이터 세트로 예측을 수행한 후, 그 예측을 전문가 예측과 비교해 모델의 품질을 평가하는 것이다. 지도 학습 알고리즘은 결과가 두 가지로만 나뉘는 이항 결과(그림이 고양이와 개 두 종류만 있는 경우)의 예측에도 사용할 수 있고, 숫자로 표시되는 수량(특정 제품에 대한 판매 예측)의 예측에도 사용할 수 있다.

알고리즘 모델의 결과 예측을 전문가가 표시해 놓은 결과와 비교하면서, 모델 예측과 전문가 사이의 오차율에 대해 만족할 것인지를 결정할 수 있다. 만족하지 않는다면 다른 통계적 접근법을 선택하거나, 더 많은 데이터를 취하거나, 더 정확한 예측에 도움이 될 수 있는 다른 특징들을 파악하는 작업을 할 수도 있다. 여기서 중요한 문제는 모델 예측과 전문가 예측 사이의 오차율에 만족할 때까지 데이터, 특징 라벨 표시, 알고리즘을 계속 반복하는 것이다.

지도 학습의 예는 아주 많다. 우리가 이메일에 스팸이라고 라벨 표시를 해 놓을 때마다, 우리는 이메일 회사의 머신러닝 알고리즘이 최근에 등장한 교묘한 사기 수법도 간파할 수 있도록 그 모델을 업데이트하는 것을 돕는다. 페이스북이나 바이두가 새로 업로드한 사진에 친구의 이름을 제안할 수 있는 능력은 이전 사진의 라벨링에 근거한다. 카드사나 결제 플랫폼은 라벨 표시된 데이터를 자동으로 생성하는 사전 구매 습관에 따라 거래 허용 여부를 결정한다. 네스트 온도 조절기가 당신이 집에 도착하기 30분 전에 거실 온도를 변경할 수 있는 것도, 당신의 과거 온도 설정 습관과 과거의 도착 및 출발 시각에서 라벨링 된 데이터가 자동으로 생성되었기 때문이다.

넷플릭스는 다양한 시나리오에서 지도 학습을 사용한다. 고객에게 특정 영화를 추천하기 위해 넷플릭스는 알고리즘이 특정 사용자와 유사하다고 간주하는 사람들의 행동과 결과(그들이 선택하고 좋아하는 영화)로 구성된 라벨 데이터 세트를 사용했다. 사용자의 특성 및 의사 결정 상황에 따라 보정된 대용량의 사용자 선택 데이터 세트는 효과적으로 추천을 수행한다. 이러한 종류의 협업 필터링 알고리즘(collaborative filtering algorithm, 같은 콘텐츠를 좋아하는 사람은 콘텐츠 취향이 비슷할 것이라는 가정에 기반하는 알고리즘)은 아마존의 쇼핑 엔진과 에어비앤비의 매칭 엔진 등 여러 종류의 추천에 사용된다.

많은 기업은 시스템, 기술, 데이터베이스, 엄청난 양의 ERP 설비에 오랫동안 투자해왔기 때문에 이미 알고리즘에 사용할 수 있는 방대한 양의 라벨 데이터를 보유하고 있을 수 있다. 예를 들어, 대부분의 대형 보험 회사는 수십 년 치의 재산 피해 관련 라벨 데이터를 가지고 있어서, 지도 학습 모델을 쉽게 구현할 수 있다. 특히 회사가 직접 사진을 업로드하거나 드론 기반의 현장 검사 장비를 갖고 있다면 이 모델을 통해 사기 청구를 식별하거나 보험금 청구의 처리와 해결에 걸리는 시간을 크게 줄일 수 있을 것이다. 마찬가지로, 의료 시스템도 라벨 데이터 세트를 충분히 가지고 있다. 예를 들어, 많은 회사가 의료 데이터(방사선 검사, 심장병, 병리학, 심전도 결과 등)를 건강 진단과 연관시키고 있다. 이스라엘에 본사를 둔 지브라 메디컬 비젼(Zebra Medical Vision, 인공 지능 기술을 사용하는 의료 영상 분야의 헬스테크 스타트업)은 현재 방사선 전문의들이 X선, CT, MRI 촬영 사진으로 더 나은 진단을 내릴 수 있도록 돕는 기술을 제공하고 있다.

비지도 학습(Unsupervised Learning)

알고 있는 결과를 인식하도록 시스템을 훈련하는 지도 학습 모델과는 달리, 비지도 학습 알고리즘의 주된 목적은 사전 개념이나 가정이 거의 없는 데이터에서 통찰력을 발견하는 것이다. 넷플릭스가 분석된 시청 데이터에서 관련 고객 그룹을 발견하거나, 마케팅 캠페인을 위해 고객을 분류하거나, 기존과는 다른 사용 패턴에 더 잘 맞는 다른 버전의 사용자 인터페이스를 만들 때 이 방법을 사용한다. 또 여러 국가 보안 기관이나 법 집행 기관들이 비정상적인 행동 패턴을 찾고 보안 위협 가능성을 포착하기 위해 엄청난 양의 소셜 미디어 데이터를 축적하는 경우를 생각해보라. 이런 경우 그들은 무엇을 찾아야 할지는 정확히 알지 못하지만, 기존의 패턴에 맞거나 맞지 않는 관련 그룹이나 이벤트를 검색하고 있다.

입력 데이터가 특정 결과가 라벨로 표시된 지도 학습 알고리즘과 달리, 비지도 학습 알고리즘은 그런 라벨 없이도 데이터에서 '자연적인' 그룹을 분류하고, 관찰자에게 명백하게 드러나지 않는 구조를 찾는 것을 목표로 한다. 따라서 이 알고리즘의 임무는 인간(또는 다른 알고리즘)이 패턴이나 그룹에 라벨을 붙이고 잠재적 행동을 결정하는 데이터에 패턴이 있는지를 보여주는 것이다. 고양이와 개 사진의 예에서, 비지도 학습 알고리즘은 몇 가지 유형의 그룹을 찾을 수 있다. 집단들을 어떻게 구성하느냐에 따라, 고양이와 개로 분류하거나, 실내 사진과 실외 사진으로, 또는 낮에 찍은 사진과 밤에 찍은 사진, 그 외 다른 어떤 기준으로도 분류할 수 있다. 비지도 학습 알고리즘은 특정 라벨에 표시된 데이터를 구분하는 것이 아니라, 통계에 따라 강력한 통계 그룹을 설정하는 것이다. 그 외의 나머지 일은 인간이나 다른 알고리즘이 수행한다.

비지도 학습은 고객 그룹과, 제품 개발로 이어질 수 있는 정서 패턴을 파악하는 등, 소셜 미디어 게시물에서 통찰력을 얻는 데 유용하다. 고객을 대상으로 하는 태도 조사나 인구 통계학적 조사로부터 얻은 응답은 고객을 분류하는 데 사용될 수 있다. 고객 이탈 사유도 비지도 학습을 통해 분류할 수 있다. 제조업의 경우, 기계 고장이나 주문 지연의 사례를 그룹화할 수 있다.

비지도 학습에는 크게 세 가지 유형이 있다. 첫 번째 유형은 데이터를 그룹으로 묶는 알고리즘과 관련이 있다. 패션 소매 회사는 구매한 제품의 종류, 구매 제품의 가격과 수익성, 고객을 매장으로 유도한 다양한 채널에 따라 고객들을 세분화하는 방법을 이해하기 위해 이 접근법을 사용한다. 좀 더 세련된 소매 회사라면 소셜 네트워크 기반의 그래프 데이터(고객이 누구와 연결되는지)와 소셜 미디어 게시물 같은 데이터를 보유할 수도 있다. 이 경우, 회사는 이 모든 데이터를 통해 단순한 인구 통계 차원 이상의 특별한 고객 집단 분류를 파악할 수 있다.

비슷한 영화와 TV 시리즈를 좋아하는 회원들의 취향 공동체인 넷플릭스의 소규모 집단들은 이런 도구의 힘을 잘 보여준다. 토픽 모델링(topic modeling, 구조화되지 않은 방대한 문헌 집단에서 유사한 의미를 지닌 단어들을 클러스터링하는 방식으로 주제를 추론하는 방법론) 형태의 집단화 분석은 텍스트 기반의 데이터에서 의미를 찾거나 텍스트 내부 및 텍스트 전체에 걸친 핵심 주제를 파악하기 위해 광범위하게 사용된다. 이 기법은 뉴스 보도, 미 증권 거래 위원회(SEC) 상장신청 서류, 투자자 회의, 고객 콜센터 녹취록, 채팅 기록 등을 분석하는 데 사용되어 왔다.

두 번째 유형은 연관 규칙 탐사(association rule mining, ARM)이다. 가장 일반적인 예로 온라인 쇼핑객에게 현재 쇼핑 카트에 담긴 일련의 제품을 근거로 추가로 구매할 가능성이 있는 제품을 추천하는 것을 들 수 있다. 연관 규칙 탐사라는 과학을 만든 것은 아마존이다. 이 알고리즘이 어떤 일련의 항목들이 동시에 발생할 수 있는 빈도와 확률을 찾은 다음, 서로 다른 여러 유형의 제품 구매가 동시에 발생할 연관성이 있다는 규칙을 만든다. 예를 들어 오카도는 데이터를 통해 기저귀와 맥주 사이에 강력한 상관관계가 있다는 것을 알게 되었다. 아이가 생긴 지 얼마 안 되는 신참 부모들은 외출할 기회가 많지 않기 때문에, 그들이 기저귀를 살 때 맥주와 와인을 함께 추천했더니 회사의 매출도 증가했고 고객 만족도도 높아졌다.

비지도 학습 알고리즘의 세 번째 유형은 이상 탐지(anomaly detection)다. 여기서 알고리즘은 단지 새로 들어오는 모든 관찰이나 데이터를 보고 그것이 이전의 패턴과 맞는지 아닌지를 판단한다. 패턴에 맞지 않으면 알고리즘이 이 항목을 '예외적인 것'으로 표시한다. 이러한 유형의 알고리즘은 금융 기관에서의 부정행위 탐지, 병원에서의 다양한 환자 데이터 관리, 제조업에서의 시스템이나 기계의 유지 보수 목적으로 자주 사용된다.

강화 학습(Reinforcement Learning)

아직 상대적으로 덜 개발되기는 했지만, 강화 학습의 적용이 지도 학습이나 비지도 학습보다 더 효과적일 수도 있다. 강화 학습은 지도 학습처럼 전문가의 결과 데이터로 시작하거나, 비지도 학습처럼 패턴 및 이상 인식 시스템으로 시작하는 것이 아니라, 출발점과 성능 함수만 있으면 된다. 어디선가 출발해서, 우리의 위치가 개선되었는지 혹은 나빠졌는지를 가이드 삼아 주변의 공간을 탐색한다. 여기에서 중요한 것은 우리 주변의 복잡한 세계를 탐색하는 데 더 많은 시간을 쓸 것인가, 아니면 우리가 지금까지 구축한 모델을 가지고 의사 결정과 행동에 들어갈 것인가 사이에서 타협하는 것이다.

케이블카를 타고 높은 산을 올랐다가 내려가는 길을 찾고 싶다고 생각해보자. 안개가 자욱하고 산에는 명확한 길 표시도 없다. 어느 길이 가장 좋은 길인지 알 수 없어서, 우리는 여기저기 걸어 다니면서 여러 다른 선택들을 탐색해야 한다. 여기서 우리는 어느 길이 가장 좋은 길인지 탐색하기 위해 더 많은 시간을 들일 것인가와, 가장 좋은 길을 찾았다고 믿고 어느 한 길을 택해 바로 내려갈 것인가 사이에서 자연스러운 갈등이 생긴다. 이것이 바로 계속 탐색할 것인가와 지금까지의 데이터로 바로 결정할 것인가의 타협점이다. 우리는 탐색하는 데 더 많은 시간을 쓸수록, 내려가는 가장 좋은 길을 더 잘 찾을 수 있다고 생각할 수 있다. 하지만 너무 오랫동안 탐색한다면 지금까지의 정보를 이용해 실제로 걸어 내려갈 수 있는 시간은 줄어들 것이다.

이것은 넷플릭스 알고리즘이 영화 추천과 추천들이 연관된 비주얼을 개인화하는 방식과 비슷하다. 넷플릭스 팀은 어떤 영화 선택을 제시하고 그것을 어떤 그림과 결합해야 사용자와 추천의 매치를 극대화할 수 있는지 알아내야 하므로 문제가 좀 더 복잡하다. 그러나 넷플릭스는 우리가 산에서 내려가는 길을 찾는 것과 비슷한 방식으로, 옵션을 탐색하는 데도 시간을 보내고 모델들이 제공하는 솔루션을 활용하는 데도 균형적으로 시간을 보낸다. 넷플릭스는 시각적 옵션을 탐색하기 위해, 사용자에게 보이는 비주얼을 체계적으로 무작위화하여 새로운 가능성을 탐색하고 예측 모델을 개선한다. 그런 다음 넷플릭스는 개선된 모델을 이용해 사용자에게 개선된 비주얼로 다양한 추천을 보여준다.

넷플릭스 서비스는 복잡한 인간의 선호 심리를 최대한 배우고 장기간에 걸쳐 사용자 참여를 극대화하기 위해 고안된 프로세스인 탐색과 실행의 시간을 자동으로 순환시켜 역동적으로 개선해나가고 있다. 넷플릭스 테크놀로지 블로그의 작가는 2017년 게시글에서 "회원들의 취향과 선호가 엄청나게 다양하다는 점을 고려할 때, 회원 개개인이 자신들에게 특별히 관련이 있는 제목이 부각되는 최고의 작품을 찾을 수 있다면 더 좋지 않을까?"라고 질문했다.

넷플릭스의 도전은 강화 학습에 사용되는 일반적인 모델 유형을 멋지게 변형시킨 것이다. 이 강화 학습은 한 도박꾼이 보상이 각기 다른(하지만 얼마인지는 모르는) 여러 개의 슬롯머신('외팔이 강도')을 동시에 하는 것을 본떠 '다중 슬롯머신 문제'(multiarmed bandit problem, MABP)라고 명명되었다. 도박꾼은 어느 기계가 최고의 보상을 줄 것인지 탐색하는 데 많은 시간을 보낼 수도 있고, 가장 많은 보상을 줄 것으로 보이는 기계 하나를 선택해 그 기계를 이용하는 데 집중할 수도 있다. 최적 경로(최상의 기계를 선택하는 것)와의 편차는 '후회스러운 결과(regret measure)'라고 표현한다. MABP는 각기 다른 보상 분배가 관련된 서로 다른 프로세스를 통해 한정된 자원을 배분하는 데 유용하다. 후회스러운 결과를 최소화함으로써 운영 성과를 최대화한다는 것이 MABP의 주개념이다.

MABP는 운영 모델에서 AI를 배치하는 데 매우 중요하다. 프로세스 전반에 걸쳐 운영 성과를 최적화하고 개선하려면 탐색과 실행 사이의 절충을 관리해야 한다. 이 알고리즘은 제품 추천에서부터 제품 가격 책정까지, 임상 시험 계획에서부터 디지털 광고 선택에 이르기까지 다양한 운영 업무의 흐름을 관리하기 위해 광범위하게 사용된다. 그리고 닌텐도(Nintendo)의 비디오 게임 마리오 카트의 경주로에서부터 오카도의 창고에 있는 로봇에 이르기까지, 상상 세계에서나 현실 세계에서 실제 에이전트의 행동을 안내할 수도 있다. 본질적으로, MABP는 단기적인 영향과 장기적인 개선 사이의 절충을 최적화하는 동시에 실제 운영 결정을 내리도록 설정되어 있다.

알파고(AlphaGo)라는 소프트웨어 시스템 덕분에 강화 학습이 대중의 관심을 끌었다. 구글의 딥마인드 AI 연구팀이 만든 알파고가 고대 중국의 전략 게임 바둑의 세계 고수들을 한 사람씩 꺾기 시작한 것이다. 컴퓨터가 체스에서 사람을 이긴 적이 있지만(이 컴퓨터는 IBM의 딥 블루Deep Blue

였다), 바둑은 체스와 달리 프로그램(기계나 인공 지능)이 마스터하기에는 너무 복잡한 게임으로 여겨져 왔다. 하지만 2016년부터 정상급 바둑 고수들이 알파고에 계속 패하면서 이 같은 인식이 바뀌기 시작했다. 저명한 컴퓨터 과학자이자 기술 투자자인 카이푸 리(Kai-Fu Lee)는 저서 《AI 슈퍼파워(AI Superpowers)》에서 "이 결과가 너무 충격적이어서 중국 정부는 이 사건을 중국의 '스푸트니크 모멘트(Sputnik moment, 미국과 소련의 우주 개발 경쟁 중 소련이 먼저 인공위성 스푸트니크 1호를 쏘아 올렸을 당시 미국이 받은 충격-역주)'라고 선포하면서, 중국의 AI 산업을 세계적인 수준으로 이끄는 것을 국가적 우선순위로 삼고 이 목표를 달성하기 위해 엄청난 자원을 쏟아부었다."라고 언급했다.

그러나 그것도 알파고 제로(AlphaGo Zero)가 등장해 자기들끼리의 게임에서 알파고를 이기기 전 이야기다. 알파고 제로는 강화 학습 접근법을 사용한다. 과거 수십만 번의 게임에 근거한 데이터를 입력 데이터로 사용했던 이전 버전의 알파고와 달리, 알파고 제로 시스템은 기본적인 게임의 규칙을 훈련받은 다음, 최고의 접근법을 알아내도록 요구받았다('제로'는 외부 데이터가 없다는 것을 의미한다). 강화 학습은 소프트웨어 에이전트(software agent, 대리인처럼 사용자나 다른 프로그램을 위한 역할을 하는 컴퓨터 프로그램)로 하여금 환경과 상호 작용하고 그 환경 안에서 제반 조치를 취하게 함으로써 미리 정해진 보상을 최대화한다. 소프트웨어 시스템이 에이전트에 게임이나 환경의 규칙을 부여함으로써, 보상을 극대화하고 우수한 성과를 달성하는 것을 빠르게 배우는 것이다. 구글의 딥마인드 팀은 바둑에서 얻은 교훈을 신약 발견과 단백질 접힘(protein folding, 단백질 체인이 3차원 구조를 형성하는 물리적 과정) 연구에 적용했으며, 이 시스템이 최고 과학자들의 접근 방법보다 훨씬 더 좋은 성과를 보인다는 것을 발견했다.

AI 팩토리의 필수 요소: 실험 활동 플랫폼

AI 팩토리의 영향이 신뢰성을 가지려면 AI 팩토리에서의 데이터와 알고리즘의 예측이 회사의 매출에 미치는 영향에 대한 세심한 검증이 필요하다. 구글은 데이터가 서비스 개선에 미치는 다양한 영향을 테스트하기 위해 매년 10만 건 이상의 실험을 실행한다. 비즈니스 소셜 미디어 링크드인(LinkedIn)도 매년 4만 건 이상의 실험을 실행하고 있는 것으로 알려졌다. 이같이 디지털 운영 모델이 필요로 하는 실험 활동의 역량은 그 규모나 영향력이 너무 크기 때문에 기존의 임기응변적 접근 방식으로는 필요한 것의 규모와 영향을 다룰 수 없다. 최첨단의 실험 활동 플랫폼은 실험 활동을 대규모로 수행하는 데 필요한 기술, 도구, 방법 등을 포괄적으로 제공할 것이다.

실험 활동 플랫폼을 이용하려면 사업의 잠재적인 중대한 변화는 먼저 가설로 공식화되어야 한다. 그런 다음 각 가설은 일반적으로 무작위 대조 실험(randomized control trial, A/B 테스트라고도 함)으로 시험 된다. 이 실험에서 사용자의 첫 번째 무작위 표본은 변화에 노출되고(처치), 두 번째 무작위 표본은 평소와 같이 회사를 그대로 경험한다(통제). 그런 다음 결과를 비교하고 그 결과 간의 차이가 통계적으로 유의미한 경우, 그 처치는 단지 겉으로만 상관이 있는 것처럼 보이는 것이 아니라 실제로 영향을 미치는 것으로 알려진다. 이런 접근 방식으로 알고리즘에 의해 생성되는 모든 예측이 실제로 결과에 인과적 영향을 미치는지를 확인한다.

실험 활동 플랫폼은 AI 팩토리의 필수 요소다. 특정 연령대가 고객 이탈에 상관관계가 있는지 알아보기 위해 고객 이탈 예측 알고리즘을 실행한다고 가정해 보자. 우리는 아직 그 연령대의 고객들이 일반적으로 이탈할 가능성이 더 큰지, 아니면 그들이 어떤 특별 할인 행사에 긍정적인 반응을 보여서 우리 서비스를 계속 사용할 것인지 알지 못한다. 이 경우, 많은 비용이 드는 할인 행사를 수백만 명의 고객에게 시행하기 전에, 소수의 사용자에 A/B 테스트를 시도해보는 것이 타당할 것이다. 그렇게 함으로써 어느 층의 고객이 그 할인 행사를 통해 우리 서비스를 계속 이용할 것인지 같은 통계적으로 의미 있는 구체적 증거를 수집할 수 있기 때문이다. AI 팩토리가 얼마나 다양한 사업의 개선에 영향을 미치는지를 파악하는 데도 이와 동일한 논리가 적용된다.

넷플릭스 엔지니어들과 데이터 과학자들은 알고리즘 개발과 실행 프로세스 안에 완전히 통합된 광범위한 실험 플랫폼을 구축했다. 넷플릭스에서 모든 중요한 제품 변화는 A/B 테스트를 거친 후에야 제품 경험의 표준이 된다. 실험 활동의 플랫폼은 타이틀 이미지 선택, 사용자 인터페이스 변경, 이메일 캠페인, 방송, 등록뿐만 아니라 비디오 스트리밍, 콘텐츠 전달 네트워크 알고리즘(이 서비스는 수백 개의 장치와 광범위한 대역폭을 지원함)을 개선하는 데도 활용된다.

실제로, 넷플릭스는 실험 활동을 필수적인 요소로 받아들임으로써 모든 의사 결정에 엄격한 과학성을 기하려고 노력한다. 완전히 자동화된 실험 활동 플랫폼을 통해 넷플릭스 직원들은 실험을 대규모로 실행할 수 있다. 직원들은 이 플랫폼에서 실험을 시작할 수 있고, 실험의 방해 요소나 중복 요소를 피할 수 있다. 또한, 시청자들로부터 피실험자를 모집하며, 실험이 실행되는 동안과 이후의 결과를 분석하고 시각화하는 보고서를 작성할 수도 있다.

소프트웨어, 연결, 그리고 인프라

디지털 기업의 운영 활동을 추진하기 위해서는 데이터 파이프라인, 알고리즘 설계 및 실행 엔진, 실험 활동 플랫폼 등이 모두 소프트웨어 인프라에 내장되어야 한다.

그림 3-3은 데이터가 조직 전체에 구석구석 흐르며 AI 팩토리를 가동하는 최첨단 데이터 플랫폼의 예를 보여준다. 데이터 플랫폼은 우선 소프트웨어 개발자들이 AI 애플리케이션을 구축, 배치, 실행할 수 있는 구조를 제공한다. 파이프라인의 배후에 있는 기본 아이디어는 API에 대한 발행 구독(publish-subscribe, 메시지 게시자가 특정 수신자에게 메시지가 직접 보내지도록 프로그램하지 않고, 발행된 메시지를 어떤 구독자가 존재하

는지 알 수 없는 클래스로 분류하는 메시징 패턴) 방법론이다. 그 목적은 깨끗하고 일관된 데이터를 애플리케이션에서 사용할 수 있게 하는 것이다. 일종의 데이터 슈퍼마켓과 같다고 생각하면 이해하기 쉽다.

데이터가 축적, 정리, 개선, 가공된 후에는 일정한 인터페이스(API)를 통해 사용이 가능해져, 애플리케이션이 필요로 하는 것을 신속하게 구독하고, 필요한 것을 샘플링하고, 테스트하고, 배포할 수 있게 된다. 애자일 개발팀은 이 모든 것을 통해 몇 주, 혹은 며칠 내에 새로운 애플리케이션을

그림 3-3 최첨단 데이터 플랫폼

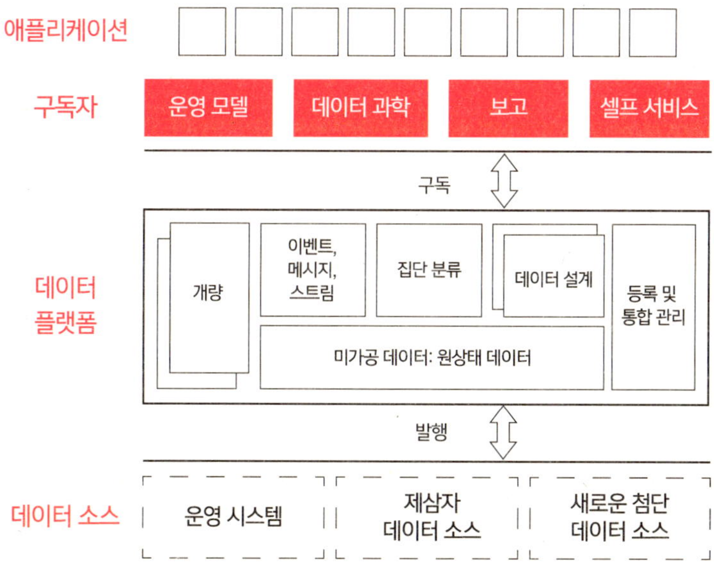

애플리케이션

구독자: 운영 모델 | 데이터 과학 | 보고 | 셀프 서비스

구독 ⇅

데이터 플랫폼: 개량 | 이벤트, 메시지, 스트림 | 집단 분류 | 데이터 설계 | 등록 및 통합 관리
미가공 데이터: 원상태 데이터

발행 ⇅

데이터 소스: 운영 시스템 | 제삼자 데이터 소스 | 새로운 첨단 데이터 소스

출처: 키스톤 스트래티지

가치 전달 경로에서 인간을 배제하는 AI 팩토리

구축한다. 이러한 자산이 없다면 기존의 IT 맞춤 구축 프로세스는 유지 및 업데이트에 엄청난 시간과 비용이 소요될 것이다. 그리고 넷플릭스 같은 AI 주도 기업이 되기 위해서는 하나의 AI 애플리케이션을 구축하는 것만으로는 부족하다. 정말로 가능한 한 많은 유형의 예측을 하는 데 도움이 되기에 충분할 정도로 수천 개의 앱을 만들어 보아야 한다.

데이터 및 소프트웨어에 대한 투자와 동시에 데이터 플랫폼과 통합하기 위한 연결 및 인프라에 대한 전략적 투자가 이루어져야 한다. 다음 장에서 자세히 살펴보겠지만, 오늘날까지도 대부분의 기업은 서로 연결되지 않고 서로 단절된 조직처럼 운영된다. 고객은 그 기업을 하나의 통일된 기업으로 본다. 하지만 정작 내부적으로는 단위와 기능별로 시스템과 데이터가 분리되어 있어서 데이터 집계를 방해하고 통찰력의 창출을 지연시키며 분석과 AI의 힘을 제대로 활용하지 못하게 된다.

데이터 플랫폼 및 그와 함께 작동하는 조직은 고립된 구조에서 벗어나 모듈식으로 설계되어야 한다. 소프트웨어와 조직 모두에서 인터페이스 설계가 모듈 방식을 갖추는 것이 중요하다. 따라서 올바른 인터페이스는 모듈 수준에서 분산형 혁신을 허용한다. 데이터와 기능을 공유하기 위한 표준이 있는 한, 각 모듈은 독립적으로 핵심 기능을 향상시킬 수 있다. API는 혁신 문제를 명확하게 구분함으로써 독립적인 애자일 팀이나 개인 개발자들이 전체의 일관성을 해치지 않고 특정 업무에 집중할 수 있게 해준다.

데이터가 외부 파트너에게 노출될 경우, 일관된(그리고 안전한!) 데이터 플랫폼을 구축하는 것은 더욱 중요해진다. 알리바바의 온라인 몰 타오바오(Taobao)가 좋은 예다. 이 온라인 몰에는 10억 개 이상의 상품이 올라 있으며 모두 제삼자가 상품을 공급한다. 회사가 내외의 사용자들과 데이터를 만족스럽게 공유할 수 있는 유일한 방법은 필요한 기능 범위만을 공유하게 해주는 명확하고 안전한 API를 통하는 것이다.

알리바바의 내부 개발자나 타오바오의 외부 판매자는 재고 정보 업로드, 가격 설정(수동 또는 자동), 소비자 품평 추적, 발송 관리 등의 기능을 수행하기 위해 100개 이상의 각기 다른 데이터 플랫폼의 소프트웨어 모듈을 구독할 수 있다. 잘 설계된 API는 타오바오의 엔지니어들이 수십억 명의 사용자와 수백만 명의 상인들에게 서비스를 제공하기 위한 내부 시스템을 지속적으로 개발하고 발전시킨다. 그뿐만 아니라 소프트웨어 판매 회사들로 구성된 생태계의 창의성을 촉발해, 보다 풍부한 부가 서비스를 제공한다.

마지막으로, 잘 설계된 데이터 플랫폼으로 최첨단 AI 팩토리를 구축하면 조직의 능력을 향상시켜 데이터 통합 관리 및 보안이라는 중요한 과제에 집중할 수 있다. 사용자, 공급자, 제휴 업체, 직원들로부터 수집되는 방대한 양의 데이터는 매우 소중하고, 민감하며, 비공개적인 정보들이다. 따라서 단순히 임기응변적으로 저장되어서는 안 된다. 회사는 데이터의 보안과 통합 관리를 위해 안전하고 중앙 집중화된 시스템을 구축함으로써, 접근과 사용에 대한 적절한 견제와 균형을 기해야 한다. 또한, 자산을 소중하게 저장하고 관리하며, 모든 이해 당사자에게 필요한 보호 조치를 제공해야 한다.

기본적인 데이터 통합 관리의 일환으로, 명확하고 안전한 API를 사려 깊게 정의하는 것 또한 AI 팩토리 구축에 필수적이다. API가 궁극적으로 AI 팩토리 시스템 안팎으로의 데이터 흐름을 조절하기 때문이다. 회사가 내부 및 외부 개발자에게 제공할 의향이 있는 모든 데이터와 기능을 통제하는 방법이 바로 API임을 명심하라. 이처럼 API는 조직 내의 가장 중요한 사적 자산에 대한 접근을 제어한다. API는 기업이 이 중요한 자산 중 어떤 것을 기업 내에서 공유하고 싶은지, 또 회사 외부의 누구에게 제공할 의향이 있는지를 미리 규정하도록 의무화한다. API를 통해 흐르는 데이터는 디지털 회사를 성공시킬 수도 무너뜨릴 수도 있다. 페이스북의 케임브리지 애널리티카 스캔들(Cambridge Analytica Scandle, 영국의 데이터 분석 회사 케임브리지 애널리티카가 수백만 명의 페이스북 가입자의 개인 정보를 무단으로 수집해 2016년 미국 대통령 선거 운동에 사용한 사건)은 개발자와 관리자의 실수로 페이스북 플랫폼의 그래프 API에 심각한 구멍이 생기면서 외부의 애플리케이션 개발자들이 원래 회사가 의도했던 것보다 훨씬 많은 데이터에 접근할 수 있게 되며 발생한 사건이다.

궁극적으로, AI 팩토리의 근간이 되는 데이터, 소프트웨어 및 연결은 안전하고 강력하며 확장 가능한 컴퓨팅 인프라 내에 있어야 한다. 그런데 최근 들어 이런 인프라는 클라우드에 저장되며, 요구에 따라 확장되고, 기존의 표준 구성 요소와 오픈 소스 소프트웨어를 사용해 구축되는 경우가 많아지고 있다. 또 이 인프라는 회사의 운영 모델을 구성하는 여러 개별 프로세스 및 활동과 원활하게 연결되어야 한다. 궁극적으로 그런 프로세스가 넷플릭스 콘텐츠를 제작, 추천, 선택, 전달하고, 고객에게 요금을 청구하고, 콘텐츠 제휴 업체의 성과를 추적하는 등의 가치 전달을 형성하는 핵심 디지털 프로세스이기 때문이다.

AI 팩토리 구축해보기

AI 팩토리를 구축하기 위해 꼭 넷플릭스가 될 필요는 없다. 우리가 근무하고 있는 하버드 혁신 과학 연구소(LISH, Laboratory for Innovation Science at Harvard)는 하버드 의대 동료들과 다나-파버 암 연구소(Dana-Farber Cancer Institute)와 공동으로, CT 영상 스캔을 기반으로 폐암 종양의 모양을 그리는 AI 시스템의 개발을 시연했다. 학술 예산으로 10주밖에 배치되지 못했지만, 이 시스템은 하버드에서 공부한 방사선 종양학자 못지않게 훌륭하게 임무를 수행했다.

시스템을 개발하기 위해 우리는 LISH의 AI 팩토리를 활용했다. 사실 LISH의 AI 팩토리도 소프트웨어 개발 기업인 탑코더(TopCoder)가 주관하는 크라우드 소싱 알고리즘 설계 경진 대회의 도움을 받아, 다양한 문제를 해결할 수 있는 데이터 파이프라인과 플랫폼 구조를 만들기 위해 구축된 곳이다. LISH는 NASA, 하버드 의대 병원, 세계 최고의 의학·공학 협업 연구소인 하버드-MIT 공동연구소(Broad Institute of Harvard and MIT), 기초 생의학 연구 전문 기관인 스크립스 연구소(Scripps Research) 같은 선도적인 기관들과 협력해 가장 어려운 컴퓨터 예측 과제를 수행하고 있다.

폐암의 윤곽을 나타내는 것은 환자들을 위한 효과적 치료법을 개발하는 데 매우 중요하다. 따라서 종양학자들은 방사선 치료를 받는 모든 종양의 정확한 체적 형상(volumetric shape)을 지도화하는 데 많은 시간을 할애한다. 치료 중 암세포를 놓치거나 건강한 조직을 손상하지 않도록 하기 위해서는 종양의 정확한 윤곽을 그리는 것이 특히 중요하기 때문이다. LISH 팀은 다나-파버 암 연구소의 레이몬드 맥 박사와 함께, 461명의 환자를 대상으로 찍은 7만7천 개 이상의 CT 영상 조각으로 구성된 데이터를 활용해 이 작업을 자동화할 가능성에 관해 연구했다.

LISH의 AI 팩토리가 정리하고 준비한 맥 박사의 데이터를 이용해, 두 명의 데이터 과학자(의료 영상 분야의 배경이 없는 물리학자)가 종양의 윤곽을 그릴 수 있는 최적의 알고리즘을 찾기 위해 일련의 경진 대회를 구상했다. 우리는 10주 동안 연속으로 3차례의 경진 대회를 개최했고, 34명의 참가자가 45개의 알고리즘을 제출했다. 우리는 참가자들에게 229명의 환자로부터 찍은 '훈련용' 데이터 세트를 제공했고, 맥 박사가 모든 이미지에 대해 암의 윤곽을 완전히 그려냈다. 우리는 알고리즘이 맥 박사의 작업을 얼마나 정확하게 흉내 내는지 보기 위해 참가자들에게 나머지 데이터 세트는 공개하지 않았다.

상위 다섯 참가자는 컨볼루션 신경망(Convolutional neural networks, CNN, 시각 이미지를 분석하는 인공 신경망)과 랜덤 포레스트 알고리즘(random forest algorithms) 등 다양한 접근법을 사용했다. 놀랍게도,

대회 참가자 중 누구도 의료 영상이나 암 진단에 대해 어떠한 사전 경험도 없었다. 이들이 개발한 솔루션에는 객체 탐지 및 국소화(localization) 작업을 수행하기 위한 사용자 정의 버전과 공개 버전의 구조와 프레임워크가 모두 포함되어 있었다. 그리고 원래 안면 인식, 생체 의학 영상 분할, 그

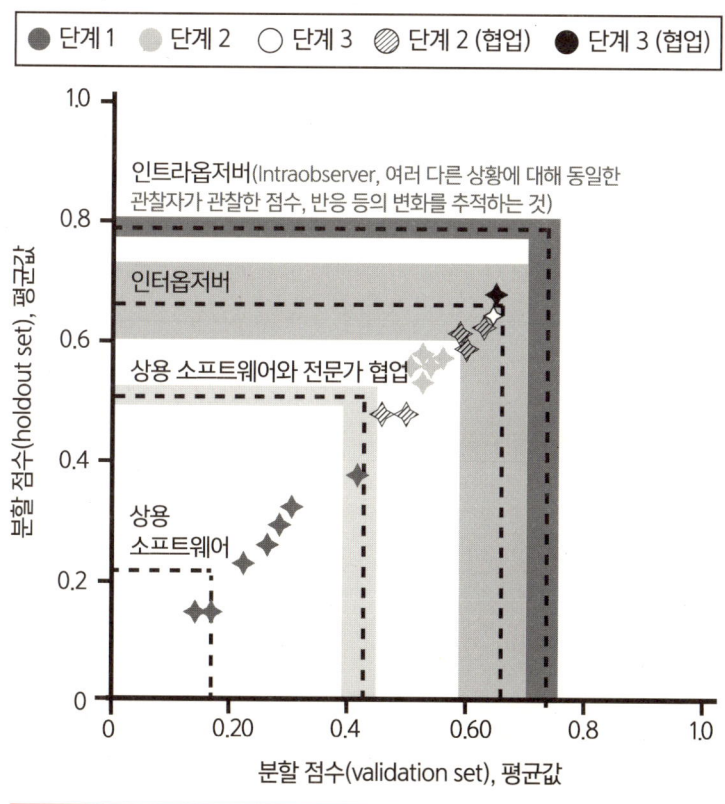

그림 3-4 다나-파버 암 연구소의 데이터를 사용한 LISH 분석 경진 대회 결과

가치 전달 경로에서 인간을 배제하는 AI 팩토리

리고 자율 주행차 연구를 위해 도로 화면 분할용으로 개발된 오픈 소스 알고리즘을 사용했다. 단계 3 알고리즘은 스캔 당 15초에서 2분 사이의 속도로 분할을 만들어냈는데, 이는 스캔 당 8분이 걸린 인간 전문가보다 훨씬 빠른 속도였다. 상위 5개 총합은 그림 3-4와 같이 인간 방사선 종양학자(인터옵저버interobserver, 임상 상황에서 두 명 이상의 관찰자가 관찰한 것에 대해 일치된 견해를 갖는 것) 못지않게 훌륭했으며, 기존의 상용 소프트웨어보다 우수했다.

이 사례를 인용하는 이유는 이 사례가 자랑스러워서이기도 하지만, 기업이 AI 팩토리를 건설하기 위해서는 반드시 데이터, IT 자원, AI 인재들이 풍부해야만 하는 것은 아니라는 것을 보여주기 위해서다. AI 팩토리를 만들기 위해 우리는 모든 사람에게 공개된 자원을 이용했다. 하지만 우리는 그로부터 매우 소중한 결과물을 얻을 수 있었다. 우리는 연구 결과를 대중의 예상처럼 비즈니스 스쿨의 연구 발표 매체가 아닌, 미국 종양학 협회지에 공유했다.

소규모 실험실 내에서 AI의 힘을 이용하는 것이 상대적으로 쉽다는 점은 인정한다. 그러나 굳이 정보가 소통되지 않는 대기업이나 복잡하고 시대에 뒤떨어져 어울리지 않는 IT 시스템을 다룰 필요는 없었다. AI가 복잡한 기업에서 너 많은 운영 프로세스를 처리할 수 있게 되면서, 더 넓은 운영 모델에 AI가 내재하여 구조화되는 방식이 점점 더 중요해지고 있다. 기업의 운영 구조가 기업 최고위층에서 전략적으로 철저하게 고려되어야 하는 것도 이 때문이다. 그리고 이것이 다음 장의 주제다.

가치 전달 경로에서 인간을 배제하는 AI 팩토리

4장 디지털 네트워크와 AI로 기업 재구성하기

디지털 네트워크와 AI로 기업 재구성하기

제목 베조스 지시사항

발신   제프 베조스
수신   모든 개발자

　앞으로 모든 팀은 서비스 인터페이스를 통해서만 데이터와 기능을 표출해야 한다. 모든 팀은 이 인터페이스를 통해서만 서로 의사소통해야 한다.

　다른 형태의 프로세스 간 소통은 허용되지 않을 것이다. 직접 연결도, 다른 팀의 데이터 저장소 직접 읽기도, 공유 메모리 모델도, 그 외 어떠한 비밀 소통도 해서는 안 된다. 의사소통은 네트워크상의 서비스 인터페이스 호출을 통해서만 허용된다.

　그들이 어떤 기술을 사용하는지는 중요하지 않다.

　모든 서비스 인터페이스는 예외 없이 처음부터 표면화가 가능한 것을 전제로 설계되어야 한다. 모든 팀은 외부 세계의 개발자들에게 인터페이스를 노출할 수 있도록 계획하고 설계해야 한다. 예외는 없다.

　이를 행하지 않는 사람은 해고될 것이다. 여러분의 노고에 감사하며, 오늘도 좋은 하루 보내기 바란다!

제프 베조스

아마존의 CEO 베조스가 2002년 이 이메일을 썼을 당시, 아마존은 자체 성장에 어려움을 겪는 난관에 봉착해 있었다. 아마존의 운영의 동력원인 소프트웨어 인프라가 압박을 받아 균열을 일으키며 프로세스가 완전히 무너진 것이다. 너무 큰 매출, 너무 많은 상품, 책, 사무용품, 전자 제품, 의류 등 너무 많은 사업체들이 인수 합병을 통해 대충 꿰 맞춰져, 엉성하게 연결된 공동의 홈페이지 네트워크에서 판매되고 있었다. 기술이나 데이터 구조의 일관성도 없고, 고객에 대한 일관된 시각도 없이 아마존은 완전히 허물어지고 있었다.

베조스의 이메일은 기업의 디지털 전환에 시사점을 던져주는 문서 중 하나이다. 앞 장에서 우리는 새로운 유형(디지털)의 기업의 탄생과 성장의 중요성을 강조했다. 21세기 회사는 단지 인터넷을 활용하거나, 모바일 기술을 구현하거나, 이른바 '디지털 네이티브(digital native)'가 되는 것만을 말하는 것이 아니다. 최근에 설립되는 많은 소프트웨어 중심의 회사들이 잘못된 방식으로 구축되고 있는데, 디지털 기업이란 다른 방식으로 설계되고, 근본적으로 다른 비즈니스 모델과 운영 모델 기반 위에 세워지는 것이다.

디지털 회사들은 전통적인 조직 모델에 의존하거나 전문화되고 고립된 여러 조직 프로세스를 통해 운영되기보다는, 통합되었으면서도 고도로 모듈화된 디지털 기반에 의존한다. 정보 기술은 더 이상 전통적인 프로세스와 방법을 활성화해 주거나 최적화해주는 도구가 아니다. 소프트웨어는 이제 회사의 실제 운영의 핵심을 차지한다. 데이터 파이프라인과 알고리즘에 의해 가동되는 소프트웨어는 노동 집약적이고 자산 집약적인 전통적 조직을 대체하고, 회사의 고객에게 가치를 전달하는 데 중요한 경로가 된다. 그리고 이러한 디지털 기반 덕분에 회사가 전통적인 비즈니스 모델을 압도하고, 규모, 범위 및 학습의 효과를 통해 수익을 증대시킬 수 있는 것이다.

세계 최첨단의 AI 팩토리도 강점을 활용할 수 있는 운영 모델에 담지 않으면 약속된 가치를 전달하지 못할 것이다. 앞의 이메일에 담긴 베조스의 직관은 놀라운 것이었다. 그는 아마존의 지속 가능한 성장의 열쇠는 운영 모델 요소 간의 경계와 연결을 정의하는 운영 구조를 어떻게 전환하느냐에 달려있다는 것을 이미 알고 있었다. 그는 디지털 기업이 되기 위해서는 완전히 다른 운영 모델, 즉 소프트웨어, 데이터, AI의 통합된 핵심을 취해서 새로운 유형의 조직에 동력을 공급하기 위해 사용하도록 설계된 모델이 필요하다는 것을 이해하고 있었다.

베조스가 작성한 이메일의 중요성과 기업의 현대적 설계에 대해 그가 시사하는 바를 이해하기 위해, 다음에서 운영 모델의 역사와, 운영 모델이 조직의 구조 및 기술과 어떤 관계를 갖는지 살펴보자.

베조스와 미러링 가설

경영 연구의 아주 흥미로운 분야 중 하나는 조직의 구조와 조직이 채택한 기술 시스템 구조 사이의 관계에 초점을 맞추고 있다. 한마디로 말하면 조직이 시스템을 반영하고, 시스템이 조직을 반영한다는 의미다. 이러한 단순한 관찰이 기업의 진화에 중요한 의미를 지닌다.

1967년에 컴퓨터 과학자 멜빈 콘웨이(Melvin Conway)는, 조직은 조직 내에 널리 퍼진 의사소통 패턴을 반영하는 시스템을 설계할 수밖에 없다고 지적했다. 콘웨이의 법칙은 통합된 기술의 구성 요소가 적절하게 설계되기 위해서는 설계자들이 자주 의사소통을 해야 한다는 추론에 근거한 것이다(이는 많은 경험적 증거에 의해 뒷받침되었다). 따라서 오늘날의 상호 관련 업무는 통합된 팀에 의해 가장 잘 수행되며, 이 팀들은 서로 가까운 곳에 배치되어야 한다는 생각이 일반적으로 받아들여지고 있다. 소프트웨어 개발 프로젝트가 기능 단위 부서보다는 애자일 팀으로 조직되고, 제조 공장, 심지어 금융 및 전문 서비스도 관련 업무를 수행하는 부서로 조직을 통합 편성하는 이유가 여기에 있다.

이 같은 논거의 틀은 '프로젝트, 회사 또는 회사 그룹 내의 조직적 연대(의사소통, 협력, 고용 등)는 조직이 수행하는 작업에 대한 의존성의 기술적 패턴과 일치할 것이다'라는 미러링 가설(Mirroring Hypothesis)로 요약될 수 있다. 시스템 구조는 단지 설계 작업뿐 아니라 시스템에 의존하는 조직 전체의 구조를 반영한다.

이러한 상호적인 연결 강화는 기업에 중요한 자산이 되어 작업 수행의 품질과 효율성을 모두 향상시킨다. 예를 들어 기업은 다양한 모델의 자동차 도어 핸들을 설계하고 생산하는 것처럼, 유사한 작업을 수행하기 때문에, 작업을 수행하면서 생산적인 방법을 개발한다. 이런 기법들이 기술, 공정, 반복 업무에 내재하면서, 기업은 시간이 지남에 따라 자신만의 개성과 다른 회사와의 차별성을 구축한다. 도요타의 생산 시스템(TPS, Toyota production system)도 수년간 온 힘을 다한 실천을 거친 후에야 조직에 내재될 수 있었다. 인센티브나 성과 측정 시스템에 의해 강화되는 이러한 패턴은 조직의 일상 활동의 성과를 개선하는 데 기여한다.

유사한 작업을 계속 반복하는 것은 시간이 지남에 따라 효율성을 높이지만, 이런 패턴은 변화에 대한 반응을 방해하는 타성을 구축해 오히려 조직을 제약할 수도 있다. 우리의 하버드 동료인 레베카 헨더슨(Rebecca Henderson)과 킴 클라크는 1990년 논문에서, 기술적 요소들 사이의 구조를 바꾸는, 이른바 구조 혁신은 기존 전통적 기업들에 특별한 위험이 된다고 주장했다. 그들의 통찰력은 많은 사례와 관련이 있다.

우선 미국의 RCA(세계 최초로 컬러 텔레비전을 만든 세계적인 가전 회사, 1986년 GE에 매각됨)가 소니(소니는 RCA의 기술을 빌린 회사였다!)와의 경쟁에 직면해서도 탁상용 라디오와 음악 기기들을 재설계해 소형화하지 못한 사례가 있다. 또한, IBM이 메인 프레임(사무용, 과학 계산용 등으로 쓰이는 대형 고성능 컴퓨터)에서 PC로 전환하지 못한 사례와 마이크로소프트가 PC를 스마트폰으로 재설계하지 못한 사례도 있다. 이런 구조적 타성, 즉 적응에 대한 저항이라는 개념이 클레이튼 크리스텐슨(Clayton Christensen)의 파괴 이론(disruption theory)에 영향을 미쳤다. 파괴 이론에 따르면 기업이 파괴적인 변화에 효과적으로 대응하지 못하는 것은 기존 고객과의 관계 때문에 굳어진 구조적 타성 때문이다.

이런 관점과 이론들의 결론은 유사하다. 기업이 특정 방식으로 무슨 일에 익숙해지면, 그들은 반복적인 일과 시스템을 개발해 서로를 강화하려고 하며, 그 일을 다른 방식으로 할 생각은 전혀 하지 않는다. 따라서 구조적 타성은 새로운 방식으로 일을 재조정하게 하는 전환을 어렵게 만든다.

문제는 구조적 타성이 지난 30~40년 동안 기업의 정보 기술과 밀접하게 엮여 있었다는 것이다. 기업 IT는 주로 전통적인 운영 및 조직 경계를 따라 구축되어 왔다. 우리는 총계정 원장(기업 회계상의 모든 계정의 수입과 지출 등을 수록한 장부) 시스템, 마케팅 '자동화' 소프트웨어, 고객 관계 관리(CRM) 소프트웨어, 제품 수명 주기 관리, 전사적 자원 관리 시스템(ERP) 등을 가지고 있다. 이 모든 것들은 전통적인 회사의 기존 구성 요소에 꼭 들어맞는다. 이런 요소화는 효율성을 향상하기는 했지만, 정보 기술의 시스템적 영향을 제한하고 전통 기업의 규모, 범위, 학습의 잠재력을 제약했다.

이같이 명확하고 도발적인 메모를 쓰면서 베조스는 아마존의 기술뿐 아니라 아마존의 조직 구조도 바꿈으로써 구조적 타성을 타파하려 했다. 베조스는 아마존의 운영 구조를 전환함으로써 소프트웨어, 데이터, AI 기반 기업의 토대를 구축하겠다는 의지가 확고했다.

새로운 모델을 탐구하기 전에, 한 걸음 물러나 운영 모델의 역사적 뿌리를 이해하고 왜 전통적인 운영 구조들이 지금처럼 행동하고, 고착되었는지 알아보자.

역사적인 관점에서의 기업

우리가 IT 기술을 갖기 훨씬 전부터, 기업들은 전문화되고 대체로 자율적으로 움직이는 기능 및 운영 단위로 구성된, 단절된 운영 구조로 진화했다. 이탈리아 르네상스 시대에서도 운영 모델은 조직을 더 작은 단위로 분리해 개별적인 업무와 규율에 초점을 맞춤으로써 운영상의 복잡성을 관리했다. 각 단위에 독립성을 크게 부여해 유연성을 극대화하고, 극심하게 느린 통신 라인의 부하를 최소화했다.

최초의 분권형 기업 운영 구조의 사례는 15세기로 거슬러 올라간다. 이탈리아의 프라토(Prato)에 성행했던 양모 및 섬유 무역 회사들은 생산, 유통, 은행 및 보험 등 여러 전문 분야에 걸쳐 운영을 분산시켰다. 이 운영 모델은 전문 조직들이 느슨하게 연결되어 협력하는 형태로 작동했다. 조직의 관계가 가족 간의 유대로 이루어지는 경우도 있었고, 사업 파트너들 간에 자산을 공동 소유해 효과적으로 다기능 구조의 지주 회사를 만드는 등 보다 형식을 갖춰 구조화된 경우도 있었다. 이러한 '초기 형태'의 조직들은 고도의 효과적인 운영 모델로 진화하면서 유럽에서 선도적인 위치로 발전해 나갔다.

최초의 회사들

최초의 현대적 회사는 1602년에 설립된 네덜란드의 동인도 회사라고 할 수 있다. 7개의 라이벌 무역 회사들이 합병해 출범한 이 회사는 다양한 운송 포트폴리오를 통합하고, 개별 항해에 수반되는 리스크를 관리함으로써 규모의 경제를 이뤄냈다. 그러나 광범위해지는 운영을 관리하기 위해 회사는 여러 개의 단위 구조로 진화했다. 회사는 전문적이고 지리적으로 분리된, 대체로 자율적으로 움직이는 여러 단위로 조직을 세분화함으로써, 통신 지연과 경영 복잡화에 빠지지 않고 다국적, 종합적 조직을 관리했다. 단절된 운영 구조와 유연한 관리 접근 방식은 지리적으로 분산된 사업장의 요구 사항을 잘 수용하고 관리할 수 있었다.

회사는 강력한 경제 집단으로 성장해 아시아와 아프리카 전역의 항구들로부터 육두구(nutmeg), 말린 육두구 껍질(mace), 정향(clove) 같은 향신료 무역 독점을 시작으로 비단, 면, 도자기, 섬유까지 교역 품목을 확대해 나갔다. 1670년 무렵에는 200척의 배를 보유하고 5만 명 이상의 사람들(여기에는 꽤 큰 규모의 사병도 포함되었다)을 고용하는 세계에서 가장 부유한 회사가 되어 세계 무역을 지배하는 복잡한 운영 모델을 구축했다.

17세기와 18세기를 거치면서 무역과 금융 서비스는 더 정교해졌지만, 제조업은 그다지 발전하지 않았다. 제조업은 여전히 '정밀하게 갈고 맞춘다(filing and fitting)'라고 표현되는 장인에게 의존하는 전통적인 공예 방식에 머물러 있었다. 모든 부품을 손으로 만들고 수정하며 한 번에 하나의 공예품을 만드는, 이른바 모든 부품을 '정밀하게 갈아서' 조립해 '맞추는' 방식에서 벗어나지 못한 것이다.

대량 생산의 등장

그러다 18세기 산업 혁명이 시작되면서 생산 기법은 완전한 전환을 맞았다. 영국에서 미국에 이르기까지 대량 생산의 출현은 전문화와 표준화의 물결을 일으켰다. 대량 생산은 '갈고 맞추는' 방식과는 달리 각 작업자가 하나의 구성 요소나 생산 공정의 한 단계에 집중한다는 것을 의미했다. 이렇게 해서 운영 모델은 전문화와 반복의 도움을 톡톡히 받으면서 규모의 이점과 학습 속도를 높여 나갔다. 이러한 접근 방식은 일의 특성과 규율에 따라 조직 내 전문화로 이어지면서 기업의 운영 구조를 더욱 세분화시켰다.

대량 생산과 산업화의 진정한 아이콘은 자동차 산업이다. 이것들이 바로 포드 자동차 회사에서 시작되었기 때문이다. 헨리 포드는 12명의 투자자로부터 받은 2만 8,000달러의 현금으로 1903년 미시간주 디어본(Dearborn)에서 자동차 회사를 설립했다. 포드의 비전은 자동차를 실용적이고, 저렴하며, 보통 사람이 이용할 수 있는 교통수단으로 만드는 것이었다. 포드는 중산층 고객들의 엄청난 잠재적 수요를 충족시킬 수 있는 가격으로 자동차를 설계, 생산, 판매할 기회가 왔음을 간파했다.

1908년에 처음 소개된 모델 T(정식 명칭 틴 리지Tin Lizzie의 애칭)는 명실공히 대량 생산을 위해 설계된 차였다. 효율적이고, 튼튼하고, 믿을 수 있고, 유지하기 쉬운 이 자동차는 일반적으로 대부분의 미국 소비자들이 소유할 수 있는 최초의 자동차로 여겨졌다. 새 차에 대한 수요가 크게 늘어나자, 포드는 가치를 전달할 새로운 방법을 찾아야 했다.

1913년, 포드는 하일랜드파크 공장(Highland Park Plant)에 최초로 움직이는 섀시 조립 라인을 도입하며 제조 방식을 전환했다. 전통적으로 자동차는 고정된 작업대에서 조립되었다. 각 차량에 필요한 부품을 전달하고 탑재하기 위해 작업자들이 이동하는 방식이었다. 그러나 포드의 조립 라인에서는 차량이 고정된 장소에서 일하는 일련의 작업자들 사이를 통과하며 이동한다. 각 작업자는 고정된 위치에서 고도로 전문화되고 세밀한 조립 작업을 수행하는 것이다. 과학적 관리법으로 유명한 전설적 인물 프레데릭 테일러(Frederick Taylor)의 도움으로 포드의 조립 라인은 모델 T의 조립 시간을 10배나 줄였고, 이는 결국 비용을 획기적으로 절감했다. 가격은 2배 이상 내려갔고 1918년, 미국의 자동차 절반은 모델 T였다.

포드는 전례 없는 수준의 표준화와 전문화를 구축함으로써 미국에서 가장 큰 제조업체가 되었다. 포드의 운영 모델은 기능적 특수성으로 연결된 조직 내 각각의 업무들을 가장 작고 가장 전문화되고, 표준화된 인간의 작업으로 쪼개 버렸다.

20세기 운영 모델

포드의 운영 모델은 수십 년 동안 자동차 산업을 이끌었다. 그러나 시간이 지나면서 제너럴 모터스(General Motors) 같은 회사가 훨씬 더 다양한 자동차를 더 다양한 가격에 제공하면서 포드로부터 시장을 빼앗아 가기 시작했다. 제너럴 모터스는 운영 구조가 전달하는 제공 범위를 늘리기 위해 쉐보레, 뷰익, GMC, 캐딜락 등의 전용 조직 단위를 만들어 단위별로 전문화된 조립 라인을 갖추고 서로 다른 각각의 제품군에 집중하게 했다. 자율적으로 움직이는 제품 단위를 운영함으로써 제너럴 모터스는 서로 다른 고객 세그먼트의 특정 요구에 집중할 수 있게 되었다. 이제 조직 각각의 업무는 정밀하게 한정된 기능뿐 아니라 제품별로도 세분화되었다.

일본 등지로부터 들어온 새로운 세대의 경쟁자들이 보다 효율적이고 고품질의 자동차를 선보일 때까지 GM 모델은 1950년대와 1960년대에 걸쳐 최고로 군림했다. 새로운 세대는 운영 모델과 운영 구조의 설계를 추가로 개선하면서 무대에 등장했다. 도요타 생산 방식의 운영 모델은 조직의 모든 단계에서 학습과 문제 해결의 전용 기능을 추가했다. 도요타의 모델은 그동안 자동차 산업에서 널리 사용되어 온 정밀한 전문화를 밀어냈지만, 다른 사람들이 따라하기에는 너무나 어려웠다. 도요타가 공장 현장을 외부인들에게 완전히 개방하고, 그 과정에 관한 책을 출판하고, 다른 자동차 회사들과 합작에 착수했을 때에도 이 문제는 해결되지 않았다.

20세기에 접어들면서 대량 생산은 자동차 산업을 넘어 미국과 유럽의 다른 제조업에까지 빠르게 확산됐다. 노동자와 조직이 전문화되고 생산량이 증가함에 따라, 효율성(과 전문화가 작업을 개선함에 따라 높아진 품질)이 운영의 규모를 크게 확대하면서 제조의 운영 모델은 이른바 규모의 경제를 만끽했다. 또 생산량은 학습을 가능하게 하여 생산 효율성을 더욱 높였다. 이런 경제 모델은 무기 산업, 섬유 산업, 농업, 보험업, 제조업 그리고 서비스 산업 전 분야에 걸쳐 전통적인 공예 방식을 사실상 전멸시켰다.

시간이 지나면서 전문화, 집중화, 표준화 같은 대량 생산의 개념이 서비스 산업에까지 널리 확산되었다. 구매와 배송에서의 규모의 경제와 함께 중요한 공정 표준화로 슈퍼마켓이 특히 괄목할 만한 성장을 보였고, 맥도날드 같은 패스트푸드 프랜차이즈들은 공급망과 식품 조리에서 반복 작업과 규모 효율성에 크게 의존하게 되었다. 전문화와 표준화는 호텔 체인, 은행, 에너지 회사, 보험 회사, 병원, 항공사의 효율을 크게 개선했다.

고도로 전문화되고 서로 단절된 운영 모델은 오늘날까지도 제조업과 서비스업에서 여전히 중시되고 있다. 폭스콘(Foxconn)에서 조립되는 아이폰을 예로 들어보자. 중국 정저우에 있는 폭스콘 공장은 2.2평방 마일(160만 평)의 면적에 35만 명에 달하는 노동자를 고용할 수 있는 대규모 공장이다. 하지만 그들의 업무는 정밀하게 전문화되어 있고, 주도면밀하게 특화되어 있으며, 고도로 최적화되어 있다. 94개의 생산 라인이 있으며, 하나의 아이폰을 조립하기 위해서는 광택, 납땜, 천공, 나사 장착 등 400여 단계를 거쳐야 한다. 이 공장에서 하루에 50만 대 이상의 아이폰을 생산할 수 있는데, 이는 분당 약 350대를 생산하는 셈이다. 이와 같은 현대적 제조 라인은 부품 및 제품 추적, 문제 분석, 로봇 조립과 같은 정보 기술에 의해 가능하지만, 현대적 운영 모델의 제품과 공정 개발은 모두 표준적이고 반복 가능한 작업을 설계함으로써 규모를 확장한다.

다시 강조하지만, 기업 IT의 구축이 운영 모델의 궤적까지 전환하지는 못했다. 1960년대와 1970년대의 중앙 컴퓨터 도입부터 1980년대의 클라이언트-서버 모델 시대, 1990년대의 초기 인터넷 기반 시스템의 구축까지, 기업의 IT 구축 물결이 일어났다. 이와 함께 오라클 파이낸셜즈

(Oracle financials, 미국 컴퓨터 소프트웨어 업체의 통합 재무 관리 솔루션)와 SAP(회사의 업무 영역별 비즈니스 솔루션을 제공하는 독일의 다국적 소프트웨어 기업)의 제품 수명 주기 관리 시스템 같은 IT 시스템은 많은 전통적인 운영 프로세스의 기능을 향상시켰다. 그러나 이런 IT 시스템은 대개 회사의 고립되고 전문화된 구조를 반영했을 뿐이었다. AI가 등장하면서 기업의 효율성과 대응 능력이 향상되고, 운영 단위 전반에 걸쳐 규모, 범위 및 학습이라는 추가적 경제가 등장했지만, 이 기술이 기업의 구조까지 바꾸지는 못했다.

거의 모든 기업에서 프로세스, 소프트웨어 애플리케이션, 데이터는 여전히 자율적이고, 서로 단절된 개별적 조직 구성단위(그림 4-1처럼)에 자체 내장되어 있다. 대부분의 주요 기업들을 살펴보면, 가장 중요한 데이터인 IT가 분산되고 일관성이 없는 형태로 수집된다. 또한, 기존의 세부 조직별로, 그리고 고도로 전문화되어 때로는 호환되지 않는 오래된 기술별

그림 4-1 단절된 구조

로 분리되고 고립되어 있음을 알 수 있다. 대기업의 경우, 수천 개에 달하는 기업 애플리케이션과 IT 시스템을 사용하기 때문에, 흩어져 있는 수많은 데이터베이스로 업무를 처리하며 수많은 데이터 모델과 구조를 지원한다. 이같이 (전체 시스템을 재구성하지 않고) 서로 다른 단절된 기능 단위에 걸쳐 있는 데이터를 통합하는 것은 시간이 오래 걸리고 끔찍하게 복잡하고, 신뢰할 수 없는 과정이다. 때문에, 엄청난 투자와 많은 사용자 지정 코드가 필요하다. 대기업일수록 그런 프로젝트들로 인해 고통스러운 시간 지연과 많은 비용으로 골머리를 앓고 있는 것은 당연하다.

전통적 운영의 한계

동인도 회사에서 제너럴 모터스, 맥도날드에 이르기까지 운영 모델은 자율성과 전문성을 강화하고 새로운 차원의 생산성과 혁신을 가져왔다. 이는 많은 회사에서 충분히 입증되었다. 그러나 조직 확장으로 복잡성이 조직의 역량을 넘어서고 경쟁의 기회가 개방되면서 한계의 증거도 명확해졌다. 전통적인 운영 구조가 기업의 성장과 가치에 심각한 제약을 초래하기 시작한 것이다. 포드의 대량 생산 방식은 제너럴 모터스의 제품 다양화 및 차별화, 그리고 도요타의 공정 개선과 품질 사고방식에 부딪히면서 문제를 드러냈다. 도요타의 생산 시스템조차도 급속한 성장과 증가하는 복잡성을 제대로 다루지 못했다. 2000년대 중반에 도요타의 제품에서 여러 차례 리콜이 제기된 것이 그 증거다. 결국, 전통적인 조직들이 성장함에 따라 규모, 범위, 학습에서 비경제적 성향이 드러났다.

조직이 커지면 점점 복잡해지고 관리가 어려워지기 때문에, 관료주의와 비효율성이 발생하고 각종 규범, 인센티브, 보상 등이 조직 내부에 고착되면서 이 모든 것에서 타성이 생긴다. 지나친 규모, 지나친 범위(다양성), 학습과 혁신에 대한 지나친 요구로 인해, 모든 경영 프로세스가 잘 작동하지 않고 비효율적으로 변하며 심지어 실패로 이어지기도 한다. 공장들이 최적의 크기에 도달한 이후에는 체계적으로 관리하기가 어려워진다. 레스토랑의 경우, 고객과 메뉴가 직원들의 능력과 시스템을 압도하기 시작할 때, 최대 규모와 범위에 도달한 것이다. 연구 개발 조직이나 제품 개발팀도 지나치게 커지면 결과적으로 생산성과 혁신성이 떨어지는 것으로 알려졌다. 이러한 고려 사항들로 인해 조직은 최대의 효율 규모에 도달하게 되고 조직의 성장에 전반적인 제한이 가해진다.

그러나 전통적인 정보 기술은 이러한 제약 조건을 크게 해소하지 못했다. 전통적인 기업은 더 많은 단절 기능들을 만들면서, 고객 관계 관리 시스템에서부터 일반 원장 소프트웨어까지 모든 기능의 요구를 충족시키는 무수히 많은 IT 시스템을 배치한다. 이처럼 수많은 애플리케이션을 통합하고 결합해서 가치 있는 데이터를 서로 연결하는 것은 길고 고통스러운 작업이다. 서로 연결되어 있지 않은 이질적인 오래된 시스템들은 시간이 흐르면서 그 자체의 타성과 변화에 대한 저항성을 키워왔기 때문에 사용자 지정 소프트웨어를 통해 세심하게 조각조각 맞춰야 하기 때문이다.

결국, 회사들은 그들의 운영 모델에 의해 형성되기도 하고 제한되기도 한다. 이 모델들은 복잡성과 성장을 관리하는 데 도움이 되지만, 그것은 어느 정도까지만 가능하다. 전통적인 기능 구조와 단절된 운영 조직은 기업들을 한계까지 몰고 갔고, 규모, 범위 및 학습에 있어 수확 체감의 법칙을 보였다. 관리와 운영을 몇 세대에 걸쳐 광범위하게 개선하고, 기업 IT의 도입이 증가했어도 운영 모델의 복잡성은 그림 4-2에서처럼 전통적인 회사의 가치를 전달하는 데 한계를 보였다.

그림 4-2 전통적인 조직의 가치 전달 능력은 수확 체감의 곡선을 마주한다.

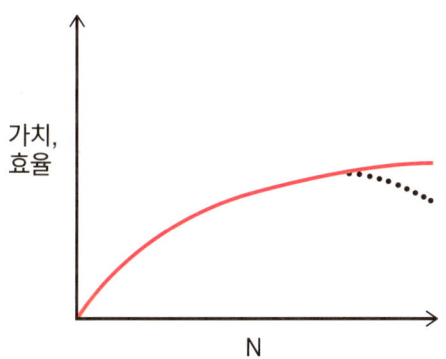

N은 플랫폼 사용자 수 또는 보완재 공급자의 수 등 다양한 변수를 나타내는 매개 변수다.

중요하고도 어려웠던 아마존의 과도기

베조스가 위 이메일을 작성했을 때, 아마존은 이미 전통적인 회사처럼 보이기 시작했다. 회사의 조직, 데이터 및 기술은 서로 단절된 채 제각기 성장했고, 이질적인 상품들이 잡동사니처럼 쌓인 소매 부문은, 각기 분리되어 상호적으로 연결되지 않은 유닛에 섞여 있었다. 단절된 부서 간의 연결은 말 그대로 뒤죽박죽이었고 때로는 전혀 예측할 수 없었으며, 그저 즉각적인 필요에 따라 급한 불 끄듯이 운영되었다. 아마존은 사업의 확장성과 범위에서 한계에 도달해 있었다. 대대적인 구조적 변화가 필요한 시점이었다.

베조스는 소프트웨어 기업에서 동일한 코드가 여러 개의 버전으로 제각각 사용되는 것이 악몽이라는 것을 잘 알고 있었다. 그는 시스템과 기능 단위에 걸쳐 데이터가 분산되어 있으면 통합을 방해하고, 데이터 파이프라인의 안정성을 파괴하며, 고객에 대한 종합적인 관점 개발을 해친다는 것도 잘 알고 있었다. 베조스는 전통적인 운영 업무(공급망 관리, 소매 운영 등)를 계속 지원하면서도 통합 소프트웨어로 이 모든 작업 구조를 근본적으로 개조할 수 있을 것이라고 생각했다. 그의 비전은 회사 운영에 있어서 규모, 범위 및 학습을 전례 없는 수준으로 확장하기 위한 최고의 소프트웨어 기반과 데이터 기반의 운영 모델을 구축하는 것이었다. 동시에 소프트웨어와 데이터 중심의 조직으로 확장하기 위해서는 조직적, 기술적 단절 구조를 타파해야 한다는 것을 깨달았다. 그림 4-3은 그런 전환이 어떻게 진행되었는지를 보여준다.

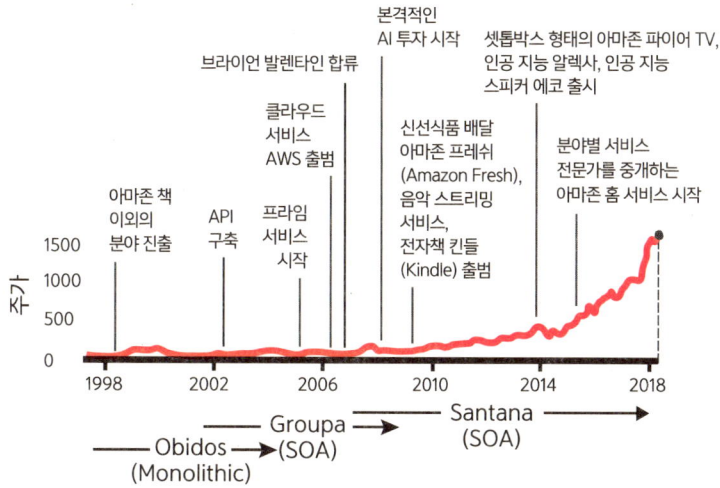

그래프 곡선은 아마존 주가 추이를 나타냄. Santana, Groupa, Obidos는 아마존이 운영 능력을 키우고 규모, 범위, 학습의 목표를 충족하기 위해 구축한 시스템 이름임.

베조스는 아마존의 기술과 조직을 동시에 개조하려고 했다. 소프트웨어의 기능이 아마존 운영 모델의 상당 부분을 운영할 수 있을 정도로 정교해졌다는 것을 깨달은 베조스는 아마존의 소매 운영을 소프트웨어 플랫폼 위에 재건했다. 그리고 이것이 점차 발전해 최첨단 AI 팩토리를 정착시킬 수 있었다. 아마존은 명확하게 설정된 인터페이스 내에서 움직이는 애자일 팀을 폭넓게 구축하는 동시에 새로운 구조 경계에 따라 완전한 전환을 이루어냈다.

2000년대 초반부터 시작된 아마존의 전환은 성공만큼이나 많은 어려움을 겪었다. 첫 플랫폼 재설계가 기대에 미치지 못하자, 회사는 당시 마이크로소프트의 소프트웨어 임원이었던 브라이언 발렌타인(Brian Valentine)을 영입했다. 발렌타인은 마이크로소프트 익스체인지(Microsoft Exchange), 윈도우 2000, 윈도우 XP의 성공적인 출시를 이끌면서 플랫폼에 관한 풍부한 경험을 지니고 있었다. 전통적인 IT 전문가가 아닌 소프트웨어 플랫폼의 리더가 아마존의 IT 인프라 재구축의 책임을 맡았다는 것은 의미심장한 일이었다. 그를 영입한 목표는, 단절된 채 제각각 운영되어 온 회사의 IT 기능들을 진정한 소프트웨어 및 데이터 플랫폼, 즉 빠르게 확장되고 있는 아마존의 사업 전반에 걸쳐 규모와 범위의 경제를 촉진할 수 있는 공동의 블록을 구축하는 것이었다.

아마존 플랫폼의 세 번째 버전은 코드명 산타나(Santana)였다. 완성하는 데 예상보다 시간이 오래 걸렸지만, 회사를 현재의 시장 리더로 끌어올린 1등 공신이다. 발렌타인은 아마존에서, 중앙 집중식 표준 서비스 세트와 그런 서비스와 상호 작용하기 위한 명확한 API를 갖춘 진정한 소프트웨어 플랫폼을 만들었다. 이러한 변화를 통해 아마존은 모든 전자 상거래 서비스를 사실상 다시 구성해야 했다. 이 새 플랫폼은 매우 우수했지만, 구축과 구현에 원래 예상보다 시간이 더 오래 걸렸다.

소매 플랫폼의 재설계와 함께 아마존의 개발 조직은 모듈식 분산 구조로 진화했다. '피자 두 판' 규모의 애자일 팀(베조스는 무의미한 회의를 줄이기 위해 팀의 규모는 피자 두 판으로 한 끼를 해결할 수 있는 6~7명이 적정하다고 선언했다)이라야, 산타나 기술의 공통 기반 위에서 독립적으로 일하면서도, 공통 코드를 공유하고 애플리케이션 전체에 걸친 데이터를 집계하는 것이 가능할 정도로 명확한 조직적 규칙을 존중할 수 있다고 생각한 것이다. 이에 따라 아마존의 구조는 공통의 기반을 보존하면서, 머신러닝과 인공 지능의 밑거름이 되는 데이터를 집계하는 동시에 소규모 팀의 민첩성을 유지할 수 있게 되었다.

결국, 산타나를 기반으로 베조스는 다음 단계로 한발 더 나아가 데이터 파이프라인과 세계 최상급의 AI 애플리케이션을 신속하게 구축할 수 있었다. 추천 엔진부터 아마존 에코, 알렉사에 이르기까지 아마존은 기업 전체에 AI를 배치하는 강자가 되었다. 아마존은 비록 AI 기초 연구에서 선두를 차지한 적은 없지만(이 분야에서는 구글과 마이크로소프트가 앞섰다), 사업 전 분야에 걸쳐 최신 기술을 구축하고 엄청난 운영 효과를 끌어내는 데는 아마존이 최고 전문가라 할 수 있다.

AI 전선에서 아마존의 비장의 무기는(이제는 그다지 비밀스럽지도 않지만) 클라우드 서비스 사업부인 아마존 웹서비스(AWS)다. 백만 곳 이상의 고객에게 서비스를 제공하는 AWS는 컴퓨팅, 스토리지, 데이터베이스 등 정보 서비스에 대한 접근을 대중화하는 임무를 띠고 있으며, AWS의 AI 툴킷도 같은 방향을 지향하고 있다. AWS는 2015년에 아마존의 머신 러닝 능력을 고객에게 제공하는 것을 시작으로, 알렉사의 혁신적인 기술을 통해 음성 인식, 문자 음성 전환 서비스, 자연어 처리 인터페이스 등을 제공했다.

수많은 스타트업과 더불어 NASA와 이미지 소셜 네트워크 서비스 핀터

레스트(Pinterest) 같은 대규모 조직들이 고객이 되어 자체적인 문제에 AI 도구를 배치하기 시작하며, 아마존 AWS는 순식간에 광범위하게 발전했다. 아마존은 현재, 아마존이 개발한 기성 시스템, 알고리즘, 도구 등을 사용해 고객들이 데이터에서 통찰력을 얻을 수 있는 소프트웨어 툴킷인 세이지메이커(SageMaker, 모든 개발자나 데이터 과학자가 머신러닝 모델을 빠르게 구축, 학습 및 배포할 수 있도록 하는 완전 관리형 서비스)를 제공하고 있다. AI 재발명의 범위가 매우 광범위해지면서, 아마존 자체의 내부 머신러닝 컨퍼런스는 그 규모가 수백 명에서 수천 명으로 커져, 이제는 최대 규모의 회사 내부 행사가 되었다.

아마존의 운영 구조 전환은 이후 경제 전반에 걸친 광범위한 변화를 선도했다. 이후 앤트 파이낸셜과 구글 같은 새로운 세대의 AI 주도 기업들이 소프트웨어, 데이터, 분석을 통합하고, 조직 전반에 걸쳐 애자일 팀이 특정 애플리케이션에 집중하게 함으로써, 규모, 범위 및 학습을 추진하는 운영 모델을 설계하고 있다. 수백 년에 걸친 기업 진화의 역사에서 과감하게 탈피한 운영 모델은 완전히 다른 구조를 보여주며 전통적인 기업들에 실존적인 위협을 가하고 있다.

디지털 기반 기업을 위한 시스템 구성

어떻게 인간의 노동이 아닌 코드에 기반한 조직을 만들 것인가? 우리는 우선, 인간과 달리 디지털 시스템(이하 디지털 '에이전트')은 세계 모든 곳에서 유사한 업무를 수행하는 무한한 수의 다른 디지털 에이전트와 제로의 한계 비용으로 소통할 수 있다는 것을 기억해야 한다. 또 동일한 디지털 에이전트는 다른 많은 대리인의 보조 활동에 쉽게 연결될 수 있어 엄청난 수의 잠재적 조합을 제공할 수 있다. 마지막으로 이들은 처리 명령, 즉 데이터를 처리할 때 논리를 실행할 뿐 아니라 스스로 학습하고 개선할 수 있는 알고리즘을 내장시킬 수 있다.

디지털 에이전트는 (적어도 아직은) 인간만큼 똑똑하거나 창의적이지 않을 수 있다. 그러나 인간과 달리 디지털 에이전트는 인식의 복잡성과 규모를 줄이거나 상호 작용의 다양성을 제한하기 위해 굳이 자율적이거나 단절될 필요가 없다. 디지털 시스템이 잘 설계된 공통 인터페이스를 사용하기만 한다면 많은 기능을 연결하고 결합함으로써 적용 가능성의 범위를 극적으로 넓힐 수 있다.

여기서 연결이란 그저 소수의 연결을 말하는 것이 아니라 거의 무한대의 연결을 말하는 것이다. 극도로 유연하고 일반적인 네트워크 세트와 인터페이스를 통해, 엄청난 수의 웹사이트를 연결하는 월드 와이드 웹을 생각해보라. 수많은 웹사이트는 초기의 설계자들이 꿈도 꾸지 못했던 방식으로 서로 간에 빈번하게 상호 작용한다. 이와 마찬가지로, iOS와 안드로이드 플랫폼은 건강과 피트니스에서부터 금융 서비스에 이르기까지 수백만 개의 서로 다른 애플리케이션과 서비스를 연결한다. 그들이 제공하는 전체 기능은 사실상 무한하다. 그렇기 때문에 디지털 운영 구조에서는 기능적으로 단절된 조직 구조나 개별의 하부 기능 단위 간의 경직된 분리가

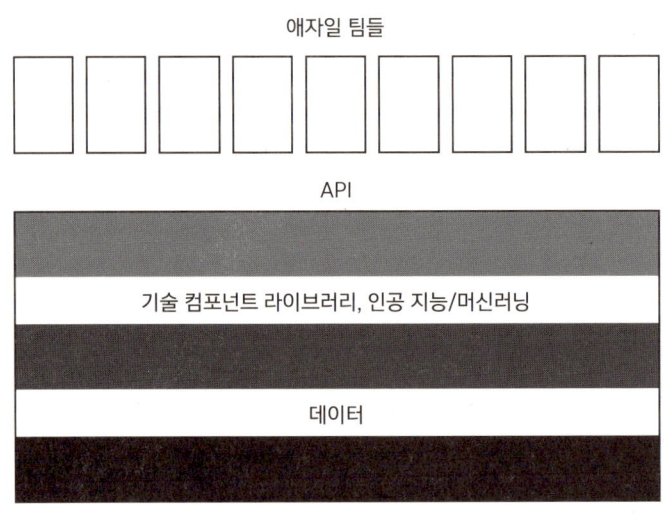

그림 4-4 AI가 주도하는 기업의 운영 구조

거의 필요 없다. 대신 무제한 연결과 데이터 통합의 이점을 최대한 활용해 더욱 강력한 분석 기능을 구현한다.

디지털 운영 모델의 조직은 그림 4-4와 같이 조직의 구축 기반인 디지털 기술의 잠재력을 최대한 발휘할 수 있도록 설계되어야 한다. 이것은 데이터와 기술을 포괄하는 기반(또는 플랫폼), 즉 광범위하고 다양한 활용 사례를 다루는 애플리케이션의 형태로 새로운 디지털 에이전트를 만들거나 연결하기 위한 플랫폼을 쉽고 빠르게 구축하는 것을 의미한다.

이상적인 것은 3장에서 설명한 대로, 데이터 입력, 소프트웨어 기술, 알고리즘 등 AI 팩토리가 제공하는 모든 것의 공통 기반을 확보하는 것이다.

이 기반이 개별 애플리케이션을 개발하는 팀들이 사용할 수 있는 접근이 용이한(그러나 주의 깊게 설계되고 안전한) 인터페이스를 제공해주기 때문이다. 애플리케이션이 그 기반을 모두 연결해 고객 관계 관리부터 공급망까지의 운영 작업을 가능하게 한다. 이런 애플리케이션을 개발하기 위해 사용되는 프로세스는 데이터 과학, 엔지니어링 및 제품 관리 기능을 갖춘 소규모의 애자일 팀이 주도한다. 애자일 프로세스와 디지털 운영 구조가 서로 보조를 맞춰가며 협력하는 것이다.

또한, 현대의 운영 모델은 학습을 통한 성과 개선에 끊임없이 집중하는 것이 특징이다. 학습의 일부는 실시간으로 발생하지만, 데이터가 제안이나 가격 책정을 위해 알고리즘을 미세 조정하기 때문에, 3장에서 설명한 바와 같이 전용 실험 플랫폼에서도 많은 학습이 이루어진다.

직원들은 신속한 서비스 조치에 대한 다양한 변경이 소비자 행동을 얼마나 촉발하고, 만족도를 얼마나 높이며, 궁극적으로 얼마나 더 많은 수익으로 이어지는지를 이해하기 위해 날마다 수백, 수천 건의 A/B 테스트나 무작위 대조 실험을 수행할 수도 있다. 데이터는 중앙 집중화되어 있지만, 회사의 실험 기능은 고도로 분산되어 있기 때문에, 누구든 가설만 가지고 있으면 실시간으로 실험에 착수하고 그 결과를 사용해 의미 있는 변화를 구현할 수 있다.

마지막으로 디지털 운영 모델은 다양한 운영 작업을 수행하기 위해 개발된 소프트웨어와 알고리즘의 모듈화 및 재사용을 촉진한다. 이를 위해서는 사용자 인터페이스를 위한 자바 스크립트 라이브러리인 리액트(React)나 데이터 처리를 위한 분산형 스트림 프로세싱 연산 프레임워크인 아파치 스톰(Apache Storm) 같은 기능 구축을 위한 일관된 프레임워크를 갖춰야 한다. 이러한 많은 소프트웨어는 오픈 도메인(open domain)에서 구할 수 있는데, 이는 데이터가 쌓일수록 그 회사의 경쟁력이 높아지기 때문이다. 이러한 새로운 유형의 회사들 덕분에, 우리는 자체 기술 및 소프트웨어 개발에 집중하기보다는 공유 개발 및 오픈 소스에 초점을 맞출 수 있게 되었다.

전통적 제약 조건 타파하기

디지털 운영 모델에서 직원들은 직접 제품이나 서비스를 전달하는 일을 하는 것이 아니라, 실제로 제품을 전달하는 자동화된 알고리즘 기반의 디지털 '조직'을 설계하고 감독하는 일을 한다. 기업의 규모, 범위 및 학습의 잠재력을 제약하는 기존의 운영 장애물인 사람을 제거함으로써 성장 프로세스를 완전히 변화시킨 것이다.

중요한 길목에서 인간의 상호 작용을 제거한 것은 운영 모델에 결정적인 영향을 미쳤다. 디지털 에이전트가 추가 사용자에게 서비스를 제공하는 한계 비용이 무시해도 될 정도로 작아지면서, 용량을 늘리고 규모를 확장하는 과정이 훨씬 더 쉬워졌다. 또 운영 복잡성의 상당 부분이 소프트웨어와 분석을 통해 해결되거나 회사의 운영 네트워크의 외부 교점에 아웃소싱 되었다. 따라서 알고리즘 기반의 운영 모델은 기술 인프라(지금은 주로 클라우드 기반이며, 온 디맨드 방식으로 제공된다)에 컴퓨팅 및 스토리지 용량을 추가하고, AI 팩토리 파이프라인에 데이터를 추가하기만 하면 거의 무한한 확장이 가능하다.

또한, 디지털 기술은 본질적으로 모듈화되어 있어, 더 많은 비즈니스 연결을 가능하게 할 수 있다. 완전히 디지털화되면, 하나의 프로세스를 제휴 업체의 외부 네트워크나 개인의 외부 커뮤니티에 쉽게 연결해 상호 보완적 가치를 추가로 제공할 수 있다. 이처럼 디지털화된 프로세스는 본질적으로 다면화되어 운영 범위를 크게 확장한다. 하나의 가치가 하나의 영역(예를 들어, 일련의 소비자에 대한 데이터를 축적하는 것)에 전달된 후, 그와 동일한 프로세스가 다른 애플리케이션에도 연결되어 가치를 창출할 수 있다. 그리고 고객에게 제공하는 서비스의 수와 전체 가치에 배가되는 요소를 더하는 것이다. 이것이 바로 앤트 파이낸셜과 아마존이 일하는 방식이다.

학습 효과가 수익을 대규모로 증식시키는 것처럼, 디지털 운영 모델에 의해 창출되는 가치도 빠르게 성장할 수 있다. 분석과 AI가 빛을 발하는 부분이기 때문이다. AI와 머신러닝은 데이터에서 발전하며, 머신러닝 모델이 진화하면서 학습할 수 있는 데이터의 양도 빠르게 증가했다. 규모(그리고 범위까지)가 커지면서 데이터가 축적되면, 알고리즘의 성능은 더 좋아지고 회사는 더 큰 가치를 창출하게 된다. 이를 통해 알고리즘의 사용이 늘어나면서 그에 따라 더 많은 데이터를 생성한다. 머신러닝이 아마존 에코나 페이스북의 광고 네트워크 같은 디지털 사업에 미치는 영향은 기업이 사용자에게 가치를 전달하는 방식을 효과적으로 강화한다.

마지막으로, 이 새로운 유형의 조직은 경영의 역할을 변화시킨다. 특히 경영이 일상적인 업무를 수행하는 직원들을 감독하는 일을 의미하는 시대는 이제 지났다. AI 기반의 운영 모델에서 경영자는 고객의 요구를 감지하고, 가치 전달로 대응하는 디지털 시스템을 구축하고 개선하며 통제하는 설계자이다. 시간이 지남에 따라 디지털 시스템이 어떻게 진화해야 할지에 대한 비전을 품는다는 점에서 혁신자이기도 하다. 또한, 서로 다른 디지털 시스템을 연결하고, 회사의 운영 모델과 고객 사이의 새로운 연결을 발견하기 위해 일한다는 점에서는 통합자이다. 마지막으로 그들이 통제하는 디지털 시스템의 품질, 신뢰성, 보안 및 책임을 보존하기 위해 일한다는 점에서는 수호자이기도 하다. AI 중심의 디지털 운영 모델은 사실상 모든 전통적인 경영 및 운영 가정에 도전을 제기하고, 우리가 기업과 경영진의 본질, 성장 능력, 그리고 기업의 영향력과 힘을 제약하는 조건들을 근본적으로 다시 생각하게 만든다.

그러나 AI 기업을 주도하는 데이터 중심의 운영 구조에 엄청난 비즈니스 잠재력이 존재해도 많은 전통적인 기업들은 변화를 주저한다. 그들의 주 관심사는 수십 년에 걸쳐 구축된 기능, 반복적인 일들, 그리고 조직의 경계를 보호하는 것이다. 그들은 자신의 구조적 문제를 보지 못하거나, 그 문제를 해결하는 데 필요한 조직의 전환에 전적으로 매달릴 의지가 없다. 솔직히 말하자면 기술 그 자체는 어렵지 않다. 이미 다른 많은 사람도 지적한 바처럼, 정말 어려운 것은 조직의 변화다.

다음 장에서는 AI 기업이 되기 위해서는 무엇이 필요한지 살펴보겠다.

5장 디지털 전환을 위한 기업 혁신

디지털 전환을 위한 기업 혁신

확신과 인내의 균형을 유지하라.

- 사티아 나델라, 마이크로소프트 CEO

2011년 2월 9일 초저녁이었다. 사티아 나델라가 마이크로소프트의 서버 및 툴(Server and Tools) 사업부를 맡은 첫날을 마무리하고 있었다. 마침 마르코가 친구이자 동료인 그렉 리차드(Greg Richards)와 함께 나델라의 사무실 옆을 지나가고 있었다. 그렉은 서버 및 툴 사업부의 제품 관리자들과의 중요한 회의를 끝낸 참이었다. 그들은 나델라에게 잠깐 들러 인사라도 해야겠다고 생각했다. 그들이 나델라의 사무실을 엿보자 나델라는 그들에게 손을 흔들며 들어오라고 했다.

그렇게 그 세 사람은 회사의 미래에 대해 의논하게 되었다. 그 당시 서버 및 툴 사업부는 150억 달러(18조 5,000억 원) 이상의 매출을 올리고 있었는데, 매출의 대부분은 윈도우 서버(Windows Server)와 SQL 서버라는 두 개의 전통적인 자체 보유 소프트웨어 제품에서 나왔다. 문제는 나델라가 마이크로소프트의 클라우드 서비스인 애저(Azure)에서 얼마나 큰 성과를 낼 것인가였다. 그 당시 애저는 출시 2년째였지만 절망적인 실패라는 인식이 널리 퍼져 있었다. 그렉과 마르코도 회의적이었다. 그러나 나델라는 확신에 차 있었다. "클라우드 사업은 우리의 미래입니다. 근본적으로 선택의 여지가 없습니다. 반드시 잘 될 겁니다."

3년 후, 나델라는 스티브 발머(Steve Ballmer)의 뒤를 이어 CEO의 자리에 올랐다. 그 뒤, 마이크로소프트를 애저같은 인프라(이때 애저는 이미 완전히 재설계되어 분기마다 두 배의 성장을 구가하고 있었다)와 오피스 365(Office 365)같은 클라우드 기반의 애플리케이션을 갖춘 클라우드 소프트웨어 회사로 전환시켰다. 나델라가 CEO로 취임한 첫 3년 동안 마이크로소프트의 주가는 3배나 올랐다.

이 기간에 회사에는 또 한바탕의 소동이 일어났다. 2018년 3월 29일, 나델라는 회사와 언론에 "새로운 미래: 인텔리전트 클라우드와 인텔리전트 에지(Embracing Our Future: Intelligent Cloud and Intelligent Edge)"라는 제목의 성명을 발표했다. 친구인 구글 CEO 선다 피차이가 밝힌 구글의 'AI 우선'에 대한 호응으로 마이크로소프트의 다음 전환에 대한 계획을 밝혔다.

> 지난 1년 동안 우리는 인텔리전트 클라우드와 인텔리전트 에지가 다음 단계의 혁신을 어떻게 형성할 것인지에 대한 우리의 비전을 공유해 왔습니다. 첫째, 컴퓨팅은 더 강력해지고 클라우드부터 에지까지 어디서나 사용할 수 있게 될 것입니다. 둘째, AI의 기능은 세계의 데이터와 지식을 기반으로 지각과 인지에 걸쳐 빠르게 발전하고 있습니다. 셋째, 현실 세계와 가상의 세계가 합쳐져 우리의 경험을 풍부하게 함으로써, 사람들이 처

해있는 상황, 그들이 사용하는 사물, 그들이 가는 장소, 그리고 그들의 활동과 관계를 더 잘 이해할 수 있게 될 것입니다.

이러한 기술적 변화는 우리의 고객들과 파트너들을 포함한 우리 모두에게 엄청난 기회를 가져다줄 것입니다. 이 모든 새로운 기술과 기회와 함께, 우리에게는 기술의 혜택이 사회 전반에 걸쳐 사람들에게 더 폭넓게 전달되도록 할 책임이 따릅니다. 또한, 우리가 만드는 기술은 이를 사용하는 개인과 조직에 신뢰받아야 할 것입니다.

오늘 발표를 통해 우리는 모든 솔루션 영역에 걸쳐 이 기회와 책임에 박차를 가하게 될 것입니다.

이 성명 이후, 마이크로소프트는 조직의 변화와 새로운 리더십 역할을 담은, 더욱 구체적인 조치를 잇달아 발표했다. 10년도 채 지나지 않은 기간에 마이크로소프트에서는 두 번째 중대한 운영 모델의 전환이 진행되고 있었다.

마이크로소프트의 이 같은 이중 전환은 극적이었지만 결코 느닷없이 나온 것은 아니다. 몇 년 이상을 살아남은 모든 기술 회사들은 운영 모델과 비즈니스 모델, 모두에 있어서 최소한 한 차례 이상의 전면적인 전환을 거쳤다. 아마존, 구글, 알리바바, 넷플릭스, 텐센트는 모두 여러 차례 회사를 재창조했다.

그러나 오늘날 지속적인 전환의 필요성은 단지 기술 회사들에만 국한되는 것은 아니다. 모든 회사가 디지털 기술을 장착해야 할 필요가 있는 것처럼, 혁신은 모든 회사에 필수가 되었다. 전통적인 기업의 경우, 소프트웨어 기반의 AI 중심 기업이 되는 것은 지속적인 전환을 꾸준히 시도하는 완전히 다른 유형의 조직이 되는 것이다. 단지 새로운 조직을 분리해내거나, 가끔 신상품 개발 부서를 만들거나, AI 담당 부서를 만드는 것을 말하는 것이 아니다. 그것은 애자일 조직이 지원하는 데이터 중심의 운영 구조를 구축함으로써 기업의 핵심을 근본적으로 바꾸고 지속적인 변화를 실현하는 것을 의미한다.

이번 장에서는 AI 기업으로 전환하기 위해서는 무엇이 필요한지, 그리고 그런 전환의 가치가 무엇인지에 대해 중점적으로 살펴볼 것이다. 우선 마이크로소프트가 어떤 노력을 했는지 살펴보고, 이 회사가 비즈니스 모델과 운영 모델의 변화를 추진하기 위해 겪었던 과정을 설명할 것이다. 또 마이크로소프트에서뿐만 아니라 수백 개의 다른 회사들에 관한 연구에서 도출된 5가지 원칙을 요약함으로써 몇 가지 핵심 교훈을 살펴볼 것이다. 마지막 부분에서는 전환 과정을 벤치마킹하고, 전환이 회사 전체에 미친 영향을 확대하여 해석해 보는 등 이 연구의 다른 통찰력에 초점을 맞출 것이다. 그리고 세계 최대의 자산 운용사 피델리티 인베스트먼트의 전환에 대한 설명으로 이 장을 마치겠다.

기술 회사 마이크로소프트의 전환

나델라가 CEO의 자리를 맡았을 때, 마이크로소프트는 지칠 대로 지친 상태였다. 세상의 모든 컴퓨터에 DOS, 윈도우, 오피스(Office)를 공급하며 왕성하게 성장한 후, 인터넷 시대의 다양한 경쟁 위협에 직면했고 규제 당국의 엄정한 독점 금지 조사에 시달리고 있었다. 빌 게이츠가 여전히 배후에 있었기 때문에, 스티브 발머 시대의 마이크로소프트는 혁신의 불씨가 부족했다. 차세대 운영 체제로 야심차게 내놓은 윈도 비스타(windows Vista)는 시장에 안착하지 못했고, 휴대용 음악 플레이어(MP3) 준(Zune)의 실패, 윈도우 8에 대한 실망, 피해가 막심한 노키아 인수 실책까지 하는 일마다 제대로 되는 일이 없었던 시기였다.

당시 마이크로소프트는 길을 잃고 헤매고 있었다. 가장 우려되는 것은 그러한 추락이 소프트웨어 커뮤니티와는 무관하게 벌어졌다는 것이다. 그때까지 마이크로소프트의 성공의 중심에는 개발자 생태계가 자리 잡고 있었다. 빌 게이츠와 폴 앨런이 앨버커키의 작고 초라한 사무실에서 마이크로소프트를 시작했을 때, 그들은 1세대 마이크로컴퓨터용 컴파일러(고급언어로 쓰인 프로그램을 즉시 실행 가능한 형태로 바꾸어 주는 번역 프로그램)를 구축했다. 지금은 거의 잊혀졌지만, 애플 컴퓨터도 초기에는 마이크로소프트 베이직(MS BASIC)을 사용했다. 시간이 지나면서 회사는 DOS의 성대한 생태계를 만들어냈고, 윈도우 개발자들은 수백만 명의 사람들이 PC 애플리케이션을 쓰게 함으로써 개인용 컴퓨터 전성시대를 열었다. 당시 윈도우의 개발자 커뮤니티는 마이크로소프트의 가장 중요한 자산이었다.

나델라는 CEO가 되었을 때, 그는 마이크로소프트가 개발자 중심의 생태계와 기술적 우위를 잃었다는 것을 잘 알고 있었다. 마이크로소프트의 개발자 커뮤니티가 위축되면서 플랫폼의 위상도 퇴색하기 시작했다. 개발자들은 이제 리눅스와 다른 오픈 소스로 옮겨가고 있었다. 세계는 소프트웨어, 데이터, AI의 기반 위에서 재편되고 있는데, 마이크로소프트는 사람들의 플랫폼 선택 대상에서 벗어나 길을 잃고 있었다. 회사는 새로운 전략뿐만 아니라 새로운 미션도 절실히 필요했다.

새로운 미션, 새로운 전략

나델라는 마이크로소프트의 새로운 미션과 전략을 짜기 위해 초심으로 돌아갔다. 그는 우리에게 "무엇보다도 우리의 목적의식과 정체성을 새롭게 할 필요가 있었다."라고 설명했다. 다시 한번, 마이크로소프트는 생태계의 생산성을 높이기 위한 기술 회사로 돌아왔다. 나델라가 품은 새 미션은 대담할 뿐만 아니라 회사의 초심과도 일치했다. 나델라가 우리에게도 말했듯이, 마이크로소프트는 '지구상의 모든 사람과 조직에 더 많은 것을 성취할 수 있는 힘을 주는 것을 미션으로 하는 기술 회사'이다.

미션이 확실해지자 새로운 전략이 세워졌다. 오피스 365, 마이크로소프트 다이내믹스(Microsoft Dynamics, ERP와 CRM 소프트웨어), 애저 서비스 포트폴리오 등 모든 제품군에 걸쳐 마이크로소프트가 디지털 시대의 생산성 플랫폼이 되고 있다. 마이크로소프트 경영진들의 미션과 전략에 관한 생각은 확고하다. AI 기능으로 점차 발전하는 클라우드 기반 구조에 의한 서비스 기반의 '소비' 지향(사용량이 많을수록 더 많은 비용을 지불하는)으로의 전환이 중요하다는 것이다.

앞서가는 클라우드 서비스 제공자가 된다는 것은 소프트웨어 구조의 근본적인 진화를 의미하기도 했다. 1990년대 이후 윈도우 개발자 생태계는 꾸준히 축소되어왔지만, 가장 혁신적인 기업들은 오픈 소스 기반 위에서 구축되고 있었다. 그러한 오픈 소스 소프트웨어는 주로 아마존의 AWS 클라우드 서비스가 온 디맨드 방식으로 제공하고 있었다. 2014년 가을부터 스캇 구스리(Scott Guthrie, 당시 애저 사업부를 담당)와 실리콘 밸리의 101번 국도를 오가며 수많은 스타트업을 방문한 이후, 나델라는 이제 마이크로소프트도 오픈 소스를 수용해야 할 때라고 판단했다. 그 후 곧, 나델라는 '마이크로소프트 ♥ 리눅스'라고 새겨진 배지를 차고 마이크로소프트의 개발자 컨퍼런스에 나타났다. 그 이후, 나델라와 회사 경영진은 일관되게 오픈 소스를 주장하며 오픈 소스 프로젝트에 많은 투자를 했고, 회사 소프트웨어의 상당 부분을 오픈 소스 소프트웨어가 차지했다.

이러한 전략은 2018년, 마이크로소프트가 소프트웨어 개발 플랫폼 깃허브(GitHub)를 인수하면서 견인력을 얻었다. 깃허브는 소프트웨어 프로젝트의 관리 도구를 제공하며 오픈 소스 프로젝트의 가장 인기 있는 저장소가 되었다. 오늘날 마이크로소프트는 오픈 소스 커뮤니티의 가장 중심적인 역할을 하고 있다.

나델라의 전략에 동의하지 않는 사람도 있었지만, 그는 주저하지 않았다. 새로운 전략을 실현하기 위해서는 중대한 변화가 필요했다. 이 과정에서 마이크로소프트의 잔뼈 굵은 경영진들의 이탈이 잇따랐다. 그러나 남은 사람들은 신규 충원과 승진을 통해 새 인력을 보강하고 새로운 전략에 집중했다. 현재 애저 사업부를 맡은 마이크로소프트의 다케시 누모토(Takeshi Numoto) 부사장은 2019년 초에, 당시 상황을 이렇게 설명했다. "클라우드와 AI의 중요성에 대해 회사 내에서는 더 이상 이견이 없었습니다. 플랜 B는 있을 수 없었지요. 나델라가 CEO에 오른 지 이제 7년이 흘렀지만, 그 전략에는 변함이 없습니다. 우리는 클라우드 구축에만 연간 50억~60억 달러의 자본을 쏟아부었습니다."

이제 운영 모델을 재구축할 차례

마이크로소프트가 클라우드와 AI 기업으로 거듭나기 위해 겪은 운영상의 도전에 비한다면 미션과 전략에 관한 지지층을 만드는 것은 차라리 쉬운 것이었을지도 모른다. 마이크로소프트가 그동안 해 오던 소프트웨어 사업은 소프트웨어 CD를 출시하는 것이었다. 이와 달리 클라우드 사업은 대규모의 인프라 투자가 필요하다. 말 그대로 수십억 달러 규모의 서버, 라우터, 데이터 센터를 구입하고 이동하고 조립해야 한다.

이 모든 것은 세계 최대의 하드웨어 회사들에 버금가는 규모의 복잡한 공급망을 통해 관리되고 운영된다. 이를 위해서는 해당 능력을 구축하기 위한 불굴의 노력, 다양한 새로운 프로세스와 시스템, 끊임없는 문제 해결 활동, 그리고 주요 경영진의 교체가 필요했다. 마이크로소프트는 세계 최고의 공급망 회사라고 할 수 있는 아마존과 경쟁할 수 있을 정도의 효율적이고 뛰어난 대응력을 갖춘 공급망을 구축해야 했다. 그러기 위해서는 숙련된 관리자와 컨설턴트를 영입하고, 기존 프로세스와 프로토타입을 개선하고, 최첨단의 디지털 운영 시스템을 개발하는 등의 수년에 걸친 뼈를 깎는 작업이 필요했다.

수년간의 도전과 상당한 손실을 겪은 후에야 마이크로소프트의 투자는 성과를 나타내기 시작했다. 운영 능력은 훨씬 더 깊어졌고, 리드 타임(lead time, 상품 생산의 시작부터 완성까지 걸리는 시간)은 크게 줄어들었다. 새로운 시스템이 공급망을 추적해 문제가 있거나 지연될 경우 정확한 정보를 거의 실시간으로 제공해주기 때문이다.

클라우드 기반의 구조는 많은 운영상의 이점을 가져다주었다. 클라우드 제공자는 소프트웨어를 호스팅하고 서비스를 제어하는데, 이 모든 일은 사용자의 지속적인 피드백에 따라 끊임없이 개선된다. 마이크로소프트 제품의 클라우드 소비는 고객들이 제품을 실제로 사용해야만 늘어나는 것이기 때문에, 고객의 지지가 대단히 중요하다.

클라우드의 고객 친밀도 수준이 높으면 모든 종류의 분석 기회가 열린다. 익명의 제품 사용은 고객 프로젝트가 제대로 작동하는지(또는 작동하지 않는지)를 회사에 신속하게 알려주고, 어떤 기능이 가장 효과적인지(또는 비효과적인지)도 알려준다. 고객 프로젝트로부터 흘러나오는 소비 데이터는 어김없이 추적되어, 제품 개선에 대한 중요한 원격 피드백을 제공한다. 이러한 데이터 자산이 마이크로소프트의 데이터 플랫폼에 통합되면서 플랫폼을 더 정교하게 만들어준다. 그리하여 플랫폼은 데이터를 입력하고, 보호하고, 처리하면서 품질과 사용성을 보장할 뿐 아니라 점점 더 강력하고 다양한 분석이 가능해진다. 결국, 그런 통찰력이 본질적인 개선을 창출하는 것이다. 누모토 부사장은 "일단 소비 지향의 비즈니스를 시작하면, 그때부터 회사는 고객 업무의 일부가 되는 것이며, 그 책임은 진짜 현실적인 것이 됩니다. 선거에서부터 항공사 운영의 필수 시스템에 이르기까지 어느 용도에서든 우리 시스템을 퇴보시킬 수는 없으니까요."라고 말했다.

기업의 핵심을 전환하다

2011년, 나델라가 서버 및 툴 사업부의 담당 부사장으로 승진하기 전까지만 해도, 애저 사업부는 별도의 자율 조직으로 운영되었다. 그런 구조로 인해 생긴 문제가 한둘이 아니었다. 애저는 고객에게 서비스를 제공할 새로운 플랫폼으로 구상되었지만, 마이크로소프트의 다른 제품군과는 단절되어 있었다. 게다가 애저 팀은 호환되지 않는 소프트웨어를 계속 구축하고 자원과 지위를 놓고 다투는 등 서버 및 툴 사업부의 다른 팀들과 자주 마찰을 빚었다.

나델라가 부임한 후 취한 첫 조치는 애저 사업부를 복귀시키는 것이었다. 그는 이전에 마이크로소프트의 전통적인 사업인 윈도우 서버 사업부를 이끌었던, 경험이 풍부한 빌 레잉(Bill Laing) 부사장 밑에 애저 팀을 위치시켰다. 그 조치는 애저를 마이크로소프트의 변두리에서 중앙으로 옮기는, 말하자면 회사의 핵심을 전환하는 것이었다. 레잉 부사장은 많은 전통적인 소프트웨어 회사들이 변화하지 못해 무너지는 것을 직접 보았기 때문에 나델라의 명령을 잘 이해했다.

이후 애저를 사용하기 쉽고 기존 마이크로소프트 제품과 호환되도록 재설계하는 데 큰 노력이 들었다. 초기의 모습에서 벗어나 마이크로소프트의 기존 장점을 기반으로 거듭나기 위해 애저는 마이크로소프트의 기존 기업의 소프트웨어를 새로운 플랫폼에 복사하기가 매우 쉬워지도록 바뀌었으며, 윈도우와 리눅스 기반에서 작업을 실행할 수 있도록 재설계되었다. 그리고 마이크로소프트는 고객들이 그들 애플리케이션 일부를 애저로 옮기게 하기 위해 상당한 인센티브를 제공했다. 나델라는 마이크로소프트의 핵심을 바꾸는 열쇠는 그들이 이미 보유하고 있는 고객층의 전환에 있음을 잘 알고 있었다.

애저에 대한 이러한 노력에 관해 말하자면 레잉 부사장과 더불어, 존경받는 엔지니어링 리더 스캇 구스리를 꼽지 않을 수 없다. 구스리가 애저 사업부라는 새로운 역할을 맡으면서 가장 먼저 한 일 중 하나는 서버 및 툴 사업부의 다른 리더들에게 애저를 실제로 설치하도록 한 것이었다. 애저의 소프트웨어가 정말 사용하기 어렵다는 점을 부각하기 위한 것이었다. 구스리는 이 플랫폼을 좀 더 사용자 친화적이고 마이크로소프트의 전통적인 고객들이 훨씬 더 쉽게 사용할 수 있도록 하는 것을 자신의 미션으로 삼았다.

구스리는 결국, 레잉의 뒤를 이어 애저 사업부를 맡아 끊임없이 변화를 추구하며 서비스를 점점 더 강력하고, 비즈니스 친화적이며, 다른 마이크로소프트 제품들과 호환되게 만들었다. 나아가 그는 애저 조직의 구조와 프로세스, 그리고 그 가치 체계까지 전환했다. 기존의 단절 구조를 깨고,

하드웨어와 소프트웨어 개발팀이 엔지니어링 조직의 중심을 이루도록 재구성했다. 그는 애저의 모든 소프트웨어는 제이슨 젠더(Jason Zander) 휘하로, 모든 하드웨어는 토드 홈달(Todd Holmdahl), 나중에는 라니 보카르(Rani Borkar) 휘하로 통합했고, 마이크 닐(Mike Neil)이 첨단 하드웨어 엔지니어링을 이끌게 했다.

그리고 구스리는 전 조직에 애자일 방식을 채택하도록 지시하고, 비즈니스에 초점을 맞춘 목표에 따라 제품팀을 재구성했다. 이에 따라 각 팀은 기술적 특징을 추진하기보다는 고객의 구체적인 애로사항과 활용 사례를 파악해 해결해야 했다. 가장 획기적인 것은 엔지니어링 조직의 운영에 대한 대응력 수준을 획기적으로 개선한 것이다. 클라우드 비즈니스를 운영하면서 생긴 좋은 소식은 사용자로부터 끊임없이 피드백을 받아 문제를 부각하고 개선의 동기를 부여할 수 있게 되었다는 것이다. '나쁜(?)' 소식이라면 엔지니어링 조직이 실시간으로, 가능한 한 아주 가깝게 고객의 피드백에 반응해야 한다는 것이다.

언제나 AI를 최우선으로

클라우드로의 전환이 활발하게 계속되면서, 마이크로소프트는 제품과 서비스는 물론 운영 인프라 전반에 걸쳐 정교한 머신러닝과 AI 기능을 쌓는 두 번째 전환에 돌입했다. 나델라는 이를 발표한 후, 회사의 엔지니어링 부문을 두 개의 주요 그룹으로 통합했다. 구스리가 부사장으로서 클라우드와 AI 그룹을, 라제시 자(Rajesh Jha)가 경험 및 기기 사업부

(Experience and Device Group)를 이끌게 한 것이다.

나델라가 마이크로소프트의 핵심에서 AI를 수용하기 위한 변화를 선포했을 때, 회사는 이미 준비가 되어있었다. 사실 마이크로소프트는 2000년대 초반부터 해리 섬(Harry Shum) AI 리서치 담당 부사장의 주도로 강력한 AI 역량 구축에 주력해 왔다. 엔지니어링 그룹은 이미 모든 마이크로소프트 제품군에 AI 기술을 내장하기 위해 연구팀과 긴밀하게 협력하고 있었다. 예를 들어, 애저 머신러닝은 2014년부터 서비스되기 시작했는데, 이는 나델라의 앞선 선포와 함께 AI 기술 개발과 제품 도입을 가속화되며 현실이 되었다. 그러나 나델라의 공식 선포는 단지 AI 관련 프로젝트에 더 많은 투자를 하겠다는 차원을 넘어, 마이크로소프트가 그동안 운영해 온 방식을 전환하겠다는 의미였다.

마이크로소프트 개발자 생태계는 여전히 회사의 AI 전략의 중심에 있다. 애저 인프라는 기업뿐 아니라 스타트업 개발자들도 마이크로소프트의 강력한 AI에 쉽게 접근할 수 있게 해준다. 애저의 머신러닝은 '코타나 인텔리전스 스위트(Cortana Intelligence Suite, 스스로 이해하고 사람과 상호 작용이 가능하도록 설계된 봇이 포함된 플랫폼)'의 일부로 도입되었다. 또한, 애저 팀은 검색, 지식, 비전, 언어, 음성 API 등 다양한 AI 기반 서비스를 선보였다. 마이크로소프트는 2018년 중반, 데이터 통합 프로젝트를 신속하게 관리 및 모니터링하고, 데이터 중심의 운영 모델 기반을 온디맨드 방식으로 구축하기 위한 강력한 기능을 갖춘 애저 데이터 팩토리(Azure Data Factory)를 발표했다.

마이크로소프트 전환을 이끄는 원동력, 조직 개편

마이크로소프트의 AI 전환으로 내부 조직도 재편성이 필요했다. 마이크로소프트의 데이터 자산, 내부 IT, 운영팀의 전환은 커트 델베네(Kurt DelBene)가 주도했다. 델베네는 오바마 행정부의 건강 보험 개혁법(Affordable Care Act, 오바마 대통령이 추진한, 저소득층까지 의료 보장 제도를 확대하는 법안으로 오바마케어로 불림)을 구현하는 건강보험 가입사이트(Healthcare.gov)를 구축하기 위해 회사를 휴직하기 전에, 오피스 사업부(Office Business)의 사장을 역임하는 등 마이크로소프트에서 여러 핵심 제품의 업무를 경험한 베테랑이었다.

나델라는 2015년 델베네를 설득해 마이크로소프트로 돌아오게 했다. 델베네의 복귀 첫 임무는 기업 전략을 운영하는 것이었다. 그러나 코어 서비스 엔지니어링 및 운영 사업부(Core Services Engineering and Operations)로 분류된 IT와 운영 조직의 업무도 맡으며, 현재 마이크로소프트의 최고 디지털 책임자(Chief Digital Officer)가 되었다. 회사의 IT 사업부를 운영하고 데이터 중심 및 소프트웨어 중심의 운영 모델의 새로운 기반이 될 회사 자체의 AI 팩토리 설립을 추진하기 위해, 나델라가 광범위한 제품 경험을 가진 사람을 선택한 것은 중요한 부분이다.

더 많은 것들이 바뀌어야 했다. 전통적으로 마이크로소프트의 IT는 대부분의 다른 IT 그룹과 마찬가지로 반응 모드(reactive mode, 하나 이상의 원격 단말기들과 컴퓨터 사이의 통신 상태)에서 실행되었다. IT 기업들은 오랫동안, CRM 설치에서부터 업무 지원 센터의 구축, 기업 네트워크의 보안 유지에 이르기까지, 주로 시스템 구축과 유지 보수 업무에 주력해왔다. 그러나 디지털 기술이 기업의 중심에 자리 잡으며 중요한 운영 과제를 만들고 추진하고 자동화하기 시작함에 따라, IT 기업들은 근본적으로 다른 운영 모델의 소프트웨어 기반을 구축하고 배치하는 능력을 갖춰야 했다. 문화, 기능, 프로세스, 시스템이 모두 변화해야 했기 때문이다.

마이크로소프트의 새로운 디지털 운영 인프라를 구축하기 위해 델베네는 회사의 IT 기능을 전환해야 했다. 성공에 대한 명확한 비전과 델베네의 지휘하에, 마이크로소프트의 IT는 반응 모드에서 능동 모드(proactive mode)로 전환되었다. 운영, 전략과 IT가 통합되면서, IT는 회사가 어떻게 운영되는가에 근본적인 역할을 담당하게 되었다.

델베네는 2019년 인터뷰에서 "우리의 제품이 곧 프로세스"라고 말했다. "첫째, 우리가 지원하는 시스템과 프로세스에 대한 비전이 무엇인지를 분명히 표현할 것입니다. 둘째, 우리는 IT팀을 제품 개발팀처럼 운영할 것입니다. 마지막으로 우리는 애자일 기반으로 행동할 것입니다." 델베네는 조직 명칭도 IT에서 코어 서비스 엔지니어링으로 바꾸고, 외부 계약자에게 개발을 아웃소싱하는 의존도도 크게 줄였다. 새 조직은 통상적으로 '타부서와의 협동' 모델로 일하는 방식에서 벗어나 독립적인 예산으로 일하게 되었다. 또 델베네는 새로운 지향점을 형성하고 역량을 키우기 위해, 제품 기능의 본보기를 엄선했다. 이후 제품 그룹에서 더 많은 엔지니어를 데려와 외부 계약자들을 대체하고 새로운 개발 문화를 구축했다.

델베네는 이렇게 설명한다. "우리는 이제 회사 내 모든 데이터가 어디에 있는지 알 수 있습니다. 모든 데이터가 어디에 있는지 확인한 후에는 모든 다른 데이터 소스에 대한 데이터 카탈로그를 조립합니다. 데이터 카탈로그에서 데이터를 취해 완전히 소화하면 머신러닝이 모형을 구축하지요. 우리는 특히 언제 예기치 않은 방식으로 일이 나타나기 시작할지 예측하기 위해 AI를 활용합니다. 과거에는 기껏해야 가능한 한 빨리 반응하는 것뿐이었지만 이제 우리는 불량 계약에서부터 사이버 침해까지 이르는 모든 것을 미리 예방할 수 있습니다."

코어 플랫폼(Core Platform)팀의 루도 하우덕(Ludo Hauduc) 전무는 이를 다음과 같이 설명했다. "우리는 이제 모든 것 위에 AI와 머신러닝 모델을 구축할 수 있습니다. 우리는 데이터 세트 전체를 검색하고 분석할 수 있지요. 우리는 회사 전체를 운영하는 프로세스를 구축하는 데 사용할 수 있는 요소들을 제공합니다. 우리의 구조는 수평적 플랫폼 형태입니다. 많은 앱이나 서비스가 거의 공유되지 않은 채 단절되어 있고 유사한 기능 버전이 많았던 이전의 IT 운영 모델과는 결정적인 차이가 있습니다. 지원자들에게 코어 서비스의 형태를 설명할 때에도 나는 회사의 수직 기둥을 설명한 다음, 새 조직(코어 플랫폼)은 모든 것에 대해 수평적 형태를 갖출 것이라고 강조합니다. 코어 서비스 엔지니어링 부서도 격차를 메우고 문제를 직접 해결하기 위해 마이크로소프트의 내부 제품 개발팀과 협력하는 경우가 늘어나고 있습니다. 이러한 공동 개발 협약은 이전의 IT 조직이 운영하던 방식과는 근본적으로 다릅니다. 이는 코어 서비스가 마이크로소프트의 기업 소프트웨어를 운영하면서 얻은 깊은 전문 지식을 주입하고,

마이크로소프트 제품을 보다 완벽하고 기업에 적합하며 고객에게 가치 있게 만드는 데도 도움이 됩니다."

코어 서비스가 마이크로소프트 전환의 중심에 자리 잡으면서, 공통의 디지털 기반 위에서 기존의 단절된 조직을 재구축하는 작업이 이루어지고 있다. 이 운영 기반은 거대한 조직을 공통 소프트웨어의 컴포넌트 라이브러리, 알고리즘 저장소, 데이터 카탈로그에 연결하여, 디지털 프로세스를 신속하게 디지털화하고 활성화하고 배포하는 데 사용할 수 있다. 결국, 이러한 기술 축적이 마이크로소프트 운영 모델의 기반이 되어 판매, 마케팅 및 제품 그룹 전반에 걸친 프로세스를 가능하게 한다. 또 이러한 노력은 마이크로소프트의 고객 기반 전체에 걸쳐 구현될 수 있는 중요한 운영 모델의 기반도 제공한다.

AI 관리하기

마이크로소프트는 전환의 과정에서 AI가 회사에 얼마나 광범위하게 영향을 미치는지도 경험했다. 2015년 9월, 나델라는 오랫동안 회사의 법률 고문을 지낸 브래드 스미스(Brad Smith)를 마이크로소프트의 새 대표이사로 승진시켰다. 동시에 회사의 내외 업무와 법률 업무(CELA, corporate, external and legal affairs) 운영뿐만 아니라, 회사 전반의 개인 정보 보호, 보안, 접근성, 지속 가능성, 디지털 통합 등 근본적인 문제까지 다루도록 명확한 책임을 부여했다. 스미스는 이런 여러 정책에 대해 지원의 목소리를 높여 온 다소 특이한 법률 고문이었다. 스미스는 최근, 해리 셤 AI 리서치 담당 부사장과 공동으로, AI에 대한 마이크로소프트의 관점, 사회에 미치는 영향, 그리고 기술 회사들의 역할에 관해 설명하는 책 《인공 지능으로 계산된 미래(The Future Computed)》의 출판을 주도하기도 했다.

마이크로소프트 AI 리서치팀과 CELA 팀의 협력은 단지 책 한 권을 펴내는 데 그치지 않는다. AI 리서치팀과 CELA 팀은 마이크로소프트의 AI 사용을 총괄하는 전술, 전략, 정책을 수립하기 위해 서로 협력한다. 마이크로소프트의 AI 프로그램 담당 팀 오브라이언(Tim O'Brien)선무는 이들의 협력을 "회사 내에서 가장 다른 문화를 가진 집단 간의 흥미로운 조합"이라고 설명했다.

마이크로소프트의 노력은 2016년 트위터에 소개된 AI 챗봇 '테이(Tay)' 사건으로 위기를 맞기도 했다. 테이는 질문에 답하거나 사용자들의 말을 그대로 따라서 대답하게 함으로써 사용자들과의 상호 작용을 개인화하도록 설계되었다. 그러나 이 봇은 커뮤니티 트윗과 채팅에서 배우고 반응하는 과정에서 일련의 모욕적이고 인종 차별적인 발언을 트위터에 쏟아냈다. 테이는 몇 시간 만에 중단됐고 회사는 엄청난 역풍을 맞았다(사용자들의 욕설과 인종·성차별 발언, 자극적인 정치적 발언 등을 학습한 테이는 몇 시간이 지나자 천박한 말을 거침없이 쏟아냈다-역주).

AI 리서치팀과 CELA 팀의 협력은 조직 전반에 걸쳐, 특히 사용자와 고객과의 AI의 상호 작용에 관한 분야에서 새로운 정책을 수립하고 있다. 테이 사건 이후, '책임 있는 봇'을 설계하기 위한 명확한 지침을 만드는 것 외에도, 마이크로소프트는 공정성, 신뢰성 및 안전성, 개인 정보 보호 및 보안, 포괄성, 투명성, 책임성의 6가지 'AI 원칙'을 수립했다. CELA 팀원들이 개발부터 판매까지 다양한 활동에 통합됨에 따라 이 정책들은 조직에 변화를 일으키고 있다. 마이크로소프트는 엔지니어링 중심(그래서 때로 위험 부담이 큰)의 혁신 문화와 AI가 사회에 미칠 수 있는 악영향 사이의 충돌을 관리하기 위해 업계 경험을 통해 꾸준히 학습하고 있다.

효과적인 전환을 위한 5대 원칙

마이크로소프트의 여정은 운영 모델을 전환하는 것이 결코 쉬운 일은 아니지만, 가능한 일이며 전환 후에는 중요한 결과를 창출할 수 있다는 것을 동시에 보여준다. 실제로 미국의 백화점 체인 노드스트롬(Nordstrom), 영국의 이동 통신 회사 보다폰(Vodafone), 미디어 기업 컴캐스트, 신용 카드 회사 비자(Visa) 같은 많은 전통 기업이 운영 모델의 핵심 요소들을 디지털화하고, 재설계하고, 정교한 데이터 플랫폼과 AI 기능을 구축하며 중요한 진출을 이루어 냈다.

여기서 우리는 효과적인 전환 과정의 다섯 가지 원칙을 강조하고자 한다. 이 원칙들은 마이크로소프트뿐만 아니라, 우리가 다양한 조직에서 본 것과 우리의 연구, 그리고 전환 노력을 위한 적극적인 참여에서 발견한 것들이다.

하나의 전략

전환에서 가장 중요한 첫 번째 원칙은 전략적 명확성과 공약을 발표하는 것이다. 통합 데이터 플랫폼을 구축하거나 애자일 팀을 구성할 때처럼 목표를 명확히 명시해야 한다. 디지털 전환에는 많은 이해관계가 얽혀 있다. 그러나 새로운 전략, 특히 전환을 수반하는 전략을 운용하기 위해서는 진지한 노력, 지속적인 추진력, 최종 목표의 명확성이 꼭 필요하다. 근본적인 전환을 중심으로 조직을 조정하는 것은 매우 어려운 일이다. 경영진이 진심을 갖고 장기적으로 헌신하지 않는다면 끝까지 성취할 수 없을 것이다.

전환의 핵심 요소 중 하나는 회사에 변화와 단결을 동시에 가져와야 한다는 것이다. 이것은 자치 조직을 분리하거나, AI 부서를 나누거나, 작은 실험실을 설치하는 것이 아니다. 회사의 운영 모델을 다시 설계하려면 새로운 통합 기반 위에서 회사를 재구축해야 한다. 마이크로소프트에서 보았듯이, 회사 전체의 통합된 노력을 통해 영업, 마케팅, 엔지니어링, 연구, IT, 인사, 운영, 심지어 법무팀까지 포괄하는 명확하고 강력한 비전은 무척 중요하다. 사업 전반에 걸쳐 각 부서 간의 상호 작용이 증가함에 따라 조정은 점점 더 필수가 되고 있다. 데이터는 기능적 경계를 알지 못한다. 따라서 위험을 줄이면서 분석과 AI를 기반으로 회사를 재구축하려면 부서 간 긴밀한 협업을 통해 결과를 개선해야 한다. 수년 동안 회사 사업에 지장을 초래한 단절된 조직 구조를 제거하는 데 이보다 더 좋은 이유가 어디 있단 말인가?

부서 간 업무 협력이 순조롭게 진행되면 비즈니스 모델의 혁신이 급진할 수 있다. 네트워크, 분석, AI의 결합은 다양한 새로운 네트워크와 학습 기회를 통해 가치 창출과 획득을 위한 모든 종류의 기회를 열어준다. 마이크로소프트의 비즈니스 모델은 이 책에서 언급된 많은 다른 회사들과 마찬가지로, 회사가 클라우드와 AI로 방향을 바꾸며 급격하게 확장되었다.

명확한 목표 설계

둘째, 전환의 기술적 목표를 명확히 하는 것이 중요하다. 여러분들이 바라는 미래의 운영 구조가 어떻게 생겼는지를 조직원 모두가 이해할 수 있어야 한다. 데이터, 분석 및 AI에 집중하려면 약간의 중앙 집중화와 일관성이 필요하다. 데이터 자산은 조직이 전환으로 인한 모든 이익을 깨달을 수 있도록 모든 적용 범위에 걸쳐 통합되어야 한다. 데이터가 단절되어 있으면 개인 정보와 보안이 일관되게 보호되기가 사실상 불가능하다. 데이터가 단일 중앙 저장소에 보관되지 않은 경우, 회사는 데이터의 위치에 대한 정확한 카탈로그, 데이터의 용도와 데이터의 보호 방법에 대한 명확한 지침, 그리고 저장 방법에 대한 명확한 기준을 지녀야 한다. 그래야만 여러 당사자가 데이터를 사용하거나 재사용할 수 있다. 회사가 운영 모델을 가동하기 위해 점점 더 정교한 AI를 배치하려 노력함에 따라 표준 정책, 구성 요소, 설계의 중요성은 더욱 커졌다.

이 대목에서 아이러니하게도 여전히 구식 구조에서 벗어나지 못한 사람들을 다뤄야 할 일이 생긴다. 전환의 노력에서 가장 놀라운 일 중 하나는 정보 통신 담당 임원(CIO)과 IT 조직의 저항을 종종 마주한다는 것이다. 많은 기업의 IT 조직은 각기 다른 목적을 위해 설계되었다. 고객들을 직접 상대하지 않는 복잡한 IT 부서는 모든 업무를 효과적이고 안전하게 작동하도록 하는 것이 주 임무다. 전통적인 IT 임무에 혁신과 전환은 들어있지도 않으며, 전통적인 IT 기술에 AI는 고사하고, 분석 업무도 포함되어 있지 않다. IT 조직은 기존의 회사 내 장벽 안에서만 일하는 것으로 보상을 받았으며, 이는 회사의 부서 간 단절과 모순을 더욱 고착화했다. 마이크로소프트에서도, 새로운 데이터 중심의 구조를 추진하기 위해 IT 조직의 임무, 구조, 문화, 기능에 중대한 변화가 필요했다.

제품을 중심으로 사고하는 애자일 조직

　AI 중심의 운영 모델에는 제품 중심의 사고방식을 개발하는 것이 필수적이다. AI 중심의 애플리케이션을 배치하는 팀은 제품 중심의 노력과 더불어, 애플리케이션 설정이 무슨 기능을 하도록 설계되었는지도 깊이 이해하고 있어야 한다. 아마존과 마이크로소프트에서 주요 제품사업부를 운영해 본 경험이 풍부한 엔지니어링 리더들이 회사의 운영 모델을 재설계하는 데 필요한 소프트웨어를 구축하는 임무를 맡게 된 것도 이 때문이다.

　AI 중심의 운영 모델 구축의 핵심은 가능한 많은 전통적인 프로세스를 소프트웨어와 알고리즘에 내장하는 것이다. 다양한 AI 기반 프로세스를 갖춘 AI 중심의 회사는 궁극적으로, 현대적으로 변신한 핵심 서비스 조직이 만들어낸 실제 '제품'이라고 할 수 있다.

　데이터 중심으로 전환된 운영 구조에는 애자일 방식이 함께 따라오지 않을 수 없다. 수년간 각고 끝에 각 애플리케이션이 특정 데이터 세트에 유선으로 연결되고, 수많은 컨설턴트가 실행하는 대규모 맞춤형 애플리케이션의 시대는 지났다. 데이터, 모델, 기술 요소들이 회사의 AI 팩토리에 연결돼 쉽게 이용이 가능해지면서, 애플리케이션은 매우 빠르게 구축될 수 있게 되었다. 관련된 모든 팀이 업무 흐름의 환경에 대해 충분히 알고 있고, 신속한 애자일 방식으로 일을 하기 때문이다.

전환은 회사 구조와 조직에 대한 새로운 접근을 넘어서, 문화에서도 큰 변화를 요구한다. 운영 모델의 디지털화는 소프트웨어 문화와 사고방식을 발전시키는 것을 의미한다. 그것은 단지 실리콘 밸리에 회사를 차린다는 것이 아니라, 복장 규정부터 보상 체계, 직원 채용, 보상 제도까지 조직의 사고방식을 통째로 바꾸는 것을 말한다. 이것은 그저 실험적인 연구에 그치는 것이 아니라 조직의 핵심을 바꾸는 데 초점이 맞춰져 있다.

인재 유치로 역량의 기반 다지기

AI 중심 기업을 구축하기 위한 가장 분명한 과제는 소프트웨어, 데이터 과학, 고급 분석 분야에서 깊은 역량 기반을 기르는 것이다. 당연히 그런 기반을 구축하는 데는 시간이 걸린다. 그렇지만 상당 부분은, 동기 부여가 잘 되어있고 충분한 지식이 있는 소수의 사람으로 추진할 수 있다.

더 어려운 것은 조직이 여러 종류의 사람을 체계적으로 채용하고 그들을 위한 적절한 경력 개발과 인센티브 시스템을 구축하는 것이다. 조직이 진정으로 전환을 원한다면 전통적인 관행을 버리고 인재들을 적극적으로 유치해야 한다. 마이크로소프트나 피델리티같은 기업들의 경험에 비추어 보면, 올바른 프로세스와 인센티브만 갖춘다면 회사 내에 분석 그룹을 신속하게 구축하고 동기를 부여하는 것이 가능하다는 것을 알 수 있다.

다음으로 분명한 과제는 데이터 및 분석 제품 관리자를 채용해 양성하는 것이다. 기업 데이터가 새로운 AI 팩토리에서 통합되기 시작하면서, 기업은 중요한 이용 사례를 파악하여 새로운 범위의 애플리케이션을 개발하는 팀을 이끌 수 있는 인력을 양성해야 한다. 이런 자리에는 사업 운영 배경과 경험을 가진 사람이 더 유리할 것이다. 또 기술과 역량을 모두 갖춘 리더십이 요구됨에 따라, 데이터 및 분석 제품 관리자의 역할은 더 넓어질 것이다. 이는 기업 전반에 걸쳐 심층 분석과 소프트웨어 마인드를 끌어내고, AI의 좋은 영향과 나쁜 영향에 대해 충분한 지식을 갖춘 신세대 비즈니스 리더의 출현을 예고하는 것이기도 하다.

다면적이면서도 철저한 관리

모든 회사에서 AI가 점점 더 중요해짐에 따라, AI가 사회에 미치는 광범위한 영향으로 인한 도전은 계속해서 증가할 것이다. 우리는 이미 그 일부를 목격했다. 앤트 파이낸셜의 사회적 신용 점수 시스템이 사용자들이 직장의 문제에 대해 친구들과 문자를 보낼 때마다 그들의 신용 점수를 업데이트한다면 어떤 일이 벌어질까? AI 기반 서비스의 힘이 많은 이익을 창출할 수는 있지만 때로는 의도하지 않은 결과를 초래할 수도 있다. 또 사생활과 사이버 보안 문제는 논란과 규제에 대해서 뿐만 아니라 중요한 투자에도 영향을 미친다. 이러한 문제가 AI 기업으로 나아가는 데 장애물이 되었고, 종종 비극적인 실패를 낳았다.

따라서 디지털 관리 방식에는 서로 다른 분야와 부서에 걸친 협력이 수반되어야 한다. 그렇게 함으로써, 법무팀과 총무팀 사람들이 소송이나 로비 활동에만 참여하는 것이 아니라 상품과 정책 결정에도 관여할 수 있도록 역할을 활성화할 수 있다. 또 AI는 법적, 윤리적 문제에 대해서도 깊은 고려가 필요하므로, 이런 활동을 위해서는 여러 부서의 사람들이 적극적으로 참여하고 지원해야 한다.

마지막으로 AI 기업은 강력한 사내 관리 프로세스를 구축해야 할 뿐 아니라, 파트너들이나 고객과 같은 그들을 둘러싼 커뮤니티 생태계와도 잘 협력해야 한다. AI의 문제는 회사와 연결된 모든 네트워크로 증폭되기 때문에, 경제 및 사회 전반에 걸친 많은 이해관계자를 명시적으로 고려하고 협력하는 광범위한 헌신적인 관리 노력이 필요하다.

기업 연구로 보는 데이터, 분석, AI의 중요성

MS의 디지털 전환 욕구는 이례적인 것이 아니다. 우리는 수백 개의 기업에서 분석과 AI 기능이 어떻게 발전해 왔는지를 연구해왔으며, 이는 수년간의 사례 연구와 분석적 조사를 통해 이루어졌다. 이 부분에서는 키스톤 스트래티지 팀과 함께 350개 이상의 기업을 대상으로 각 조직의 데이터, 분석, AI 기능을 평가하고, 그 결과를 사업 성과와 연계시킨 체계적인 연구를 다룰 것이다.

연구 결과, 비록 기업 간 다양한 차이를 보이긴 하지만 중요한 새로운 기능을 개발한 회사의 수가 꽤 많았다. 게다가 분석과 AI 기능을 구현한 기업들이 실제로 뛰어난 사업 성과를 누리고 있다는 것은 고무적인 발견이 아닐 수 없다.

우리는 기업 전체에서 40여 개의 주요 비즈니스 프로세스를 추적하고, 이 프로세스들이 기초 분석을 통해 어느 정도의 정보를 받았는지, 혹은 보다 정교한 AI의 도움을 어느 정도 받았는지에 대해 조사하며 연구를 진행했다. 또 기초 기술, 데이터 인프라, 분석, AI 기능의 활용 여부도 확인했다. 마지막으로 정보 기술과 데이터 인프라의 구조도 평가했다. 연구에서 발견된 모든 자료는 AI 성숙 지수(AI maturity index)로 취합되었다.

연구는 제조업과 서비스업 분야 기업에 초점을 맞췄다. 대상 회사들의 평균 직원 수는 6,000명이었고, 평균 매출은 34억 달러(4조 2,000억 원)였다. 제조업, 일반 소비재, 금융 서비스, 소매업 분야의 주요 대표 기업들이 포함되었다. 우리의 AI 성숙 지수 결과치는 데이터 분석, 고급 분석, AI 기능의 종합 측정치로 해석되어야 할 것이다.

그리고 우리는 회사 간에 중요한 차이점이 있다는 것을 발견했다. 표본의 하위에 있는 회사들은 전통적이고 초보적인 수단을 사용했다. 이 회사들의 데이터 자산 대부분은 엑셀 스프레드시트에 담겨 여기저기 산재한 단절된 조직들로 구성되어 있었다. 이에 비해, 표본의 상위 4분위의 기업들은 내부 및 외부 데이터를 통합 데이터 플랫폼으로 수집하고, AI와 머신러닝을 활용해 중요한 운영의 자동화 및 비즈니스 통찰력을 보였다.

AI 운영 모델의 이점

연구는 AI 성숙 지수의 상위 기업들이 다양한 비즈니스 기능에서 데이터와 분석에 투자하여 상당한 이익을 실현했음을 보여주었다. 우리는 시장의 움직임, 고객, 회사 운영, 인재의 역량, 제품 및 서비스의 성능에 대한 포괄적인 이해를 통해 의사 결정을 자동화하고 복잡한 의사 결정을 지원하는 데도 데이터가 사용된다는 것을 알게 되었다.

구체적인 내용 몇 가지를 살펴보면, 상위 기업들은 데이터를 통합하여 자신들의 비즈니스에 대한 SVOT(Single version of the truth, 단일 버전의 진실)를 개발했다. 그리고 그들은 시스템 내에서 비즈니스 인텔리전스 도구와 분석 모델을 사용해 맞춤형 고객 경험을 개발하고, 고객 이탈의 위험을 완화하고, 장비 고장을 예측하고, 모든 종류의 프로세스 결정을 실시간으로 가능하게 했다. 또한, 시장을 더 잘 이해하고, 새로운 고객을 확보하고, 광고 효과를 최적화하기 위해 데이터를 사용했다. 고객의 라이프 사이클 전반에 걸쳐 수집된 데이터는 정보에 입각한 의사 결정을 내리고, 고객에게 맞춤형 제안과 경험을 제공하고, 지원해야 할 문제를 줄이는 데 도움이 되었다. 이들은 이런 일을 수행하는 데 모든 채널과 접점을 망라해 고객을 360도 관점에서 파악했다.

또 상위 기업들은 엔지니어링, 생산 및 운영 전반에 걸쳐 데이터와 분석을 사용했다. 많은 기업이 제품 개발 주기와 공급망에 걸쳐 정보를 통합했다. 그들은 거의 매번 정보에 근거해 자동화된 방식으로 움직였다. 운영 효율성과 제품 품질을 견인하는 것이 무엇인지 이해하고, 장비나 운영의 정지 시간을 예측하며, 분산된 시설에서 공정의 준수 및 개선을 추진하기 위해 데이터를 분석했다.

나아가, 상위 기업들은 사물 인터넷 기술을 사용해, 인터넷에 연결된 센서로 장비와 제품 사용에 대한 정보를 원격으로 수집했다. 이러한 데이터를 사용해 제조 및 서비스의 운영을 최적화하고, 고객에게 가치를 제공하는 동시에 고객에게서 가치를 획득하는 방법을 혁신할 수 있었다.

마지막으로, 상위 기업들은 이러한 모든 기능의 지원을 받아 정교한 데이터 플랫폼을 구축했다. 애자일 팀은 데이터에 손쉽게 접근해 애플리케이션을 신속하게 구축할 수 있었으며, 이는 대개 사업 성과와 고객 대응의 향상, 나아가 고객 경험의 개선으로 이어졌다. 게다가 이 기업들은 데이터를 사용해, 사업 전략의 최적화부터 직원들 개개인의 계발 계획 수립의 자동화까지, 회사 전 부서에 걸친 예측과 추천 기능도 개발했다. 표 5-1은 AI 성숙 지수에서 후발 기업들과 선도 기업들을 비교한 것으로, AI 역량에 대한 투자의 재정적 영향을 보여준다.

표 5-1 성숙 지수 선도 기업과 후발 기업의 재무 성과

	후발 기업 (하위 25퍼센트 기업들)	선도 기업 (상위 25퍼센트 기업들)
3년 평균 매출 총이익	37퍼센트	55퍼센트
3년 평균 세전 이익	11퍼센트	16퍼센트
3년 평균 순이익	7퍼센트	11퍼센트

운영 모델 전환의 단계

우리의 연구는 가장 실적이 좋은 회사들이 데이터, 분석, 그리고 AI 중심의 능력 개발에 많은 투자를 하고 있음을 보여준다. 많은 기업이 실질적인 문화의 변화를 수반하는 운영 모델의 변화를 추진하면서 AI가 제시하는 기회와 도전을 충분히 이해하고 수용하고 있다. 이러한 변화들이 시간이 지나면서 어떻게 진화하는지를 우선 살펴보기로 하자.

첨단 AI 팩토리가 되기 위한 여정은 단절된 데이터에서 실험 단계를 거쳐 데이터 허브로, 그리고 AI 팩토리까지 각 단계가 자연스럽게 연속적으로 이어진다(그림 5-1 참조).

1단계는 기업들이 시작하는 단계로, 대개 데이터가 단절된 상태다. 2단계인 실험 단계까지 가기 전에는 장애물이라고 할 만한 것을 거의 만나지 않는다. 분석에 기반한 의사 결정의 가치를 보여주는 일이 웬만한 조직적, 문화적 변화 없이 이루어질 수 있고, 그것도 주로 외부 위탁자나 컨설턴트에 의해 이루어지기 때문이다.

그러나 3단계인 데이터 허브 단계에 들어서면서 조직은 스스로를 재구축하여 여러 단절된 소스로부터 데이터를 취합해 전사적 기회를 모색하는 데 사용해야 한다. 이때가 실질적인 투자가 필요한 시점이고, 조직이 변화해야 하는 이유를 비로소 이해하기 시작하는 시점이다. 또 조직의 저항이 나타나는 시점이기도 하다.

가장 중요한(그리고 대개 가장 어려운) 것은 시장 기회, 가격 책정, 계획 수립 및 운영 최적화에 대한 결정을 유도하기 위한 명확한 단일의 진실된

그림 5-1 디지털 운영 모델 전환의 4단계

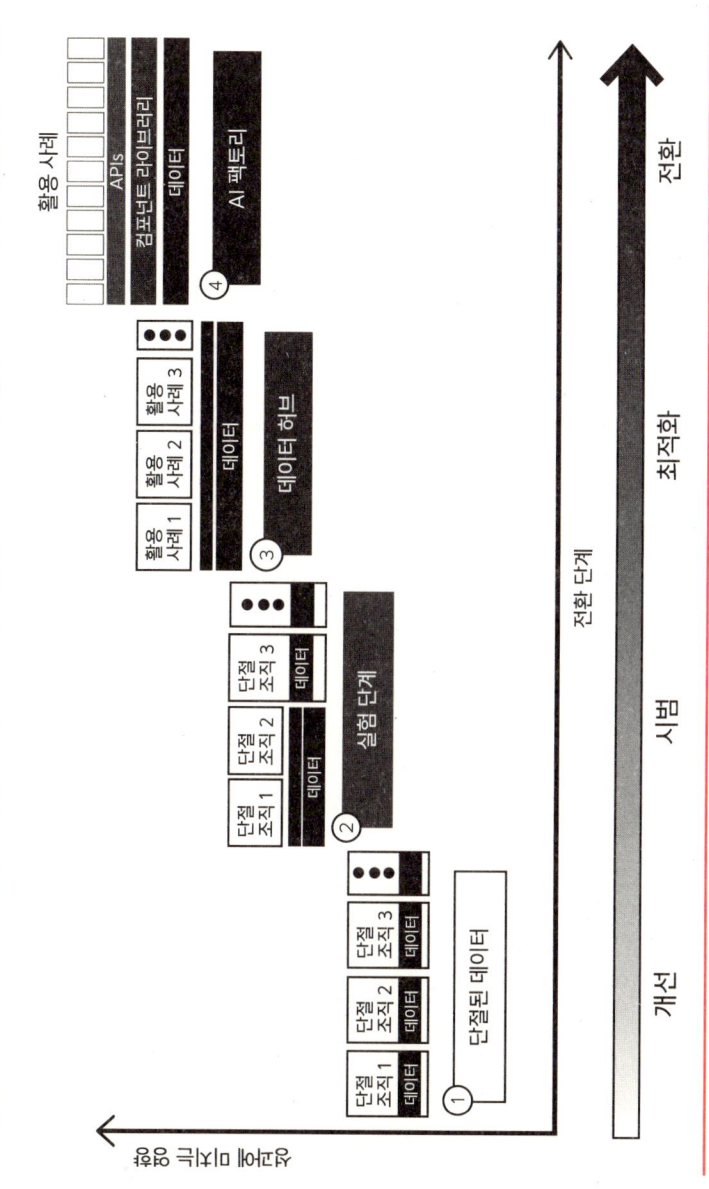

디지털 전환을 위한 기업 혁신

출처를 확보하는 것이다. 데이터 및 분석에 대한 일관된 접근 방식은 데이터 과학 및 분석을 전담하는 중앙 집중식 조직의 구축과 큰 관련이 있다. 이런 조직은 대개 애플리케이션, 제품, 전략 사업 단위(SBU)에 걸쳐 모든 거점을 한곳을 통하도록 하는 허브앤스포크(hub-and-spoke) 방식으로 구축된다. 개별 부서와 제품별 단위 부서는 필연적으로 고유의 기능과 접근 방식을 채택하기 위한 유연성이 요구된다. 하지만 데이터 과학팀은 가장 먼저 개인 정보 보호와 보안을 포함한 데이터 자산의 중앙 집중화를 유지하며, 통찰력과 필요한 변화를 위해 조직을 개별 그룹에 연결하는 능력을 놓쳐서는 안 된다.

이 시점에서 이미 많은 구조적 변화가 이루어졌겠지만, 데이터 허브에서 4단계 AI 팩토리로 나아가는 데는 또 한 번의 대규모 투자가 필요하다. 4단계에서 기업들은 비로소 AI를 위한 표준 운영 모델을 개발한다. 그리고 이 단계에서 운영 모델은 중앙 집중식 데이터, 강력한 알고리즘, 재사용 가능한 소프트웨어의 구성 요소를 갖추는 차원을 넘어, 개인 정보 보호, 편견과 같은 AI의 제반 문제를 다루며 명확한 정책과 관리 방식에도 초점을 맞춘다. 또 이 단계에서는 여러 분야에 걸친 강렬한 역량 구축 활동이 진행된다. 데이터 및 분석 회사에서 진정한 AI 팩토리로 나아가는 길은 회사가 엔지니어링 조직을 뛰어넘어, 조직 전반에 걸쳐 AI 기술과 역량을 구축하는 지속적인 여정이다. 그리고 이때야말로 모든 조직 구성원이 회사가 고객과 사회에게 다가가는 중요한 경로를 형성하는 것이 무엇인지를 이해하는 시점이기도 하다.

이러한 관찰을 설명하기 위해, 피델리티 인베스트먼트가 걸어간 발전 경로를 살펴보기로 하자.

글로벌 자산운용사 피델리티의 디지털 전환 여정

구글과, 나중에는 마이크로소프트까지 'AI 우선' 회사가 될 것이라고 발표했을 때, 이를 주의 깊게 들은 사람들이 있었다. 그중에 가장 관심을 보인 사람은 피델리티 인베스트먼트에서 회사의 중앙 집중 데이터, 통찰력, 분석 그룹을 맡고 있던 비핀 마이어 부사장이었다. 동시에, 피델리티의 회장 겸 CEO인 애비 존슨(Abby Johnson)도 회사에 AI를 더 깊이 통합할 필요성을 느끼고 있었다.

2011년, 비핀 마이어는 피델리티의 고위 리더십팀의 주관하에 포트폴리오 구축 프로젝트의 임무를 완수하기 위한 새로운 AI 구축 센터(AI Center of Excellence)를 이끌라는 책임을 부여받았다. 마이어는 AI 핵심 이니셔티브, 활용 사례, 목표 목록 등을 작성하기 위해 사업부 및 기능별로 구성된 일련의 소규모 그룹으로 센터 업무를 시작했다. 마이어는 "AI의 적용과 비즈니스 활용 사례에는 부족함이 없었습니다. 분명한 것은 중요한 기능들을 모두 통합해야 한다는 것이었습니다."라고 회고했다. 피델리티에서 AI의 적용은 말 그대로 업무의 모든 측면에서 필수적이라고 여겨졌기 때문에, 미래의 요구를 예측하고 AI 전략의 우선순위를 정할 필요가 분명했다.

피델리티는 출발할 준비가 되어있었다. 이 기업은 금융 회사였지만 최고의 데이터 과학자를 채용해야 했기 때문에 기술 기업이나 실리콘 밸리로만 몰리는 기술 인재를 채용하기 위해 노력했다. 마이어는 "우리의 활용 사례, 문화, 데이터는 이런 인재들에게 큰 매력이었고 마침내 우리는 현재와 같은 세계적 수준의 팀을 구축할 수 있었습니다. 이들 덕분에 이 프로젝트가 애비 회장의 최우선 이니셔티브가 될 수 있었죠."라고 말했다. 또한 피델리티는 새로운 유형의 업무 방식이 등장하는 것을 장려했다. 데이터 중심, AI 중심의 제품 관리 체계 아래, 분석이 사업에 미치는 영향에 대한 예리한 안목을 가진 전문가들이 회사의 전 부서를 살피고, 새로운 애플리케이션을 찾아내고 배치하도록 애자일 팀을 이끌게 했다.

이 팀은 이제 데이터와 알고리즘 팩토리를 확장해 AI를 피델리티의 핵심 기능으로 우뚝 세워 놓았다. 2012년, 피델리티는 통합된 데이터 전략 수립에 착수했다. 그동안 보안 위치에 저장되어 피델리티 분석가들에게만 접근이 허용되었던 전략적 분석 데이터 자산을 중앙 집중화시켜 고객에 대한 360도 관점을 구성하는 데 많은 돈을 투자했다. 또한, 이 팀은 자체 분석 소프트웨어 스택(software stack, 프로그램 제어를 받도록 특별히 마련한 기억 장소)을 통합함으로써, 피델리티 소프트웨어 개발자와 데이터 과학자들에게 머신러닝 모델을 신속하게 구축하고 교육하여 배포할 수 있는 도구를 제공했다.

피델리티의 데이터 플랫폼은 3,600만 개 이상의 사용자 프로파일, 상호 소통 내용, 디지털화된 음성 통화를 추적해서 통합시켰다. 이 데이터는 고객 통찰력을 제공하고, 피델리티 서비스를 개선함으로써 보다 통합된 엔드투엔드(end-to-end) 경험을 제공하고, 고객에게 더 많은 가치를 제공하기 위해 수집되었다.

아마도 이런 기술적 변화보다 더 중요한 것은 피델리티 같은 큰 회사가 작은 회사의 민첩성과 의사 결정 속도를 갖출 수 있도록 애자일 방식을 채택한 조직적, 문화적 변화이다. 이러한 선망의 통합된 데이터 자산을 기반으로, 회사는 기존의 단절된 조직을 해체하고 애자일 팀을 구성해 새로운 애플리케이션을 신속하게 구축하는 방법을 배웠다. 이 팀들은 2주 동안 함께하며 고객 만족도, 고객 이탈, 기타 고질적인 문제를 추적하는 애플리케이션과 리스크 특성을 추정하는 애플리케이션 그리고 정교한 투자 추천 시스템을 개발하는 애플리케이션 등을 연구했다. 모든 새로운 애플리케이션은 실제 배치하기 전에 안정적으로 작동하는지 확인하기 위해 피델리티의 실험 플랫폼에서 여러 차례 테스트되었다. 그리고 마이어는 수백 명의 회사 간부들이 기본적인 알고리즘을 배우고 그 역량을 회사 전체에 보다 광범위하고 깊이 있게 추진하도록 가르치는 강좌를 개설하는 등 종합적인 교육에도 노력을 기울였다.

피델리티는 AI를 위한 노력에 세 가지 우선순위를 정했다. 첫 번째는 고객 경험이다. 피델리티는 고객이 무엇을 좋아하는지를 더 잘 이해하고 보다 효과적인 고도의 개인화된 투자 전략을 추천하기 위해 상당한 규모의 AI 투자를 진행한다. 두 번째로 피델리티의 AI 투자는 수익 증대에 초점을 맞출 것이다. 그럼으로써, 기존의 운영 프로세스를 최적화하기 위한 기회를 찾고, 회사를 보다 확장 가능하게 만들며, 기업 전반에 걸친 부가 서비스를 위한 새로운 기회를 창출할 것이다. 마지막으로 일련의 이니셔티브는 더 나은 투자 전략을 고안하거나 고객 서비스 콜센터 존재의 이유를 이해하는 것과 같은 회사의 기본적 통찰력을 기르는 것을 목표로 한다.

피델리티 팀들은 이제 여러 사업부에 걸쳐 데이터 중심, AI 중심의 운영 모델을 추진하면서 포트폴리오 분석에서 고객 서비스에 이르기까지 광범위한 프로세스를 구현하기 위해 노력하고 있다. 전반적으로 보면 더 많은 일이 소프트웨어와 알고리즘으로 이전하면서 전통적인 제약 조건들로부터의 영향도 줄어들었다. 피델리티가 인간의 손이 닿는 일을 완전히 없애버린 것은 아니다. 투자 자문가의 역할은 여전히 피델리티 비즈니스의 필수적인 부분을 차지하고 있다. 그러나 회사의 성과를 개선하고 뛰어난 고객 경험을 제공하는 데 AI는 점점 더 많은 역할을 하고 있다. 이와 같은 발전을 거듭하며, 이제는 사이버 보안과 개인 정보 보호 같은 AI의 사용 및 영향에 관한 종합적인 정책을 추진하는 등 관리 방식에서도 보다 명확한 투자를 하고 있다. 마이어는 이를 두고 "AI가 기업의 모든 측면을 더 낫게 만들고 있다."라고 말했다.

피델리티만이 아니다. 우리가 이 책을 쓸 때, 많은 회사가 모델 전환에 적극적으로 참여했다. 그중 많은 노력이 새로운 기능을 추진하고, 성과를 향상시키며, 새로운 범위의 사업 기회를 창출하는 등 높은 성공 가능성을 보여주고 있는데, 그중에는 오래된 회사들도 있다. 마이크로소프트나 구글 같은 기술 회사들뿐만 아니라, 가장 전통적인 기업들도 AI가 주도하는 새로운 유형의 회사로 변신하고 있다. 그런 회사들에 지금 필요한 것은 전략에 접근하는 새로운 방법이다.

  디지털 운영 모델을 구현하는 데서 새로운 기회가 나타나기 시작하면, 기업들은 이제 그들의 비즈니스 모델을 만들기 위한 새로운 광범위한 전략적 옵션에 직면하게 된다. 그러나 디지털 전환이 경제를 재편하며, 산업 전반의 전통적인 경계를 무너뜨리고 새로운 경쟁 우위의 원천을 추구함에 따라, 다양한 비즈니스 모델의 옵션을 평가하려면 새로운 시각이 필요하다. 기업들은 다양한 경제 네트워크에 접속할 수 있게 되었고, 네트워크 효과로부터 새로운 가치를 추구할 수 있게 되었으며, 데이터와 학습 효과로부터 중요한 이득을 얻을 수 있게 되었다. 지금까지 우리는 운영 모델의 전환이라는 도전을 함께 탐구했다. 이제 전략과 비즈니스 모델의 전환에 대한 의미를 살펴볼 준비가 되었다.

6장 새로운 디지털 시대를 위한 전략 수립

새로운 디지털 시대를 위한 전략 수립

1990년대 후반, 물리학자 앨버트 라슬로 바라바시(Albert-Lasszlo Barabasi)와 그의 동료들은 월드 와이드 웹의 구조를 분석하던 중, 네트워크 노드(network node, 네트워크에서 연결 포인트 혹은 데이터 전송의 종점 혹은 재분배점) 사이의 연결 수가 시간이 지남에 따라 증가하는 것을 관찰했다. 또 그들은 네트워크 노드의 어느 작은 부분이 다른 노드보다 연결이 훨씬 많아지면서 마치 허브처럼 중요해지는 것을 발견했다. 웹은 선호적 연결(preferential attachment)의 법칙을 따르고 있었다. 즉, 연결 노드가 많을수록 새로운 연결을 더 많이 끌어모으고, 따라서 그것들이 점점 더 중요해지면서 새로운 연결을 계속 더 많이 끌어들이고 있었던 것이다.

마르코 이안시티는 저서 《키스톤 어드밴티지(The Keystone Advantage)》에서, 디지털 연결의 세계에서는 이러한 웹의 선호적 연결 속성과 비즈니스 네트워크 간의 유사성이 있다는 추론을 제기했다. 그리고 특정 회사(이른바 중추적 기업, 플랫폼 기업, 슈퍼스타 기업, 허브 기업 등으로 다양하게 알려진)들이 다른 회사들보다 훨씬 더 많이 연결된 강력한 회사로 부상할 것이라고 주장했다. 이 책의 예측은 본질적으로 옳았지만, 우리는 네트워크로 운반되고, 분석과 AI를 통해 처리되는 데이터의 가치에 의해 그 힘이 얼마나 크게 증폭될 것인지까지는 미처 깨닫지 못했다.

AI와 네트워크의 전략적 역학 관계는 떼어놓고 생각할 수 없다. 디지털 기업과 아날로그 기업 간의 충돌이 산업을 변화시키고 기업들은 점점 더 디지털 기반을 발전시켰다. 그와 동시에 경제의 구조는 사회적 네트워크, 공급망 네트워크, 모바일 앱 네트워크와 같은 일련의 하위 네트워크들로 구성된 거대하고 모든 것을 아우르는 AI 네트워크로 재구축되고 있다.

이 네트워크들은 적어도 5가지 공통점을 가지고 있다. (1)네트워크 노드 간의 디지털 연결로 이루어져 있고, (2)데이터를 운반하며, (3)점점 더 강력해지는 소프트웨어 알고리즘에 따라 형성되고, (4)전통적인 산업의 경계를 무시하며, (5)우리 경제와 사회 시스템에 점점 더 중요해지고 있다는 것이다. 이러한 네트워크를 형성하고 제어하며 이들이 수행하는 거래의 양과 다양성을 수집하는 능력에 따라 경쟁 우위가 좌우된다. 따라서 이러한 경쟁 우위가 기업들을 연결하고, 기업 간 흐르는 데이터를 취합하며, 강력한 분석과 AI를 통해 가치를 추출하는 것을 가장 중요하게 여기는 회사로 변신시킨다. 구글, 페이스북, 텐센트 그리고 알리바바와 같은 네트워크 허브 기업들은 데이터를 축적하고, 서로 다른 산업 전반에까지 경쟁 우위를 창출하고 유지하며 성장시키는 데 필요한 분석과 AI를 구축하고 있다.

하지만 오늘날에도 많은 기업은 여전히 네트워크와 데이터 역학을 무시하고 특정 산업 부문에만 집중하며, 다른 경제 분야와 크게 분리된 것처럼 행동한다. 그런 기업들이 디지털화된 운영 모델을 가진 기업들과 충돌하면서 그들의 전통적 전략은 점점 비효율적으로 전락한다.

전략의 함축적 의미는 매우 중요하다. 전략적 분석은 자신만의 고유한 특성을 나타내는 고립된 산업에 초점을 맞추지 않는다. 이것은 자신의 회사를 넘어 다른 경제 분야에까지 이르는, 산업 전반에서 창출하는 연결의 구조와 중요성, 그리고 기업이 연결하는 네트워크를 통한 데이터의 흐름에 초점을 맞춘다. 과거에는 기업이 내부의 자원을 관리하는 방식으로 그 전략을 표현했다. 그러나 현대의 전략은 회사의 네트워크를 관리하고 그 네트워크를 통해 흐르는 데이터를 활용하는 기술로 바뀌고 있다. 지난 수십 년 동안 산업 분석이 전략을 지배한 것처럼, 미래의 전략적인 사고는 네트워크 분석이 형성하게 될 것이다.

이 장에서는 이러한 새로운 전략적인 고려 사항을 검토하고 네트워크 분석의 수행에 대한 지침을 제공할 것이다. 하버드 비즈니스 스쿨의 동료들과, 여러 저술을 함께 한 펭 주의 연구는 이 주제에 큰 도움이 되었다. 우리는 독자들이 복잡한 논점을 잘 이해하도록 돕기 위해 고안된 특정한 논리적 맥락을 따를 것이다.

논점을 간략히 설명한 후에, 우리는 기업에서부터 경제 네트워크까지 시야를 확대해 기업과 다른 경제 분야 사이의 가장 중요한 상호 작용이 무엇인지 그려볼 것이다. 그런 다음, 기업을 둘러싼 각 네트워크가 가치 창출의 역학과 함께 크게 분리된 가치 획득의 역학을 어떻게 형성할 수 있는지를 분석할 것이다. 또 이 장에서는 가치 창출과 획득의 역학을 통합하여 기존 사업에 대한 체계적인 분석을 제시하는 사례를 몇 가지 더 들 것이다. 그리고 네트워크 분석이 기업 전략에 얼마나 중요한 의미가 있는지를 요약함으로써 장을 마칠 것이다.

새로운 전략적 문제

이 장은 좀 복잡하므로, 새로운 전략적 문제의 본질을 이해하는 데 시간을 할애할 필요가 있다. 우리는 이 장에서 이에 대한 아이디어들을 하나하나 풀어가며 예를 들어 설명할 것이다.

전통적인 산업 분석은 구체적이고 고립된 산업 부문에 초점을 맞추었다. 하지만 네트워크 분석은 각 기업이 서로 다른 산업에 걸쳐 수많은 네트워크에 연결된 기업 간의 개방적, 분산적 연결을 이해하는 것까지 포함한다. 기업들은 서로 연결되어 있고, 또 다른 네트워크에까지 연결되어 다양한 데이터 흐름을 취합하면서, 네트워크와 학습 효과를 모두 축적한다.

네트워크와 학습 효과는 같은 개념이 아니다. 네트워크 효과는 페이스북 사용자가 많은 수의 친구와 연결하거나, 다양한 개발자 애플리케이션에 접근할 수 있는 가치를 갖게 되는 것처럼, 네트워크 내부 및 네트워크 간 연결 수를 증가시킴으로써 부가된 가치를 말한다. 학습 효과는 동일한 네트워크를 통해 흐르는 데이터를 말한다. 예를 들어 사용자 경험을 배우고 개선하거나 표적 광고를 더 잘하기 위해 AI에 전력을 공급하는데 사용되는 데이터이다. 일반적으로 두 경우 모두 더 많을수록 좋지만, 얼마나 더 좋은지를 규정하는 데는 상당한 뉘앙스의 차이가 있다.

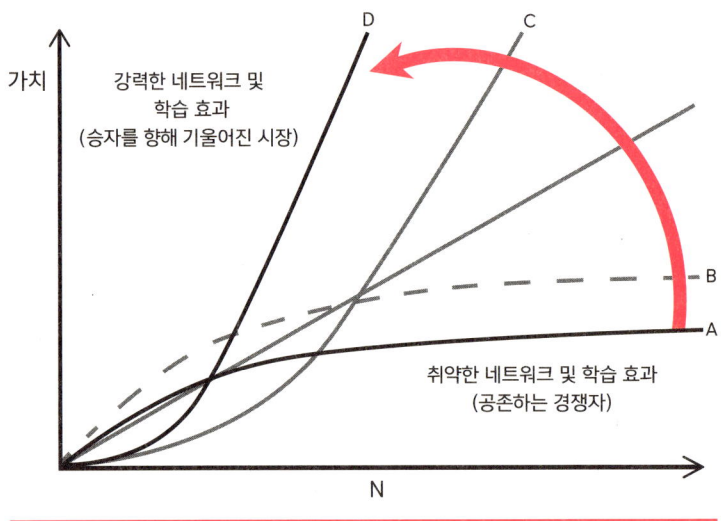

그림 6-1 네트워크와 학습 효과의 가치

그림 6-1은 규모의 함수로서 서로 다른 기업들이 창출하는 가치를 보여준다. 여기에서 척도는 단일 매개 변수인 N으로 표시되며, N은 사용자 수, 사용자의 참여, 또는 플랫폼에서의 보완재 공급자의 수 등 다양한 변수를 나타낸다. 전통적 기업의 전형인 곡선 A는 규모가 커짐에 따라 수익률이 감소하는 전형적인 패턴을 보여준다. 점으로 표시된 곡선(곡선 B)에서 볼 수 있듯이 네트워크나 학습 효과가 작아도 제공된 가치를 증폭시킬 수 있다. 그러나 네트워크와 학습 효과가 더 강하면 곡선 C와 D에서 볼 수 있이 수익이 크게 증가한다. 전략적인 네트워크 분석의 일반적인 발상은 화살표와 같이 그래프의 가치 곡선을 효과적으로 회전시켜 규모에 따라 창

출되는 가치를 높이고, 창출된 가치를 획득하는 방법을 모색하는 것이다.

규모에 따라 창출되는 가치(그리고 그에 따른 경쟁 우위)를 높이기 위해서는 그림 6-1의 곡선 A를 곡선 D로 이동시켜야 한다. 전통적인 기업들은 대개 강한 규모의 불경제(diseconomies of scale, 기업에서 생산량이 증가함에 따라 생산비가 감소하지 않고 오히려 증가하는 현상)를 보여준다. 그러나 네트워크와 학습 효과가 기업에 미치는 영향이 커지면 가치 곡선의 모양을 바꿀 수 있다. 보통 처음에는 네트워크와 데이터가 적어서 가치가 거의 전달되지 않을 것이다. 그러나 규모가 커짐에 따라 생성되고 획득하는 가치는 B, C, D 곡선처럼 빠르게 증가할 수 있다. 네트워크와 학습 효과가 강할수록 규모에 따른 가치 상승은 더 뚜렷해진다. 중요한 것은 이 논리가 마이크로소프트, 페이스북, 구글 같은 최고 기술 회사들뿐만 아니라 전통적 분야의 기업들에도 적용된다는 것이다.

의료 분야의 사례를 살펴보자.

비즈니스 네트워크 구축하기

네트워크 분석은 기업에 연결된 가장 중요한 경제 네트워크를 구축하고, 데이터의 흐름과 AI를 통해 이익을 얻을 수 있는 가치 있는 기회의 유무를 검토하는 것으로 시작된다. 전통적인 회사의 사례부터 살펴보자.

한 유명 제약사가 최근 파킨슨병 관리에 초점을 맞춘 신약을 출시했다. 회사는 디지털 네트워크의 힘을 활용해 단순히 의사나 병원 같은 기존 채

널을 공략하기보다는 환자가 가정에서 사용할 수 있게 설계된 앱을 기반으로 폭넓은 질병 관리 전략을 통해 사업을 확대하기로 했다. 이 회사는 환자의 민첩성과 신체 조정 능력을 묻는 앱의 일일 환자 설문을 통해 병의 진행 상황을 추적한다.

앱에서 수집된 정보는 환자의 질병 진행을 관리하고 치료를 최적화하는 데 사용될 것이다. 그러나 이런 앱의 핵심 기능 이외에도, 앱이 수집한 데이터와 접근성은 약국, 보험사, 의사 같은 관련 서비스 제공자에게도 유용할 수 있다. 그리고 이 앱은 환자들 간, 그리고 서비스 제공자들 간의 연결을 구축하는 데도 사용될 수 있다.

그림 6-2는 전통적인 제품이나 서비스가 기존의 핵심 적용 범위를 넘어 어떻게 주위 환경에까지 영향을 미치도록 발전해 나갈 수 있는지를 보여준다. 전략적 분석은 네트워크 상호 작용이 매우 다양하다는 점을 고려해, 보완적 네트워크가 어떤 용도를 만들어내는가를 발견하기 위해 모든 애플리케이션의 특성과 가능성을 조사해야 한다. 하나의 네트워크에서 창출되는 본질적 가치는 현재 기업이 쉽게 연결할 수 있는 다수의 다른 네트워크에서도 실현되고 획득될 수 있기 때문이다.

여기에서, 제약 회사도 많은 연결을 통해 회사의 핵심 사업과 큰 시너지를 낼 수 있다. 예를 들어, 이 앱은 환자 참여를 획기적으로 증가시킬 수 있는 기회를 만든다. 이를 통해 신약의 효능을 높이고 소비자의 충성도를 높이며, 기업이 환자에게 제공하는 가치를 높일 수 있는 다양한 보완적 목적에 유용한 데이터를 수집할 수 있다. 또 환자 네트워크에까지 영향을 미치

그림 6-2 질병 관리 앱에 의한 네트워크 기반의 가치 창출

출처: 키스톤 스트래티지

며 환자 간의 상호 작용을 가능하게 해준다. 환자들은 서로 의지하며 자신들의 관계망을 조성함으로써 통찰력과 편안함을 얻을 뿐만 아니라 자신을 쇠약하게 만드는 질병에 대처하기 위한 그들만의 혁신적인 접근법을 공유하기도 한다. 또 보험사, 의사 및 의료 서비스 제공자의 네트워크에 직접 연결함으로써, 중요한 지지 기반을 구축하고 새로운 데이터 중심 통찰력의 영향을 확대해 치료의 전반적인 효과를 개선할 수도 있다. 다양한 네트워크는 보험사나 광고주로부터 새로운 수익을 창출할 기회도 만들어줄 수 있다. 그런 기회들이 늘어나면 그림 6-1의 화살표와 같이 가치 곡선은 더욱 빠르게 증가할 것이다.

새로운 디지털 시대를 위한 전략 수립

사실상 모든 기업은 기업이 현재 연결하고 있는 네트워크 전체에 걸쳐 가치 창출과 획득의 기회를 증가시킬 수 있다. 이 가능성을 이해하려면 먼저 각 네트워크를 별도로 분석해야 한다. 각 네트워크는 서로 다른 특성과 구조를 지녔을 뿐만 아니라 학습 기회, 지불 의지, 경쟁 수준 등이 다르기 때문이다. 그러나 분석은 다양한 가치 네트워크를 중심으로 이루어지기 때문에, 네트워크 전체의 상호 작용과 잠재적 시너지를 분석함으로써 추적하는 것이 중요하다. 다음 부분에서 이런 요인들을 살펴볼 것이다.

가치 창출의 역학

분석의 출발점은 네트워크 구조가 가치 창출과 가치 획득의 비즈니스 모델의 역학에 어떻게 영향을 주는지에 초점을 맞추는 것이다. 먼저 가치 창출에서의 역학에 영향을 주는 요인들을 조사한 다음, 가치 획득에 영향을 주는 요인들을 분석할 것이다. 그리고 두 가지 모두에 걸친 상호 작용을 요약하고 파킨슨 앱으로 돌아가 그 사례가 발전하는 것을 자세히 살펴본 후, 학습 및 네트워크 기반의 기회를 체계적으로 분석할 것이다.

네트워크 효과

디지털 운영 모델의 가장 중요한 가치 창출의 역학은 네트워크 효과다. 네트워크 효과의 기본적인 정의는 서비스를 이용하는 사용자의 수가 증가함에 따라 제품이나 서비스의 기본 가치나 효용이 증가한다는 것이다.

네트워크 효과에 대한 이해를 돕기 위해 팩스가 있던 시대(1980~90년대)로 돌아가 보자. 팩스의 첫 구매자는 기본적으로 일반 전화 통화를 통해 세계 어디든 문서를 보낼 수 있다는 꿈을 샀다. 하지만 팩스를 가진 상대가 없었기 때문에 첫 번째 팩스는 그다지 쓸모가 없었다. 그러다 많은 기업이 팩스를 도입하며 모든 팩스의 가치는 상승했다. 접속성이 증가함에 따라 모든 사용자의 팩스 네트워크 가치가 증가한 것이다. 마찬가지로 소셜 미디어 플랫폼이나 인터넷 메시지 서비스의 가치도 사용자 수의 함수이다. 페이스북 네트워크에 아무도 없다면 페이스북은 외로운 곳일 것이다. 하지만 우리의 친구와 동료들이 페이스북에 속속 가입함에 따라, 페이스북의 가치도 증가한다.

사용자 수(보통 N이라고 함)의 함수로서 정확히 그 가치가 얼마나 증가하는지는 맥락에 따라 달라지며 많은 논쟁의 대상이 된다. 예를 들어, 통신의 경우 메트컬프의 법칙(Metcalfe's law, 미국의 전기공학자이자 쓰리콤 3com의 설립자인 로버트 메트컬프가 고안해 낸 법칙)은 네트워크의 가치가 사용자 수 N의 제곱(N^2)이라고 주장한다. 그러나 네트워크의 모든 노드가 동등한 가치를 지닌 것은 아니며, 그 가치 증가가 N^2만큼 가파르지 않고 NLog(N) 모형과 같다는 주장도 있다. 또 네트워크의 가치는 단순히 N의 선형 함수일 수 있다고 주장하는 사람들도 있다. 그러나 가치 곡선의 형태가 어떤 모양이든, 중요한 것은 네트워크의 본질적 효용은 사용자가 늘어날수록 증가한다는 것이다.

전통적인 제품은 일반적으로 네트워크 효과를 발생시키지 않는다. 우리가 가지고 다니는 펜을 생각해보자. 우리에게 펜의 가치는 동일하며, 얼마나 많은 사람이 펜을 가지고 있든, 심지어 누군가 나와 똑같은 펜을 가지고 있어도 그 가치는 고정되어 있다. 펜 생산의 경제는 펜 생산량이 많아져 펜을 만들고 사는 것이 더 저렴해지는 경우 더 좋아질 수는 있다. 그러나 펜으로 할 수 있는 작업에 대한 펜의 기본 가치는 그대로다. 앞서 살펴본 팩스 예에서, 우리는 모든 사무실이 단독으로 가지고 있는 복사기는(또는 네트워크로 연결된 복사기라도) 네트워크 효과를 나타내지 않지만, 팩스기기는 네트워크 효과를 나타낸다는 것을 알았다. 현재 대부분의 현대 복사기는 팩스 기능이 통합되어 전 세계 팩스 네트워크에 접속할 수 있다는 점에 주목하라.

말하자면, 네트워크 연결이 많을수록 그 가치는 더 크다. 그것이 네트워크 효과를 발생시키는 기본적인 메커니즘이다. 네트워크를 호스팅하는 플랫폼의 가장 기본적인 운영 모델은 사용자들 간의 조화를 가능하게 함으로써 네트워크 효과로 창출되는 가치를 획득하는 것이다.

네트워크 효과에는 직접적인 것과 간접적인 것 두 종류가 있다. 팩스, 메시지 앱, 소셜 네트워크 등은 직접적인 네트워크 효과를 보여주는 것으로, 이는 사용자가 다른 사용자의 존재를 중시한다는 것을 의미한다.

간접적인 네트워크 효과는 한 범주의 사용자들인 판매자들이 네트워크 다른 범주의 사용자들인 구매자들의 존재 가치를 중시할 때에 존재한다. 우버와 에어비앤비는 간접적인 네트워크 효과를 보여주는 두 사례다. 우버를 이용하는 탑승자들은 자신의 호출 요청이 즉각적으로 이루어질 수 있도록 많은 운전자가 존재하기를 원하고, 휴가를 즐기려는 사람들은 자신들이 머물기를 원하는 도시에 단기 임대 장소가 많이 있길 원한다. 이 경우 간접 네트워크 효과는 양면성을 띤다. 우버가 창출하는 가치는 운전자의 수가 많아질수록 커지며, 운전자의 수가 많아지면 우버를 이용하려는 탑승자의 수도 늘어나는 식이다. 유튜브와 같은 콘텐츠 플랫폼도 마찬가지다. 콘텐츠 크리에이터들이 소비자를 찾기도 하거니와 반대로 소비자가 많으면 콘텐츠 크리에이터도 많아진다. 게이머들과 게임 제작자들이 서로를 매우 중요하게 여기는 마이크로소프트의 엑스박스(Xbox)나 소니 플레이스테이션2(Sony PlayStation2) 같은 게임 콘솔 플랫폼도 같은 예라고 할 수 있다.

어떤 경우에는 간접 네트워크 효과가 양면적이 아니라 어느 한쪽만 다른 쪽을 중시하는 일방적 양상을 띨 수 있다. 구글, 바이두, 페이스북에서 사용자들은 굳이 광고주를 찾지 않지만, 광고주는 그들이 판매하는 제품에 관심을 가질 수 있는 사용자들을 꾸준히 찾는다. 보다 구체적으로 말하자면, 사용자들은 구글이나 바이두가 구축한 검색 색인의 속도, 정확성, 포괄성을 중시한다(그에 따라 사용자가 늘어난다). 반면 광고주들은 어느 곳에 사용자가 더 많이 있느냐를 중시한다. 검색 엔진에서 정보의 양과 다양성이 증가함에 따라, 광고주는 표적 광고의 효과를 높일 수 있기 때문이다.

또한, 기업들은 한 유형의 네트워크 효과(직접 또는 간접)가 다른 유형의 네트워크 효과를 발생시키기 위해 활용될 수 있다는 것을 알게 되었다. 예를 들어, 사용자들 대부분은 친구나 동료와 상호 작용하기 위해 페이스북에 접속(직접 네트워크 효과)한다. 하지만 페이스북은 콘텐츠 크리에이터, 게임 제공자, 로그인해야 하는 웹사이트들도 사용자에 대한 쉬운 접근을 원하며 이것이 상호 보완적이라는 것을 빠르게 깨달았다. 이런 이유로 페이스북은 API 접속을 통해 양면적인 간접 네트워크 효과를 이루어 냈다.

게임 콘솔의 제작업체와 플랫폼들도 처음에는 게이머들이 게임을 중시하고, 게임 제작업체들이 게이머들을 중시하는 양면성 간접 네트워크 효과의 비즈니스를 했지만, 이제는 멀티플레이어 기능의 게임을 만들어 게이머 간의 커뮤니케이션이 가능해지면서, 이전에 분리되었던 네트워크 노드를 연결하는 간접 네트워크 효과까지 거둠으로써 가치를 배가시켰다.

일반적으로 네트워크 규모가 클수록 그 가치가 더 커지는 것은 사실이지만, 네트워크 규모와 가치의 실제 관계는 훨씬 더 복잡하며, 네트워크가 넓게 확장함에 따라 가치가 실질적으로 증가하는 정도는 크게 다르다. 약한 네트워크 효과에 의존하는 사업을 시작하기가 더 쉽지만, 그렇게 단기적으로 얻는 이익이 장기적으로 지속될 가능성은 적다.

예를 들어, 넷플릭스 같은 프리미엄 콘텐츠 스트리밍 회사는 영화와 TV 쇼를 대량으로 제작하고 유통하기 때문에 매우 빠르게 가치에 도달할 수 있다. 그러나 시간이 흐르면서 큰 손해를 감수하지 않고 같은 길을 갈 수 있는 아마존, 애플 아이튠즈, 디즈니 같은 경쟁자들이 모인다. 넷플릭스가 일부 콘텐츠 제공 업체와 독점 계약을 맺을 수도 있지만, 시청자들이 하나 이상의 서비스에 가입하는 것을 막을 수는 없다. 이에 비해 유튜브 같은 콘텐츠 제작 및 유통 커뮤니티는 훨씬 더 강력한 네트워크 효과를 누리는 데, 이는 대부분의 소규모 독립 콘텐츠 제작자들이 유튜브 이외의 다른 사이트에 자신의 콘텐츠를 게시할 동기가 거의 없기 때문이다.

기업이 강력한 네트워크 효과를 나타내려면, 네트워크의 규모가 확장됨에 따라 전달되는 가치가 지속적으로 급상승해야 한다. 원칙적으로 약한 네트워크 효과에 의존하는 기업은 경쟁자가 많지만, 네트워크 효과가 강한 기업은 경쟁자도 적고 시장 집중도가 높아 보다 실질적인 경쟁 우위를 누릴 수 있다.

학습 효과

학습 효과는 기존의 네트워크 효과에 가치를 더할 수도 있고 스스로의 힘으로 가치를 창출할 수도 있다. 예를 들어 구글의 검색 사업의 경우, 사용자들의 검색이 많을수록 구글의 알고리즘은 공통 검색 패턴을 더 많이 그리고 더 빨리 찾아낼 수 있고, 서비스는 더 좋아질 것이다. 이러한 학습 효과는 검색 엔진이 제공하는 가치의 측면에서 매우 중요하다. 마이크로소프트가 구글과 경쟁하기 위해 빙을 내놓았을 때, 이 기업은 사용자 기반을 확대해 규모를 늘리려는 차원의 노력으로 더 많은 사용자와 광고주들을 모으기 위해 야후와 제휴했다. 그러나 마이크로소프트는 규모의 성장을 이뤘어도 자사의 검색 광고 사업이 구글과 경쟁이 되지 않는다는 것을 빠르게 깨달았다. 바로 구글과 같은 학습 효과의 이익을 얻지 못했기 때문이었다. 구글은 수년 동안, 높은 데이터의 유입으로 학습과 실험을 거듭해왔다. 그런 학습과 실험이야말로 알고리즘을 최적화하고 검색 결과와 참여도를 높일 뿐만 아니라 수익성을 높이는 데 있어 구글만의 비교할 수 없는 강점으로 작용해 온 것이다.

학습 효과는 규모에 의존하기 때문에 경쟁 우위를 크게 강화할 수 있다. 일반적으로 데이터가 알고리즘을 더 많이 훈련하고 최적화시킬수록, 알고리즘의 결과물은 더 정확해지며 더 복잡한 문제도 해결할 수 있게 된다. 그림 6-3은 데이터 세트의 크기에 따라 예측 알고리즘의 선택이 어떻게 개선되는지를 보여준다. 운영 모델이 성장해 규모, 다양성, 현재의 데이터 세트를 필요로 하는 여러 알고리즘을 구현함에 따라, 학습 효과는 규모와 범위가 기업이 창출하는 가치에 미치는 영향을 더욱 증폭시킬 것이다. 사용자 기반이 클수록 규모도 커지고 이용 가능한 데이터는 많아지며 가치도 커진다(물론, 이 모든 것은 회사가 올바른 운영 모델과 알고리즘을 구현할 수 있는 능력을 갖추고 있다는 가정에서 가능하다).

데이터가 경쟁 우위에 지속적인 영향을 미칠 수 있는 정도는 애플리케이션마다 다르다. 여기에는 여러 가지 이유가 있다. 첫째, 대부분의 알고리즘 정확도는 적어도 얼마 동안은 데이터 포인트 수의 제곱 비율로 상승하고, 알고리즘이 완전히 훈련되면 안정적 상태를 유지한다. 제곱의 법칙은 근사치이며, 고립적으로 작동하는 알고리즘의 경우에는 수집된 대부분의 데이터 포인트는 상관관계가 없으므로 정확도가 그렇게 빨리 향상되지 않는다. 그러나 한 회사에서 둘 이상의 알고리즘이 작동할 때에는 이들의 학습 효과가 결합하면 그 가치는 복합적으로 변한다. 넷플릭스의 경우, 다수의 사용자 중심 알고리즘과 이면의 알고리즘이 동시에 작동한다.

그림 6-3 데이터 세트의 규모가 성과에 미치는 영향

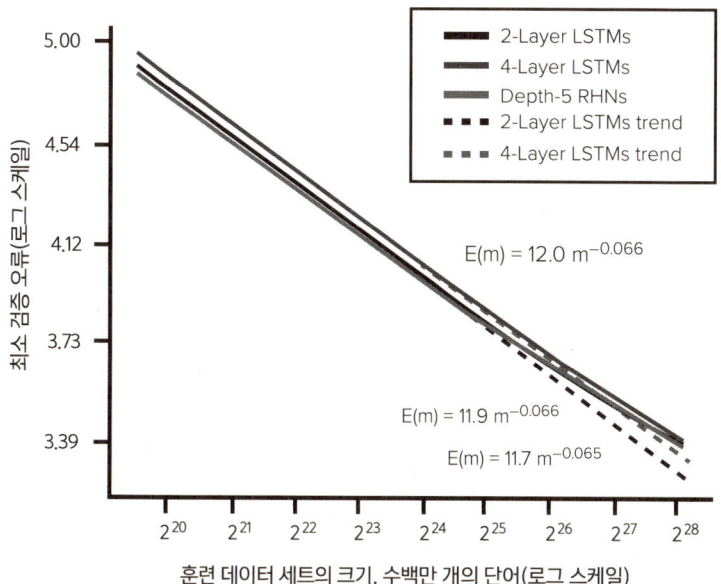

예측 오류는 데이터가 많을수록 크게 감소한다.
출처: 바이두 리서치

경쟁 우위의 둘째 요인으로는 사용 중인 알고리즘의 유형과 필요한 데이터의 고유성 및 규모를 들 수 있다. 비교적 간단한 알고리즘, 예를 들면 고양이와 개의 이미지 차이를 탐지하는 경우, 필요한 훈련 세트의 크기가 그렇게 클 필요가 없고, 알고리즘을 훈련하는 데 필요한 데이터도 광범위하게 구할 수 있다. 따라서 개와 고양이를 구별하는 데이터를 기반으로 구축된 회사가 지속 가능한 경쟁 우위를 발전시킬 수는 없을 것이다.

반면 독특한 형태의 종양을 인식하는 알고리즘은 더 많은 데이터, 보다 독특한 고유 데이터가 필요하므로 경쟁에서의 방어력이 더 높을 것이다. 더욱 극단적인 예는 운전자 없는 자동차 기술과 관련된 알고리즘 유형이다. 그런 알고리즘은 다양하고 복잡하며, 방대한 양의 실시간 지도 추적과 교통 데이터가 필요하다. 결과적으로, 자율 주행 자동차 회사는 보다 많은 참호와 방어벽을 만들어 경쟁자들을 물리칠 수 있을 것이다.

학습 효과와 네트워크 효과는 함께 작동할 수 있다. 네트워크가 클수록 (즉, 네트워크 연결 수가 많을수록) 연결의 가치와 데이터의 흐름도 더 커지며, AI와 전체 학습의 기회도 커진다. 네트워크의 모든 연결이 유용한 데이터 출처가 될 수 있으며, 이 데이터는 학습, 알고리즘 훈련, 그리고 네트워크 효과가 창출하는 모든 강점을 증폭시키는 데 사용될 수 있다.

클러스터

네트워크의 구조는 네트워크의 가치가 규모에 따라 어떻게 증가하느냐에도 중요한 영향을 미친다. 에어비앤비와 우버의 경우를 생각해보자. 에어비앤비가 기본적으로 글로벌 서비스를 제공하는 반면, 우버의 네트워크는 특정 도시 지역을 중심으로 매우 밀집(clustered)되어 있다.

코네티컷대학교의 신신 리(Xinxin Li), 하버드 비즈니스 스쿨의 펑 주(Feng Zhu)와 에산 발라비(Ehsan Valavi)와 함께 한 연구 프로젝트에서 우리는 우버와 에어비앤비를 모델로 삼아 네트워크 밀집화가 네트워크 기반의 비즈니스 모델의 지속 가능성에 어떤 영향을 미치는지를 연구했다. 우리는 밀집화가 큰 차이를 만든다는 것을 발견했다. 여행자들은 자신들의 고향 도시에 있는 에어비앤비 호스트의 수에는 별로 관심이 없고, 그들이 방문하고 싶은 도시의 호스트의 수에 관심이 있다. 그러므로 글로벌 네트워크가 필수적이다. 따라서 에어비앤비에 진지하게 도전하려면 글로벌 규모의 시장에 진출해야 할 것이다. 또 다수의 입찰, 제안 그리고 참여자들이 저렴한 비용으로 쉽게 드나드는 유동적인 시장을 구축하기 위해서는 많은 도시에 다수의 여행자와 호스트들을 끌어들일 수 있는 세계적인 브랜드 인지도를 창출해야 한다. 따라서 숙박 공유 시장의 진입은 높은 대가를 수반한다. 실제로 규모 차원에서 에어비앤비의 성공적인 경쟁자는 다른 비즈니스 모델로 시장에 진출한 홈어웨이(HomeAway)와 홈어웨이의 자회사 버보(Vrbo) 뿐이다.

일반적으로 글로벌 네트워크는 소수의 주요 허브 주변에 더 집중되어 있다. 대개 경쟁 장벽이 높아서 지배적 기업이 수익성을 유지하기에도 더 용이하다(호텔 체인 메리어트가 에어비앤비, 홈어웨이와 직접 경쟁하기로 한 결정은 유사 업종의 기존 회사들이 네트워크 효과 전략을 얼마나 잘 구상하고 실행할 수 있는가에 대한 통찰을 제공할 것이다).

에어비앤비의 네트워크와는 달리 우버의 네트워크는 개별 도시 지역을 중심으로 그룹화되어 고도로 밀집화되어 있다(그림 6-4 참조). 보스턴 근교의 우버 운전자들은 같은 인근 지역의 탑승객 수에만 신경을 쓸 뿐이며, 이는 탑승객도 마찬가지다. 자주 왕래하는 사용자가 아니라면 보스턴의 탑승자들에게 샌프란시스코의 운전자와 탑승자의 수는 관심거리가 아니다.

그림 6-4 지역 네트워크(왼쪽)과 글로벌 네트워크 간의 차이

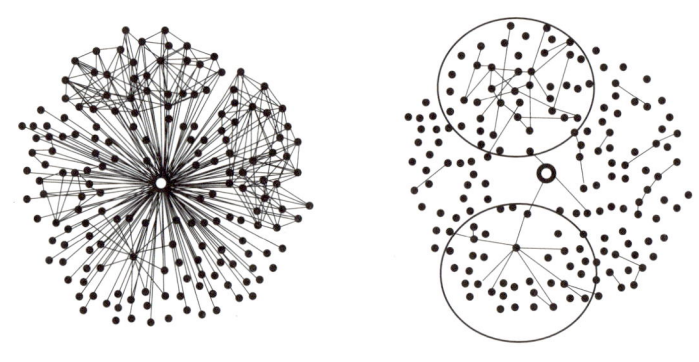

이것은 우버가 세계적으로 100만 명 이상의 운전자를 보유하고 있다 하더라도 그것이 지역적으로 우버가 제공할 수 있는 가치와는 별 상관이 없다는 의미이다. 따라서 네트워크가 지역 밀집으로 나누어질수록 규모와 네트워크 효과의 영향은 적어지며 도전자의 진입도 쉬워진다. 따라서 네트워크가 밀집화되어 있으면 대개 경쟁이 심하다(비록 지역적으로 강력한 네트워크 효과가 있더라도 규모의 영향은 해당 밀집 지역에 서비스를 제공하는 데 필요한 수준으로 제한된다). 지역 규모만 갖추면 어느 경쟁업체도 유사한 효율성을 달성할 수 있기 때문이다.

이러한 밀집화된 네트워크 구조는 규모가 작은 경쟁업체도 지역 네트워크에서 최소의 네트워크 양을 갖추고 차별화된 제안이나 낮은 가격을 통해 시장 진입을 용이하게 해준다. 실제로, 전국 규모의 네트워크를 갖춘 리프트 외에도, 우버는 주요 도시에서 다수의 지역 경쟁자들과 직면하고 있

다. 예를 들어 뉴욕에서는 겟(Gett), 주노(Juno), 비아(Via) 같은 업체들과 치열한 경쟁을 벌이고 있다. 마찬가지로, 중국 최대의 승차 공유 회사인 디디추싱(Didi Chuxing)은 우버를 자국 시장에서 몰아냈지만, 지금은 승차 공유 플랫폼의 시장 지배를 우려하는 중국 자동차 회사들과의 경쟁에 직면해 있다.

밀집화된 네트워크는 승차 공유 업계에만 국한되는 것은 아니다. 그루폰(Groupon) 같은 공동 구매 사이트와 그럽허브(Grubhub) 같은 음식 배달 플랫폼에서도 비슷한 구조를 관찰할 수 있다. 또 밀집화가 항상 지리적인 개념만은 아니다. 의료 네트워크에서는 당뇨병이나 특정 종류의 암과 같은 질병 분류를 중심으로 환자들이 모여든다. 스포츠 네트워크는 팀을 중심으로 팬들이 모인다. 이 경우에도 관련 기업들은 경쟁에 취약하다. 특정 집합, 지리구, 전문 분야에 특화된 모든 경쟁업체는 해당 사업에 도전하게 될 것이다. 반면 글로벌 허브 기업들은 밀집화된 네트워크에 등장하지 않는다.

밀집화 현상은 네트워크 구조뿐만 아니라 데이터와 AI의 가치에도 적용된다. 예를 들어, 보스턴에서 나온 데이터가 샌프란시스코나 파리의 우버 탑승객 경험과 무슨 관련이 있는지 생각해보라. 이같이 지리적 차이는 전 지역에 걸친 데이터 집합의 가치를 무용지물로 만들 수 있다.

네트워크와 학습 효과의 진화

마지막으로, 네트워크는 늘 변하기 때문에 네트워크와 학습 효과의 강도 및 구조도 시간이 지남에 따라 변할 수 있고, 실제로도 변할 것이다. 그런 변화는 가치 창출의 곡선을 강화하기도 하고 때로는 약화하기도 하면서 시장의 경쟁을 더 치열하게 만들거나 더 완화한다. 마이크로소프트 윈도우의 사례는 매우 흥미롭다. PC의 전성시대였던 1990년대에 PC가 사용하는 응용 프로그램 대부분은 클라이언트 기반이었다. 즉 그런 응용 프로그램들은 실제로 PC 안에 설치되어 있었다. 이것이 윈도우 개발자들의 로컬 네트워크의 기반이 되었는데, 이들이 개발한 응용 프로그램이 윈도우와의 연결을 가능하게 함으로써 PC 가치의 대부분을 차지했기 때문이다. 1990년대 후반 한창때에는 윈도우만을 위한 응용 프로그램을 만드는 전용 개발자가 약 600만 명에 달했고, 윈도우는 지배적 플랫폼으로 그 위상을 확고히 할 수 있었다.

이 시기의 경제학자들은 플랫폼의 경쟁력은 전용 개발자의 수에 크게 의존하기 때문에 윈도우 기반의 네트워크 효과가 강한 것은 당연하다고 주장했다. 또 도스/윈도우(DOS/Windows)용으로 개발된 응용 프로그램이 애플의 운영 체제 또는 DEC 알파(DEC Alpha, 64비트 마이크로프로세서)와 같이 인텔 프로세서를 사용하지 않는 컴퓨터와 호환되지 않는다는 사실은 앱 개발자들이 비(非) 마이트로소프트 플랫폼으로 작업하는 것을 어렵게 만들었다. 마이크로소프트의 기술적 배타성이 난공불락의 진입 장벽을 형성한 것이다.

그러나 인터넷 사용이 폭발적으로 증가하고, 인터넷 기반 애플리케이션과 서비스의 힘이 본격화되면서 관련된 기업 네트워크도 바뀌었다. 대부분의 관련 기능은 PC 애플리케이션에서 웹 기반이나 모바일 애플리케이션으로 이동했으며, 이런 애플리케이션들은 개방형이어서 일반적으로 서로 다른 운영 체제에서도 호환되었다. 이에 따라 오늘날 우리는 PC와 태블릿 모두에서 작동되는 안드로이드, 크롬, iOS 운영 체제와 심지어 고가제품인 맥(Mac, 애플의 맥킨토시 OS) PC의 부활까지 볼 수 있게 되었다. 맥 PC의 출고량은 2000년대 중반 동안 5배 이상 증가했다. 네트워크 효과의 강도가 줄어들면 영향을 받는 시장은 그만큼 덜 주목받게 된다.

가치 획득의 역학

최근에는 디지털 네트워크가 다양한 유형의 사용자와 기업들을 쉽게 연결할 수 있으므로 가치 획득에 대한 선택폭이 크게 넓어졌다. 기업이 획득한 가치를 최적화하는 것은 경제 분석, 전략적 사고 및 기술적 역량을 바탕으로 하는 중요한 과제가 될 수 있다. 디지털 가치 획득의 기술은 꼼꼼한 사용량 측정, 제품 재고 조건에 따라 변화하는 정교한 가격 책정 알고리즘, 성과 중심의 가격 책정 모델 등을 고려해야 한다.

그러나 정교한 가격 책정의 접근 방식이 있더라도 사용자 네트워크에서 창출된 모든 가치를 포착하지는 못할 것이다. 디지털 기업 네트워크에서 가치의 전용성(appropriability, 남들이 모방할 수 없는 가치 획득 능력)

은 경쟁력 있는 솔루션이 있는지, 고객이 지불할 의사가 있는지와 같은 여러 가지 중요한 고려 사항들과 관련이 있다. 다면 플랫폼 기업이나 네트워크 허브 기업과 협력하는 것과 같은 여러 옵션이 있다면, 가장 경쟁이 적고 지불 의지가 큰 쪽 혹은 네트워크에 요금을 부과하도록 가격을 조정할 수 있다. 검색 엔진이 최종 사용자에게 요금을 부과하지 않고, 특정 검색어를 클릭하는 사용자에게 접근할 수 있는 독점적 기회의 대가로 광고주에게 요금을 청구하는 것도 이런 이유 때문이다. 검색어는 상업적 욕구를 나타내는 경우가 많기 때문에 클릭에 대한 접근은 대가를 지불할 가치가 있다.

여기서 중요한 것은 네트워크 효과가 새로운 유형의 가치 획득 옵션을 열어준다는 것을 깨닫는 것이다. 직접적인 네트워크 효과가 있는 시스템을 예로 들어보자. 어떤 회사들은 고객에게 네트워크에 대한 접근을 제공함으로써 기업이 창출하는 가치에 대해 고객에게 요금을 부과하는 것이 실용적이라고 생각한다. 엑스박스나 플레이스테이션2는 게이머가 다른 게이머와 직접 연결하고 멀티플레이 게임을 즐길 수 있는 플랫폼에 대한 월 구독 방식을 시행했다.

양면적 간접 네트워크 효과가 있는 회사들은 가치 획득에 대한 옵션이 더 많다. 어느 쪽에 대해서든 지불 의지에 따라 각각 요금을 부과함으로써, 그들의 서비스를 수익화할 수 있는 여러 방법을 찾을 수 있기 때문이다. 예를 들어 앤트 파이낸셜은 소비자와 상인 양쪽에서 다양한 방법으로 돈을 벌 수 있고, 에어비앤비도 각 숙박에 대해 게스트와 호스트 양쪽 모두에 요금을 청구한다. 알리바바와 아마존은 판매자들로부터 거둬들이는 광고료가 그들로부터 받는 거래 수수료로보다 더 짭짤한 수익원이 되고 있다는 사실을 발견했다.

멀티 호밍

가치 획득을 형성하는 가장 중요한 힘은 멀티호밍(multihoming)이다. 멀티호밍은 네트워크의 사용자나 서비스 제공자가 동시에 복수의 플랫폼이나 허브(홉)와의 관계를 맺을 수 있는 상황에서, 경쟁적 대안을 선택할 수 있다는 것을 말한다. 만일 하나의 네트워크 허브가 유사한 방법으로 네트워크에 접속하는 다른 허브와의 경쟁에 직면한다고 가정하자. 이때, 사용자가 어느 허브든 쉽게 사용할 수 있을 정도로 전환 비용이 낮을 경우, 네트워크로부터 가치를 획득하기 위한 첫 번째 네트워크 허브의 능력은 도전받게 될 것이다.

경쟁이 치열할수록 네트워크 허브가 획득하는 가치는 낮아진다. 예를 들어, 많은 스마트폰 앱 개발자들은 iOS와 안드로이드 운영 체제 양 쪽에서 멀티호밍을 한다. 이런 상황에서 이 플랫폼들은 시장의 개발자 쪽에서는 수익을 창출하기가 어렵다. 그러나 개발자 쪽에서는 멀티호밍이 보편화되어 있지만, 소비자들 대다수는 iOS나 안드로이드 중 하나만을 싱글호밍하며 전화기를 바꿀 때마다 이 관행을 계속한다. 그 결과 애플과 안드로이드는 시장의 소비자 쪽에서 상당한 이익을 거둘 수 있다.

플랫폼의 양쪽에서 멀티호밍이 보편화되면, 플랫폼이 사업에서 이익을 창출하는 것은 거의 불가능해진다. 예를 들어, 승차 공유 산업에서 많은 운전자와 탑승자들은 자신의 이익을 위해 여러 개의 플랫폼을 사용한다. 탑승자는 가격과 대기 시간을 비교할 수 있고, 운전자는 유휴 시간을 줄일 수 있다. 우버, 리프트, 그 외 경쟁업체들이 탑승자와 운전자를 놓고 경쟁하면서 가격을 낮추는 것은 당연한 현상이다.

에어비앤비도 플랫폼 양쪽에서 심각한 멀티호밍을 경험하고 있는데, 이는 다른 숙박 공유 사이트들도 비슷한 가치 제안을 내놓기 때문이다. 주택 소유자들의 요금 구조와 모델은 다를 수 있지만, 그들은 큰 장벽 없이 동시에 여러 사이트(홈어웨이나 버보)에 자기 집을 쉽게 올려놓을 수 있다. 방을 구하려는 여행자들도 방을 찾기 위해 가능한 모든 사이트를 검색할 수 있다. 따라서 멀티호밍은 승차 공유 산업과 숙박 공유 산업 모두에서 수익성을 저해한다.

기존 플랫폼 소유자들은 시장의 한쪽(또는 양쪽 모두)을 제어함으로써 멀티호밍을 줄이려고 할 수 있다. 예를 들어, 우버는 저렴한 대출 요금제를 가진 자동차 제조사와의 제휴를 통해 운전자에게 좋은 조건으로 차를 리스할 수 있는 옵션을 제공했다. 이런 조치는 운전자들이 그런 저렴한 리스 자격을 유지하기 위해서라도 가급적 우버 서비스를 더 많이 제공할 것이기 때문에 운전자들이 우버만을 사용하도록 제한할 것이다. 또한, 우버와 리프트는 자신의 플랫폼에서 많은 주행 거리를 기록하는 운전자들에게 플랫폼에서 지불하는 수수료 할인을 제공함으로써 운전자들이 자신의 플랫폼을 독점적으로 이용하도록 장려한다. 그리고 두 회사는 탑승자를 태우고 있는 중에도 다음 탑승 요청을 받을 수 있도록 허용함으로써 현재의 탑승자가 하차한 지점에서 매우 가까운 지역의 잠재 고객을 태울 수 있도록 장려했다. 이는 운전자들의 유휴 시간뿐만 아니라 타사 플랫폼을 사용할 동기를 원천 봉쇄하는 효과를 거두기 위한 것이다. 또한, 탑승자들을 단골로 만들어 멀티호밍을 줄이기 위해 이용 기반의 보상 프로그램(마일리지 제공)도 도입했다.

에어비앤비도 비슷한 접근법을 사용해 큰 성공을 거두었다. 예를 들어, 에어비앤비는 사용자들에게 유리한 도구와 혜택을 부여했다. 이 도구와 혜택은 사용자에게 가치를 제공하는 한편, 다른 플랫폼으로의 전환 비용을 높이는 데에도 초점을 맞추고 있다. 그러나 다중 플랫폼의 낮은 채택 비용 때문에, 숙박 공유 업계에서 멀티호밍은 여전히 일반적이며 수익은 제한받고 있다.

기업들은 멀티호밍을 피하고자 이 외에 여러 가지 다른 접근법을 개발했다. 마이크로소프트와 소니 등 비디오 게임기 제조사는 게임 공급자들과 독점 계약을 체결했다. 게이머 측면에서 엑스박스 라이브(Xbox Live)와 플레이스테이션 플러스(PlayStation Plus) 같은 콘솔이나 관련 가입 서비스의 높은 가격은 멀티호밍의 억제 동기가 될 수 있다. 비슷한 맥락으로, 아마존은 제삼자 판매자들을 위한 고객 서비스를 제공하면서 그들의 주문이 아마존의 시장을 통하지 않을 때는 더 높은 수수료를 부과한다. 이를 통해 판매자들이 아마존에서만 독점적으로 상품을 팔도록 유도하는 것이다. 또 대부분의 제품에 대해 2일 내 무료배송 서비스를 제공하는 유료 가입 서비스인 아마존 프라임(Amazon Prime)을 활용해 고객 이탈을 막고 멀티호밍 추세를 낮추고 있다.

직거래

네트워크의 노드가 회사를 쉽게 우회해 직접 연결할 수 있는 직거래 방식도 가치 획득에 큰 문제가 될 수 있다. 몇 년 전에 문을 닫은 홈 서비스 직거래 사이트 홈조이(Homejoy)를 예로 들어보자. 일단 서비스 제공자와 집주인이 매칭되면, 다음번에는 고객이 이 허브를 통해 계속 거래할 요인이 거의 없어져 직거래가 보편화되었다. 홈조이의 거래 기반의 가치 획득 모델은 파멸을 피할 수 없었고 결국 서비스는 중단됐다. 이런 문제는 홈조이부터 각종 서비스를 중개하는 사이트인 태스크래빗(TaskRabbit)까지, 네트워크 참여자 간의 직접 연결을 제공하는 시장에서 자주 발생한다. 일단 첫 번째 연결이 이루어지고 나면 창출된 가치 대부분이 이미 고객에게 전달되어버리기 때문에, 사용자가 추후 서비스를 이용할 때 이 네트워크 허브에 계속 남아있기가 어렵다.

좋든 나쁘든, 네트워크 허브들은 사용자가 플랫폼에서 모든 거래를 수행하도록 요구하는 서비스 조건을 제시하거나, 지불이 확정되기 전에는 사용자가 서비스 제공자의 연락처 정보를 알지 못하게 하는 등 다양한 메커니즘을 사용해 직거래를 저지하는 시도를 해 왔다. 예를 들어, 에어비앤비는 지불이 이루어질 때까지 호스트의 정확한 위치와 연락처 정보를 알리지 않는다. 그러나 이런 식의 전략이 항상 효과적인 것은 아니다. 허브를 사용하기 거추장스럽게 만들면, 경쟁업체가 보다 간결한 방식의 경험을 제공하는 경우에 그 허브는 더 취약해질 수 있다. 다만 에어비앤비의 경우는 규모라는 강점 때문에 경쟁업체로부터 자신을 보호할 수 있는 것이다.

직거래를 막는 보다 신사적인 방법은 허브를 통해 사업을 수행하는 사용자의 가치를 높이는 것이다. 허브는 보험, 에스크로 결제, 통신 도구의 제공, 분쟁 해결, 거래 모니터링을 통해 거래를 편리하게 만들 수 있다. 그러나 사용자들이 자신들 사이에 강한 신뢰를 구축한 후에는 이러한 서비스들의 효용이 떨어질 수 있다.

펑 주와 하버드 비즈니스 스쿨의 박사 과정 학생인 그레이스 구(Grace Gu)는 신뢰와 직거래의 관계를 파악하기 위해 온라인 프리랜서 시장을 조사했다. 그들은 네트워크 허브가 고객과 프리랜서 사이의 신뢰를 더 강하게 조성하기 위해 평판 시스템의 정확성을 개선함에 따라, 직거래 행위가 더 많이 발생했으며, 더 나은 매칭으로 인한 수익 이득이 상쇄된 것을 발견했다. 사용자와 서비스 제공자 간에 충분한 신뢰가 구축되면 에스크로 결제, 분쟁 해결 같은 서비스는 효과가 없어져 플랫폼의 필요성이 줄어들게 되는 것이다.

직거래를 줄이는 더 효과적인 방법은 거래 수수료를 줄이고 시장의 다른 쪽에서 수익을 보충하는 것이다. 2005년 출범한 중국의 아웃소싱 장터 ZBJ(저팔계망)는 20퍼센트의 수수료를 부과하는 비즈니스 모델을 운영하고 있었지만, 사용자 간의 직거래로 매출의 90퍼센트를 잃었다고 추정했다. 2014년, ZBJ는 많은 신규 사업체들이 로고 디자인에 도움을 얻는 사이트를 이용했다는 사실을 발견했다. 일반적으로 그런 신규 사업체들이 다음으로 필요한 업무는 기업 등록과 상표 등록이 될 것이다. ZBJ는 이 부분에 기회가 있음을 깨닫고 그런 일을 보완하는 서비스를 제공하기 시작했다. ZBJ는 현재 중국에서 가장 큰 상표 등록 서비스 제공 업체로, 연간 10억 달러 이상의 매출을 창출하고 있다. 이 플랫폼은 이제 과거의 수익원이었던 거래 수수료를 대폭 낮추고, 직거래 막는 대신 사용자 기반을 확장하는 데 자원을 집중한다. 이 회사는 현재 20억 달러 이상의 가치를 평가받고 있다. 직거래가 위협이라면 보완 서비스를 제공하는 것이 거래 수수료를 부과하는 것보다 훨씬 더 효과적일 수 있다.

네트워크 브리징(시장의 파생)

멀티호밍과 직거래가 네트워크 기반의 수익을 해치는 적이라면 네트워크 브리징(network bridging)은 기업의 비즈니스 모델을 개선하고 구제한다. 네트워크 브리징은 이전에 분리되어 있던 경제 네트워크에 새로운 연결을 구축하고, 보다 유리한 경쟁 역학과 전혀 다른 지불 의지를 활용하는 것 등과 관련이 있다. 네트워크 참여자는 복수의 네트워크에 접속할 때, 가치를 창출하고 획득하는 능력을 향상해 네트워크 간에 브리지를 만들어 중요한 시너지를 구축할 수 있다.

네트워크 브리징의 대표적인 예가 구글 검색이다. 예를 들어, 구글이 사용자들에게 검색에 대해 매 건당 비용을 직접 청구했다면 사용자들은 구글을 훨씬 덜 사용했을 것이다. 구글은 사용자들의 검색 취향을 관련 광고와 일치시킴으로써, 사용자들에게 접근하기 위해 많은 돈을 지불할 용의

가 있는 광고주들의 네트워크와 검색 사업을 연결했다. 결제도 네트워크 브리징의 또 다른 대표적인 예다. 전통적으로 결제 시스템은 큰돈을 벌지 못했다. 그러나 결제 시스템이 데이터를 축적하고, 기업을 사용자와 중소기업에 접근할 수 있게 해주는 것만으로 기업들이 결제 네트워크에 투자하는 것은 매우 가치 있는 일이 되었다.

데이터 기반의 자산이 여러 시나리오와 여러 네트워크에 걸쳐 거의 필연적으로 유용하다는 점은 아무리 강조해도 지나치지 않다. 사용자 기반에서 바라는 결과를 구축하는 데 성공한 기업은 이 자산을 이용해 새로우면서도 다른 네트워크에서 가치를 획득할 수 있다. 이것이 아마존과 알리바바 같은 허브 기업들이 여러 종류의 다른 시장으로 진출할 수 있는 근본적인 이유다.

알리바바는 자사의 결제 네트워크인 알리페이를 활용해 전자 상거래 플랫폼 타오바오와 티몰(TMall)을 금융 서비스로 연결하는 데 성공했다. 알리바바는 타오바오와 티몰의 거래 및 사용자 데이터를 활용해, 금융 서비스 자회사인 앤트 파이낸셜을 통한 새로운 서비스를 출시했다. 여기에는 거래 데이터를 기반으로 하는 판매자와 소비자를 위한 신용 시스템도 포함되어 있다. 앤트 파이낸셜은 이 시스템을 이용해 채무 불이행률이 매우 낮은 신용 있는 소비자와 상인들에게 단기 대출을 발행할 수 있었다. 앤트 파이낸셜의 대출 지원으로 소비자들은 알리바바의 전자 상거래 플랫폼에서 더 많은 제품을 구매할 수 있게 되었고, 상인들은 재고를 구매할 자금을 확보할 수 있게 되었다.

이렇게 파생된 네트워크들은 서로의 시장 지위를 상호 강화하며 서로의 규모를 유지하도록 돕는다. 경쟁사인 텐센트가 자사의 인기 소셜 네트워크 서비스인 위챗을 통해 경쟁 상품인 디지털 지갑 서비스 위챗페이를 출시한 이후에도, 알리페이는 알리바바의 다른 서비스와 긴밀하게 연결되어 있으므로 여전히 매력적인 디지털 지갑(digital wallet)의 지위를 유지하고 있다. 이같이 가장 성공적인 네트워크 허브가 시장 전체로 연결되면, 그 네트워크들은 이전에는 단절되었던 산업 전반을 보다 효과적으로 연결한다.

전략적으로 네트워크 분석해보기

지금까지 네트워크의 가치 창출과 가치 획득을 강화하거나 약화하는 요인들을 설명했다. 이제 그 모든 영향을 종합해, 기업에 연결되는 여러 네트워크에 걸친 전략적인 네트워크 분석에 접근해 보자. 우버를 사례로 들어 설명하겠다.

네트워크 지도 생성

전략적 네트워크 분석의 첫 번째 단계는 기업이 연결되는 주요 네트워크의 목록을 작성하는 것이다. 예를 들어 우버는 주로 탑승자와 운전자에 연결되어 있다. 좀 더 작은 네트워크는 음식 배달 사업부 우버 이츠(Uber Eats)의 원동력인 음식 제공업자와 연결된다. 또 2018년 3월, 우버는 의료

그림 6-5 우버의 핵심 사업에 연결된 네트워크

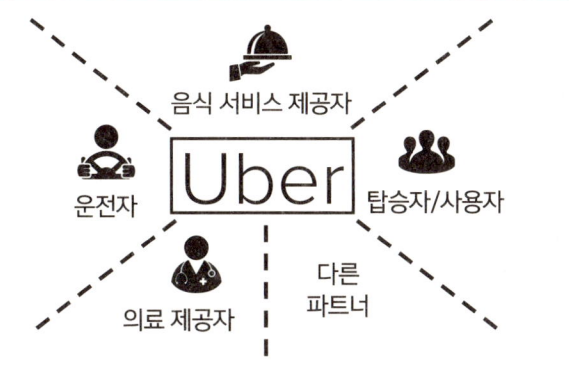

사업자와 연결해, 진료소, 병원, 재활 센터 등 기타 의료 기관들이 환자를 위한 승차를 예약하는 서비스인 우버 헬스(Uber Health)를 출시했다. 우버 헬스는 우버가 지금과는 다른 유형의 조직들과 제휴해 가치 창출과 기회 획득을 증가시키려는 여러 노력 중 하나이다.

그림 6-5는 우버의 운영 모델과 연결되는 여러 네트워크를 요약한 것이다. 우버가 추가적인 가치 획득의 기회를 모색함에 따라 네트워크 수는 증가할 것이다. 우리는 이 회사가 우버키튼스(UberKITTENS, 우버가 데려온 고양이와 잠깐의 시간을 보내는 유료 서비스), 심지어 아이스크림 배달까지 시도하는 것을 보았다.

네트워크별 가치 창출 및 가치 획득의 요인

두 번째 단계는 회사 내의 주요 네트워크별로 규모에 따른 가치 창출 및 획득의 잠재력을 평가하는 것이다. 표 6-1은 가치 창출과 획득을 강화하거나 약화하는 네트워크 특성의 체크리스트다.

전반적으로 우버의 상황은 어렵다. 체크리스트를 순서대로 살펴보자.

우버의 주력 사업은 직접적인 네트워크 효과가 없다. 다른 탑승자들이 우버를 타고 있다고 해도 탑승자에겐 아무런 가치가 없다. 마찬가지로 운전자도 다른 운전자의 존재로부터 어떠한 가치도 얻지 못한다. 가까운 구역 안에 탑승자가 많을수록 탑승자에겐 경쟁이 심해지고 우버의 서비스 품질도 떨어져 오히려 부정적인 영향을 미칠 가능성이 있다(한 가지 예외는 비슷한 경로의 다른 사용자와 합승하는 우버풀UberPool인데, 이에 대해서는 나중에 자세히 설명하겠다).

표 6-1 우버의 전략적 네트워크 평가

가치 창출 및 획득을 강화하는 요인	가치 창출 및 포착을 약화하는 요인
• 강력한 네트워크 효과	• 약한 네트워크 효과
• 강력한 학습 효과	• 약한 학습 효과
• 다른 네트워크와의 강력한 시너지	• 다른 네트워크와의 시너지 없음
• 주 네트워크 밀집 지역이 없음	• 네트워크 밀집 지역이 많음
• 멀티호밍이 없음(싱글 호밍)	• 광범위한 멀티호밍
• 직거래 없음	• 광범위한 직거래
• 광범위한 네트워크 브리징의 기회	• 네트워크 브리징의 기회 없음

네트워크 효과를 더 약화하는 것은 우버 네트워크의 지리적인 밀집화다. 탑승자와 운전자의 수가 많은 것이 중요하지만, 그것이 장소별로 이루어져야 한다. 샌프란시스코에서 운전자의 밀도가 높은 것이 디트로이트의 탑승자들에게는 아무런 도움이 되지 않는다. 이것은 지역적 규모를 가지고 있는 모든 해당 지역의 서비스가 우버의 경쟁 상대가 될 수 있다는 것을 의미하며, 핵심 서비스의 수익성이 피할 수 없는 저비용 경쟁자들에게 항상 도전을 받을 것을 시사한다.

우버는 중요한 학습 효과를 가지고 있으며, 우버의 사업은 이 회사가 수집하는 방대한 양의 데이터의 축적과 분석에 도움을 받는다. 학습 효과는 교통 상황 및 기타 요인에 따른 가격을 조정하고, 올바른 서비스 품질을 제공하기 위한 수요와 공급을 예측하며, 서비스가 창출하는 가치를 최적화하는 여러 가지 유용한 분석을 수행하는 데 도움을 준다. 그러나 이러한 학습 효과가 회사의 지속적인 수익성을 보장할 만큼 충분히 큰지는 명확하지 않다.

그러나 우버의 차량 호출 앱은 탑승자와 운전자 네트워크 모두에서 광범위한 멀티호밍 문제를 겪고 있다. 탑승자와 운전자의 상당수는 한 개 이상의 차량 호출 앱을 가지고 있으며, 어느 앱이 가장 경제적인 서비스를 제공하고 있는지 주기적으로 확인한다.

우버의 직거래는 흔히 발생하는 문제는 아니다. 이것은 회사가 탑승자와 운전자를 위해 서비스의 충성도와 편리함을 향상하는 많은 조치를 취했기 때문이기도 하고, 규칙을 어기는 운전자들에게 상당한 벌금을 부과하는 위협적인 제재를 가하기 때문이기도 하다.

결론은 밀집화와 직거래가 우버의 전체 핵심 지역에 걸쳐 광범위한 경쟁을 허용하고 있으며, 이 서비스의 수익성이 절대 보장되지 않는다는 것이다. 대규모의 학습 효과가 없다면 우버의 핵심 사업은 조만간 수익을 내지 못할 것이다.

이렇듯 핵심 사업이 도전을 받고 있지만, 우버는 운전자와 탑승자들의 핵심 네트워크에 연결될 수 있는 많은 추가 네트워크에서 유망한 가능성을 보여주고 있다. 우버의 미래 수익성은 탑승자와 운전자의 높은 참여도를 어떻게 보다 많은 추가 네트워크로 연결할 수 있느냐에 달려 있다. 이 네트워크들이 가치 획득을 위한 다양한 다른 옵션을 제공할 것이며, 이에 따라 회사의 장기적인 수익성과 생존 가능성이 좌우될 것이기 때문이다.

우버가 가질 수 있는 수많은 파생 기회

우버는 그림 6-6과 같이 핵심 서비스의 본질적 가치로 인해 가능해진 다양한 파생 기회를 지니고 있다. 일반적으로 말하자면, 본질적인 가치가 존재하는 동안, 우버는 그 사업을 다른 네트워크와 연결해 수익을 낼 수 있는 방법을 찾아야 한다. 우버의 핵심 서비스는 부가 가치를 창출하고 획득하기 위한 부가적 네트워크의 입구 역할을 해야 한다.

한 가지 파생 기회는 운전자 네트워크를 다른 사업 네트워크와 연결하는 것이다. 식료품 배달, 우버 이츠, 우버 헬스는 모두 이러한 종류의 네트워크가 파생될 수 있다는 것을 보여주는 예시이다. 그러므로 우버의 운전자 네트워크는 지역성이 적은 다양한 다른 제공 업체(월마트나 카이저 헬스Kaiser Health)에 연결되었다. 이는 네트워크 밀집화나 멀티호밍으로 지역 차원에서 치열하게 경쟁 중인 우버를 다른 사업자와 차별화하기 위해 보다 지속적이고 글로벌한 연결을 육성하자는 취지이다. 그런데 이러한 기회들이 과연 수익을 낼 수 있을까? 그것은 전적으로 우버가 제공 업체와 체결하는 계약의 속성에 달려 있다. 식료품 거래는 여러 다른 업체가 존재하기 때문에 경쟁이 꽤 심할 것이며, 월마트와의 제휴 시도는 수익성이 좋아 보이지 않아 중단되었다. 우버 헬스는 전망이 밝아 보인다.

우버 이츠는 또 다른 흥미로운 선택이다. 우버 이츠는 미국뿐 아니라 글로벌 식당 제공 업체들과 새로운 연결 네트워크를 구축하고 있다. 우버 이

그림 6-6 우버의 가치 창출 및 획득의 기회 포착

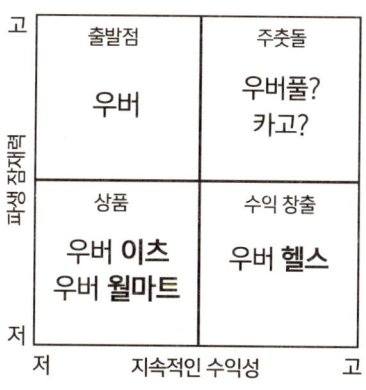

새로운 디지털 시대를 위한 전략 수립

츠는 확실하게 명확한 목표를 지향하고 있지만, 이 전략 또한 광범위한 경쟁과 지역 밀집화로 인한 도전에 시달리기 때문에 지속적인 이익을 보장하지는 않는다. 우버 이츠는 일부 지역에서는 수익을 내지만, 전체적으로는 아직 수익을 내지 못하고 있다.

우버의 또 다른 흥미로운 기회는 우버풀과 카고 시스템(Cargo Systems)이다. 우버풀은 여러 사용자가 승차를 공유해 추가적인 경제 효과를 내는 서비스이다. 우버풀의 흥미로운 점은 일반 우버 서비스보다 네트워크 효과가 훨씬 강하다는 점이다. 실제로 우버풀은 우버의 전통적인 간접 네트워크 효과 사업에 직접적인 네트워크 효과를 더하고 있다. 우버의 탑승자가 더 많아질수록 탑승자에 대한 가치는 더 높아진다. 우버풀의 규모가 커져도 다른 경쟁사가 비슷한 서비스를 제공할 가능성은 적을 것이다. 우버보다 규모가 더 작은 서비스 제공 업체가 가까운 장소에서 출발해 비슷한 목적지로 가는 두 명의 무작위 승객을 찾을 가능성은 극히 적기 때문이다. 안타깝게도, 현재 우버의 규모에서도 그럴 가능성은 적기 때문에 우버풀 서비스는 아직 수익성과 불만족의 문제에서 벗어나지 못하고 있다. 그러나 만약 우버풀이 어느 정도의 규모에 도달한다면, 전통적인 우버의 승차 공유 사업에 파생 효과를 가져오면서 상당한 이익을 챙길 것으로 보이기 때문에, 우버 성장의 진정한 주춧돌이 될 것이다.

또 한 가지 흥미로운 발상은 게임 회사 징가(Zynga)와 기업 대상의 기술 지원 회사 서포트닷컴(Support.com)으로 유명한 연쇄 창업가 마크 핀커스(Mark Pincus)가 시작한 카고다. 카고는 승차 공유 차량의 탑승자에게 상품을 판매할 수 있는 편리한 방법을 제공함으로써, 탑승자 네트워크를 다양한 소매 기회와 연결한다. 카고는 우버 운전자들이 매달 수백 달러를 더 벌 수 있다고 광고한다. 이는 운전자에게(그리고 우버에게도) 순이익이기 때문에 우버의 이익을 크게 개선할 수 있다.

궁극적으로, 우버에 내재된 본질적인 가치는 현실적이어서 수많은 파생 기회를 제공하지만, 상장 기업으로서 안정적인 평가를 받기 위해서는 이 모든 파생 효과가 효과적으로 작동해야 하므로 기대치를 낮추어야 할 필요가 있을 것이다.

놓쳐서는 안 되는 전략적 질문들

이제 우리의 주장을 일련의 질문으로 요약하겠다. 이는 기업가와 경영진이 전략을 개발하고 기업이 연결할 수 있는 네트워크에서의 가치 창출 및 획득의 기회를 구상할 때, 자신의 회사에 던져야하는 질문이다. 구체적인 예를 통해 설명하기 위해 이 장 초반에 소개한 파킨슨병 관리 앱으로 돌아가 보자.

제공되는 핵심 서비스는 무엇인가?

대부분의 전통적인 전략 분석과 마찬가지로, 가장 좋은 출발은 기업이 가치를 창출하는 가장 본질적인 방법으로 돌아가는 것이다. 예를 들어 멋진 AI 스타트업의 경우, 이렇게 물을 수 있다. 회사가 디지털화되어 AI를 통해 구현할 수 있는 구체적인 프로세스는 무엇인가? 첨단 비즈니스의 경우, 가장 기본적인 가치 제안은 무엇인가? 라고 물을 수 있다. 파킨슨병 관리 앱의 경우, 병의 일일 진행 상황에 대한 데이터를 수집해 치료 효과를 높이는 것이 핵심 가치가 될 것이다.

어떤 네트워크가 그런 서비스를 제공하는 열쇠인가? 그리고 그 특성은 무엇이며, 그들은 강한 학습 및 네트워크 효과를 가지고 있는가? 그들은 밀집되어 있는가?

다음 단계는 기업이 연결하고 있는 핵심 네트워크의 특성을 체계적으로 평가하는 것이다. 파킨슨 앱의 가장 중요한 네트워크는 환자 네트워크다. 앱의 환자 데이터는 이전에는 불가능했던 방식으로 병의 진행 상황을 주의 깊게 모니터링하는 데 매우 유용하기 때문에, 가장 필수적인 동력은 학습 효과다. 환자가 받는 기본적인 손발협조기능검사(coordination test)에서부터 간단한 일일 조사까지, 유용한 데이터를 수집하는 방법은 다양하다. 이 병의 복잡성과 많은 희귀 증상을 고려할 때, 질병 특성 분포의 꼬리는 상당히 길고, 규모가 커짐에 따라 데이터의 유용성도 더 커질 가능성이 매우 크다. 학습 효과가 이처럼 강하다는 것은 이 앱에 좋은 소식이기도 하고 나쁜 소식이기도 하다. 나쁜 소식은 데이터가 정말로 유용하게 되기까지 많은 배포가 필요하다는 것이다. 좋은 소식은 그것이 바람직한 결과를 얻기 위한 충분한 규모에 도달한 후에는 상당한 경쟁 우위를 유지할 수 있다는 것이다.

네트워크와 학습 효과가 약하다면 향후 어떻게 강화할 것인가? 전달된 가치는 어떻게 증가시킬 것인가?

기업은 성장함에 따라, 학습과 네트워크 효과를 계속 추구함으로써 창출되는 가치를 높여야 한다. 파킨슨 앱에서의 학습 효과는 이미 강하지만, 중요한 네트워크 효과를 더 추가하기 위한 기능을 더한다면 시간이 갈수록 학습 효과는 더 강화될 수 있다. 예를 들어, 참여자들 간의 상호 작용을 장려하는 기능을 앱에 추가한다면, 이 힘든 질병과 싸우기 위한 상호 지원, 코칭, 조언과 같은 형태의 중요한 교류가 일어날 수 있다. 이러한 직접적인 네트워크 효과는 앱의 경쟁 우위를 계속 유지하는 데도 도움이 될 수 있다.

네트워크 효과는 강하지만 바람직한 결과를 얻을 때까지 전달되는 가치가 거의 없다면, 어떻게 그곳에 도달할 것인가?

이는 전형적인 '닭이 먼저냐 달걀이 먼저냐'의 문제다. 강력한 네트워크와 학습 효과에 의존하는 모든 회사는, 학습과 네트워크 효과가 발동할 정도의 충분한 규모를 확보할 때까지 회사를 생존시킬 방법이 필요하다. 이것은 파킨슨 앱에도 적용된다. 파킨슨 앱의 규모는 아직 너무 작아서 학습과 네트워크 효과라고 할 만한 것을 그다지 많이 제공하지 못한다.

성장을 촉진하기 위해, 우리는 몇 가지 전술을 시도할 수 있다. 사용자들을 끌어들이기 위해 앱에 콘텐츠를 올릴 수 있다. 치료에 관한 조언이나 모범적인 치료 사례를 제공하거나, 치료에 대한 질문에 답하는 실시간 도움말을 올릴 수도 있다. 또, 그런 경험을 게임화해 앱을 더 재미있고 매력적으로 만들 수도 있다. 예를 들어, 펠로톤 앱은 페이스북 네트워크를 활용해 열성팬들이 자신들의 펠로톤 경험에 대해 열정적으로 의견을 교환하는 커뮤니티에 모이도록 만들었다.

가장 중요한 2차 네트워크는 무엇인가? 그것들이 추가적인 네트워크나 학습 효과를 가능하게 할 수 있는가?

이제 우리의 핵심 네트워크의 기본을 이해했으니, 많은 2차 네트워크의 특성을 분석해야 한다. 파킨슨 앱의 경우, 관심을 가질 만한 네트워크가 여러 개가 있다. 가장 흥미로운 것은 아마도 의사들이 모인 네트워크일 것이다. 그들은 환자의 파킨슨병 진행에 관한 데이터를 가지고 있고, 환자와의 추가적인 상호 작용 채널이 개발되면 그로부터 상당한 이익을 얻을 수 있기 때문이다. 이 앱은 의사나 다른 의료진이 이 병에 대한 추가적인 코칭과 조언을 제공하는 데 도움을 줄 수 있는 기능도 구축할 수 있다. 이러한 서비스는 앱에 간접 네트워크 효과를 추가함으로써 앱의 경쟁적 위상과 사업의 지속 가능성을 더욱 향상할 것이다. 이 외에도 약국 네트워크나, 환자 데이터로부터 이익을 얻을 수 있는 연구원, 보험사 등 다른 많은 흥미로운 네트워크들이 있으며, 이런 네트워크들은 처방약을 제조하거나 같은 약을 다시 제조하는 행위를 유발하는데 사용될 수 있다.

멀티호밍이나 직거래와 같은 네트워크 밀집화와 관련된 과제들이 있는가?

이제 이 사업이 초점을 맞추고 있는 네트워크의 특성에 대해 좀 더 깊게 살펴보자. 파킨슨 앱 사업은 본래 파킨슨병 환자에게만 밀집되기 때문에 규모의 성장이 제한적이다. 그러나 앱이 관련 네트워크에 연결되면, 환자에게 진정으로 매일 매일 가치를 전달할 수 있다. 참여율이 매우 높고, 관련 네트워크의 통합에서 가치가 발생하기 때문에 멀티호밍이나 직거래가 생길 가능성도 적다. 앱이 점점 더 많은 양의 환자 데이터를 축적하고 환자의 의사까지 참여시키면 멀티호밍과 직거래의 가능성은 훨씬 더 희박해진다.

최고의 가치 획득 기회는 무엇인가?

가치 획득에 대해서 보다 진지하게 고려하려면 먼저 가동 중인 네트워크의 특성을 이해해야 한다. 파킨슨 앱에 연결된 다양한 네트워크의 특성을 살펴본 결과, 분명한 것은 환자, 의사, 연구원, 보험사 등으로 가치 창출의 규모를 확장할 수 있다는 사실이었다. 그러나 바람직한 결과가 없으면 앱이 창출하는 가치는 제한되는데, 강력한 학습과 네트워크 효과를 기대할 수가 없기 때문이다. 이는 우리가 이 앱의 채택과 참여를 장려하기 위해 할 수 있는 모든 것을 하려면, 이 앱의 사용에 대해서 환자나 의사에게 요금을 부과하지 않는 전략을 구사해야 한다는 것을 시사한다.

앱을 수익화하기 위해서는 사용자에게 직접 요금을 청구하는 것 외에도 다른 방법들이 많이 있다. 그 중 한 가지는 앱 자체는 무료로 제공하고, 이미 수십억 달러의 수익을 내는 보완적인 제약 사업에 대한 브랜드화와 노출 증대에서 이익을 추구하는 것이다. 이런 수익이 증가하면 앱은 충분히 여유 있는 수익을 확보할 수 있게 될 것이다. 또 표적 광고(유용하고 전략적으로 설계되어야 하는), 의사의 추천, 보험 보조금, 익명의 검진 데이터의 유료화 등도 고려해 볼 수 있다. 결국, 이 앱은 꽤 좋은 사업으로 성장할 것이고, 파킨슨병의 치료와 관리에 많은 가치를 더할 것이다.

네트워크의 파생 기회가 있는가? 핵심 네트워크에 축적한 데이터가 다른 네트워크에 가치가 있는가?

마지막으로, 우리는 이 사업이 추가적인 가치 창출이나 기회 획득을 위해, 이전에는 분리되었던 어떤 종류의 네트워크에 연결될 수 있는지 질문해 보아야 한다. 파킨슨 앱은 파킨슨병이라는 질병의 분류를 초월하지만, 이 분류는 매우 밀집되어 있으므로 연결점이 거의 없다. 그러나 보험사들은 이 앱이 잘 구축되고 파킨슨 치료에 성공적이라면, 다른 환경에서 유사한 앱의 채택을 추진할 수도 있고, 나아가 유통 경로의 역할까지 할 수도 있다. 의사나 기타 의료 서비스 제공자들도 다른 질병 네트워크와의 연결을 시도할 수 있다.

이 장에서 우리는 데이터와 AI가 주도하고 디지털 네트워크가 지배하는 시대의 전략 수립에 중요한 몇 가지 접근 방식을 살펴보았다. 다음 장에서는 이러한 생각이 전략적으로 얼마나 광범위한 영향을 미치는지를 설명하고, 이러한 전략이 가져온, 경제의 다양한 부문에서 관찰된 경쟁 역학을 살펴볼 것이다.

7장 전통적 기업과 디지털 기업의 충돌

전통적 기업과
디지털 기업의 충돌

휴대폰의 제왕(노키아)을 누가 따라잡을 수 있을 것인가?
- 애플의 아이폰이 출시되고 반년이 지난 2007년 11월 12일, 미국의 경제지 포브스가 표지 기사로 노키아(Nokia)를 다루면서 쓴 제목

6장에서는 기업의 운영 모델의 핵심 요소를 디지털화하는 것이 어떻게 새로운 전략적 옵션을 가능하게 만들고, 기업이 가치를 창출하고 획득하는 방식을 변화시킬 수 있는지를 살펴보았다. 이번 장에서는 경쟁의 의미를 보다 광범위하게 살펴보고, 디지털 운영 모델을 특징으로 하는 기업들이 더 전통적인 기업과 부딪히고 충돌할 때 어떤 일이 일어나는지를 탐구할 것이다.

디지털 운영 모델을 가진 기업이 그동안 전통적인 기업이 제공해온 애플리케이션(또는 이용 사례)을 사업 목표로 삼을 때 충돌이 발생한다(그림 7-1 참조). 디지털 운영 모델은 기존 기업과는 규모, 범위, 학습의 역학이 다르기 때문에 이런 충돌은 산업을 완전히 변화시키고 경쟁 우위의 속성 자체를 재편한다.

디지털 운영 모델이, 기존 운영 모델이 창출한 가치와 비슷한 수준의 경

그림 7-1 디지털 기업과 전통적 기업의 충돌

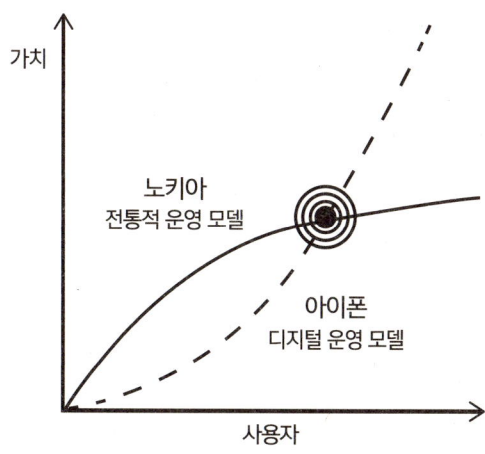

제적 가치를 창출하는 데는 상당한 시간이 걸릴 수 있다는 점에 주목해야 한다. 이것이 바로 전통적인 모델에 익숙한 경영진들이, 디지털 모델이 자신들을 따라잡으리라는 것을 처음에 잘 인정하지 못하는 이유다. 그러나 디지털 운영 모델의 규모가 일단 임계 수준을 넘고 나면, 디지털 모델로 운영되는 기업들이 전통적인 기업들을 압도하는 것은 매우 쉬운 일이다. 우리는 경제 전반에서 그 영향을 점점 더 크게 실감하고 있다.

에어비앤비가 메리어트, 힐튼과 같은 기존 호텔들과 충돌하고 있는, 글로벌 여행 산업을 살펴보자. 에어비앤비는 호텔과 비슷한 욕구를 충족시키지만, 전혀 다른 유형의 운영 모델을 기반으로 한다. 메리어트와 힐튼은 부동산을 소유하고 관리하면서, 분리된 조직의 수만 명의 직원이 고객 경험과 씨름한다. 반면에 에어비앤비의 간결한 조직은 가상 AI 팩토리의 꼭대기에 앉아 데이터를 취합하고, 정교한 알고리즘을 사용해 사용자들을 디지털 방식으로 추적하고, 그들이 관리하는 숙소 소유자 커뮤니티와 매칭시킨다. 그리고 메리어트와 힐튼은 둘 다 그룹과 브랜드로 클러스터를 이루고 있으며, 각각 고립된 사업부와 독자적인 정보 기술과 단편화된 데이터 그리고 조직 구조를 갖추었다. 하지만 에어비앤비의 작고 민첩한 애자일 조직은 통합 데이터 플랫폼 위에 앉아 고객과 프로세스 정보를 축적하고, 분석적 통찰력을 발휘하며, 신속한 실험을 수행하고, 주요 의사 결정을 위한 정보를 제공하는 예측 모델을 생성한다.

에어비앤비는 네트워크 및 학습 효과를 축적하며 규모, 범위, 학습을 재빠르게 추진하지만, 메리어트의 성장과 대응은 기존의 운영 제약 때문에 한정되어 있다. 에어비앤비는 불과 10년 만에 전 세계에 450만 개의 방을 제공할 수 있는 규모로 성장했는데, 이는 메리어트가 100년 동안 공들여 쌓아 올린 숙박 용량의 3배에 이른다.

아마존이 공급망을 구축하거나 앤트 파이낸셜이 신용 점수를 매기는 과정처럼, 에어비앤비에서도 인간의 노동력은 운영 모델의 핵심에서 비켜나 있다. 에어비앤비에서 인간의 노동력은 아예 회사의 경계 밖(숙박 제공자)에 존재한다. 에어비앤비는 신규 고객을 확보하고, 신규 여행자의 니즈를 파악하고, 고객 경험을 최적화하고, 위험 노출을 분석하기 위해 지속적으로 데이터를 발굴한다. 그렇게 할수록 숙박 제공자와 여행자에 대한 데이터가 훨씬 더 많이 축적되고, 인공 지능과 머신러닝을 활용한 수많은 실험으로 확인된 새로운 통찰력이 제공된다. 또 에어비앤비는 콘서트부터 비행 훈련까지 다양한 경험을 제공하기 위해 그 범위를 빠르게 확장하고 있다. 이로 인해 새로운 네트워크 및 학습 효과를 유도하고, 가치 창출과 획득을 위한 기회를 증가시킨다.

세계의 여행 시장을 자극하는 디지털 회사에 에어비앤비만 있는 것은 아니다. 부킹닷컴(Booking.com), 카약(Kayak), 프라이스라인닷컴(Priceline.com) 등의 브랜드들을 거느리고 있는 부킹 홀딩스(Booking Holdings)도 막강한 힘을 지녔는데, 이 회사는 에어비앤비보다 약간 긴 세월 동안에 15만 개가 넘는 여행지에서 3,000만 개의 방을 제공하고 있다. 에어비앤비와 마찬가지로 소프트웨어 중심, 데이터 중심의 운영 모델이 가능하도록 구축되어 있으며, 기존의 운영 제약에 부딪히지 않고, 규모, 범위 및 학습을 증가시킨다. 에어비앤비처럼, 부킹홀딩스는 실제 성장의 유일한 장애물인 인간의 노동력은 회사 외부에 위치시키고, 여행 숙박 시설과 경험의 성장을 확보하고 있다. 부킹 홀딩스의 가치는 이미 메리어트의 두 배에 달한다.

우리의 눈앞에서 산업이 변모하고 있다. 불과 몇 년 사이에 에어비앤비와 부킹 홀딩스는 객실 판매량을 획기적으로 늘리며 업계 선두에 오르는 동시에, 소비자들에게 제공되는 서비스의 다양성을 크게 늘렸다. 부지런한 인수 합병(M&A) 활동으로 시장 지배력도 높아지고 있다.

또 메리어트는 다른 호텔 체인 스타우드(Starwood)와 합병함으로써, 충성도 프로그램과 이와 관련된 데이터 자산으로 시너지 효과를 노리고 있다. 시간과의 경쟁에서 메리어트는 합병과 운영 모델의 재구성을 통해, 에어비앤비와 부킹홀딩스의 데이터 중심적 성장 기계와의 경쟁력을 유지하려 하고 있다. 바야흐로 호텔 산업이 충돌의 한복판에 놓여있다.

여행 산업으로 보는 충돌의 경쟁 역학

디지털 여행사와 전통 여행사 간의 충돌은 가치 전달에서 가장 중요한 업무의 일부를 디지털화하는 전혀 다른 유형의 운영 모델에 의해, 전통적인 사용자의 욕구가 새로운 방식으로 충족될 때, 어떤 일이 일어나는지를 보여준다. 숙소와 경험을 필요로 하는 여행자들의 시장 욕구 자체는 크게 다르지 않지만, 전통적인 호텔 체인과 달리 에어비앤비와 부킹홀딩스는 대규모의 전통 조직, 호텔 관리자와 직원 군단, 번거로운 운영 과정에 의존하지 않고 시장의 욕구를 충족시킬 수 있는 시스템을 구축했다.

에어비앤비와 부킹홀딩스는 여행 산업에 소프트웨어의 층을 효과적으로 덧입히고 있다. 이를 여행 사업을 위한 운영 체계로 간주하는 것이다. 메리어트가 여행업계의 IBM 메인 프레임이라면, 에어비앤비와 부킹홀딩스는 마이크로소프트 윈도우라고 할 수 있다. 이들은 이를 통해 기존의 운영 장애물을 조직 밖으로 밀어내고, 그들의 규모 확장, 범위 및 학습의 잠재력에 대한 제약 조건들을 제거했다.

부킹닷컴이나 에어비앤비 같은 디지털 운영 기업들도 컴퓨터 운영 체제 기업들처럼 네트워크와 학습 효과를 활용해 창출하는 가치를 더욱 증폭시킨다. 네트워크 효과는 이들 모델의 중심이다. 여행자들의 숙박 수요가 많아지면 온라인으로 숙박 장소를 제공하는 호텔과 주택의 소유자가 많아지고, 제공되는 숙박 장소가 많아지면 여행자가 더 많아지기 때문이다.

데이터가 머신러닝 알고리즘을 훈련해 패턴을 인식하고 운영 결정을 개선함에 따라, 학습 효과는 전달된 가치를 더욱 증폭시킨다. 에어비앤비와 부킹닷컴 모두 특정 사용자가 클릭할 가능성이 큰 콘텐츠의 유형, 머무는 시간, 마우스의 위치 같은 사용자 행동에 대한 모든 종류의 데이터를 축적한다. 알고리즘이 사용자의 앱에 안내될 콘텐츠를 선택하고, 우선순위를 정하는 데에 이 데이터가 사용된다. 앱이 다양한 데이터를 축적함에 따라, 학습 분석은 사용자의 참여를 높이도록 훈련을 받아 네트워크 효과의 영향을 증폭시킨다. 데이터가 많을수록 최적화는 더욱 정교해지고, 더 많은 일반 사용자가 콘텐츠에 참여하게 되는 것이다.

여행업계의 사례들은, AI와 학습 및 네트워크 효과가 어떻게 서로 호흡을 맞추고 스스로를 강화하는 과정을 반복하면서, 디지털 운영 모델에 대해 빠르게 성장하는 가치 제안을 구축할 수 있는지를 다시 한 번 보여준다. 운영 모델이 더 많은 연결을 개발하면, 그로 인해 데이터를 생성하고 축적할 기회가 더 많이 창출된다. 생성되는 데이터가 많을수록 조직은 더 나은 서비스를 제공하게 되고, 제삼자가 접속할 수 있는 동기를 더 많이 유발한다. 조직이 제공하는 서비스가 좋을수록, 더 많은 사용자를 끌어들일 것이고, 사용자가 많아지면 더 많은 데이터가 생성되는 선순환이 반복되면서, 결과적으로 모든 학습 및 네트워크 효과의 영향이 증가한다. 일반적으로 네트워크가 크고 생성되는 데이터가 많을수록 알고리즘이 우수해지고, 알고리즘이 우수할수록 규모와 범위의 확장으로 인해 전달되는 가치는 더 가파르게 증가하기 때문이다.

이러한 네트워크 및 학습 효과의 자기 강화 반복은 경쟁의 본질을 크게 변화시킨다. 전통적인 운영 모델이 전달하는 가치는 조직이 성장함에 따라 포화 상태가 된다. 이는, 전통적인 운영 모델은 경쟁을 막지 못하기 때문에 새로운 진입자가 기존 사업자를 위협할 수 있다는 것을 시사한다. 전통적 운영 모델에서는 규모가 큰 것이 유리하긴 하지만, 난공불락은 아니기 때문이다. 새로운 회사들은 규모가 더 작더라도 흥미롭고 혁신적인 솔루션을 제공함으로써 얼마든지 경쟁력을 가질 수 있다. 화려한 메리어트 리조트와 경쟁하는 시골 여관을 생각해보라. 그러나 새로운 운영 모델에서는 네트워크 및 학습 효과가 더 많은 가치 전달을 추구하기 때문에, 전통적인 제약 조건은 사라지고 가치 전달이 더 빠른 속도로 증가한다. 네트워크 및 학습 효과가 강력하고, 멀티호밍과 직거래를 잘 방어하면, 경쟁자들의 진입 가능성은 떨어지고, 시장은 이 새로운 운영 모델에 집중한다.

디지털 운영 모델이 가치 전달을 증가시킴에 따라, 더 낮은 규모, 범위, 학습의 경쟁자들을 위한 공간이 계속 줄어들어, 전통적인 기업은 수익성 있는 사업을 지속하기 어렵게 되었다. 호텔 기업은 계속 존재하겠지만, 그들의 수익은 새로운 '운영 체제' 층에 잠식되고 있다. 새로운 AI 중심의 '여행 경험 운영 체제' 모델의 엄청난 확장성이, 경쟁이 움직이는 패턴을 변화시키면서 메리어트, 힐튼, 하얏트 등 전통적인 운영자들이 생존이 걸린 싸움으로 내몰리고 있다.

　앞으로 10년간 우리는 수조 달러 규모의 세계 여행 시장을 장악하기 위한 서사적 전투를 목격하게 될 것이다. 이 전투가 어떻게 전개될 것인지 더 잘 이해하기 위해, 아날로그 휴대 전화 업체와 디지털 휴대 전화 업체 간의 충돌을 다시 살펴보자. 이 이야기는 이미 오래된 것이지만, 새로운 렌즈를 통해 분석하면 또 다른 흥미로운 통찰력을 얻을 수 있을 것이다.

대표적 사례: 노키아와 애플 그리고 삼성의 전략

　노키아는 1865년 제지공장으로 시작해 이동 통신 분야에서 글로벌 리더로 성장한 입지전적 회사다. 그러나 포브스가 2007년 11월호 표지에 업계 리더로 노키아를 다룬 지 불과 5년 만에 노키아는 완전히 몰락했다. 2007년 가치의 10분의 1도 안 되는 70억 달러(8조 5,000억 원)에 마이크로소프트에 팔린 노키아의 휴대 전화 사업부는, 몇 년 후 불과 수억 달러에 다시 매각되었다. 업계를 지배하는 위치에서 아무도 관심을 두지 않는 신세로 전락한 것이다.

　모든 것을 제대로 하는 것 같았던 회사에 어떻게 이런 일이 일어날 수 있었을까? 경이로운 제품 혁신, 디자인, 유용성을 자랑하는 노키아는 터치스크린 인터페이스에서부터 최초의 모바일 인터넷 브라우저에 이르기까지, 오늘날까지도 우리가 휴대 전화에서 사용하는 기능의 대부분을 발명했다. 노키아의 디자인은 스타일과 편리성에서 여러 상을 받았고, 끊임없이 소비자에게 집중하는 마케팅 조직은 누구에게도 뒤지지 않을 만큼 뛰어났다. 노키아의 제조 공정은 높은 품질, 낮은 비용, 그리고 여유 있는 운영 수익으로 정평이 나 있었다. 많은 면에서 노키아는 최정예급 회사였다.

노키아는 서로 단절되고 지리적으로 분리된 여러 개의 사업부 구조, 제품별 부서, 전 세계에 걸친 다수의 연구 개발 센터 등 여타의 모든 전통적 제품 대기업들과 같은 구조를 지니고 있었다. 노키아는 수백 개의 연구 개발 프로젝트를 동시에 진행했고, 10여 곳 이상의 주요 지역에 수천 개의 제품을 선보였다. 회사의 제품 개발팀은 통합 하드웨어 및 소프트웨어 기능을 최적화해, 고객의 특정 요구에 부응했고 뛰어난 디자인을 만들어냈다. 수직적으로 통합된 제조 공정과 그것을 전적으로 지원하는 공급망은 회사의 제품 전략을 든든하게 뒷받침했다. 각 지역과 시장에 맞춰 차별화된 다양한 모델과 디자인은 노키아의 경쟁 우위를 더욱 배가시켰다. 이 모든 것이 기술력, 특허, 브랜딩과 마케팅에 대한 투자로 완벽하게 보완되었다.

그러나 제품 회사들이 종종 그러하듯, 각 제품을 최적화하고 그것을 각 시장과 조직의 고유한 요구와 상황에 맞추기 위해 노키아는 디지털 일관성을 희생해야 했다. 노키아는 심비안(Symbian) 운영 체제에 많은 투자를 했지만, 심비안 OS는 회사가 사용한 몇 개의 운영 체제의 하나일 뿐이었다. 심지어 심비안 제품 내에서도 각각의 휴대 전화 소프트웨어는 각기 다른 사용자 인터페이스 설계, 폼 팩터(form factor, 컴퓨터 하드웨어의 크기, 구성, 물리적 배열), 고객 특징에 맞도록 미세하게 조정되었다. 게다가 개발자 인터페이스는 불안정하고 일관성이 없었으며, 특히 사용자 친화적이지 않았다. 이 모든 것 때문에 개발자들은 노키아의 다양한 모델과 운영 체제 버전을 위한 앱을 만들려고 할 때마다 골머리를 앓았다. 어떤 앱을 만들든 노키아의 거의 모든 제품에 대해 수작업으로 재설계를 해야 했다. 노키아가 2008년 앱스토어 오비(Ovi)를 공개했을 때 개발자들이 이 시장으로 모이지 않았고, 중요한 앱들이 많이 나오지 않았다는 것은 놀라운 일이 아니다.

노키아는 다른 위대한 제품 회사와 마찬가지로, 완전히 차별화된 제품을 생산하기 위해 최적화되어 운영되었다. 따라서 표준 디지털 기반에서 얻을 수 있는 규모의 이익도, 성공적인 플랫폼 생태계에서 얻을 수 있는 범위의 이익도, 일관된 데이터 구조나 실험적 플랫폼에서 얻을 수 있는 학습의 이익도 얻지 못했다.

그 후 2007년, 애플의 iOS가 시장에 출시되었고 구글의 안드로이드가 빠르게 그 뒤를 이었다. 아이폰이나 안드로이드의 휴대 전화는 별도의 제품 단위를 특징으로 하는 전통적인 단절된 제품 회사에서 제작되는 것이 아니라, 하나의 소프트웨어 버전, 즉 하나의 일관된 디지털 기반 위에서 구축되었다. 물론 그 제품들도 전화기처럼 작동하고 성능에서도 노키아와 비슷했지만, 아이폰과 iOS의 조합은 단일 디지털 플랫폼을 구현했고, 1980년대 이후 PC가 고안된 방식과 매우 유사한 방식으로, 애플은 곧바로 우아하고 일관된 API를 제공했다. 안드로이드는 빠르게 이를 뒤따랐고, 그 설계 구조까지 개방함으로써 다양한 스마트폰 OEM 생산자를 배출했다.

애플과 구글은 원래 휴대 전화 기업은 아니었지만, 노키아의 휴대 전화와 달리 제삼자 앱 개발자와 서비스 제공 업체들로 구성된 무한한 확장 생태계를 구축함으로써 전화기에 내장된 핵심 기능을 보완했다. 노키아의 분열된 제품군과 달리, 일관된 iOS와 안드로이드 플랫폼은 대규모의 앱 개발자 네트워크를 조성하고 이들의 높은 열정을 불러일으켰다. 긍정적인 강화의 반복 효과는 놀라운 결과를 가져왔다. 더 많은 아이폰 앱과 안드로이드 앱이 만들어질수록 사용자의 참여 수준은 더 높아졌고, 사용자의 참여 수준이 높아질수록 거래 건수가 증가하고, 개발자와 광고주에게 유입된 데이터의 양과 가치는 더 커졌다.

개발자와 광고주 네트워크가 임계 수준에 도달하면서, iOS와 안드로이드의 가치는 급격히 치솟았다. iOS와 안드로이드가 전달하는 가치가 동일한 고객에게 서비스를 전달하는 기존 스마트폰의 가치를 압도하면서, 가치 곡선의 기울기는 더욱 가팔라졌다. 수백만 개의 앱이 배치되자, 아이폰과 안드로이드는 노키아의 전통적인 제품 기반의 비즈니스 모델을 완전히 따돌렸다(그림 7-2 참조). 노키아와 함께 블랙베리(BlackBerry), 소니에릭슨(Sony Ericsson), 모토로라(Motorola)같은 다른 경쟁업체들도 시장에서 사라져갔다.

스마트폰에서의 충돌은 단지 전통적인 업계의 선두 주자를 대체하는 차원을 넘어, 산업의 구조를 극적으로 바꾸었다. 사실상 모든 수익원이 치열한 경쟁의 하드웨어 계층에서 고도로 집중된 소프트웨어 계층으로 이동하면서, 번들 하드웨어, 광고, 앱 다운로드 수수료 같은 보완적인 수익원을 통해 가치가 획득되었다. 전투는 아직 끝나지 않았지만, 최종 승리는 이미

그림 7-2 노키아와 애플의 기업 가치 곡선

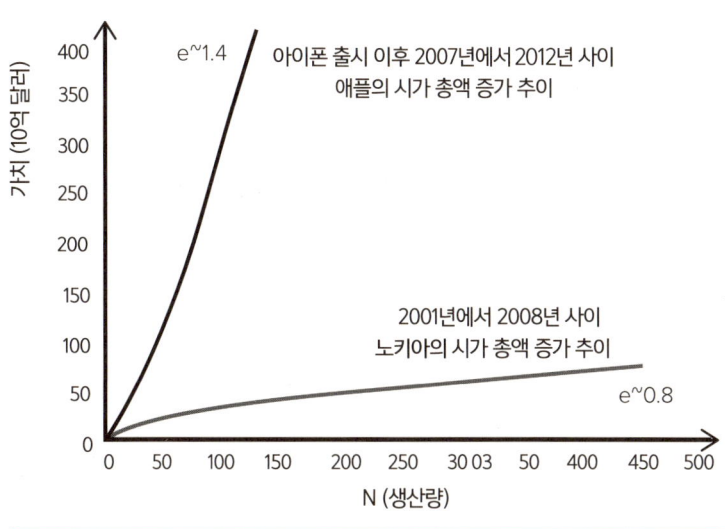

글로벌 스마트폰의 85퍼센트 이상을 차지하고 있는 안드로이드로 돌아갈 가능성이 커 보인다.

아이러니한 것은 노키아가 터치스크린 기능, 통합 카메라, 임베디드 검색, 심지어 앱과 앱스토어까지 현재 우리가 스마트폰과 연계하고 있는 많은 기능을, 2007년에 도입한 아이폰보다 먼저 발명하고 도입했다는 점이다. 실제로, iOS와 안드로이드에 점유율을 빼앗기던 기간에도 노키아는 매출의 8퍼센트에서 15퍼센트를 연구 개발에 투자하고 있었다. 그러나 iOS와 안드로이드는 완전히 다른 방식으로 가치를 구축하는 구조를 지니고 있었다. 에어비앤비와 부킹닷컴이 데이터로 무장해 여행 경험 제공자들을 끌어들이고 있는 것처럼, iOS와 안드로이드는 앱 개발자와 광고주들을 끌어들이고 있다. 시장은 이미 기울었고, 노키아와 함께 경쟁의 본질은 바뀌었다. 이 모든 것이 5년도 채 걸리지 않았다. 일단 디지털 네트워크 회사가 임계선을 돌파하면 빠른 속도로 성장해 시장을 장악하고 경제를 변화시킨다는 것을 노키아는 뒤늦게 알아차렸다.

새로운 위협에 대처하기 위해 노키아는 두 가지 선택지를 지니고 있었다. 하나는 자체의 디지털 운영 모델을 구축해 안드로이드나 iOS와 정면 승부를 벌이는 것이었다. 그러나 그렇게 하기 위해서는 단절된 제품 기반의 운영 구조를 소프트웨어에 최적화된 운영 구조로 전환해야 했다. 즉, 일관된 단일 디지털 프레임워크를 표준화하고, 소프트웨어의 구성 요소 설계, 생태계 개발 및 데이터 통합에 대한 표준 접근 방식을 채택해야 했다. 심비안 기술을 구축하는 것만으로는 충분치 못했다. 4장과 5장에서 설명한 바와 같은 근본적인 전환이 필요했다.

두 번째 선택은 새롭게 형성된 스마트폰 OS 회사들의 지배력을 인정하고, 새로운 소프트웨어 기반의 진입자들에 대한 최고의 보완재 역할에 초점을 맞추는 것이었다. 이것은 본질적으로 삼성이 소프트웨어 전투에서 뒤처졌음을 인정하고, 하드웨어의 특징과 부품에 집중한 것과 같은 맥락이다. 비록 iOS와 안드로이드가 획득한 것과 같은 종류의 가치와 수익성에 접근하지는 않았지만, 삼성은 살아남았고 어느 정도 성공했다. 이러한 나름의 전략 덕분에 삼성은 업계의 극소수인 고품질 스크린 디스플레이의 전략 공급업체 중 하나가 되었으며, 여전히 수익을 누리고 있다. 이 시장은 매우 중요한 틈새시장이 되었다. 그러나 나머지 다른 스마트폰 하드웨어 OEM 업체들은 그러지 못했다. 이들은 경쟁이 치열한 시장에서 수익을 잃었다. 하지만 그런 역경에도 많은 회사가 아직 살아남아 있다.

안타깝게도 노키아는 어느 선택도 하지 않았고, 그 결과 빠른 종말을 맞게 되었다. 처음에 노키아는 단순히 변화를 거부하고, 기존의 운영 구조 내에서 더 많은 제품을 구축함으로써 위협에 대응하려고 했다. 그러나 이러한 접근 방식의 실패가 명백하게 드러났음에도, CEO 스티븐 엘롭(Stephen Elop)은 안드로이드의 분명한 이점을 인정하지 않고, 이미 시장 점유율에서 훨씬 뒤진 윈도우 모바일의 운영 체제에 전념했다. 결국, 노키아는 디지털 규모, 범위, 학습의 열매를 전혀 거두지 못하고 망각 속으로 사라져갔다.

다른 산업에서도 반복되고 있는 충돌

스마트폰 사례와 같은 이야기가 곳곳에서 반복되고 있다. 우리는 에어비앤비와 부킹닷컴도 메리어트와 힐튼에 비슷한 도전을 하고 있음을 설명했다. 또 아마존과 마이크로소프트의 클라우드 컴퓨팅 서비스가 전통적인 소프트웨어와 하드웨어 공급자를 대체하고 있는 것처럼, 알리바바나 아마존 같은 시장 플랫폼이 전통적인 소매업체를 대체하고 있다. 디지털, OTT(Over the Top, 인터넷을 통해 볼 수 있는 TV 서비스) 비디오 콘텐츠 전송 서비스(넷플릭스, 훌루, 아마존 프라임 비디오 같은)는 전통적인 유료 케이블 TV 업체를 위협하고 있다. 새로운 핀테크 기업들이 인터넷을 통해 데이터 중심의 금융 서비스를 제공함으로써 전통적인 은행이나 보험사들과 경쟁하고 있다. 경제 전반에 걸쳐 우리는 전통적인 기업들이 소프트웨어 중심의 운영 모델과 충돌하는 것을 목격하고 있다. 이 소프트웨어 중심의 운영 모델은 네트워크, 데이터 및 AI를 활용하여 개인화를 추진하고, 디지털 네트워크를 사용해 서비스 제공 업체에 연결함으로써 서비스의 범위를 확장한다. 이런 심오한 전환이 거의 모든 산업에서 일어나면서, 가치 창출, 획득 및 전달에 영향을 미치고, 경쟁 활동과 시장 구조를 변화시킨다.

과거와 현재의 사례를 몇 가지 더 살펴보자.

컴퓨터 산업

컴퓨터 산업은 이미 운영 구조 간의 수많은 충돌을 목격했고, 충돌이 일어날 때마다 산업 가치 사슬의 여러 측면을 새롭게 디지털화했다. 가장 충격적인 전환이 일어난 시기는 아마도 대형 컴퓨터와 소형 컴퓨터 업체들이 PC 업체들과 충돌했던 1980년대였을 것이다. 먼저 우리는 CPM과 DOS, 나중에는 윈도우와 맥 OS(Mac OS) 같은 별도의 모듈식 운영 체제를 갖춘 디지털 플랫폼 구조를 보았다. CPM은 곧 인기를 잃었지만, 맥 OS는 (애플이 자체 애플리케이션을 제공함에 따라) 대체적으로 온전한 구조를 유지했고, 마이크로소프트도 수백, 수천 개의 API와, 사용하기 쉬운 비주얼 스튜디오(Visual Studio, 다양한 언어로 프로그래밍할 수 있는 마이크로소프트의 통합 개발 환경) 프로그래밍 도구를 개발해 윈도우를 업계의 대표 OS로 만들었다.

결국, 윈도우는 디지털 인터페이스를 사용해 소프트웨어 응용 프로그램의 생성을 모듈화해 배포함으로써 크고 강력한 생태계를 구축했다. 윈도우의 최전성기에는, 수많은 응용 프로그램 업체에서 윈도우용 소프트웨어를 구축하는 일을 직업으로 삼는 개발자가 무려 6백만 명이 넘었다. 개발자 생태계는 강력한 네트워크 효과를 낳았고, PC 운영 체제에서 마이크로소프트의 시장 점유율이 90퍼센트를 상회하는 등 윈도우는 10년 넘게 시장을 지배했다. 오늘날 구글이 데이터, AI, 그리고 맞춤형 광고 서비스가 제공하는 막대한 수익으로 스마트폰에서 시장 우위를 차지하고 있는 것은 윈도우의 성공 전철을 그대로 밟고 있는 것이다.

최근 몇 년간, 클라우드 컴퓨팅은 소프트웨어의 배포 과정을 디지털화하는 또 다른 충돌로 이어졌다. 클라우드는 네트워크를 기반으로 탄력적인 컴퓨팅 용량에 쉽게 접근할 뿐 아니라, 계산, 저장, 기타 애플리케이션 및 서비스에 대해 소비하는 만큼 돈을 지불하는 방식으로 다양한 컴퓨팅 서비스를 배포하는 새로운 비즈니스 및 운영 모델을 제공한다. 클라우드 컴퓨팅 제공 업체들의 운영 모델은 기존의 소프트웨어 OS 제공 업체들과는 전혀 다르다. 그들은 매장에서 소프트웨어를 판매하거나 특정 기업에 자체적으로 소프트웨어를 배치하는 대신, 데이터 센터의 인프라 구축을 확장함으로써 서비스를 효율적으로 전달한다.

리눅스와 다른 대안(주로 오픈 소스)에 밀려난 마이크로소프트는 다시 게임 시장에 뛰어들었다. 또한, 마이크로소프트는 AWS를 따라 클라우드 시장에 진입하면서 비즈니스 및 운영 모델의 전환에 성공하며 비즈니스 애플리케이션에 최적화된 클라우드 서비스를 제공하는 리더가 되었다. 컴퓨터, 소프트웨어 등 전자 제품 전문 유통업체인 베스트 바이(Best Buy)나 컴퓨터 시티(Computer City)의 매장에서 구입하던 소프트웨어 박스는 사라졌고, 기업들이 자체적으로 회사 내에 대규모로 배치하던 윈도우 서버(Windows Server)와 SQL 서버 같은 제품들도 곧 사라질 운명에 처했다. 이제 모든 소프트웨어는 클라우드로부터 온 디맨드 방식으로 쉽게 다운로드할 수 있게 되었기 때문이다. 업계의 리더십은 당연히 다시 뒤집혔고, 아마존(AWS를 통해)과 마이크로소프트(전환 후, 애저를 통해)는 오늘날 시가 총액 기준, 세계 최고 기업의 자리를 두고 다투고 있다.

컴퓨터 산업은 오랫동안 충돌에 대처해왔기 때문에, 기업들은 전환에 능숙해졌다. 물론 오랜 경험 때문이기도 하지만, 더 중요한 것은 이 업계 기업들의 운영 구조가 전통적인 산업의 운영 구조보다 덜 단절되고 덜 분열되어 있었기 때문이다. 따라서 소프트웨어와 데이터 플랫폼 기업으로 설계된 회사들은 새로운 세대의 기술을 채택하기 위한 변화가 비교적 용이하다.

소매 산업

1994년, 월드 와이드 웹의 등장과 함께 설립된 아마존은 최초의 온라인 소매상 중 하나였다. 아마존, 드럭스토어(drugstore.com), 징동닷컴, 펫

츠닷컴(Pets.com) 같은 초기의 온라인 소매 운영 모델은 사람들의 구매 거래 행위를 디지털화해 온라인으로 이동시켰다. 시간이 지나면서 온라인 소매업체들은 디지털 소매 플랫폼으로 성장했고, 아마존은 시장을 개척하고 확장해 수천 개의 제삼자 판매업체와 연결하며, 전례 없는 규모와 범위를 수천 개의 제품 카테고리에 걸쳐 제공하는 플랫폼이 되었다. 4장에서 설명한 바와 같이 아마존은 자체의 운영 모델을 재구성해 데이터를 축적하고 소프트웨어의 구성 요소를 공유함으로써 강력한 데이터 중심의 운영 플랫폼을 설계하고 소매 경험의 엄청난 전환을 주도했다.

전통적 소매업체들은 1세대 온라인 소매업체와 꽤 잘 맞섰다. 1세대 온라인 소매업체들은 아직 전환이 제대로 이루어지지 않은 상태였기 때문이다. 데이터와 분석이 광범위한 수준이 아니었고, 전통적인 공급망으로 인해 본격적 전환을 이루지 못한 1세대 온라인 유통업체들은 실질적인 네트워크 및 학습 효과를 창출하지 못했다. 결국, 드럭스토어나 펫츠닷컴 같은 회사들은 고객의 고유 욕구를 전통적인 상점보다 더 잘 충족시키지 못했다. 온라인을 통해 다양한 상품을 공급하고 있었지만, 개인화 없이는 더 발전하기 어려웠다. 차라리 전통 업체 매장의 잘 훈련된 점원이 더 효과적이었다. 더 큰 위협은 아마존의 데이터 중심, 소프트웨어 기반으로 재설계된 운영 모델을 모방한, 징동닷컴이나 온라인 가구업체 웨이페어(Wayfair) 같은 회사들의 등장이었다.

전환은 단순히 거래를 온라인으로 옮기는 것 이상이었다. 진정한 혁신에는 데이터 중심, AI 중심으로 통일된 고객 이해를 바탕으로 하는 근본적으로 다른 운영 방식이 필요했다. 온라인에서뿐 아니라 오프라인에서도 소매 경험을 개인화를 할 방법을 제시해야 했다(아마존이 식료품 체인 홀푸드마켓을 인수한 것처럼). 소매 공급 체인은 노동력을 프로세스의 핵심이 아니라 가장자리(예를 들어, 선반에서 이상한 물건을 골라내는 것)에 배치하는 등, 소프트웨어 중심으로 변화했다. 전통적인 장애물과 제약 조건을 제거하고, 본격적으로 규모를 확장하는 조치였다. 2010년대 후반이 되자, 마침내 전통적 소매의 종말이 본격화되면서 장난감 체인 토이저러스(Toys"R"Us), 스포츠용품 체인 스포츠 어쏘리티(Sports Authority), 여성 신발 소매업체 나인웨스트(Nine West), 생활용품 유통업체 브룩스톤(Brookstone) 같은 회사들이 몰락하기 시작했다.

소매 산업에서 얻은 통찰력은, 회사를 온라인으로 바꾸는 것만으로는 업계의 전통적 거인들을 무너뜨릴 수 없다는 것이다. 진정한 차별화는 소프트웨어 중심, 데이터 중심의 운영 구조를 구축하는 것이다. 몇몇 온라인 소매업체들이 그것을 깨닫고 난 이후에 소매업계가 진정으로 변화하기 시작했다.

엔터테인먼트 산업

엔터테인먼트 산업에서 데이터 및 소프트웨어 중심의 운영 모델을 사용해 기존의 회사들과 성공적으로 충돌한 최초의 회사는 냅스터(Napster)였을 것이다. 냅스터는 사람들이 음악 산업의 다양한 기존 업체에 사용료를 지불하지 않고, 온라인에서 음악을 디지털화하여 무료로 공유할 수 있게 했다.

냅스터는 1990년대 후반에 등장해 음악을 하나의 서비스로 도입해 엄청난 인기를 끌었지만, 법적 문제에 시달리다 마침내 2001년에 문을 닫았다. 냅스터 이후 애플 뮤직(Apple Music), 스포티파이(Spotify) 같은 새로운 시장 참가자들이 전통적인 음악 유통 회사와 충돌을 일으키며 미국 등지에서 음악 유통 업계의 비즈니스 및 운영 모델을 변화시켰다.

이러한 충돌은 음악에서 비디오로까지 퍼져나갔다. 1997년에 설립된 리얼네트웍스(RealNetworks)는 최초의 인터넷 스트리밍 비디오 회사였다. 2000년까지 인터넷을 통해 스트리밍된 거의 모든 비디오는 리얼네트웍스 포맷이었다. 하지만 리얼네트웍스의 비즈니스 모델은 서버 소프트웨어의 판매에 의존했고, 결국 마이크로소프트, 애플 같은 기존 소프트웨어 업체와의 경쟁에서 고전을 면치 못했다.

2005년 유튜브(Youtube)가 등장하고, 넷플릭스가 2007년부터 DVD 사업에서 스트리밍 서비스로 전환하면서 스트리밍 서비스가 본격적으로 시작됐다. 유튜브와 넷플릭스는 음악 스트리밍 회사들처럼, 광고와 구독을 통한 확장 가능한 가치 획득의 모델과 함께 소비자들에게 더욱 강력한 가치 제안을 제공했다.

그러나 넷플릭스의 운영 모델과 유튜브의 운영 모델 사이에는 경쟁에 대한 영향력에서 큰 차이가 있다. 유튜브는 소규모 콘텐츠 제공자들로 구성된 거대한 커뮤니티를 통합함으로써 중요한 네트워크 효과를 축적해 시장을 지배한다. 반면에 넷플릭스가 제공하는 비디오 스트리밍 서비스의 종류는 보다 집중적인 콘텐츠 제작 스튜디오들에서 나오는데, 이 스튜디오들은 대개 멀티호밍을 지향하며 다양한 전달 플랫폼을 통해 자신들의 콘텐츠를 제공한다. 넷플릭스도 데이터 및 학습 효과를 내지만, 유튜브와 같은 규모 확장은 추구하지 않는다. 이에 따라 훌루(Hulu)부터 아마존에 이르는 많은 경쟁자가 경쟁력 있는 콘텐츠를 계속 공급할 수 있게 되었다. 그러나 이런 경쟁자들은 강력한 네트워크 효과를 내지 못하고, 스튜디오와의 특별한 관계와 수직적 통합을 통한 자신만의 콘텐츠로 차별화를 시도하고 있다. 디지털 기업들은 현재 막대한 콘텐츠 제작 예산을 보유하고 대부분의 글로벌 시장에서 전통적 회사들에 도전하고 있다.

구글, 넷플릭스, 애플, 아마존 같은 여러 회사가 기존 케이블 및 위성 텔레비전 사업자와 충돌하며, 전 세계 수억 명의 사용자로 빠르게 확장된 OTT 인터넷 기반의 비디오 콘텐츠 플랫폼을 제공하고 있다. 이 기업들의 축적된 네트워크 효과는 각기 다르지만, 모두 데이터 중심의 운영 모델을 가지고 경쟁하며 개별 사용자의 요구에 따라 각자의 시청 경험을 제공하는 맞춤화 및 개인화를 추구한다. 음반사와 소매업체가 몰락하기 시작하자, 바짝 긴장한 전통적 미디어 회사들은 앞다퉈 콘텐츠 및 인터넷 서비스 제공 업체들과 합병하는 등 디지털 핵심의 전환 추구하며 운영을 재설계하고 있다. 과거 이 시장을 지배하던 미국의 종합 미디어 기업인 컴캐스트와 디즈니는 클라우드 기반의 X1 플랫폼 개발에서부터 ESPN 스트리밍 서비스에까지 이르는 중요한 진전을 보여주었다.

엔터테인먼트 산업의 전환은 또 다른 흥미로운 패턴을 보여준다. 첫째는 특정 산업에서 최초의 혁신자가 항상 이기는 것은 아니라는 것이다. 냅스터가 일찌감치 사라진 것을 그 예로 들 수 있다. 두 번째는 디지털 운영 모델의 구축만으로는 충분하지 않다는 것이다. 충돌이 기존 기업을 위협하기 위해서는 혁신자에게 효과적인 비즈니스 모델도 있어야 한다. 그들은 전통적인 회사들과 경쟁하는 동시에 디지털 회사들과도 경쟁해야 하기 때문이다. 그들은 서로 경쟁하면서 넷플릭스 같이 경쟁의 표적이 되는 회사로 부상하거나, 아마존이나 애플처럼 산업 전반에 걸친 자산과 역량의 시너지를 활용하기도 한다. 이 시장에서의 승자와 집중의 수준은 결국 규모, 범위, 학습의 경제를 얼마나 구축하느냐에 따라 결정될 것이다.

자동차 산업

자동차는 점점 갈수록 더 연결되고 디지털화되고 있으며, 이렇게 증가한 연결과 기능 또한 자동차 회사들의 전통적인 운영 모델을 위협하고 있다. 중요한 것은 이동 중에도 사람들을 인터넷에 연결하는 것의 가치가 얼마나 엄청난 것인지를 인식하는 것이다. 미국 사람들은 하루 평균 1시간을 출퇴근에 소비한다. 소비자가 한 시간 동안 인터넷에 접속할 수 있는 가치는 미국만 따져도 수천억 달러에 달한다.

이동 중에도 경제적 가치를 캐낼 기회를 탐구하는 커넥티드 카(connected car)에도 디지털 데이터 중심의 운영 모델이 요구된다. 자동차 자체가 다양한 화면이나 오디오를 통해 운전자와 승객에게 온 디맨드 서비스나 고도의 표적 광고를 제공하는 시장이 되었기 때문이다. 우버, 리프트, 디디 같은 승차 공유 서비스가 이미 자신의 길을 가고 있지만, 역시 최고의 기회는 자율 주행 시스템에 있다. 소비자들이 더 이상 운전에 신경 쓸 필요가 없어지면, 그들은 이동 중에도 엔터테인먼트를 즐기거나 사회적 상호 작용을 하길 원할 것이다. 자동차가 바퀴 달린 대형 스마트폰으로 바뀌는 시대가 되는 것이다. 그때가 되면 전통적 회사와 신규 진입자들 사이에 가치 창출과 획득을 늘리기 위한 본격적인 전투가 일어나리라는 것은 뻔한 사실이다.

구글의 모회사 알파벳은 이 경쟁의 맨 앞에 서 있다. 이미 모바일 사업에서 어느 정도의 규모로 성장한 안드로이드는 이제 자동차 사용자의 행동과 가치 획득을 구체화할 준비가 되어있다. 구글 지도와 광고 네트워크도 이미 충분한 규모로 성장했기 때문에, 자동차의 위치를 정확히 겨냥해 해당 지역 광고를 제공할 준비가 되어있다. 다음 단계는 사용자를 상업적 기회로 이끌기만 하면 된다. 한편 소비자의 요구에 따른 압박을 받는 기존의 자동차 제조업체들도 그들의 다양한 차종의 대시보드 스크린에 허브 회사들이 접근할 수 있게 함으로써 그들이 제공하는 서비스를 직접적으로 운전 경험에 통합시켰다. 알파벳의 자율 주행 사업 자회사 웨이모는 이미 이런 엄청난 기회를 선점하기 위해 운전자 없는 자동차를 개발하고 있는데, 언젠가는 이 사업만으로 수천억 달러의 수익을 올릴 수 있을 것이다.

이러한 변화들은 결국 산업 전체를 변화시킬 것이다. 이러한 추세가 계속될수록 교통수단은 자동차의 소유와 경험에 대한 것이라기보다는 자동차가 승객을 태우고 이동하면서 제공하는 편리함과 서비스에 대한 것이 될 것이다. 물론, 여전히 자신들이 실제로 운전할 수 있는 자동차를 원하는 사람도 있겠지만, 그런 추세는 줄어들고 대부분의 자동차 하드웨어는 안드로이드 OEM 비즈니스가 그랬듯이 우리의 일상용품처럼 변할 것이다.

다른 산업의 사례와 마찬가지로, 자동차 산업의 전환 효과도 자동차 제조업체에만 국한되지 않을 것이다. 디지털화가 도미노처럼 계속되면서, 전환의 효과는 보험사, 수리 및 유지 보수 회사, 도로 건설 회사, 법 집행 기관, 인프라 제공 기관 등 다양한 연결 분야를 뒤바꿀 것이다. 많은 지방, 주, 연방 정부도 다양한 형태의 자동차세에 의존하고 있으므로 이들 역시 영향을 받을 것이다.

노키아의 이야기는, 자동차 산업에 보다 집중적인 소프트웨어 계층이 등장함에 따라 자동차 제조업체들의 핵심 사업이 점점 더 일상용품화될 것이라는 점을 시사한다. 수요가 포화 상태에 이르고 자동차는 소유하는 것이 아니라 이동 시에만 사용하는 것이라는 개념이 커짐에 따라 자동차 제조사들의 수익과 이윤은 잠식될 것이다. 자동차가 하드웨어의 개념에서 소프트웨어 및 네트워크 개념으로 바뀌면서, 이른바 고급 자동차의 가격 프리미엄은 급격히 하락할 것이다.

그렇다면 전통적인 자동차 제조사들은 이에 대응하기 위해 무엇을 할 수 있을까? 노키아와 마찬가지로, 그들에게도 두 가지 선택지가 있다. 알파벳이나 애플과 같은 허브 회사에 도전하거나, 그들과 손을 잡고 그들에게 선택받은 최고의 공급자가 되는 것이다. 그러나 두 전략 모두 만만치 않다. 첫 번째 선택지는 이미 일정 규모로 성장한 안드로이드, iOS 등과의 경쟁을 수반한다. 여기에는 지도, 광고 플랫폼과 같은 중요한 서비스까지 관련되어 있어 더욱 쉽지 않다. 두 번째 선택지는 자동차의 기능과 시장 장악력이 소프트웨어로 이동함에 따른 자동차 하드웨어와 그 구성 부품의 일상용품화 추세에 순순히 따를 것이냐의 문제이다.

전통적인 자동차 회사가 일상용품 회사로 변화하는 추세에서, 일부 자동차 제조사들은 자동차 관련 산업에서 부상하고 있는 새로운 소프트웨어와 서비스 부문에 참여하려 하고 있다. 실제로 일부 자동차 업체들은 자동차를 사용한 만큼 돈을 지불하는 사용량 기반 요금제 모델을 준비하고 있는데, 실제로 GM이 리프트에 투자하거나, 다임러(Daimler, 독일의 자동차 제조 그룹)가 카투고(Car2go, 독일의 차량 공유 서비스 제공 회사)를 인수한 것처럼, 몇몇 제조사는 이미 자동차를 서비스로 제공하는 업체들을 인수하거나 그들과 제휴하고 있다. 이들이 앞에 설명한 디지털 회사들과 경쟁할 만큼의 규모, 범위, 학습의 효과를 충분히 거둘 수 있을지가 관건이다.

디지털 전환에 투자하고 새로운 서비스 기반의 비즈니스 및 운영 모델을 실험하는 것 외에, 자동차 회사들은 디지털 허브가 사업을 수행하는 방식까지 그대로 따라 해야 한다. 그리고 경쟁력을 갖추기 위한 필요한 규모에 도달하기 위해, 치열하게 경쟁하는 자동차 회사들은 운영 모델을 재설계하고 충분한 규모 축적을 위해 힘을 합쳐야 할 것이다.

정밀 지도와 위치 서비스 제공 업체인 히어(HERE)는 흥미로운 사례다. 이 회사는 초기의 온라인 지도 제작 회사 중 하나인 나브텍(Navteg)에 뿌리를 두고 있었는데, 2007년 노키아가 나브텍을 먼저 인수했다가, 2015년에 다시 폭스바겐, BMW, 다임러의 컨소시엄이 인수했다. 제삼자 개발자들이 위치 기반 광고 및 기타 서비스를 개발할 수 있도록 정교한 도구와 API 세트를 제공하는 히어는 기존의 자동차 제조사들이 '연합' 플랫폼을 구축하기 위한 협력의 시도이다. 그렇게 함으로써, 잠재적인 경쟁 장애물을 무력화하고, 구글이나 애플로부터의 명백한 위협을 상쇄하려 한다. 이같이 컨소시엄은 자동차의 가치 획득이 디지털 기업으로 완전히 넘어가는 것을 막는 데 중요한 역할을 할 수 있다.

앞으로 10년 동안 자동차 산업은 엄청난 변화와 전환을 맞을 것이다. 전통적인 자동차 제조사들은 그 공간에 진입하는 디지털 회사들의 기술 경쟁력과 규모, 범위, 그리고 학습의 이점을 과소평가해서는 안 된다. 그들은 이전에도 이런 게임을 해본 적이 있어서, 경쟁의 새로운 양상을 분명하게 이해하고 있기 때문이다.

우리가 나아갈 방향

오늘날 우리는 서비스 전달의 경제 및 본질을 변화시키는 새로운 세대의 디지털 운영 모델을 목격하고 있다. 소프트웨어는 데이터 및 AI 중심 구조와 더불어, 전통적인 운영 제약(노동력)을 제거하고 산업 전반에 걸쳐 새로운 세대의 비즈니스 모델의 출현을 가능하게 했다. 이것이 경쟁의 양상을 변화시키고 있으며, 우리는 이미 일부 전통 시장에서 승자 독식의 세계가 출현하는 집중화의 증거를 보았다. 그리고 경제 전반에 걸쳐 충돌이 증가하면서 서로 다른 산업들이 새로운 유비쿼터스 디지털 네트워크를 통해 점점 더 연결되었다. 이에 따라 우리 경제 전체가 소수의 디지털 초강자를 중심으로 거대하고 고도로 연결된 네트워크 집단의 형성을 시작하고 있다.

애플, 구글의 알파벳, 아마존, 바이두, 페이스북, 마이크로소프트, 텐센트, 알리바바 같은 허브 기업의 세대가 등장했는데, 이들의 사례는 이 책에서도 많이 다루었다. 이 허브 기업들은 전통적인 경쟁자들에 도전하는 것뿐만 아니라, 자신들의 운영 모델로 점점 더 우리 경제의 중심을 차지하며 과거에는 이질적이었던 산업들을 연결하고 조정하기에까지 이르렀다. 이런 회사들은 사용자들을 위한 진정한 가치를 창출하는 한편, 창출되는 가치에서 점점 더 많은 부분을 획득하며 우리의 집단적 미래를 형성하고 있다.

허브 기업들은 개별 시장에 영향을 미치는 차원을 넘어, 주요 네트워크에서 필수적인 연결을 창출하고 조절할 만반의 준비를 하고 있다. 안드로이드 운영 체제는 전화 산업을 훨씬 뛰어넘는 경쟁 장벽을 형성하며 수십억 명의 소비자를 보유하고 있으며, 이는 전혀 다른 제품과 서비스 제공자들도 탐내는 자산이다. 아마존과 알리바바의 시장도 수많은 사용자를 수많은 소매업체, 제조사와 연결한다. 텐센트의 메시지 플랫폼 위챗은 10억 명의 글로벌 사용자를 통합하며 온라인 뱅킹, 엔터테인먼트, 교통 및 기타 서비스를 제공하는 기업에 소비자를 접근시킨다. 알리바바 또한 전례 없는 규모로 전자 상거래를 신용 평가, 투자관리, 대출 등에 연결한다.

이러한 네트워크에 더 많은 사용자가 가입할수록, 기업이 이를 통해 제품과 서비스를 제공하는 것은 더 매력적이고, 심지어 의무적인 것처럼 여겨지기까지 한다. 이러한 디지털 강자들은 규모, 범위 및 학습으로 수익을 증대시킴으로써 그림 7-3에서 본 것처럼, 중요한 경쟁 장애물을 통제하고, 월등하게 많은 가치를 추출하며, 글로벌 경쟁 균형을 무너뜨린다. 모두가 목격한 것처럼, 그 영향은 단순한 경제의 차원을 훨씬 뛰어넘는다.

전통적 프로세스가 디지털 기술로 대체되는 속도는 기하급수적으로 느껴질 만큼 빨라지고 있다. 소프트웨어 플랫폼의 도입은 초기에는 충격적이었지만, 그 기술은 이제 비교적 단순한 소프트웨어의 적용보다도 빠를 만큼 정교해지고 있다. 데이터, 분석, AI의 영향은 계속 커지고 있으며 앞으로도 계속 커질 것이다. 그리고 디지털 기술이 이제 우리 경제와 사회의 이질적인 측면과도 충돌하며, 노키아와 같은 운명의 그림자는 미디어, 은행, 자동차, 여행 등 다양한 산업에 드리우고 있다. 100년의 역사를 가진 메리어트나 힐튼과 같은 회사들은 그런 운명을 피하기 위해 주요한 전환을 주도하고, 분리되었던 데이터 자산을 통합하며, 분석과 AI에 대한 능력을 개발하고, 운영 모델을 재설계하는 데 열심히 투자하고 있다.

이런 충돌의 영향은 앞서가는 기업의 운명을 결정지을 뿐 아니라, 우리 경제 전체에서, 그리고 사회, 정치 시스템에서까지 감지되고 있다. 서로 관련이 없다고 여겨지던 산업들이 점점 하나의 거대한 네트워크로 통합됨에 따라, 가치와 정보가 집중되고 기회의 창출과 동시에 새로운 문제를 야기하기도 한다. 소비자 개인 정보의 침해에서부터 다양한 사이버 위협의 증가에 이르기까지, 또 허위 정보 유포 활동에서부터 경제적 불균형에 이르기까지, 디지털 운영 모델의 확산은 다양한 새로운 위협을 야기하고 있다.

기업의 경영자들은 점점 더 디지털화되고 있는 우리 경제에서 자신들의 역할도 진화한다는 것을 알고 있으므로 그들에게 합당한 일을 마땅히 행할 것이다. 다음 장에서는 이를 위해 고려해야 할 사항들에 초점을 맞춘다.

그림 7-3 현대 경제의 진화

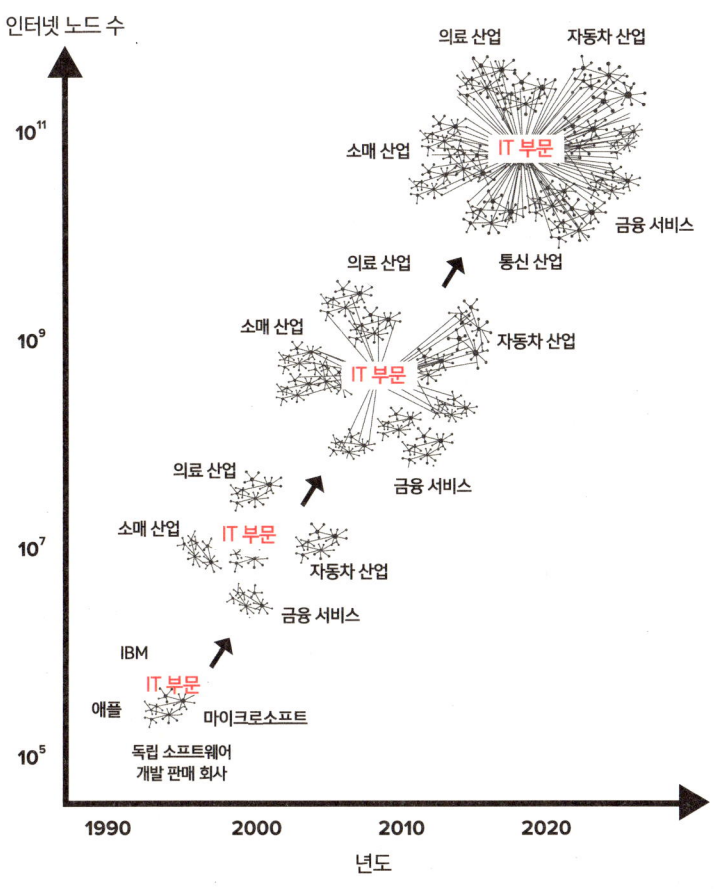

전통적 기업과 디지털 기업의 충돌

8장 디지털 기업이 마주할 윤리적 문제

디지털 기업이 마주할 윤리적 문제

다른 상황에서도 귀하와 논의한 적이 있고 귀하도 알고 있는 바와 같이, [귀하의] 서비스 알고리즘은 양질의 정보와 잘못된 정보 및 허위 정보를 구별하도록 설계되지 않았으며, 그로 인해 공중 보건 문제에 특히 심각한 피해를 일으키고 있습니다…

주요 정보의 출처로 귀하의 서비스에 의존하고 있는 사람들이 많아지고 있기 때문에, 무엇보다 공중 보건과 아이들의 건강에 관한 문제에 대한 책임을 진지하게 받아들이는 것이 가장 중요합니다. 이 중요한 주제에 관심을 가져주셔서 감사합니다.

- 미 하원 정보위원장이자 캘리포니아의 민주당 의원인 아담 쉬프(Adam Schiff)가 2019년 2월 구글의 선다 피차이와 페이스북의 마크 저커버그에게 보낸 편지에서 발췌한 내용. 아마존의 제프 베조스도 쉬프 의원에게서 비슷한 편지를 받았다.

아담 쉬프 의원이 이런 편지를 보낸 이유는 아마존, 유튜브(구글 소유), 페이스북, 인스타그램(페이스북 소유) 등에서 백신 반대운동이 확산되었기 때문이다. 쉬프 의원의 우려는 근거없는 것이 아니다. 2019년 4월까지 미국의 홍역 발병률은 2000년에 홍역이 완전 사라졌다고 알려진 이후 두 번째로 높았기 때문이다. 이 같은 잘못된 건강 정보는 미국에서만의 문제는 아니다. 이와 비슷한 공중 보건에 대한 우려는 유럽, 아시아, 남미에서도 제기되고 있다. 중국 규제 당국도 바이두가 검색 엔진의 광고를 통해 의심스러운 의료 정보가 퍼지도록 방치했다며 강하게 비난했다.

유튜브나 바이두 같은 플랫폼들은 일반 대중에게 정보를 제공하고 확산하는 힘을 가지고 있기 때문에, 이 플랫폼들이 허위 정보를 무기화하고 편견을 조장하는 엔진이 될 위험성은 다분하다. 디지털 기업이 규모, 범위 및 학습으로 수익을 증대시키는 능력은 동시에 상당한 부정적인 영향을 미칠 수 있는 요인이 되기도 한다.

결과적으로, 디지털 운영 모델은 새로운 유형의 윤리적 고려를 유발할 뿐 아니라 경영자들이 직면하는 문제들까지 변화시키고 있다. 새로운 디지털 시스템의 핵심인 학습 알고리즘은 허위 광고의 조장과 배포, 진짜 같은 가짜 유명 인물을 통한 사용자의 개인 정보 추출, 부정확하고 유해한 정보의 맞춤화, 최적화 및 증폭 등에 악용될 수 있다. 그리고 AI를 성장시키는 데 필요한 엄청난 양의 데이터 세트도 사이버 공격에 취약해, 온갖 민감한 정보를 위험에 빠뜨려 소비자의 개인 정보 보호를 위협한다.

일반적으로 회사 경영자들이 고객, 직원, 주주, 파트너, 그리고 회사가 운영하는 공동체 모두에 대한 기업의 책임을 항상 고려하는 것은 당연하다고 생각된다. 하지만 디지털화된 기업이 모든 이해관계자에게 피해를 줄 수 있다는 가능성은 기존의 기업 윤리 체계와 가이드라인의 한계를 끊임없이 시험한다.

우리는 이 도전을 디지털 증폭, 편향, 보안, 통제, 불평등이라는 5가지 범주로 분류하고자 한다. 이러한 도전이 야기하는 문제는 중국의 텐센트와 미국의 종합 유통업체 타깃(Target), 페이스북과 신용 평가 회사 에퀴팩스(Equifax)처럼 업종을 불문하고 다양한 조직에 적용된다. 데이터, 분석 및 AI로 인해 점점 더 강해지고 디지털 네트워크에 연결되는 모든 기업에 해당하는 문제인 것이다. 이런 요인들이 모이면서 새로운 윤리적 문제들이 생긴다. 따라서 오래된 기업뿐만 아니라 신규 기업의 리더들도 새로 배치된 디지털 기능이 의도하지 않았거나 전혀 상상도 하지 못한 방식으로 악용되는 가능성을 유의해야 한다.

더 중요한 것은 우리가 이 장에서 설명하는 도전들이 경영자, 지도자, 시민으로서의 우리 모두에게 영향을 미치기 때문에, 더 이상 몰랐다고 말해서 될 문제가 아니라는 것이다. 우리가 몸담은 조직, 정치, 사회 체제의 안녕을 보장하기 위해 우리는 모두 디지털 운영 모델이 발생시킬 수 있는 문제의 본질을 이해해야 한다. 그리고 그런 문제들이 나타날 때 기꺼이 행동할 준비가 되어있어야 한다.

디지털의 증폭 효과: 백신 거부 운동

쉬프 의원이 아마존, 페이스북, 구글에 보낸 편지는 조회 수, 구매, 광고 클릭, 개인적 참여 등을 최적화하는 데 사용되는 그들의 알고리즘에 대해 말하고 있다. 클릭 수나 수익에 근거해 보상을 제공하는 단순한 학습 알고리즘조차도 편견이나 기타 문제적 사고를 주장하는 콘텐츠로 학습되면

짧은 시간 안에 위험해질 수 있다. 그리고 사용자들까지 그런 견해를 강력하게 주장하는 콘텐츠에 영향을 받을 수 있다. 이러한 알고리즘을 내장하고 있는 운영 모델이 그 규모, 범위, 학습의 잠재력을 확장한다는 것은 말 그대로 수억 명의 사람들을 대상으로 해로운 메시지를 맞춤화하고 표적 살포할 수 있다는 것을 의미한다.

대중의 백신 거부 운동은 특정 접종이 심각한 질병을 유발한다고 믿는 (홍역 백신이 자폐증을 유발한다는 설) 한 집단의 주장에서부터 시작되었다. 이 운동은 18세기까지 거슬러 올라가지만, 최근 소셜 네트워크, 동영상 스트리밍 사이트, 표적 광고 기술 등으로 그 영향이 더욱 증폭되었다. 7년 반 동안 260만 명의 페이스북 사용자를 대상으로 한 2017년의 한 연구는 접종 거부 콘텐츠가 반향실 효과(echo chamber effects, 특정한 정보에 갇혀 새로운 정보를 받아들이지 못하는 현상)로 더 빨리 확산한다는 것을 발견했다. 사용자들이 자신의 신념을 더 확고히 하는 게시물만 보고, 자신의 생각과 반대되는 정보는 무시하며, 편견을 강력하게 지지하는 모임에 가입하는 경향이 있다는 것이다.

그런 영향의 규모도 놀랍다. 2018년에 텍사스주에서만 최소 5만 7천 명의 학생들이 비의료적 이유로 예방 접종을 받지 않았는데, 이는 2003년 이후 20배나 증가한 수이다. 유럽과 미국의 보건 관계자들은 그런 접종 거부 운동 때문에 지난 10년 동안 홍역이나 백일해 같은 위험한 질병이 발생했다고 비판했다.

백신 거부 운동은 결코 단 한 번으로 끝날 유행이 아니다. 이 운동을 그렇게 끈질기게 만든 방식과 메커니즘이 정치적, 사회적, 종교적으로 온갖 종류의 반향실 효과를 체계적으로 만들어내고 있다. 어떤 면에서는 이 반향실 효과가 케이블 TV나 라디오 같은 전통적 매체의 특징들과 유사하다고 할 수 있지만, 그러나 그런 전통적인 매체는 디지털 네트워크만큼 엄청난 규모에 쉽게 도달하지 못한다. 전통적 매체는 소셜 네트워크처럼 특정 메시지를 특정 개인에게 실시간으로 감염시키지 못한다. 구글 검색 결과나 페이스북의 소셜 광고 배치에 사용되는 알고리즘은 사용자가 본 정보를 자동으로 개인화하여 참여를 극대화한다. 그러나 전통적 매체는 일체의 추가 비용도 들이지 않고는 특정 주장에 동조하는 개인들에게 콘텐츠 공유를 촉진하는 적극적인 사용자 참여를 가능하게 하지 못한다.

디지털 규모, 범위 및 학습이 해를 끼치거나 관점을 흔들려는 체계적 의도를 지니고 있지 않다고 해도, 편견의 영향을 증폭시킬 수 있다. 우리의 동료 마이크 루카(Mike Luca), 벤 에델만(Ben Edelman), 댄 스버스키(Dan Svirsky)는 에어비앤비에 관한 연구에서, 이름만으로 흑인임을 확실하게 알 수 있는 사람이 유럽인으로 들리는 이름을 가진 사람들보다 숙박 제공자들에게 손님으로 받아들여질 가능성이 16퍼센트 낮다는 것을 처음 발견했다. 다른 학자들도 이어진 연구에서 에어비앤비 숙박 제공자들이 이슬람계 사람으로 들리는 이름을 가진 사람들, 장애인들, 그리고 성소수자(LGBTQ) 커뮤니티 회원들을 비슷하게 차별한다는 것을 발견했다.

이 같은 편견은 금융 서비스에서도 나타난다. 심지어 소외된 사람들에게 금융 기회를 제공하도록 설계되었다는 키바(Kiva) 같은 소액 대출 플랫폼조차도 편견을 더 악화시켜온 것으로 밝혀졌다.

물론 에어비앤비나 키바에서 차별을 조장하려는 조직적인 노력은 없었다. 그러나 디지털 시스템은 집을 소유하고 있는 사람들(에어비앤비 숙소 제공자)이나 진보적 사고를 지닌 대출 기관(키바) 사이에서 암묵적, 혹은 잠재의식적 편견의 영향을 증폭시켰다. 실제로 그런 차별 의사를 가진 사람의 비율이 매우 낮거나 없더라도, 디지털 운영 모델의 증폭 잠재력은 많은 사람에게 부정적인 영향을 미칠 수 있다.

안타깝게도 디지털 증폭에 의한 새로운 윤리적 도전은 날로 심해지는 인간의 편견, 불협화음, 허위 정보만이 아니다. 이제 우리는 디지털 알고리즘에 내재한 본질적 편향성이 무엇인지 깊이 숙고해 볼 필요가 있다.

알고리즘이 만들어내는 편견

엔지니어가 기계를 가르치기 위해 사용한 데이터의 모든 편향이나 오류는 그러한 편향이 반영된 결과를 초래할 것이다.

- 이토 조이, MIT 미디어 연구소(MIT Media Lab)

알고리즘의 구성에 사용된 데이터 입력의 품질과 가정은 알고리즘이 생성하는 예측의 품질을 결정할 것이다. "쓰레기를 넣으면 쓰레기만 나온다."라는 속담도 있다. 심각한 결함이 있는 결정이 나올 수 있는 알고리즘 편향의 두 가지 일반적 유형을 살펴보자.

선택 편향(Selection Bias)

선택 편향은 입력 데이터가 분석 대상 모집단이나 전체적 맥락을 정확하게 대표하지 못할 때 나타난다. 예를 들어, 아마존은 2018년에, 내부 직원의 성과 평가를 위해 만든 내부 인사 시스템을 구직자 평가에 사용했을 때, 여성 지원자의 잠재력이 낮게 평가된 것을 발견했다. 그 이유는 예측을 위한 기초 데이터가 주로 남성 엔지니어의 이력서를 기초로 만들어졌기 때문이었다. 로이터 통신은 "그것(남성 이력서를 토대로 만들어진 편향된 기초 데이터)이 '여성 체스 클럽 주장'의 '여성'이라는 단어를 불리하게 처리했고, 결국, 두 명의 여자 대학 졸업생을 탈락시켰다."라고 보도했다. 이와 유사한 문제가 금융, 보험, 법 집행 기관 같은 다양한 곳에서 발생한다. 훈련 데이터에 성차별(또는 인종 차별)이 명시적(또는 암묵적)으로 포함된 알고리즘에 의해 대출을 거절당했다고 상상해 보라.

선택 편향으로 야기된 문제들은 회사의 일상적인 결정 문제가 아니다. 예를 들어 2017년 한 연구에서 MIT 미디어 연구소의 조이 부올람위니(Joy Buolamwini)와 마이크로소프트 리서치(Microsoft Research)의 팀닛 게브루(Timnit Gebru)는 AI 기반의 안면 인식 소프트웨어 (마이크로소프트, IBM, 중국 기업 페이스++의 제품 모두)가 백인 남성의 성별은 거의 항상(99퍼센트) 정확하게 식별했지만, 피부가 검은 여성의 경우는 식별 정확도가 65퍼센트에 불과하다는 것을 발견했다. (저자들은 세 회사 모두 그들의 훈련 데이터를 충분히 설명하지 못했다고 지적했는데, 이는 업계에서 흔히 볼 수 있는 오류다). 부올람위니가 TED 강연에서 주장했듯이, 주로 백인의 얼굴들로만 구성된 훈련 데이터 세트가 그런 오류를 야기했을 것이다. "만약 훈련 데이터 세트가 실제로 그렇게 다양하지 않다면, 설정된 표준에서 많이 벗어나는 얼굴은 식별하기 어려울 것입니다."

2016년 AI 심사를 표방하며 국제 미용 대회를 개최한 '청년 실험실(Youth Laboratories)'이라는 러시아 회사도 같은 함정에 빠졌다. 뷰티 AI(Beauty.AI)라고 명명된 이 대회는 마이크로소프트와 그래픽 처리 장치(GPU) 개발 회사 엔비디아(Nvidia) 같은 회사들의 후원을 받았다. 이 대회에 아프리카와 인도 등지에서 수천 명의 경쟁자가 참가했지만, 44명의 선발자 대부분은 백인이었다. 아시아인이 몇 명 포함되었고 흑인은 한 명뿐이었다. 청년 실험실의 최고 기술 책임자(CTO)와 이 대회의 최고 과학 책임자는 이러한 결과가 훈련 데이터 세트의 다양성 부족 때문이라고 말했다. 라이프 스타일 및 문화 잡지 바이스(Vice)의 편집장 조던 피어슨이 지적했듯이, 뷰티 AI는 편견이 쉽게 확산될 수 있는 일반적인 방식인 오픈 소스 데이터 세트에서 자체 알고리즘을 훈련시켰다.

레이블링 편향(Labeling Bias)

대개 크라우드 소싱 방식 작업으로 수행하는 데이터 레이블링(태그 부착)의 연습 과정에서도 편향이 발생할 수 있다(3장 참조). 에밀 반 밀텐부르그(Emiel van Miltenburg)는 2016년 한 논문에서 크라우드 워커(crowd worker)들이 라벨을 붙인 3만 개 이상의 이미지로 구성된 Flickr30k의 데이터 세트를 연구한 결과, 크라우드 소싱으로 만들어진 라벨이 편견을 드러낸다는 것을 발견했다. 예를 들어, 한 여성과 한 남자의 이미지에 한 여성이 그녀의 상사와 대화하고 있다는 태그가 표시된 것이다. 반 밀텐부르그는 "그 이미지에 대한 크라우드 소싱 표현은 편향적"이라고 설명했다.

레이블링 편향의 예는 많다. 2017년 프린스턴대학교와 배스대학교(University of Bath)의 컴퓨터 과학자들은 감각적인 태그 부착 과정 다음에, 흔히 사용되는 머신러닝 모델이 '여성(female, woman)'이라는 단어는 가사나 예술 또는 인문학 계통의 직업과 연관시킨 반면, '남성(male, man)'이라는 단어는 수학이나 엔지니어링 계통의 직업과 연관시킨다는 것을 발견했다. 또한, 가디언의 한 보고서에 따르면 이 모델은 유럽계 미국인들의 이름은 '선물'이나 '행복'과 같은 유쾌한 단어와 연관시키고, 흑인 미국인들의 이름은 '학대'나 '악' 같은 불쾌한 단어와 연관시키는 경향이 있었다.

2017년에 버지니아대학교(UVA)의 빈센트 오르도네즈(Vicente Ordonez)와 워싱턴대학교의 마크 얏츠카(Mark Yatskar)가 마이크로소프트와 페이스북의 후원으로 연구를 수행한 결과, 연구용 이미지 컬렉션에서 요리 이미지는 여성과 연결되었고, 스포츠 이미지는 남성과 연결되는 등의 성차별 편향이 입증되었다. 연구자들은 태그 과정을 통해 사람의 편견이 효과적으로 늘어난 것을 발견했다. 미국의 기술 전문지 와이어드(Wired)는 "데이터 세트로 훈련된 머신러닝 소프트웨어는 이런 편향을 그대로 반영했을 뿐 아니라 더욱 증폭시켰다. 이미지 세트가 여성을 요리와 연관시킨다면 그런 사진들과 그들이 붙인 라벨을 학습하며 훈련된 소프트웨어는 그런 연관성을 더욱 강화했다."라고 설명했다.

편견은 전문가들이 태그를 붙인 데이터까지 전염시킬 수 있다. 몇몇 연구는 과잉 진료 편향과 같은 의료 진단의 편견이 어떻게 라벨 편향으로 쉽게 전환되는지를 보여준다. 알고리즘이 다양한 병리 현상을 식별하도록 돕기 위해, 전문 의사들이 데이터 세트에 라벨을 붙이는 의료 사진 판독 분야에서도 편견은 까다로운 문제다. 하버드 혁신 과학 연구소에서 우리가 직접 수행한 연구도 상악 안면 외과 의사나 치과 의사들이 엑스레이를 사용해 치과 질환을 탐지할 때, 약 50퍼센트의 부정오류(false negative) 비율을 보이며, 그들이 라벨을 붙인 데이터 세트는 그들의 오류를 반영할 뿐만 아니라 이를 더욱 증폭시킨다는 것을 보여주었다. 전문가들이 라벨을 붙인 데이터를 사용할 때, 결과의 객관적인 기준('실측 자료'라고도 함)을 확보하는 것은 필수적이지만 매우 어려울 수도 있다.

사실, 어떤 알고리즘 편향은 피할 수가 없다. 선택 과정에서 어떤 훈련 데이터도 무한할 수 없으며, 가능한 상황을 모두 다룰 수도 없다. 레이블링 과정은 본질적으로 관찰의 해석을 단순화하며, 라벨을 붙이는 사람의 지식과 관점에 따라 제한된다. 더 일반적으로 말하자면 알고리즘은 하나의 목적을 위해 설계되는 것이며, 결국 그 목적 자체가 일종의 편견을 주입한다.

소셜 네트워크에 표시된 콘텐츠를 형성하는 뉴스 피드 유형의 알고리즘을 생각해보자. 이 알고리즘은 어떤 목적을 달성하도록 설계되어야 할까? 사용자 참여를 극대화하는 것? 광고비를 최적화하는 것? 민감한 데이터 사용을 피하고 소비자의 개인 정보를 보호하는 것? 표시된 정보의 정확성을 보장하는 것? 민감한 데이터에 대한 의존도를 최소화하는 것? 이러한 기준들은 모두 중요하다. 알고리즘 설계자가 사려 깊은 결정을 내리고, 알고리즘을 설계하는 구체적 방식에서 고통스러운 윤리적 도전과의 타협에 맞서게 한다. 만일 알고리즘이 실시간으로 이런 식의 타협을 하면서 수백만 명 또는 수십억 명의 사람들을 만족시키면 그 실수가 광범위하게 확산될 가능성이 크다.

알고리즘 편향에 관한 연구는 여러 면에서 아직 초기 단계에 있다. 편견을 완전히 제거하는 것은 불가능하지만, 편견이 만연해 있음을 이해하고 그것을 줄이기 위해 노력하는 것이 중요하다. 따라서 경영자들은 이러한 현상을 이해하고 중요한 대응책을 지원하는 데 적극적으로 나서야 한다. 첫째, 목적에 맞는 올바른 알고리즘 모델을 선택해야 한다. 둘째, 알고리즘을 훈련하기 위해 사용할 데이터 세트를 신중하게 선택하되 투명한 출처에서 가져와야 하며, 알고리즘이 해결해야 할 문제를 대표하는 것이어야 하고 완전히 적합해야 한다.

이러한 고려 사항들은 관련된 모든 당사자가 올바르게 하려고 한다 해도 알고리즘 운영 모델과 관련된 윤리적 문제가 매우 복잡하다는 것을 보여준다. 그리고 안타깝게도 현실 또한 그렇게 녹록치 않다.

사이버 보안: 과거와 현재

알리바바 클라우드는 매일 2억 건의 무작위 대입 공격(brute force attack, 암호문의 암호 키를 찾기 위해 모든 경우의 수를 무작위로 대입하여 암호를 푸는 공격 방법), 2천만 건의 웹 해킹 공격, 1천 건의 디도스 공격(DDos attack, 분산 서비스 공격, 광범위한 네트워크를 이용하여 다수의 공격 지점에서 동시에 한 곳을 공격하는 형태의 서비스 거부 공격)을 차단한다. 이것은 수많은 사례 중 하나에 불과하다. 사이버 공격의 규모, 빈도, 영향은 엄청나다. AI의 성장과 AI를 훈련하는 데 필요한 대규모 데이터 세트의 축적은 문제를 더욱 복잡하게 만든다. 게다가 디지털 운영 모델의 힘이 악의적인 목적을 위해 효과적으로 이용되면서 완전히 새로운 종류의 사이버 공격까지 등장하고 있다.

보안 침입

보다 전통적인 사이버 범죄라고 할 수 있는 보안 침입부터 시작하고자 한다. 금융 결제 회사 에퀴팩스의 사례를 들어보자. 이 회사는 2017년 9월, 미국 인구의 거의 절반에 해당하는 1억 4,790만 명의 고객 이름, 사회보장 번호, 운전면허 번호, 신용 카드 번호, 생년월일, 주소 등이 유출되는 보안 침입 사고가 발생했음을 밝혔다. 그 모든 민감한 개인 정보를 한 곳에 저장했다는 것 자체가, 에퀴팩스의 전직 경영자의 표현대로 말하자면 피할 수 있었던 '악몽 같은 시나리오'의 서막이 되었다고 월스트리트저널(WSJ)은 보도했다. "리처드 스미스가 2005년 CEO로 취임했을 때 에퀴팩스는 성장은 느렸지만 견실한 신용 평가 보고 회사였다. 하지만 그는 회사에 저장된 고객 데이터의 양을 늘려 그것으로 돈을 버는 방식으로 회사를 변화시키려 했다." 스미스는 이 사건이 터진 후 자리에서 물러났다.

이 공격을 주도한 조직이 구체적으로 에퀴팩스를 겨냥한 것은 아니었던 것으로 드러났다. 미국 정부 회계 감사국에 따르면 에퀴팩스에 대한 침입은 보안이 취약한 사이트를 광범위하게 검색하다가 우연히 발생한 것이었다. 공격자들은 기업용 애플리케이션을 개발하는 데 사용되는 아파치 스트럿츠(Apache Struts)라는 오픈 소스 프레임워크를 사용했다. 에퀴팩스의 보안은 원격 코드 실행으로 제삼자가 프로그램을 설치하고, 데이터를 보거나 변경하거나 삭제하고, 심지어 새 계정을 만들 수 있을 만큼 허술했다.

공격자들이 에퀴팩스의 웹사이트에서 취약점을 발견하기 이틀 전에, 미국 사이버 보안 및 통신 통합 센터(National Cyber-Security and Communications Integration Center, NCCIC)가 이 기업의 허술한 보안 문제점을 이미 확인하고 회사에 경고했었다(스미스는 NCCIC의 경고를 받고 소프트웨어를 업데이트하지 않은 직원 한 명의 책임으로 돌리고 별다른 조치를 취하지 않았다). 결국, 공격자들이 그 구멍을 발견하고 재빨리 에퀴팩스 시스템에 접속해 암호화되지 않은 다수의 사용자 이름과 패스워드가 들어 있는 데이터베이스를 발견했다. 공격자들은 에퀴팩스 인증서로 이 기업의 방화벽을 뚫고 50개 이상의 데이터베이스를 조회했다. 그들은 정상적인 네트워크 활동처럼 보이도록 공격을 위장했기 때문에 이 공격은 76일 동안 발견되지 않았다.

침입 사건 이후에도 에퀴팩스 경영진들의 대응은 부실했다. 회사 측은 2017년 7월 말에 해킹 사실을 알고도 한 달 넘게 발표를 미뤘다. 그리고 그동안 에퀴팩스의 재무 담당 임원(CFO)과 다른 두 명의 임원이 약 200만 달러어치의 주식을 팔았다. 그때까지 고객과 투자자들은 역사상 가장 큰 개인 정보 침입 사건이 벌어졌고 그 와중에 모든 데이터가 유출되었다는 것을 알지 못했다.

에퀴팩스만이 아니다. 지난 10년 동안 많은 기업이 사이버 보안 침입을 당한 사실을 인정했다. 마이크로소프트, 메리어트, 스포프용품 회사 언더 아머(Under Armour), 소니 픽처스, 국제 축구 연맹(FIFA), 보험 회사 앤섬(Anthem), 미국 우편국 등이 해커들이 침입에 성공한 회사들이다. 이런 침입 공격으로 개인 소비자 정보, 버그 추적 데이터, 신용 카드 번호, 환자 기록, 직원 정보, 심지어 소니 픽처스 CEO의 가족 건강 기록까지 유출되었다. 다음과 같은 유명한 말이 있다. 미국의 네트워크 통신 회사 시스코 시스템스(Cisco Systems)의 존 챔버스(John Chambers)가 한 말이라는 설도 있지만, 원래는 2012년 미국 연방 수사국(FBI) 국장이었던 로버트 뮬러(Robert Mueller)가 한 것이 확실하다. "두 가지 종류의 회사가 있다. 그들이 해킹당했다는 것을 아는 회사와 그들이 해킹당했다는 것을 모르는 회사."

이제 기업 경영진들이 고객, 직원, 파트너로부터 얻은 정보를 보호해야 하는 법적, 윤리적 의무가 필수적이라는 것은 충분히 명백해졌다. 그러나 우리의 데이터 의존도가 계속 증가하면서 분석과 AI가 데이터를 필요로 하는 속도가 느려질 기미가 보이지 않음에 따라 이런 의무를 지키는 일이 점점 더 어려워지고 있다. 또 사이버 공격에서 기업을 보호하기 위한 솔루션을 제공하는 컨설턴트도 크게 부족하다. 다행히 보다 많은 기업이 2단계 인증과 공식적인 IT 보안 관리 체계(IT security governance frameworks) 같은 모범 사례를 채택하고 있는데, 이는 의심할 여지 없이 중요한 움직임이다.

그러나 경영진은 보안 기술, 관리 및 교육에 대한 일반적인 투자 차원을 넘어 데이터를 보호할 책임이 있다는 것을 인식해야 한다. 에퀴팩스는 현재 소비자 금융 보호 위원회(Consumer Financial Protection Board)와 연방 거래 위원회(Federal Trade Commission) 양쪽 모두로부터의 처벌을 기다리고 있다.

에퀴팩스의 침입은 노후한 시스템, 난해한 보안 절차, 혼란스러운 조직의 의사 결정 과정, 그리고 사이버 보안에 대한 경영진 차원의 관리 소홀 때문에 일어났다. 그러나 이러한 침입이 광범위하게 나타나는 것은 사이버 보안이 이제 우리 모두의 문제라는 사실을 강조한다. 노후한 IT 시스템 업그레이드와 사이버 위협을 예방하고 탐지하기 위한 다양한 첨단 기술과 서비스에 돈을 투자하는 것에서부터 올바른 문화와 조직 능력을 구축하는 데 이르기까지 예방 투자는 이제 필수적이다. 또한, 침입이 발견되었을 때, 느리게 대응하거나 의사소통을 제대로 하지 않으면 회사와 소비자들의 피해는 극적으로 악화될 수 있다. 따라서 기업들은 사이버 대응 메커니즘의 이해, 시뮬레이션 및 배치에 대해서도 충분한 투자를 해야 한다. 이는 실시간 운영 과제이기도 하거니와 '법적, 윤리적 책임'이기도 하다.

하이재킹

보안에 대한 도전은 전통적인 사이버 공격에 국한되지 않는다는 것을 인식하는 것 또한 중요하다. 오늘날 우리는 악의적인 목적으로 디지털 운영 모델을 효과적으로 하이재킹(Hijacking, 사용자가 설정해 놓은 브라우저 시작 페이지를 공격자가 원하는 웹페이지로 바꾸는 공격)하는 또 다른 유형의 공격이 증가하는 것을 볼 수 있다. 2019년 3월 뉴질랜드 크라이스트처치(Christchurch)의 이슬람 사원 2곳에서 50명을 살해한 총격범의 보디캠에 그 현장이 포착돼 페이스북에서 실시간 중계되었던 사례를 들어보자. 약 200명이나 되는 사람들이 생생한 비디오 스트림을 본 것으로 여겨지지만, 그들 중 아무도 그 동영상에 플래그(신고하기)를 달지 않았다.

경찰은 17분 동안의 동영상 생중계가 끝난 지 45분 뒤에야 페이스북에 경고를 보냈고, 페이스북은 즉시 해당 게시물을 차단했다. 그러나 그때까지 이 동영상의 조회 수는 4000건을 기록했다. 이후 24시간 동안 이 동영상을 삭제하기 위해 온갖 노력을 기울였지만, 이 동영상은 이슬람 교도들에 대한 폭력을 더욱 선동하는 게시물과 함께 계속해서 다른 소셜 미디어에 공유되었다.

페이스북은 그 사이 페이스북에 이 동영상을 복사해 올리려는 시도가 150만 건이 넘었으며 이 중 120만 건을 찾아내 제거했다고 밝혔다. 그러나 많은 사람이 이 동영상을 재편집하거나 오디오 피드를 바꾸거나 워터마크나 로고를 추가함으로써 동영상을 수정해 페이스북의 검열을 우회했다. 유튜브도 같은 난관에 봉착했고, 다각적으로 노력했지만, 이 동영상이 변화되어 유포되는 것을 막을 수 없었다. 유튜브 상품 책임자 닐 모한(Neal Mohan)은 "고의적으로 소문을 퍼트리려는 시도가 어떤 결과를 가져올 수 있는지를 보여주는 비극이었다."라고 말했다.

좀 더 최근의 일로, 우리는 미국, 영국 등에서 선거 운동에 영향을 미치기 위해 러시아가 배후에 있던 디지털 하이재킹의 증거도 목격했다. 실제로 미 법무부는 2018년 2월 16일, 미국 정치 체제를 혼란시키고, 트럼프 선거 캠프를 지원하기 위한 편향을 일으킬 목적으로 일련의 범죄 행위를 한 혐의로 러시아 시민권자 13명과 러시아 기업 3곳을 기소했다. 그들의 활동은 러시아 정보 기관의 비밀 조직으로 의심되는 인터넷 리서치 에이전시(Internet Research Agency)라는 회사를 중심으로 이루어졌는데, 미국 선거와 정치에 개입하는 작전에 가담하려 했던 것으로 보인다.

공소장에 따르면 이 회사는 분석과 검색 엔진 최적화를 포함한 온라인 운영에 수백 명의 사람들을 고용했다. 또한, 이 단체는 유튜브, 페이스북, 인스타그램, 트위터 등에서의 '작전' 수행에 80여 명의 전담 인력을 배치하고, 이들 소셜 미디어에 광고를 생성하거나 구매하고, 가짜 계정을 만들었다. 그리고 인터넷 리서치 에이전시의 지령을 홍보하기 위해 데이터와 분석으로 표적화하고 최적화시킨 콘텐츠와 동영상을 올리기도 했다.

그들의 활동 범위와 그들이 실제 미친 영향에 대해서는 아직도 논쟁 중이지만, 이 단체는 특히 몇몇 주(州)에서 흑인들의 투표를 억압하고 민주당 후보인 버니 샌더스 지지자들을 소외시킬 목적이었던 것으로 보인다. 가장 충격적인 것은 이 작전의 규모다. 이들의 노력은 적어도 1억2600만 명의 페이스북 사용자에게 전달됐고, 이들은 2700개 이상의 트위터 계정을 만들어 챗봇이 만든 3만6000개의 게시물을 140만 차례 트윗한 것으로 보인다.

첫 대응의 중요성

디지털 운영 모델이 조직의 규모, 범위, 학습의 능력을 증폭시킴에 따라 우리 사회는 새로운 종류의 사이버 보안 도전에 점점 노출되고 있다. 이러한 위협은 전통적인 개인 정보 침해로부터 시작되어 오늘날 미국의 사회 및 정치 기관의 깊숙한 곳을 목표로 하는 보다 체계적이고 더 정교한 활동으로 확장되었다. 중요한 것은 그 도전이 구글이나 페이스북 같은 인터넷 회사에만 국한된 것이 아니라, 소니 픽처스에서 에퀴팩스에 이르기까지 오래된 회사, 새 회사를 가리지 않고 모든 유형의 회사들로 확장되고 있다는 것이다.

많은 회사가 이 새로운 세대의 범죄자들과 싸우기 위해 전폭적 노력을 기울이고 있지만, 에퀴팩스의 사례에서 알 수 있듯이 중요한 것은 문제가 시작되는 하나의 약한 징후에 대해 어떻게 대처하느냐에 달려 있다. 페이스북이 크라이스트처치 영상에 대해 알게 된 것은 경찰의 전화 때문이었지만, 많은 시청자가 보다 빨리 문제를 제기했더라면 대량 유포는 막을 수 있었을 것이다. 우리는 모두 이런 위험에서 우리를 방어하는 데 직접 참여해야 한다. 이런 도전의 규모와 범위가 계속 커짐에 따라, 개인은 물론 기업 경영자, 정부 지도자들 모두가 힘을 모아야 한다.

모든 해로운 사건이 쉽게 발견되거나 심지어 반드시 불법적인 것은 아니라는 점을 유념하는 것도 중요하다. 사이버 공격과, 제삼자에 의한 고객 데이터의 정당하고 투명한 사용 사이에는 애매한 부분이 많다. 이러한 애매한 영역은 디지털 운영 모델을 서로 연결하는 많은 인터페이스에 의해 일상적으로 만들어지고 있으며, 우리의 디지털 경제가 크게 의존하는 비즈니스 네트워크를 가능하게 한다. 이에 따라 플랫폼의 지배력(Platform Control)이라는 또 다른 관련 문제를 다루지 않을 수 없다.

플랫폼의 지배력: 페이스북-케임브리지 애널리티카 데이터 유출 사건

> 전반적으로, 우리는 단지 도구를 만드는 것만이 아니라 그것이 '선을 위해' 사용되게 할 책임이 있다.
>
> - 마크 저커버그 페이스북 CEO, 2018년 미국 상원 청문회에서

대부분의 플랫폼 기업처럼 페이스북도 자체의 생태계를 형성하고 지배하며, 회사의 도구와 기술이 다른 사람들에게 피해를 주지 않기 위해 노력하고 있다. 그러나 그런 지배력을 어떻게 적절하게 행사할 수 있느냐에 대

해서는 아직 명확한 방법이 없다. 사람들은 저커버그가 언급한 '선'이라는 개념을 과연 언론의 자유를 해치지 않는 방식으로 어떻게 규정할 수 있는지, 그리고 페이스북 같은 독특한 문화와 정치 성향을 지닌 회사가 우리를 위해 내리는 결정을 어떻게 신뢰할 수 있는지에 대해 의견이 분분하다. 그러나 통제 없이 운영되는 데이터 집약적인 디지털 플랫폼은 많은 문제를 일으킬 수 있다.

2015년 12월, 영국의 가디언은 케임브리지 애널리티카(Cambridge Analytica)라는 '잘 알려지지 않은 데이터 기업'이 케임브리지대학의 심리학 교수 알렉산드르 코간(Aleksandr Kogan)에게 미국인의 심리학적 특성을 평가하기 위해 페이스북 사용자 데이터를 수집하는 프로젝트를 수행하도록 자금을 제공했다고 보도했다. 가디언은 코간이 케임브리지 애널리티카의 모회사인 SCL 그룹과 2014년부터 함께 일하기 시작했다고 밝혔다.

SCL의 자금 지원을 받은 코간은 크라우드 소싱 플랫폼 아마존 메커니컬 터크(Amazon Mechanical Turk)를 사용해 설문 조사를 통하여 사람들의 페이스북 데이터와 그들의 페이스북 친구들의 데이터를 침해하는 앱을 다운로드받게 하는 대가로 돈을 지불했다. 이후에 가디언은 "코건은 SCL이 원하는 자료, 즉 2014년 이전의 페이스북 서비스 약관에 따라 앱 개발자들이 앱을 설치한 사람들뿐만 아니라 그들 친구들의 데이터까지 수집할 수 있도록 허용하는 페이스북의 구버전 앱을 가지고 있었다."고 보도했다. 2014년 이후 페이스북 서비스 약관은 이런 종류의 데이터 수집을 금지했다.

영국에 본사를 두고 있고, 미국의 헤지펀드 억만장자 로버트 머서(Robert Mercer)에게 자금을 지원받는 케임브리지 애널리티카는 페이스북 데이터에서 작성된 개인의 심리학적 프로파일을 이용해 자신의 고객사가 특정 유권자들에게 영향을 미칠 기회를 제공했다. 이 회사는 2015년에 영국의 브렉시트 캠페인과, 미국 공화당 전당대회의에서 테드 크루즈 텍사스주 상원 의원의 선거 캠프에서 일하고 있었다. 2016년 5월 크루즈의 선거 운동이 끝나자 이 회사는 다시 트럼프 선거 운동을 하기 시작했다. 그리고 온라인 뉴스 매체 더 인터셉트(The Intercept)가 보도한 바처럼, 트럼프의 고문을 맡고 있던 스티브 배넌(Steve Bannon)도 케임브리지 애널리티카에서 간부로 근무한 것으로 드러났다.

최초 폭로 이후 2년여 만인 2018년 3월, 뉴욕타임스(NYT)와 런던옵저버(London Observer)가 발표한 공동 조사 결과에 따르면 코건은 케임브리지 애널리티카에 5000만 명이 넘는 사람들의 개인 정보를 제공했고, 케임브리지 애널리티카는 이 중 3000만 명의 프로필을 만들었다. 코건의 성격 프로파일 앱을 다운받은 27만 명의 사람들은 자신의 의도와 관계없이 악역이 되어 많은 미국인의 민감한 정보에 접근할 수 있게 되었다(코간은 자신이 이 사건의 희생양으로 이용되고 있다고 주장한다). 케임브리지 애널리티카가 브렉시트 선거에 영향을 미치기 위해 영국인들에게도 유사한 전술을 사용했다는 증거도 드러났다.

무엇이 잘못되었고, 누구의 잘못이었을까? 페이스북 플랫폼은 2007년 출시 이후, 개발자들이 소셜 네트워크의 여러 기능과 상호 작용하는 애플리케이션(게임, 뉴스 앱 등)을 출시할 수 있도록 허용했다. 출시 후, 수십만 명의 개발자가 작성한 수만 개의 앱이 소개됐다. 시간이 지남에 따라 플랫폼이 진화하면서 페이스북 커넥트(Facebook Connect, 사용자가 페이스북 계정을 사용해 외부 사이트에 로그인할 수 있게 해줌)와 오픈 그래프(Open Graph, 외부 사이트가 페이스북 사용자의 계정에 사용자 활동을 게시할 수 있게 해주는 프로토콜) 등 다양한 앱이 추가로 등장했다. 5년도 안 되어서 페이스북 플랫폼은 900만 개가 넘는 앱을 지원하면서 다양한 범위의 서비스를 페이스북의 거대한 소셜 네트워크 커뮤니티에 제공할 수 있게 되었다. 이 중 어느 것도 특별히 문제가 있을 것 같지 않았다. 적어도 처음에는 그랬다.

그러나 페이스북이, 개발자들이 사용자 친구들의 허가 없이 그들로부터 데이터를 수집할 수 있도록 허용하면서 일이 잘못되기 시작했다. 코간의 앱이 페이스북에서 데이터를 수집해 케임브리지 애널리티카에 팔 수 있었던 것도 바로 이 때문이었다. 2015년 가디언 기사가 보도되자, 페이스북은 곧바로 케임브리지 애널리티카가 페이스북 이용 약관을 위반했다고 발표했다. 약관에 따르면 학문적 목적일 경우 연구자들이 사용자의 동의를 얻어 사용자 데이터에 접근할 수 있게 되어있었다(그들이 계정을 만들면 사용자는 탈퇴할 수 있음). 하지만 코간이 사용한 데이터 종류는 '어떠한 광고 네트워크, 데이터 브로커 또는 기타 광고나 이익 목적 서비스'에 판매하거나 양도하는 것을 금지하는 것이었다.

페이스북은 즉시 케임브리지 애널리티카의 플랫폼 접속을 차단하고 자료 삭제를 요구했다. 케임브리지 애널리티카는 데이터를 삭제했다고 했지만, 그들은 삭제하지 않았다. 그리고 그로 말미암아 무슨 일이 일어났는지 또는 일어나지 않았는지는 판단하기 어렵다. 페이스북은 이 회사에 대한 감사를 주장하지 않았는데, 이는 두 회사 간의 계약 조건에 따라 얼마든지 요구할 수 있었을 것이다. 페이스북이 그렇게 하지 않은 것이 실수였을 수도 있지만, 감사를 수행하는 것이 쉽지 않았을 것으로 생각된다.

케임브리지 애널리티카 이야기는 디지털 운영 모델을 채택한 회사들을 괴롭히는 지배력 문제가 얼마나 어려운 문제인지를 보여주는 흥미로운 사례다. 디지털 규모, 범위 및 학습의 힘의 상당 부분은 디지털 플랫폼의 개방성과 연결성이라는 속성에서 비롯된다. 거의 모든 디지털 모델에서, 모든 시스템은 강력하고 개방된 인터페이스를 통해 다양한 네트워크에 연결된다. 이러한 연결은 디지털 시스템의 기능을 크게 증폭시키지만, 원래의 설계자가 생각하지 못했던 방식으로 사용될 수도 있다. 문제는 그런 생각지도 못했던 사용을 발견하고 확인했다 하더라도 그것을 통제할 수 없다면 상황이 매우 어려워진다는 것이다. 플랫폼 통제에는 사이버 보안이라는 차원을 넘어, 저커버그가 지적한 것처럼, 시스템이 '선을 위해 사용되도록' 설계되어야 한다는 명령이 수반되어 있다. 그러나 '선'을 어떻게 정의하느냐도 문제일 뿐 아니라 실행하기도 거의 불가능하다.

혁신자 생태계에서, 이전에는 상상할 수 없었던 발명을 육성하는 디지털 플랫폼의 힘도 플랫폼의 취약점이 될 수 있다. 그리고 의도하지 않은 플랫폼 피해를 방어하는 방법도 직관적으로 항상 명백한 것도 아니다. 플랫폼이 개방될수록 리스크는 커진다. 예를 들어, 시장에서는 애플이 iOS와 앱스토어 플랫폼을 비교적 폐쇄적으로 유지하고 있다고 비판하는 의견도 있다. 애플은 엄격한 규칙을 가지고 있어서, 일반인들이 앱을 다운로드 받을 수 있도록 앱스토어에 등록하려면 공식 승인을 받아야 한다. 반면 구글 안드로이드와 구글 플레이 스토어는 개방적인만큼 구글 자신도 모르는 사이에 많은 악성 앱들이 유포되어 수백만 명의 사용자에게 악성 소프트웨어 감염이 퍼진다. 그렇다면 플랫폼 회사는 너무 많은 통제와 너무 적은 통제 사이의 균형을 과연 어떻게 유지해야 할까?

확실히, 플랫폼 통제의 문제는 그 플랫폼이 제삼자와 관련된 자산, 특히 소비자 데이터를 포함하거나 공유하고 있을 때 더 복잡해진다. 따라서 광고 플랫폼을 포함하는 운영 모델은 특히 까다롭다. 구글 애즈(Google Ads, 구 애드워즈Adwords)와 페이스북 광고 두 곳만 해도, 데이터를 활용해 광고주들이 적합한 소비자를 찾도록 돕는 정교한 API를 갖춘 본격적인 소프트웨어 플랫폼을 형성하고 있다. 이러한 표적 광고는 광고주들뿐만 아니라, 소비자들에게도 나름대로 가치가 있을 것이다. 무작위적인 상업 광고를 받는 대신 자신에게 관련된 광고를 받는 것을 고마워하는 소비자들도 있기 때문이다.

하지만 당신은 관련된 광고를 제공받는 것과 개인 정보가 침해되는 것 사이를 어떻게 구분할 것인가? 같은 광고라도 어느 소비자에게는 고마운 것일 수 있지만, 또 다른 소비자에게는 침입적이거나 불쾌하게 받아들여

디지털 기업이 마주할 윤리적 문제

질 수 있다. 이런 문제를 누가 결정해야 하는가? 광고 플랫폼이 모든 광고의 적절성을 판단하는 편집 권한을 가져야 하는가? 예를 들어 클릭률, 관련성, 랜딩 페이지(landing-page, 인터넷의 링크 버튼을 눌렀을 때 연결되는 페이지) 품질, 기타 다양한 요인에 근거하여 검색 결과 페이지에 광고를 배치하는 구글의 품질 평가 절차는 지난 수년간 많은 논쟁의 대상이 되어 왔다. 그것이 광고 품질에 꼭 필요한 통제라고 생각하는 사람들도 있지만, 거침없는 침해가 거슬리고 반경쟁적이라고 생각하는 사람들도 있기 때문이다.

적어도 미국에서 이러한 문제들은 언론의 자유에 대한 헌법적 보호에 위배된다. 누구에게나 열려 있는 많은 콘텐츠 플랫폼의 경우, 통제와 개인 맞춤 정보 제공의 문제는 검열처럼 불편하게 느껴질 수 있다. 회사 경영진과 이해 당사자들은 보다 많은 개인 소송에 직면하게 될 것이며, 안타깝게도 이러한 문제를 다루거나 적절한 해결책을 제공해 줄 곳은 거의 없다.

앤트 파이낸셜의 경우를 생각해보자. 이 회사가 수집하는 소비자 데이터(다양한 업무와 서비스에 대한 사용자의 일상적인 참여를 상거래 데이터, 위치 데이터, 신용 데이터, 심지어 금융 투자와 위험 선호와 통합시키는 데이터)는 전례 없는 수준이다. 아직까지 공공의 위해가 발생했다는 증거는 없지만, 사이버 침입으로 간주되는 경우 그 잠재적 피해 규모는 매우 심각할 수 있다. 기업들의 API 사용의 일반화도 자사의 데이터와 기능을 제삼자 제공자의 생태계에 노출하는 것이 될 수 있으므로 이러한 문제를 증폭시킨다.

증폭, 편견, 보안과 더불어, 플랫폼 통제의 문제는 우리 모두에게 새로운 윤리적 고려의 필요성을 일깨워준다. 그러나 이 모든 것들을 더욱 긴급한 문제로 만드는 또 다른 우려는 디지털 운영 모델이 네트워크 및 학습 효과를 추진함에 따라, 조직 전체에 걸쳐 불균형성이 커지고 시장이 누군가에게 더욱 집중되는 경향을 보일 것이라는 점이다. 이러한 불균형은 기업, 지역 사회, 소비자들 사이의 격차를 점점 더 심화시키면서 공평과 관련하여 다양한 우려를 불러일으켰다. 경제 전반에서 가치와 의사 결정권의 공평한 분배란 무엇인가? 그리고 그러한 분배가 소득과 가치 공유에 어떤 영향을 미치는가?

공정성과 형평성: 독점화

스포티파이는 애플과 애플의 음악 스트리밍 회사 애플뮤직과의 반독점 투쟁에 대비하고 있다. 스웨덴 회사인 스포티파이는 2019년 3월, 애플이 아이폰에서 앱으로 이루어지는 결제에 30퍼센트의 수수료를 부과함에 따라 스포티파이가 애플뮤직과 경쟁할 수 없게 됐다며 반독점 소송을 제기했다. 또 스포티파이는 애플이 자사 플랫폼 생태계의 영향을 확대하기 위해 앱스토어에서 다운로드 받은 앱에 대해 제한을 가하고 있다며 항의하고 있다. 이처럼 스포티파이는 애플의 플랫폼 지배력 전략에 대해 반격을 가하고 있지만, 애플은 자사의 플랫폼 지배력 전략이 아이폰 소프트웨어의 지속적인 품질 향상과, 바이러스와 악성코드를 피하는 데 기여하고 있다고 주장한다.

애플이 앱 제공자에게 부과하는 이른바 '세금'에 대해 반발하는 회사는 스포티파이만이 아니다. 넷플릭스와 비디오 게임 개발사 에픽게임즈(Epic Games), 밸브코퍼레이션(Valve Corporation) 등도 이런 비용에 대해 불만을 표시하거나 아예 앱스토어를 우회하는 방법을 시도했다. 이 문제는 디지털 운영 모델로 창출된 또 다른 근본적인 도전에서 비롯된다. 앞 장에서 논의한 각종 네트워크 효과가 시장 집중도를 증가(독점화)시켰기 때문이다. 모바일 플랫폼의 네트워크 효과는 특히 강해서 집중화가 매우 높다. 대부분의 국가에서 구글이 안드로이드 스마트폰 사용자들에 대한 접근을 장악하고 있는 것처럼, 애플도 소비자들 사이에서 멀티호밍이 낮아 아이폰 고객들에 대한 접근을 효과적으로 지배한다. 스포티파이가 자신에게 가치를 제공하는 아이폰 소비자의 커뮤니티에 접근하고 싶다면 애플의 규칙과 가격 협약을 지키는 것 외에는 선택의 여지가 없다.

수백만 개의 제삼자 협력 업체가 아마존의 온라인 고객들에게 제품을 판매할 수 있는 아마존의 소매시장도 이와 유사한 도전을 제시한다. 아마존이 다양한 중소기업에 많은 기회를 제공한다는 점은 누구나 인정하지만, 가장 많은 이익을 내는 부문의 점주들은 아마존이 이 부문에 진출해 자신들과 직접 경쟁하고 있다고 불만을 토로했다. 하버드 비즈니스 스쿨의 펑 주와 오클라호마대학교의 치홍 류(Qihong Liu)는 아마존 사이트에 올려져있는 22개 제품 카테고리의 15만 개 이상의 제품에 관한 체계적인 연구에서 이러한 주장을 뒷받침하는 실질적인 증거를 발견했다. 그리고 우리의 연구도 강력한 플랫폼들이 자체의 협력 업체들과 경쟁할 때 어려운 타협 지점이 존재한다는 것을 밝혀냈다.

이 현상은 복잡하다. 우리는 플랫폼이나 허브 기업이 어떻게 과도한 시장 지배력을 행사하고 경쟁을 형성하는지 보아왔다. 그러나 우리는 6장에서, 멀티호밍과 네트워크 밀집화 같은 현상이 지배적인 행동에 대응하는 실질적인 반발로 어떻게 작용할 수 있는지도 논의했다. 궁극적으로는 월마트의 온라인 시장이 온라인 판매자들에게 중요한 대안을 제공하고, 아마존의 지배적 행동에 대한 견제 역할을 할 수 있을 것이다. 승차 공유 업계에서는 탑승자와 운전자 네트워크에 만연한 멀티호밍이 우버, 리프트, 디디 같은 회사들의 수익 증대를 위한 자체적인 가격 인상을 크게 감소시켰다. 지역의 소규모 승차 공유 업체나 택시 서비스가 지역적 규모만 갖춰도 대형 승차 공유 회사들의 효과적인 대안이 될 수 있기 때문에, 밀집화는 경쟁을 더욱 쉽게 만들었다.

우버나 리프트 같은 회사들은 그들의 시장에서 멀티호밍과 밀집화를 줄이기 위해 끊임없이 노력해왔다. 그들은 사용자들이 세계 어디서든 탑승할 때마다 음악을 선택할 수 있는 기능을 자사의 앱과 서비스에서 구현했다. 또한, 운전자들이 자사의 서비스에만 충실하도록 강력한 인센티브를 제공하기 위해 가격 할인, 보너스 구조, 심지어 금융 지원 제도 같은 특별한 앱 기능을 설계하는 등, 운전자들을 붙잡아 두기 위해 다양한 노력을 기울였다. 이러한 운영 전략이 실패하면 경쟁업체에 인수되는 상황까지 벌어지는데, 실제로 우버는 2019년 상장하기 직전에 중동 지역의 선두 승차 공유 업체 카림(Careem)을 인수하기도 했다.

이런 사례들에는 각자 특이하고 민감한 부분들이 많다. 하지만 업계에서 통합이 이루어질 때, 이처럼 업계 네트워크를 형성하고 지배하는 기업이 점점 더 필수적인 역할을 하고, 전례 없는 영향력을 행사하며, 결과적으로 수익도 챙긴다는 경향을 반박하기는 어렵다. AI 중심, 데이터 중심의 운영 모델이 확산되면서 이런 경향은 더욱 심해졌다. 스마트폰에서부터 메시징에 이르기까지 모든 산업에서 집중화(독점화)는 이미 현실로 나타나고 있으며, 이런 집중화 현상은 곧 자동차나 농업 같은 다양한 산업에서도 나타날 것이다. 이에 따라 규제 당국과 법을 만드는 의원들도 연방 정부 및 지방 정부 차원에서 디지털 기업에 대한 정밀 조사의 필요성이 있음을 주목하고 이를 강화해야 한다고 주장하고 있다.

이런 문제가 현실적이긴 하지만, 단순히 해결책에만 의존해서는 안 된다. 하나의 회사가 업계의 승자로 부상해 시장을 독점하는 오래된 문제가 다시 대두되긴 했지만, 승자 독식의 사업 구조를 해체하는 것 또한 타당하지 않기 때문이다. 디지털 운영 모델의 문제를 해결하고 개선하기 위해 노력해야지 애써 발전시킨 모델을 파괴해서는 안 된다. 예를 들어 페이스북의 개인 정보 유출 같이 기업의 행태가 문제가 될 때 필요한 것은 저커버그 자신이 주장한 것처럼 효과적이고 대응력 있는 규제의 틀을 구축하는 것이다. 이럴 때 지역 사회가 도움이 되도록 적극적인 역할을 할 수 있어야 한다.

쟁점이 민감해서 타협점을 찾기 쉽지 않지만, 우리가 모두 그 문제에 대해 함께 협력한다면 해결책이 나올 것이다. 가장 중요한 것은 새로운 세대의 리더들이 새로운 책임을 인정하고 새로운 도전을 해결하기 위해 주도적으로 노력해야 한다는 것이다.

새로운 책임: 윤리적 문제

현대 기업의 지도자들은 이러한 새로운 세대의 윤리적 도전을 무시해서는 안 된다. 실용적이고 실행 가능한 다양한 기술 및 비즈니스 솔루션이 필요하다. 이런 생각을 하는 사람은 우리만이 아니다. 구글과 마이크로소프트도 알고리즘 편향에 관한 연구에 많은 투자를 하고 있고, 페이스북도 가짜 뉴스와 유해 게시물의 문제를 해결하기 위해 막대한 자원을 투입하고 있다. 또 에퀴팩스나 민주당 전국 위원회같이 해커들에게 당한 적이 있는 전통적 조직의 지도자들도 해결책 강구에 투자를 하고 있다. 디지털 규모, 범위, 학습의 윤리를 탐구하는 것은 오늘날 보편적 경영의 필수 조건이 되었다.

우리 경제와 사회에서 가장 큰 권력을 휘두르고 네트워크의 중심을 차지하고 있는 기업에 가장 큰 책임이 있다. 생물 생태계에서 도움이 되는 비유를 찾을 수 있는데, 생물 생태계도 현대 경제처럼 고도로 연결된 종(種)들의 네트워크로, 가장 중요한 종자의 행동에 집단적으로 의존한다. 생태계에서 소위 핵심(keystone) 종은 생태계 전체의 지속 여부에 특히 중요하다. 보금자리를 만드는 것부터 빗물 수로를 내는 일에 이르기까지 핵심 종들은 중요한 기능을 수행하며 자신을 넘어 생태계 전체에 영향을 미치는 구체적이고 진화된 행동을 통해 생태계 건강을 유지한다. 핵심 종을 제거하면 생태계 전체의 지속 가능성이 심각하게 손상된다.

페이스북이나 에퀴팩스 같은 회사들도 비슷한 방식으로 그들의 비즈니스 네트워크의 건전성을 효과적으로 규제한다. 이들의 활동은 그들이 동영상 콘텐츠를 게시하든, 대출을 신청하든, 광고를 판매하거나 메시지를 공유하든, 모든 네트워크 접점이나 커뮤니티 회원에게 전파된다. 이 기업들은 광범위하게 연결된 네트워크의 중심에 자리 잡고 네트워크 전반의 가치 창출을 위한 토대를 제공하며 경제와 사회 시스템에 필수적인 존재가 되었다. 모든 경우에서 그들은 많은 사람이 의존하는 서비스와 기술을 제공하기 때문에, 그들을 제거하거나 그들에게 문제가 생기면 재앙과도 같은 사건을 초래할 수 있다.

많은 기업의 리더들은 네트워크 허브의 역할에는 책임감이 수반된다는 것을 이미 잘 이해하고 있다. 우리는 수년 전에 생물학적 유사성을 기반으로 이러한 키스톤 전략의 개념을 정의한 바 있다. 키스톤 전략은 허브 기업의 목표를 그 기업이 속한 네트워크의 목표와 일치시킨다. 키스톤 전략은 네트워크(또는 비즈니스 생태계)의 건전성을 개선함으로써 기업의 장기적인 성과에도 도움이 된다.

이 전략의 핵심 특징은 기업이 의존하는 네트워크의 건전성을 형성하고 유지하기 위해 내부적 요구와 외부적 요구를 일치시키는 데 초점을 맞춘다는 것이다. 예를 들어, 구글은 알고리즘에서 편견을 없애는 기술에 투자

할 때 키스톤 전략을 구사한다. 페이스북도 네트워크상에서 유해 동영상을 제거할 때, 동일한 전략을 사용한다. 여기서 중요한 것은 비즈니스 네트워크를 유지하는 것은 윤리적 책임일 뿐만 아니라, 네트워크화된 비즈니스를 장기적으로 보존하기 위한 유일한 방법이라는 것이다.

키스톤 전략의 개념은 잭 발킨(Jack Balkin)과 조나단 지트레인(Jonathan Zittrain)이 제안한 정보 수탁자의 개념과도 관련이 있다.

> 법적으로 수탁자란, 다른 사람을 위해 신뢰할 수 있는 방식으로 행동할 의무가 있는 사람이나 기업을 말한다. 예를 들어, 재무 관리자와 기획자는 고객의 돈을 취급하도록 위임받는다. 의사, 변호사, 회계사 같은 사람들은 정보 수탁자의 좋은 예다. 이들은 돈이 아니라 정보를 취급한다. 의사와 변호사는 우리의 비밀을 지킬 의무가 있고, 그들이 수집한 정보를 우리의 이익에 반하여 사용할 수 없다.

구글과 페이스북 같은 기업들은 중요한 경제 네트워크의 허브를 통제하면서 광범위한 소비자 정보를 획득한다. 그들은 정보 수탁자로서, 그들이 정보를 수집하는 지역 사회에 해를 끼치지 않을 중요한 책임이 있다. 발킨과 지트레인의 말을 다시 인용하겠다.

> 수탁 책임이라는 개념을 중심으로 새로운 대타협의 기회가 조성되었다. 기업은 정보 수탁자로서 다음과 같은 책임을 진다. 그들은 보안, 개인정보 보호의 보장, 위반 사항 공개 등 일련의 공정한 정보 관행에 동의해

야 한다. 그리고 개인 정보를 최종 사용자의 신뢰에 반하여 부당하게 차별하거나 남용하지 않겠다고 약속해야 한다. 또한, 유사한 규칙에 동의한 사람들을 제외하고는 소비자 정보를 팔거나 유포해서는 안 된다. 대신, 연방 정부의 법이 다양한 주(州) 법과 지방법보다 우선적인 효력을 가질 것이다.

발킨과 지트레인은 집단 소송의 위협과 더불어, 주 법률과 관습법이 허브 회사들이 이런 개념을 도입하는 데 충분한 동기를 제공할 것이라고 주장한다. 마이크로소프트는 주 차원의 규제를 대체하기 위한 시도로 포괄적인 개인 정보 보호 법률을 받아들일 준비가 되어있다고 언급한 바 있다. 페이스북도 이와 유사한 선택을 표명했다.

궁극적으로 디지털 경제를 지속시킬 책임은 상당 부분 그것을 통제할 준비가 되어있는 기업 리더들에게 있다. 권력과 영향력의 중심을 차지하고 있는 허브 기업들이야말로 경제가 장기적으로 건강을 유지할 수 있게 하는 실질적인 조력자다. 대중의 압력 때문이기도 하지만, 애플, 알리바바, 알파벳, 아마존 같은 허브 기업의 지도자들은 자신들이 수만 개의 다른 회사와 수십억 명의 소비자들의 경제 건강에 미치는 영향을 점점 더 잘 알게 되었다. 자신들이 지배하는 생태계로부터 이익을 얻는 이런 허브 기업들은 자신들의 주주뿐만 아니라 자신들이 관할하는 더 넓은 지역 사회의 경제적 건강을 유지할 중요한 책임이 있다. 따라서 이러한 디지털 기업들은 자신들뿐 아니라 우리 모두가 의존하는 네트워크의 장기적 지속 가능성을 위한 일련의 조치를 일관되게 추구해야 한다. 이미 많은 기업 지도자들이 적어도 이론상으로는 이것을 이해하고 있다. 이제 우리들도 그들이 그런 조치를 취하도록 힘을 보태야 한다.

우리는 디지털 네트워크와 AI가 새로운 운영 능력, 전략적 원칙, 윤리적 딜레마를 어떻게 생성하고 발전시키는지를 살펴보았다. 그러나 이러한 즉각적인 변화뿐 아니라 보다 광범위하게 장기적 패턴을 깊이 생각하고 새로운 도전들을 해결하는 데 필요한 지혜를 모아야 한다. 다음 장에서 이 주제를 다룰 것이다.

9장   새로운 게임, 새로운 규칙

새로운 게임, 새로운 규칙

> 한때 정직하고 근면했던 대다수의 영국 국민을, 그들 자신과 가족, 공동체 모두에게 너무나 위험한 과잉 행위라는 죄악으로 몰아넣을 수 있었던 것은 절대적 욕망뿐이다.
>
> – 바이런 경, 1812년 2월 27일 영국 상원에서 러다이트 운동(Luddite movement, 산업혁명 당시 영국 공장 지대에서 일어난 노동자들의 기계 파괴 운동)에 대한 연설에서.

게임에서 새로운 메타(new meta)란, 기존의 규칙을 초월하거나 전통적인 한계와 제약을 뛰어넘는 새로운 현실을 말한다. 새로운 메타는 체스 게임에서 체스를 이동시키는 길을 바꾸거나, 카드 게임의 규칙을 바꾸는 것과 같다.

인공 지능의 시대가 게임의 규칙을 바꾸고 있다. 하지만 이 새로운 메타는 단지 사람처럼 행동하는 로봇만을 의미하는 것이 아니다. 그것은 새로운 유형의 기업, 즉, 보다 영리한 방식으로 AI를 사용해 낡은 운영 제약을 타파하고, 새로운 가치, 성장, 혁신을 추진하는 기업의 출현에 관한 것이다. 디지털 네트워크, 운영 모델, AI 팩토리를 품고 있는 이런 소프트웨어 중심의 회사가 가치를 창출하는 새로운 방법을 구현하며 우리 경제와 사회의 규칙을 통째로 바꾸고 있다.

우리의 새로운 메타가 창출한 엄청난 기회는 눈부신 경제 성장, 기술주(tech stock)의 번성, 그리고 몇몇 최고의 전통적인 회사들의 약진에서 이미 입증되었다. 그러나 우리는 여전히 새로운 규칙의 완전한 의미를 제대로 이해하지 못한 채 전혀 새로운 범위의 문제를 다루며 점점 더 복잡해지는 결과에 대응하느라 힘겨워하고 있다.

역사를 돌아보면 몇 가지 힌트를 얻을 수 있다.

데자뷰인가?: 러다이트 운동과 현재

이러한 근본적인 변화는 전에도 일어난 적이 있다. 그 변화는 산업 혁명의 여명기이던 18세기 초에 시작되었다. 생산 수단의 기술적 변화는 가치 창출과 획득 수단의 전환을 가져왔다. 실제로, 산업화 초기에 운영 모델이 업무의 전문화, 조직의 세분화, 세심한 설계로 창출된 생산 공정을 향해 크게 변화하는 모습을 보였다.

전통적으로 장인들이 수공예로 만들었던 것들이 전문화된 대량 생산 방식으로 훨씬 더 효율적으로 생산되었다. 예전에는 고도로 숙련된 노동자들이 생산된 제품의 모든 부품을 정교하게 만들어서 직접 맞추었지만, 이제는 모든 부품이 전문 기술과 장비를 사용하는 노동자들의 손에서 따로따로 만들어진 다음 또 다른 전문 공정에서 조립된다. 이에 따라 제품 생산에 필요한 기술과 능력도 달라졌고 산업의 경계와 경쟁 역학이 재정의되면서 부의 창출과 분배에 커다란 영향을 미쳤다. 사회에 그 영향이 점차 내재함에 따라 경제적, 사회적, 정치적 변화가 연속적으로 일어났고 그 파장은 전 세계적으로 확산되었다.

그러한 변화에 대한 초기 대응의 한 형태가 1811년 노팅엄 지역에서 발현돼 영국 전역으로 빠르게 확산한 러다이트 운동이었다. 노동자들이 전통적인 직물 생산 방식을 대체한 석탄으로 작동하는 자동 직조기와 그로 말미암아 대량 생산이 가능해진 공장을 파괴한 사건이다. 당시 방직공, 절단공, 방적공들은 전통적으로 집에서 일하면서 많은 여가와 함께 좋은 보수를 누리는 직업이었다. 그들은 크고 지저분한 공장을 훨씬 적은 수의 덜 숙련된 노동자들만으로 돌아갈 수 있게 만드는 전문화된 장비가 자신들을 대체하는 것을 달가워하지 않았다. 당시의 산업 혁명은 오늘날 우리가 직면한 상황처럼, 현재 상황을 뒤엎으며 전통적인 기술과 생산 전략을 폐기하는 새로운 윤리적 딜레마를 만들어냈다.

늘어난 공장 이윤의 공정한 몫을 요구하며 먼저 협상을 시도한 노동자들도 있었고, 옷에 새로운 세금을 부과해 일자리를 잃은 근로자들을 지원해 줄 것을 요구한 노동자들도 있었다. 또 새로운 기계의 배치와 직물 공장의 건설을 늦춰 노동자들이 새로운 거래에 적응하는 데 충분한 시간을 주어야 한다고 주장한 사람들도 있었다. 그러나 공장 주인들은 이 요구 중 어느 것도 들어주지 않았다.

마침내 1811년 11월, 석탄으로 얼굴이 검게 그을린 6명의 남자가 방직 회사 에드워드 홀링스워스(Edward Hollingsworth)의 공장 시설로 진군해 6대의 방직기를 파괴했다. 그들은 일주일 후에 다시 돌아와 홀링스워스의 건물을 불태웠다. 급기야 이 공격은 다른 마을까지 확산되어 매달 거의 200대의 기계가 파괴되었다.

공격자들은 일종의 비뚤어진 유머도 드러냈다. 그들은 공장에 경고문을 보내면서 주동자로 의문의 인물 러드 장군(또는 러드 왕)을 만들어 내세웠다. 그 이름은 주인에게 얻어맞고 양말을 짜는 기계를 망가뜨려 보복한 견습 노동자 네드 러드(Nedd Ludd)의 신화에 영감을 받은 것으로 보였다.

러다이트들은 특히 공장주들에게 새롭게 부가 집중되는 것에 대해 분노했다. 그들은 그런 부가 노동자 계층의 희생으로 이루어졌다고 생각했다. 이 운동은 더욱 격렬해져 수차례의 암살과 살해 시도로까지 이어졌고, 결국 정부는 러다이트 본거지로 1만 4,000명의 군대를 보내 러다이트들을 진압했다. 이 과정에서 24명의 러다이트가 교수형에 처해졌고 51명이 호주로 송환되었다.

러다이트 운동은 새로운 메타가 출현할 때 우리에게 어떤 불안이 나타나는지를 보여주는 전형적인 사례다. 산업 혁명 초기의 근대적 회사들은 혁명적 운영 구조를 갖추며 전문화를 추구했는데, 이는 생산 방식을 명확히 전문화된 작업 요소로 세분화하고, 조직까지 세분화한 새로운 생산 기술 덕분에 가능했다. 그 결과 전통적인 장인의 생산 방식은 더 이상 쓸모가 없게 되었다. 우리는 의류 제조업에서 자동차의 생산과 조립, 그리고 심지어 은행업에서 패스트푸드 산업에 이르기까지 산업 전반에 걸친 표준화 및 전문화로의 근본적인 변화를 볼 수 있다.

새로운 게임, 새로운 규칙

1800년대 초반부터 20세기 중반까지, 현대 기업의 등장이 가져온 전환의 물결은 깊고 파괴적이어서 결국, 세계 경제의 대부분으로 퍼지며 영향을 미쳤다. 전반적으로는 유럽과 북미의 평균 생활 수준이 눈에 띄게 높아졌다. 그러나 산업 혁명은 생산 수단을 소유한 소수와 그렇지 않은 다수 사이의 전반적인 부의 불균형의 증가를 가져왔다. 게다가 그런 전환이 야기한 대이동은 엄청난 불확실성을 초래했고, 사회적, 정치적 긴장을 악화시켰다.

전환의 물결에 대비하는 게임의 규칙

게임의 규칙이 다시 바뀌고 있다. 디지털 시대로 접어들면서 새롭게 부상하는 이런 원칙들에 세심한 주의를 기울여야 한다.

규칙 1: 변화는 더 이상 국지적인 것이 아니다. 전체에 영향을 미치는 것이다.

거침없이 산업 전체에 영향을 미치는 변화의 힘에 의해 디지털 시대가 도래했다. 여러 차례의 기술 혁신을 통해 점차적으로 다른 산업과 영역으로 확산된 산업 혁명과는 달리, 새로운 변화의 엔진은 거의 동시에 전 세계의 모든 산업에 영향을 미치고 있다. 우리의 경제 전체가 이제는 무어의 법칙(Moore's law)을 효과적으로 따르고 있다.

1975년 인텔의 창업자 고든 무어(Gordon Moore)는 집적회로의 트랜지스터 밀도가 매년 2배씩 증가함에 따라 컴퓨팅 능력도 그에 상응해 증가할 것이라고 추정했다. 그러나 트랜지스터 밀도의 증가 추세는 둔화됐지만, 일반 컴퓨팅 성능은 계속 높아지고 있다. 실제로 무어의 법칙에서 가장 강력한 통찰력은 디지털 기계는 시간이 지남에 따라 성능이 지속적으로 향상되고 높아진다는 단순한 개념일지도 모른다. 디지털 기술은 끊임없이 더 좋아지고, 강력해지며, 광범위하게 적용된다. 그 추세는 둔화의 조짐 없이 오히려 소프트웨어 기술, AI 및 머신러닝 알고리즘, 컴퓨팅 아키텍처의 발전으로 더욱 가속화되어, 다음 세대의 디지털 기술은 적용 영역이 보다 넓어지고 그 성능은 계속 향상될 것이다. 디지털 기술은 시스템 전반에 걸친 불굴의 전환 엔진이 되었다.

산업 혁명 중에는 발명이 개별 산업 또는 최소한 산업군에만 관련이 있었다. 심지어 적용 범위가 가장 넓은 증기 엔진도 은행이나 의료 서비스보다는 제조와 운송 산업에 더 많은 영향을 미쳤다. 그러나 디지털 전환은 동시에 모든 산업 환경에 영향을 미친다. 디지털 기술과 AI는 늘어나는 다양한 욕구를 모두 충족시키며, 믿을 수 없을 정도로 다양한 사례에 적용이 가능하다. 우리는 디지털 기술과 AI가 음악을 만들고, 이메일 응답을 하며, 표적 광고를 하고, X-레이 사진을 판독하고, 가격을 결정하고, 주식을 거래하고, 탑승객을 차량과 연결하고, 채굴 장비의 고장을 미리 예측하고 정비하는 등 끝없이 다양한 작업을 하는 것을 이미 보았다.

게다가 AI와 컴퓨팅 기술에 전념하는 인적, 기술적, 재정적 자원이 계속 늘어나면서 현재와 같은 시스템 전반에 영향을 미치는 추세는 약화될 기미가 없다. 가장 뚜렷한 징후는 우리가 겨우 초기에 있다는 것이다. 따라서 우리는 이 변화가 경제 및 사회 전반에 걸친 거대한 전환의 물결과 함께 모든 산업 전반에 걸쳐 빠른 속도로 일어나고 있다는 것을 인식해야 한다.

변화라는 디지털 엔진은 기회와 도전을 동시에 주고 있다. 비록 인공 지능이 인간의 사고를 완전히 따라잡지 못하더라도, 현재 인간이 수행하는 많은 운영 업무가 디지털 시스템으로 강화되거나 자동화될 것임은 자명하다. 이것은 새로운 모험을 시작하는 사람들에게 전례 없는 기회를 제공한다. 그러나 많은 전통적 업무들이 디지털화되면서 우리는 필연적으로 인간의 대체라는 혼란 상황을 맞게 될 것이다. 많은 연구가 현재 업무 활동의 절반 정도가 AI나 소프트웨어 시스템으로 대체될 수 있다며 매우 큰 충격이 일어날 것을 지적하고 있다. MIT의 에릭 브린욜프슨, 다니엘 록(Daniel Rock), 카네기멜론대학의 톰 미첼(Tom Mitchell) 같은 학자들은 머신러닝이 사실상 모든 직업에 영향을 미침으로써 소득 수준이나 전문 분야에 상관없이 모든 직업의 본질을 변화시킬 것이라며 더욱 도발적인 통찰력을 제시한다.

우리는 이러한 충격적인 예측에 너무 놀라서는 안 된다. 적어도 지난 한 세기 동안 운영 모델은 많은 인간의 업무를 표준화했고 예측 가능하며 반복 가능하게 설계되어 왔다. 매장 계산대에서 제품을 스캔하는 것에서부터 완벽한 라떼를 만드는 것에 이르기까지, 심장 이식에서부터 집 설계에 이르기까지, 많은 운영 업무들이 표준화된 방법과 절차로 인해 크게 개선되었다. 운영 업무가 늘 인간의 지능이 진정으로 돋보이는 창의적인 것들로부터 도움을 받는 것은 아니다. 의심할 여지없이 AI의 발전은 많은 일자리를 풍부하게 할 것이고 다양한 흥미로운 기회를 창출할 것이다. 하지만 동시에 AI가 많은 직업에서 광범위하게 인간의 대체를 야기하는 것은 불가피해 보인다.

산업 혁명이 그랬던 것처럼, 디지털 시대가 경제를 크게 변화시키고 있다. 그러나 충격의 속도와 폭은 몇 배나 더 클 것이다. 디지털 전환이 세계 경제의 모든 부문을 지배하기까지 100년도 걸리지 않을 것이다. 디지털 전환은 전례 없는 기업가적 기회를 창출할 뿐 아니라, 의료 혁신에서 빠른 배송에 이르기까지 각종 새로운 소비자 잉여(consumer surplus, 소비자가 높은 가격을 지불해서라도 얻고 싶은 재화를 생각보다 낮은 가격으로 구매한 경우에 얻는 복리 또는 만족)를 창출하고 있다. 하지만 모두가 승자가 되는 것은 아니다. 노동력 증강과 인간의 대체는 이미 시작되었다. 비록 디지털 자동화로 사라지는 모든 직업이 다른 직업으로 대체된다 하더라도, 그로 인한 사회적 충격과 혼란이 앞으로 큰 사회적 도전이 될 것이다. 먼 얘기가 아니라 다음 10년 안에 일어날 일들이다.

규칙 2: 회사에 필요한 기능이 점점 수평적으로 보편화된다.

산업 혁명에서 보았듯이 기술 변화는 기업 기능의 본질을 변화시켰다. 그러나 AI 도입은 근본적으로 다른 방식으로 이루어진다. 거의 모든 환경에서 AI가 주도하는 네트워크 중심의 조직들은 고도의 전문성과 기술을 갖춘 기업과 경쟁하고 있다. 그러나 AI 세계에서 경쟁하기 위해서는 전통적인 산업 전문화보다는 보편적인 일련의 기능들이 더 필요하다. 이는 산업 혁명으로 시작된 이른바 전문화를 지향하는 흐름의 극적인 반전으로, 디지털의 시대에는 수직적이고 단절된 조직과 전문화된 기능들은 비교적 관련성도 적고 경쟁력도 떨어진다.

알고리즘 모델이 점점 더 다양한 작업을 표적으로 삼음에 따라, 경쟁 우위는 수직적 기능에서 벗어났다. 데이터 소싱, 처리, 분석 및 알고리즘 개발의 보편적 능력 즉, AI 팩토리를 구축하고, 자동화된 방식으로 의사 결정을 내릴 수 있는 운영 모델을 구현하는 것으로 변화했다. 이러한 전환이 계속됨에 따라, 우리는 전통적인 차별화 전략이 현저히 쇠퇴하고 새로운 유형의 보편적 경쟁자들이 출현하는 것을 목격하고 있다. 전통적 전략의 쇠퇴는 경제력의 균형을 변화시킬 뿐만 아니라 전통적 전문화를 점차 종식시키고 있다.

이같이 새로운 기능의 보편화는 다양한 운영 업무를 재구성하고 전략, 비즈니스 설계, 그리고 심지어 리더십에까지 영향을 미친다. 운영의 성과를 내는 요인들이 그랬던 것처럼 다양한 디지털 및 네트워크 설정 전략도 광범위한 영향을 미친다. 각 시장의 특성은 전통적인 산업의 특정 전문 지식이나 기술보다 네트워크 및 학습 효과와 같은 새로운 요인들에 더 잘 반응한다. 우버가 도덕적 문제로 물러난 트래비스 캘러닉의 후임으로 새 CEO를 물색했을 때, 이사회는 대형 운송 서비스 회사가 아닌 디지털 기업(온라인 여행사 익스피디아)을 운영한 경험이 있는 사람을 영입했다.

핵심 역량이 기업마다 서로 다르고 조직 내에 깊이 내재된 시대에서 데이터와 분석으로 형성되고, 알고리즘에 의해 구동되며, 누구나 사용할 수 있도록 컴퓨팅 클라우드에서 호스팅되는 시대로 변화하고 있다. 이것이 바로 아마존과 텐센트가 메신저와 금융 서비스, 비디오 게임과 가전, 건강 관리와 신용 평가같이 이질적인 산업의 회사들을 함께 운영할 수 있는 이유다. 이같이 서로 다른 분야의 산업들이 오늘날에는 공통적인 방법과 도구 등 유사한 기술적 기반을 필요로 하며, 모든 것이 온 디맨드로 이용할 수 있는 대규모 컴퓨팅 용량에 따라 구동된다. 비용, 품질, 브랜드 형평성 등에 기반한 차별화가 수직적 전문 지식이 아니라 네트워크에서의 기업의 위상, 차별화된 데이터의 축적, 새로운 세대의 분석 활용을 강조하는 추세로 옮겨가고 있다.

규칙 3: 전통적 산업 경계가 사라지고 산업 간 융합이 새 규칙이 되었다.
산업은 처음에는 전통적인 거래 방식에서 산업 혁명이 요구한 수직적인 전문화를 지원하기 위해 진화했다. 그러나 광범위한 디지털화가 과거에는 분리되었던 산업 간의 보편적인 연결을 추구함에 따라 그런 명확한 경계는 사라지고 있다.

우리는 구글이 자동차 산업에 진출했을 때, 그리고 알리바바가 은행을 출범시켰을 때 그것을 목격했다. 디지털 인터페이스로 운영 모델은 낡은 수직 경계선을 가로질러, 고도로 연결된 새로운 비즈니스 모델을 지닌 새로운 산업에 쉽게 진입할 수 있게 되었다. 따라서 기업의 기능들이 보편화되고, 어느 한 환경에서 사용된 데이터와 분석이 다른 맥락에서도 유용하게 사용될 수 있게 되고, 디지털 기계가 대규모 네트워크로 쉽게 연결되면서, 산업들은 서로 융합되고 있다. 디지털 네트워크는 인간 중심의 조직과 동일한 방식으로 제약받지 않는다.

전통적인 조직들은 규모나 범위가 커짐에 따라 수익이 감소하는 어려움을 겪고 있지만, 디지털 네트워크 기업들은 규모의 성장은 말할 것도 없고 다른 네트워크에 확대 연결되어도 여전히 수익이 증가한다. 우리는 앞서 앤트 파이낸셜이 네트워크와 AI를 활용해 어떻게 다양한 시장에서 사업을 초고속으로 성장시켰는지 살펴보았다. 이와 유사한 전술은 아마존의 프라임 멤버십 모델에서도, 그리고 텐센트가 메신저 및 게임 플랫폼에서 금융 서비스와 건강 관리까지 사업을 확장하는 데도 그 효력을 발휘하고 있다. 이런 종류의 진화는 많은 기업에 극적인 도전을 제기한다.

송충이는 솔잎을 먹어야 한다고 한눈팔지 말고 자신이 아는 사업에 몰두하라는 조언을 하던 때가 있었다. 그러나 디지털 시대에서는 산업 구분 없이 시장 전체의 고객과 데이터를 활용하지 못하는 조직은 불리해질 가능성이 크다. 통신 서비스 제공 회사에서부터 자동차 제조회사에 이르기까지, 기업들은 다른 분야의 회사들과 경쟁하고, 서로 다른 비즈니스 모델을 구사하며, 제품과 서비스를 통합하고 교차 지원하고 있다. 선도 기업들이 범위 확장의 역학을 이해하지 못하면 그 회사의 비즈니스 및 운영 모델은 위험에 처하게 된다.

그러나 산업 간 융합을 통해 새로운 가치를 창출하는 것이 아무런 희생도 초래하지 않는 것은 아니다. 또 시장의 기존 활동자들에게 항상 긍정적인 영향을 미치는 것도 아니다. 새로운 참여자의 지역 공동체 독점은 기존 활동자들을 화나게 할 것이다. 우버 네트워크가 더 많은 운전자를 확보하거나 아마존이 더 많은 판매자를 가져간다면 기존의 시장 참가자들의 경제적 기회는 그만큼 줄어들 것이다. 그리고 기존 네트워크에 새로운 연결망 교점을 추가하는 것은 사이버 위협을 초래할 수 있다. 더 많은 업무가 디지털화되고 네트워크화되면서 가치 창출이 꾸준히 늘어난다. 그러나 모든 시장 참가자가 같은 방식으로 영향을 받는 것은 아니다. 누군가는 이익을 보겠지만, 또 다른 누군가는 그렇지 못할 것이다.

기업 경영자들은 산업 간 융합의 역학을 잘 이해해야 한다. 기업들은 자체적인 네트워크 파생 전략을 찾거나, 회사의 데이터와 관계를 활용해 과거에는 분리되었던 산업 전반에 걸친 새로운 기회를 찾을 수 있을 것이다. 그렇지 못한 회사들은 고객 충성도와 차별화를 높이는 데 주력함으로써 회사의 제품과 서비스에 대한 잠재적 위협을 예상하며 자신을 방어하기 위해 빠르게 움직여야 할 것이다.

규칙 4: 제한된 운영에서 마찰없는 영향력으로

디지털 운영 모델이 전통적인 산업 프로세스를 계속 대체함에 따라 전통적인 운영 제약도 함께 제거되고 있다. 신세대 기업이 전례 없는 속도와 규모로 성장한 이유다. 앤트 파이낸셜은 가장 큰 전통적 은행보다 훨씬 더 많은 고객을 확보하고 있다. 페이스북은 미국 우편 시스템이 제공하는 것보다 훨씬 더 많은 사람에게 뉴스와 정보 서비스를 제공하고 있다.

게다가 디지털 범위의 확장은 운영 효율성과 경제적 이익뿐만 아니라 사회적, 정치적 활동에까지 영향을 미치면서 프로세스의 다양성을 촉진한다. 아마존에서 위챗에 이르기까지 디지털 운영 모델들은 인간 상호 작용의 범위를 놀랍도록 다양하게 형성한다. 관련 정보가 네트워크를 통해 한계 비용을 거의 들이지 않고 무한대의 수신자에게 즉각적으로 전달되며, 클라우드 기반의 컴퓨팅 기능에 따라 신속하게 처리된다. 소비자에게 필요한 제품을 정확히 추천하는 것에서부터 개인화된 광고에 이르기까지, 디지털 운영 모델은 경제, 사회, 정치 활동에 걸쳐 큰 마찰을 불러일으키지 않는 방식으로 효과적으로 운영되고 있다.

하지만, 많은 엔지니어가 알고 있는 바처럼, 마찰을 제거하는 것이 항상 좋은 것만은 아니다. 마찰이 없는 시스템은 불안정해지기 쉽고 평형을 찾기도 어렵다. 자동차가 브레이크가 없거나 스키 선수가 속도를 줄이지 못한다고 생각해보라. 무갈등 시스템은 일단 움직이면 멈추기 어렵다. 인터넷상에서 급속도로 확산되는 밈(meme)도 마찬가지다. 일단 유행이 시작되면 디지털 신호는 사실상 무한한 규모와 범위를 가진 네트워크를 통해 빠르게 확산된다. 유행이 시작된 후에는 그 신호를 맨 처음 시작한 기관이나 네트워크의 핵심 허브를 제어하는 기관도 그것을 멈추지 못한다. 페이스북과 구글의 필사적인 노력에도 크라이스트처치 총격 사건 영상이 수백만 회나 재생된 것을 생각해보라.

마찰이 없는 과정은 분명히 큰 문제를 일으킬 수 있다. 가짜 헤드라인은 다양한 플랫폼상에서 수십억 명의 사람들에게 무한한 속도로 퍼질 수 있고, 영향과 연결 클릭을 최적화하도록 변형될 수도 있다. 크라이스트처치 동영상의 경우처럼, 특정 콘텐츠가 소셜 네트워크에 신고되더라도 인터넷을 통해 다양한 변종이 '좋아요'를 받고 재전송되면서 계속 퍼질 수 있다. 이같이 광범위한 확산과 영향은 과거 마찰이 많았던 신문 시절에는 생각조차 할 수 없었다. 따라서 마찰이 없는 AI 주도 프로세스는 자칫 정보, 의견, 편견과 공격성의 강력한 증폭기 역할을 할 수 있다. 특정 목적을 달성하기 위해 수십억 명의 사람에게 조작이 가능하고 상대의 취향대로 제작이 가능한 시험용 콘텐츠를 메시지로 보내기에 이보다 더 좋은 방법은 없다. 그러나 마케터의 낙원은 시민의 악몽이 될 수 있다.

마찰이 없는 운영 모델은 기업들이 전례 없는 속도로 신규 사업을 확장할 수 있게 해준다. 시장과 제품이 잘 맞는다는 것이 확인되면 조직의 확장성에 대한 전통적인 경계는 무너지고 사용자, 참여, 그리고 그에 따른 수익이 전례 없는 속도로 증가한다. 그러나 그런 운영 모델이 가치를 전례 없이 몇 배로 확장하면서 디지털의 규모, 범위, 학습은 동시에 수많은 새로운 리더십과 관리의 문제를 만들어낸다. 그리고 지식 기반의 급격한 변화와 그에 대한 대응력을 키우는 데 어려움을 겪고 있는 현재의 조직들은 대개 그런 문제에 잘 대처하지 못한다.

규칙 5: 집중화와 불평등이 더 심해진다.

산업 혁명이 그랬던 것처럼, 전환은 부의 재분배와 집중을 촉진한다. 이 디지털 네트워크의 역학은 그 현상을 더욱 악화시킬 것이다. 네트워크의 진화는 거래와 데이터 흐름의 집중화를 초래하고, 그로부터 권력과 가치의 집중이 심화될 것이다.

디지털 네트워크가 더 많은 거래를 수행함에 따라 네트워크 허브의 중요성이 커지고 있다. 우리는 이미 구글과 페이스북, 위챗과 바이두 같이 소비자, 기업, 그리고 전 산업을 서로 연결하는 허브 회사들에 대해 논의한 바 있다. 이런 허브 회사가 경제의 한 분야에서 고도로 연결(주택 임대 시장에서 에어비앤비, 개인 간 직접 소매 시장에서 알리바바)되기 시작하면 곧 바로 새로운 분야로 연결(에어비앤비가 여행 산업으로, 알리바바가 금융 서비스업으로)되면서 그 산업에서도 중요한 이익을 취득한다. 이러한 추세가 새로운 것은 아니지만, 최근 몇 년 동안, 높은 수준의 디지털 연결성으로 인해 전환의 속도가 획기적으로 빨라졌고, 디지털 허브의 중요성은 우리의 예상을 크게 넘어섰다. 서로 다른 산업들이 몇 개의 허브를 중심으로 얼마나 통합되고 완전히 재편되고 있는지 생각해보라.

네트워크 허브에 축적된 힘과 부의 증가하는 압력은 디지털의 노동력 대체와 기존 기능 및 기술의 쇠퇴를 가중시킨다. 집중화(독점화) 패턴은 노동자뿐 아니라 기업 전체에 걸쳐 불평등을 심화시켜 시장, 산업, 지역에서 부, 권력, 관련성의 격차를 더욱 벌려 놓는다. 특히, 이로 인해 특정 산업 부문과 지역에서 불평등, 좌절, 분노가 일반적 감정이 되어 자연스럽게 쌓인다. 이러한 반응 중 많은 것들이 산업 혁명 시대에도 나타났지만, 현재 나타나는 추세의 규모, 속도, 영향은 전례 없이 심각하기 때문에 오늘날 그 잠재적 영향이 얼마나 더 클지는 알 수 없다.

아날로그 기업과 디지털 기업이 갖는 취약성

과거 산업 회사의 부상은 현재의 전환 패턴과 흥미로운 대조를 보인다. 오늘날 우리의 새로운 시대가 산업 혁명에서만큼의 중차대한 경제적, 사회적 변화를 얼마나 가져올지 예측하는 데에 많은 상상력이 필요할 것 같지는 않다. 그리고 번개처럼 빠른 통신 속도와 세계 경제의 긴밀한 연결 덕분에 그런 변화는 훨씬 더 빠르고 종합적으로 일어나고 있다.

우리 경제의 디지털화는 변곡점을 지난 것으로 보인다. 그리고 디지털 기업이 그 영향력을 계속 증폭시킴에 따라, 대중의 신뢰와 화합이 현저하게 떨어지고 있다. 심각한 균열의 징후는 최근 수년 동안 더 명백해졌다. 점거 운동(Occupy Movement, 미국 월가를 중심으로 일어난 사회 경제적 불평등에 저항하는 운동)과 노란 조끼 시위(Yellow Vest Movement, 마크롱 프랑스 대통령의 유류세 인상에 반대하면서 시작돼, 반정부 시위로 확산된 운동)은 우리가 디지털 혁신과 그것이 가져온 엄청난 가치에 지나치게 매료되었을 수도 있다는 것을 보여준다. 우리는 주식 시장의 호황, 음성으로 제어하는 집, 운전자 없는 자동차 등에 매료되어 새로운 시대의 놀라운 잠재력에 빠질 수도 있다. 그러나 제약이 없는 디지털 운영 모델로 야기되는 도전들, 즉 경제적 불균형의 증폭에서부터 극단적인 정치적 견해의 난무, 그리고 보이지 않는 범죄자들의 공격에 노출되는 문제들도 명확해지고 있다. 정치인, 규제 기관, 심지어 일부 기술 회사 리더들의 무개념 대응도 그런 압박을 더욱 가중시키고 있다.

이러한 추세가 점점 수렴되면서 사회에서 가장 중요한 기관들을 위협하는 뿌리 깊은 취약성이 드러나고 있다. 소프트웨어와 알고리즘에 의해 업무의 본질이 재정의되고 산업과 시장의 전략적 움직임이 재편성되면서, 그 영향이 광범위하게 나타나기 시작했다. 경제적 불균형의 증폭이 광범위한 뉴스 편향 및 노골적인 정치 조작과 결합되고, 일자리 감소와 전환이라는 도전이 사이버 전쟁의 망령과 만나면 그 영향력이 폭발적일 것은 자명하다.

이러한 취약성으로 인해 새로운 민감성이 절실해졌다. 감사하게도, 대다수의 최고 리더들은 단지 주주 가치의 증대라는 단편적인 차원을 넘어 직원, 고객, 파트너, 그리고 지역 사회 전체의 우려를 포괄적으로 반영하는 방향으로 나아가고 있다. 디지털 전환이 가속화됨에 따라 우리는 이러한 고려를 더욱 확장해야만 한다. 노동자들을 재교육하고, 투자자를 지혜롭게 관리하는 것만으로는 충분하지 않다. 우리는 또다시 가치 창출, 획득, 전달 수단의 전환과 함께 나타난 사회적 혼란에 직면하고 있다.

결과적으로 발생하는 소득, 영향력, 힘의 재분배와 더불어 이러한 변화를 다루기 위해서는 보다 광범위한 정책적 고려가 필요하다. 예를 들면, 침체된 부문과 지역의 일자리 기회를 창출하기 위한 창의적이고 목표 지향적인 투자 관리부터 보편적 기본 소득에 대한 고려에 이르기까지 말이다. 지도자의 의사 결정이 우리 집단 공동체의 발전을 형성하는 경향이 늘어남에 따라 이제 그들의 결정에 대한 평가는 월가보다는 일반 시민에 의해 이루어질 것이다. 여기서 바이런 경의 연설은 우리에게 유용한 지침을 제공한다.

그러나 이러한 폭동의 초기 단계에서 상호 간 적절한 만남이 있었더라면, 이 사람들(노동자들)과 그들의 고용주(그들도 나름대로 불만을 지니고 있었기 때문에)의 불평을 중요하게 생각하고 공평하고 정당하게 검토했더라면, 이 노동자들을 그들의 일터로 복귀시키고 나라에는 평온을 가져올 여러 가지 수단들이 고안되었을 것이다.

러다이트들은 현대적 회사의 기본적 모습이 막 그 형태를 갖추기 시작했을 때 나타났다. 오늘날의 선진국 대부분은 현대 기업의 맥락 안에서 살아가며 일하고 있다. 디지털 시대가 다시 한번 새로운 규칙을 만들어내고 있다. 우리 인간이 다시 한번 지혜를 발휘해야 할 때가 되었다.

10장에서는 기업의 리더들에게 이러한 새로운 도전에 대처하기 위한 몇 가지 조언을 제시하고자 한다.

10장 디지털 전환을 이끄는 리더의 임무

디지털 전환을 이끄는 리더의 임무

> 만약 모든 연구, 모든 배움, 모든 지식이 지혜로 이어지지 않는다면, 이것들이 무슨 소용이 있단 말인가?
> - 이언 뱅크스(Iain Banks)의 소설 《무기의 사용(Use of Weapons)》에 나오는 비채의 말 중에서

오늘날의 기업들은 데이터, 분석, AI에 대한 지식은 넘치는 데 비해 경영상의 지혜는 여전히 부족해 보인다. 그 이유는 디지털 시대의 새로운 규칙이 기업의 영향력을 재정의하고 있기 때문일 수 있다. 우리는 아직도 그 영향력을 제대로 파악하고 있지 못하고 있으니까 말이다. 낡은 가정은 더 이상 적용되지 않는다. 기업이 휘두르는 자산과 기술은 물론, 기업을 경영하는 데 필요한 도구와 기능들이 대폭 변화하면서 그 영향력이 크게 넓어졌다. 프로세스가 소프트웨어에 내장되고, 데이터, 분석 및 AI가 운영 활동과 경영 결정에서 차지하는 비중이 커지면서 기업의 개념 자체가 진화하고 있다. 이는 경영 업무를 변화시켰고 온갖 종류의 기회를 만들어냈다. 이렇듯 우리는 큰 성공을 많이 거뒀지만, 아직 배워야 할 것들이 있다.

디지털 시대는 임무를 명확하게 정의한다. 간단히 말해서, 우리는 점점

디지털화되고 있는 회사를 이끌, 보다 지혜로운 방법을 찾아야 한다. 공학적 재주만으로는 충분하지 않다. 우리는 이미 비즈니스의 경제학을 재편했고 무어의 법칙에 따른 전환의 속도를 경험했다. 그러나 우리가 많은 기회에 접근하는 동안, 우리는 매일 모든 조직이 새로운 자산과 기능들을 창출하고 배치하기 위한 더 나은 방법을 찾아야 한다.

이 의무는 어떤 특정한 유형의 회사에 국한되지 않으며, 새 회사나 오래된 회사 모두에게 적용된다. 점점 디지털화되는 조직을 이끌기 위해서는 기존 기업에서 일하든, 소규모 스타트업에서 일하든, 디지털 허브 기업이나 플랫폼 기업에서 일하든, 규제 기관에서 일하든, 또는 이러한 조직을 둘러싼 커뮤니티에 참여하든, 공들여야 할 몇 가지 작업이 있다. 이런 리더십 의무가 활발하게 작동하는 네 가지 무대에 대해 설명하겠다.

전환, 전환, 전환

우리는 전환에 관한 많은 이야기를 했다. 그것은 맨 위에서 시작돼 한 세대의 지도자들이 변화와 관련된 어려운 일을 하도록 동기를 부여하고 그들을 훈련시켰다. 기업들은 더 이상 예전에나 먹혔던 낡은 강점과 기능에 매달려, 경제의 모든 주요 부문을 압도하는 새로운 운영 모델의 출현을 외면하면서 뒤처져선 안 된다. 기업이 더 나은 집단적 결과를 창출하는 것은 전적으로 각 기업과 경영진이 제 역할을 다하느냐에 달려 있다. 어떤 조직도 제자리에 머물러 있어서는 안 된다.

우선 기업의 전환을 관리하는 지혜로운 방법이 명확히 제시되어야 한다. 클라우드에서의 기술은 얼마든지 서비스로써 사용할 수 있으며, 기술 활용에 도움을 줄 전문가도 많다. 기술의 사용에 관해 설명하는 기사, 책, 온라인 강좌 등은 차고 넘친다. 가장 어려운 일은 조직의 전환이다. 즉, 운영 구조를 혁신하고, 점점 디지털화 되어가는 운영 모델을 추진하기 위한 올바른 기술, 기능, 문화를 구축하는 것이다. 우리는 몇 가지 가장 중요한 전환 단계들을 살펴보았다. 이론이 실천과 같지는 않다. 하지만 지금도 디지털 전환이 모든 산업에서 빠르게 진행되고 있는 지금, 다른 방도(플랜 B)는 없다. 명백한 어려움이 있는 건 분명하지만 경영 조치에 지혜가 꼭 필요한 이유다.

그러나 우리가 관련된 경영 과제를 이해한다고 해도, 실천적 지혜를 개발하는 것은 중요한 리더십 도전이다. 변화에 대해 말하는 것은 쉽다. 그러나 단절된 전통적 조직이 와해되면 권력 관계가 이동하고, 어떤 기능과 기술들은 그 중요성을 잃게 된다. 전환을 이끄는 데 전념하는 것이 무엇보다 중요하다.

우리는 간혹, 전통적 기업들이 전환을 시도하기 위해 몇 가지 파일럿 사업이나 시범 프로젝트를 준비하다가 위협을 마주하면 변화의 본 단계에 들어가지 못하는 것을 발견했다. 변화에 착수했다가 이익이 즉각적으로 나타나지 않으면 전환의 속도를 늦추기도 한다. 이는 경영자들이 그들의 산업에서 일어나는 구조적 변화를 진단하지 못하거나 현재 상황에 도전할 의지가 없을 때 발생하는 실패이다. 우리는 이 같은 경우를 현재도 업계에 남아있는 전화기 제조업체들(노키아, 모토로라, 블랙베리), 비디오 유통 및 제작 회사들(블록버스터, 비아콤), 대형 소매업체들(많은 쇼핑몰, 대형 소매업체들)을 통해서 직접 보았다.

경영자가 시대가 요구하는 구조적 변화를 인식하고, 지속적인 약속을 제공하고, 필요한 자원을 지출할 준비가 되어있어도, 변화의 역풍을 맞을 수 있다. 제너럴 일렉트릭이 바로 그런 사례다. 이 회사는 수십억 달러를 들여 GE 디지털 사업부를 설립했고, 그룹의 초기 성공이 우리 두 사람을 포함한 많은 사람에게 깊은 인상을 주었지만, 지속 가능한 광범위한 전환으로 이어지지는 못했다.

GE 디지털 사업부는 다양한 문제들로 인해 곤경에 처했지만, 가장 우선적인 문제는 고객과 다른 GE 사업부들 모두 디지털 사업부의 기술이 광범위하게 사용되기 위해 필요한 신뢰성, 안정성, 개방성이 결여됐다고 판단했다는 것이다. GE 디지털 사업부가 별도의 수익 센터(최고의 전략 사업부)로 성장했을 때에도 몇몇 다른 GE 사업부들은 디지털 사업부를 경쟁자로 인식하여, 그 기술을 도입하지도 않았고 필요한 지원(특히 영업 부문에서)을 제공하지 않으면서 상황은 나아지지 않았다. 게다가 프랑스의 전력 및 운송업체 알스톰(Alstom)의 인수로 그룹의 자원이 분산되면서 GE 전력 사업부가 직면한 재정 문제와 더불어 기업의 혼란이 그대로 드러났다.

기업의 전환이 시작된 이후에도 지속적인 성공을 위해서 리더들은 혁신에 전폭적이고 계속적인 전념을 격려하여야 한다. 수십억 달러를 쓴다고 해서 분열된 조직에 응집력을 가져오지는 못한다. 변화의 의미를 깨닫고 그에 전념하는 리더들이 변화의 과정에서 불가피한 균열을 치유하는 방법을 찾고, 변화의 효과가 일어나지 않는 곳이 어디인지 이해하기 위해 어려운 결정을 해야 한다. 그리고 필요한 변화를 만들기 위한 행동을 하면서 차별화를 기할 때 비로소 조직은 응집력을 발휘한다. 영국의 이동 통신 회사 보다폰의 CEO였던 비토리오 콜라오(Vittorio Colao)는 디지털 전환 노력을 다음과 같이 표현한다.

> 데이터 분석, 자동화, 인공 지능 분야에서 새로운 바람이 크게 일고 있다. 그러나 그 바람은 조직 전체에 동일한 방식으로 불어오지는 않을 것이다. 내 함대에서 어떤 배들은 그 바람을 타고 속도를 더 낼 것이고, 다른 배들은 돛이 작아서 그와 같은 추진력을 얻지 못할 것이다. 문제는 우리가 처음에 했던 것처럼 모든 배가 자체적인 순항 속도로 가도록 내버려 두느냐, 아니면 우리가 지금 하는 것처럼 함대를 정렬시켜 큰 프로그램으로 포장하느냐 하는 것이다. 배들을 정렬시키는 것은 조직 전체에 도움이 될 수 있지만, 혼란 요소가 나타났을 때 그들을 사라져버리게 할 수도 있는 선형 속도(linear speed)를 강요시키는 위험이 될 수도 있다.

우리는 전환의 리더십이 전통적인 기업에만 적용되는 것은 아니라는 점을 강조하고자 한다. 이 책에서 거듭 설명한 바처럼, 모든 허브 기업은 살아남기 위해 변화해야 하며, 일회성에 그치지 않고 계속 반복해야 한다. 페이스북의 사회적 공동체나 앤트 파이낸셜의 네트워크에서, 그들의 비즈니스 모델에 개인 정보라는 자산이 내재된 높은 리스크를 고려할 때, 디지털 조직의 리더는 운영 모델뿐만 아니라 비즈니스 모델에서의 안전, 보안 및 지속 가능성의 기반을 튼튼히 구축하기 위해 지속적으로 혁신해야 한다.

또 우리는 리더십의 개념이 조직의 고위층에만 국한되어서는 안 된다는 것을 강조하고 싶다. 기회와 도전 모두 크게 존재하기 때문에 회사의 핵심 시스템을 구축하고 형성하는 사람들이면 누구나 이에 참여하고 기여하도록 영감을 주어야 한다. 우리가 많이 사용하는 페이스북 알고리즘을 개선하는 일이나, 에퀴팩스에 있는 우리의 데이터를 안전하게 만드는 소프트웨어 패치를 설치하는 일에 많은 사람이 필요한 것은 아니다. 조직 내 최고위층의 영향을 무시할 수는 없지만, 누구든지 그 자리까지 올라가 중요한 리더십 역할을 할 수 있다는 것을 이해하는 것이 중요하다.

새 기업이든 오래된 기업이든 이런 고려사항들은 혁신가로서의 새로운 세대의 리더를 선별하고 교육하고 후원하는 동기가 될 수 있다. 최고 경영자들은 AI를 뒷받침하는 기초 지식과, 회사의 비즈니스 및 운영 모델에 기술을 효과적으로 배치하는 방법을 재편하고 학습해야 한다. 그들이 데이터 과학자, 통계학자, 프로그래머, AI 엔지니어가 될 필요는 없다. 그러나 모든 MBA 과정 학생들이 전문 회계사가 되지 않아도 회계와 기업 경영에 대한 중요 사항에 대해 배우는 것처럼, 경영자들은 AI와 관련 기술을 배우고 해당 지식을 축적해야 한다.

리더에 대한 자격 평가는 그들이 만들고 이끄는 디지털 시스템을 얼마나 잘 이해하느냐, 그리고 그런 시스템을 잘못 이해함으로써 생기는 조직적, 윤리적, 경제적, 정치적 결과에 대해 얼마나 충분히 이해하느냐에서 출발해야 한다. 디지털 기업의 훌륭한 리더가 되려면 보다 유연하고 직관적인 문제도 잘 이해할 수 있어야 한다. 또 그들은 인간적인 측면에 대해서도 능숙해야 한다. 노동자들이 점점 디지털화되는 운영 모델과 상호 작용하면서 불가피하게 떠오르는 중요한 문제들을 이해해야 하기 때문이다. 그리고 경영자들은 지속적인 발전을 추구하는 데 필요한 영감, 기능, 문화에 대한 감각도 지녀야 한다. 이를 위해선 차별 없는 통합적 관점이 중요하고 역사에 대한 지식도 필요하다. 기술에 대해 깊은 지식이 있고 강한 기업가 정신을 갖고 있더라도, 인간적인 리더십과 그것이 사람과 조직에 미치는 영향에 대한 이해가 부족한 리더는 디지털 운영 모델, 애자일 방식, AI에 대한 이해가 없는 전통적 경영자만큼 자격이 부족하다.

디지털 시대의 기업가 정신

디지털 시대의 등장은 아마도 문명사에서 가장 위대한 기업가적 기회를 만들어낸 사건일 것이다. 디지털 전환의 범위는 매우 방대해서, 전통적인 프로세스, 시나리오, 사용 사례와 비교해 보면 디지털 방식으로 작동되는 AI 기반 솔루션이 얼마나 더 좋은 성과를 내는지 쉽게 알 수 있다. 콘텐츠가 어떻게 제작되고 유통되는지, 건강 관리의 개선이 어떻게 발전되어 왔는지, 장비가 어떻게 개발되고 제작되며 배치되고 유지되고 있는지, 뉴스 보도가 어떻게 생성되고 있는지 등을 살펴보면, 세상은 말 그대로 기업가적 기회로 가득하다는 것을 알 수 있다.

　이 책에서 확인된 많은 도전도 혁신과 기업가 정신을 위한 기회를 제공한다. 사이버 보안을 보장하는 것에서부터 알고리즘 편견을 피하는 것에 이르기까지, 가짜 뉴스와 싸우는 것에서부터 좋은 일자리 창출하는 것에 이르기까지, 진정한 기술의 획기적 돌파구와 혁신은 앞으로도 많은 문제의 해결에 크게 기여할 것이다. 다행히도, 우리가 논의한 바처럼, 혁신 비용은 크게 떨어졌다. 디지털 기술이 보편화되었고, 사실상 누구나 어디서든 온 디맨드 컴퓨팅 파워를 얻을 수 있게 되었으며, 오픈 소스 소프트웨어와 광범위한 하드웨어 도구의 사용은 발명의 힘이 민주화되었음을 보여준다.

　그러나 기회를 검토하고 평가하면서 필요한 혁신의 기술적 타당성이나 새 사업의 확장성을 검토만 하는 데만 그쳐서는 안 되고, 민감한 경쟁 양상의 예측 등 새 비즈니스 모델을 완전히 이해하고 평가하는 보다 심층적인 분석이 행해져야 한다. 그 대표적인 예가 수년 동안 손실에 시달려온 우버다. 우버의 IPO 투자 설명서에서도 투자자들에게 회사가 이익을 내지 못할 수도 있음을 경고하고 있다. 그것도 거의 250억 달러의 투자 자본을 유치한 이후에도 말이다.

　우리는 우버의 비즈니스 모델 자체가 야기하는 광범위한 멀티호밍과 네트워크 밀집화 현상 때문에 언제든 심각한 경쟁에 직면할 가능성이 있다는 것에 대해 논의했다(6장 참조). 우버를 비롯한 승차 공유 회사들은 하나의 역설에 직면하고 있다. 우버가 제공하는 서비스는 오히려 소비자 잉여를 증가시켰고(5분 이내에 호출 차량이 오는 것을 누가 원하지 않겠는가?) 100만 명 이상의 운전자들에게 유연한 고용을 제공했다. 하지만 여전히 수익을 내지 못할 것 같은 이 비즈니스 모델에 돈을 투자하는 것이 현명한 행위인지 알 수 없고, 인구가 많은 지역 사회에 한계 고용(marginal employment, 근로자가 충분한 생계를 유지할 만큼의 돈을 벌지 못하는 고용)만을 초래할 뿐 아니라 도시 중심부의 혼잡으로 환경 및 교통의 외부 효과(externality, 어떤 경제 활동이 당사자가 아닌 제삼자에게 끼치는 영향)를 야기할 수 있다.

현명한 리더들은 초기의 재정적인 이익을 넘어 기회를 확장하고 회사의 성공을 접하는 많은 고객층의 실제 생활의 개선으로 연결하기 위해, 디지털화되고 있는 기업이 지역 사회에 어떤 영향을 미치는지 잘 인식하고, 보다 어려운 사회적, 윤리적 영향까지 고려해야 한다. 그러나 연구와 엔지니어링에 투자하는 사람은 많지만, 지금까지 사업과 운영 모델의 보다 민감한 영향을 이해하는 데도 그만큼의 관심과 자원을 기꺼이 약속한 사람은 거의 없다. 문제는 새로 출범하는 디지털 기업이 자신을 둘러싼 현실에 미치는 장기적인 영향을 완전히 내재화하는 것이다.

블록체인 벤처들이 좋은 예다. 블록체인을 기반으로 하거나 블록체인에서 영감을 받은 회사들은 디지털화와 AI의 물결로 야기된 많은 문제에 대한 중요한 해결책의 단서를 제공한다. 블록체인 기업은 분산형 원장에서부터 스마트 계약, 가상화폐에서부터 P2P 네트워크까지 유용한 방법과 기술을 다양하게 구현하고 있다. 그러나 블록체인을 기반으로 한 비즈니스 모델이 복잡한 산업과 제도의 맥락 안에서 제대로 작동하기 위해서는 새로운 사고를 반영해야 한다. 그동안 쏟아낸 엄청난 약속에도 블록체인의 영향은 지금까지 그다지 신통치 못했기 때문이다.

디지털 기업의 지속적인 영향은 리더들이 기술을 복잡한 규범과 제도에 맞게 적용하거나 그런 규범과 제도들이 변화하도록 도울 때에만 달성된다. 블록체인 기술이 성숙해지면, 앞서 언급한 다양한 기술들이 따로따로 작용하며, 변조가 불가능한 스마트 계약에서부터 뉴스 추적 및 공급망 모니터링에 이르기까지 다양한 제도적 요구를 충족시키기 위해 맞춤 적용될 것이다. 그렇게 되면 비즈니스 모델에 중차대한 혁신이 찾아올 것이며, 이것이 블록체인 기술의 성공을 더욱 발전시킬 것이다. 그리고 블록체인 기술이 전통적인 관료주의의 극단적인 비효율성을 줄이는 데 정말로 도움이 된다면, 그 도입을 늦출 이유는 없을 것이다.

정적인 자산과 기능에 근거해 경쟁 우위가 수십 년 동안 지속될 수 있는 시대는 지났다. 오늘날의 리더들은 계속되는 변화를 다룰 수 있어야 하고, 그들이 이끄는 조직의 본질과 그들이 경쟁하는 시장의 본질을 빈번히 위협하는 충돌을 다룰 수 있어야 한다. 혁신과 기업가 정신이야말로 전환과 더불어 우리가 헤쳐가야 할 중요한 길을 제공할 것이다. 그리고 기업가가 더 많은 지혜를 갖출수록 우리 모두에게 더 좋은 결과를 가져다줄 것은 더 말할 것도 없다.

디지털 전환을 이끄는 리더의 임무

각종 규제: 정부와 기업

규제 당국은 기술의 진화를 따라잡기 위해 여념이 없다. 반독점 및 개인 정보 보호 같은 여러 분야에서의 당국의 노력은 디지털 기업에 엄격한 잣대를 부여해 책임을 높이는 데 중요한 기여를 했다. 또 우버나 에어비앤비의 경우처럼, 지방 자치 단체가 개입하는 경우도 있다. AI의 영향이 계속 증가함에 따라, 교통 안전과 인종 편향처럼 다양한 영역에서 중앙 정부와 지방 정부 차원의 광범위한 규제가 제기될 것이다.

규제 당국은 특히 개인 정보 규제의 필요성에 많은 주의를 기울여왔다. 유럽은 2018년, 기업이 개인 정보를 사용하는 방법을 개인이 통제할 수 있도록 돕는, 이른바 개인 정보 보호 규정(General Data Protection Regulation, GDPR)을 도입하면서 이를 주도해 왔다. 가장 중요한 것은 GDPR이 개인 정보의 가명 대체, 접근권 및 삭제권 같은 기본적인 데이터 보호 원칙을 도입함으로써, 개인에게 데이터에 대한 소유권을 어느 정도 부여했다는 사실이다.

규제는 자연스럽게 엄격한 통제를 실행함으로써, 소비자들이 통제의 완화에 관여하지 않도록 해준다. 또한, 모든 사람에게 최소한의 보호가 이루어지도록 해준다. 다만 GDPR 제도에 가장 효과적으로 대응할 수 있는 기업은 기술 대기업일 것이기 때문에 스타트업만 대가를 치르고 대기업의 지배력은 강화될 것이라는 우려도 적지 않다.

특히 디지털 허브 회사들의 반독점을 둘러싼 논쟁이 가열되고 있다. 주로 유럽에서 일고 있는 많은 반독점 관련 시도들은, 1990년대 후반과

2000년대 초반에는 마이크로소프트를, 최근에는 구글 등 여러 기업을 대상으로 하고 있다. 구글은 지난 몇 년 동안 유럽에서 검색 서비스와 안드로이드 운영 체제에서의 반(反)경쟁적 행동으로 벌금을 부과 받았다. 유럽의 규제 당국이 애당초 추구했던 목표를 달성했을지는 모르지만, 벌금을 부과하는 것이 이런 새로운 종류의 뿌리 깊은 문제들에 휘말린 경제를 위한 가장 효과적인 해결책이라고 단언하기는 어렵다. 개인 정보 보호와 독점 금지 분야에서 위반에 대한 적절하고 영향력 있는 구제책을 마련하는 것은 매우 어려운 일일 뿐만 아니라 광범위하고 개방적 논쟁이 필요한 중요한 사안이기 때문이다.

이러한 활동들은 개별적으로 진행되어서는 안 된다. 허브 기업들은 규제와 정책을 만들기 위해 정부 당국과 협력해야 한다는 것을 잘 알고 있다. 1990년대의 마이크로소프트와 반독점 규제 당국들의 명백한 적대 관계를 다시 보게 될지 의문이다. 애플, 마이크로소프트, 알파벳(구글), 페이스북, 알리바바 등의 기술 회사들은 바람직한 결과의 도출을 도울 수 있는 정교한 능력을 키우고 있다. 비록 그들이 정치권에 대한 로비와 자신들의 위상 확보에 상당한 중점을 두고 있긴 하지만, 진정한 협력의 중요성도 인식하고 있다. 기업들도 실수를 하듯이, 규제 당국도 그들이 완전히 이해하지 못하는 시스템과 조직을 원하는 대로 조종할 수는 없다.

그러나 정부와 기업의 협업은 이제 시작에 불과하다. 현실에서, 우리의 새로운 디지털 경제를 정의하는 많은 문제들은 정말로 다루기가 어렵다. 불평등, 사생활 보호, 편견 등의 문제는 해결은 고사하고 정의조차 어렵다.

게다가 이러한 도전들은 대상이 바뀌기도 하고 장기 목표와 단기 목표가 끊임없이 변한다. 따라서 개별 규제를 넘어, 가장 중요한 해결책은 협력적 구조와 접근방식을 설정해 규제력을 발휘하는 것이다. 상황을 감시하고, 필요한 변화에 동기를 부여하며, 잠재적 해결책을 창출하고, 진지한 규제 혁신을 추진하기 위한 전문가의 지속적인 개입으로부터도 이익을 얻을 수 있다.

커뮤니티의 힘

커뮤니티는 디지털 기업에 견제와 균형을 제공하는 면에서 당국의 규제 보완에 점점 더 중요한 역할을 담당하고 있다.

커뮤니티가 소프트웨어 산업에 영향을 미치는 것은 오랜 역사를 지니고 있다. 오늘날에도 계속되고 있는 리눅스 운영 체제의 발전과 진화는 기술 역사에서 하나의 획기적인 이정표로 여겨진다. 널리 사용되고 있는 다른 주요 소프트웨어 프로그램과 달리, 리눅스는 전적으로 엔지니어들의 글로벌 커뮤니티에 의해 설계, 개발, 배치되고 지원되었다. 그 커뮤니티는 분명한 역할과 책임이 주어지는 명확한 관리와 체계를 가지고, 실수뿐 아니라 성공에 대해서도 공과를 명확히 하는 고도로 구조화된 조직이었고 지금도 마찬가지다.

이 모든 것이 수만 명의 커뮤니티 구성원에 의해 구동되는 철저한 분산 테스트 프로세스에 내장되어 있다. 리눅스는 GNU(Gnu's Not Unix, 소프트웨어의 공개 개념을 표방하는 비제도권 단체의 종합 프로젝트) 공용 라이센스(GPL)에 따라 무료로 사용 가능하며, 무료 소프트웨어의 모든 파생 제품도 무료로 사용할 수 있다. 오픈 소스 소프트웨어는 소프트웨어를 향상하기 위해 세계적으로 힘을 합치고, 기술 개발, 공개적으로 분명한 공동 미션, 본질적인 즐거움, 평판 구축, 기초 공동체 및 공동의 대의명분 같은 다양한 인센티브로 동기를 부여받은 수백만 명의 열정과 상상력을 끌어모았다.

오늘날 리눅스는 단연 가장 인기 있는 클라우드 운영 체제로 많은 기업에 널리 지원되고 있으며, 아마존의 AWS, 마이크로소프트의 애저, 구글의 구글 클라우드 등 주요 클라우드 업체들로부터 모든 기능이 온 디맨드 방식으로 지원된다. 또 오픈 소스 소프트웨어 접근법의 변형들이 아파치 같은 웹 서버에서 파이어폭스(Firefox, 개방형 웹브라우저) 같은 브라우저에 이르기까지 다양한 프로젝트를 지원하기 위해 사용되었다. 파이어폭스는 원래 넷스케이프(Netscape)가 네비게이터(Navigator)라는 이름으로 구축했다가 오픈 소스가 되었고 현재는 모질라 사가 관리하고 있다. 오픈 소스 소프트웨어는 마이에스큐엘(MySQL) 같은 데이터베이스에서부터 페이스북이 처음 구축한 리액트 같은 사용자 인터페이스 라이브러리, 그리고 구글이 처음 개발했지만 지금은 오픈 소스가 되어 범용으로 사용되는 머신러닝 프레임워크인 텐서플로우(TensorFlow)에 이르기까지 매우 다양한 제품들을 지원한다.

오픈 소스 접근 방식은 단지 소프트웨어 인프라 개발이라는 차원을 넘어서도 그 위력을 발휘해왔다. 개방형 온라인 벼룩시장 크레이그리스트(Craigslist, 모든 물건과 구인 구직, 즉석만남까지도 거래되는 미국 최대의 온라인 생활 정보 사이트)는 수년 동안 다양한 시장을 장악했으며, 나중에는 우버와 에어비앤비 같은 수많은 주요 웹사이트들도 크레이그리스트를 모방할 정도였다. 그러나 아마도 오픈 소스 접근 방식의 가장 중요한 예는 위키피디아(위키백과, Wikipedia)일 것이다. 2001년, 지미 웨일즈(Jimmy Wales)와 래리 생어(Larry Sanger)가 시작한 위키백과는 300개의 언어로 수백만 개의 글을 수록한, 이제는 보편화된 온라인 백과사전으로, 매일 거의 10억 명의 사용자가 이용한다.

위키피디아의 관리 방식은 명확한 조직, 명확한 역할과 책임, 그리고 명확한 책임 규명 절차 등의 특징을 지닌 많은 오픈 소스 프로젝트와 유사하다. 오늘날 세계에서 가장 널리 사용되는 백과사전이 되기까지, 위키피디아는 부정확성과 편견을 일관되게 방지 해왔다. 이 시스템의 가장 훌륭한 점은 누구든지 입력된 내용이 잘못되었다고 생각할 경우, 언제든 고칠 수 있고 수정한 내용을 개방적이고 투명한 편집 프로세스에 맡긴다는 것이다.

이런 과정은 마치 조사 연구가 반복적으로 실행되어 온 것처럼 작동한다. 예를 들어 우리의 하버드 동료인 셰인 그린스타인, 펑 주, 그레이스 구는 정치적으로 민감한 주제에 대한 수천 개의 글을 대상으로 위키백과의 정치적 편향이 어떻게 변화하는지를 관찰했는데, 다수의 기고자가 계속 내용에 수정을 가함에 따라 시간이 지나면서 편향성이 약화되는 경향을 보였다. 연구자들은 심지어 편집자들 스스로도 커뮤니티 기반의 피드백을 수용하면서 시간이 지날수록 편견이 줄어드는 경향도 발견했다. 하버드 혁신 과학 연구소의 동료인 미샤 테프리츠키(Misha Teplitskiy)와 공동 저자들도 이 연구의 보완 연구에서, 위키백과 글의 다양한 정치적 견해가 더 높은 품질의 콘텐츠를 생산한다는 것을 발견했다. 극단적 견해와 다양한 견해가 누구나 참여할 수 있는 분산 과정과 결합하며 콘텐츠의 품질을 향상시켰다.

하나의 커뮤니티가 새로운 세대의 문제 해결을 주도할 가능성은 매우 크다. 커뮤니티는 디지털 운영 모델에 의해 생기는 문제를 다루는 전략에서 엄청난 자산이 될 수 있다. 리눅스는 28년간의 역사 동안 조작과 사이버 공격에 비교적 회복력이 있음을 보여주었다. 텐서플로우는 수백 개의 국가에서 머신러닝을 지원한다. 위키피디아에서의 편향은 몇 시간 내까지는 아니지만 대개 며칠이면 수정된다.

오픈 소스의 이 같은 강건함, 글로벌 확장성, 투명성, 대응성이 오늘날 매우 중요해졌는데, 규제 당국이 전통적인 관료 조직을 통해 이를 전달하기는 매우 어렵다. 따라서 오픈 소스 커뮤니티를 모방하되 훨씬 더 광범위하고 강력한 권한을 가진 새로운 조직을 만든다면, 알고리즘 편향에서 가짜 뉴스에 이르기까지, 우리의 디지털 경제와 사회가 직면하고 있는 많은 문제를 해결하는 데 중요한 역할을 할 수 있을 것이다. 오픈 소스 운동을 주도해 온 오픈 소스의 권위자 에릭 레이먼드(Eric Raymond)가 논문 〈성당과 시장(The Cathedral and the Bazaar)〉에서 "지켜보는 사람이 많으면 오류를 쉽게 찾아낼 수 있다.(Given enough eyeballs, all bugs are shallow)"라고 말한 것처럼 말이다.

커뮤니티 정신은 활동적인 개인에 국한되지 않는다. 아파치, 리눅스, 모질라 재단 등의 집단적 연구와 노력이 보여주듯이 규모에 상관없이 광범위한 산업에 걸친 모든 기업이 다른 회사, 비영리 단체, 개인과 협력해 다양한 소프트웨어 제품과 기술을 생성, 유지, 확장, 보존할 수 있다. 이 모델은 이미 콘텐츠와 AI 연구 등 여러 환경에서 모방되며 그 위력이 입증되었다. 커뮤니티의 지혜는 우리가 절대 소홀히 해서는 안 되는 자산이다.

커뮤니티가 수행하는 중요한 리더십 역할을 보호하고 발전시키는 것은 경제의 건강과 활력에 필수적이다. 커뮤니티가 허브 기업에 대한 규제력 있는 견제 및 균형에 관한 미래의 사고에 중대한 영향을 미치고, 새로운 정책 및 규제와 밀접하게 연결되어야 한다. 수년 동안 입증된 커뮤니티의 모니터링, 즉각적인 대응, 장기적인 개선 능력을 장려하기 위해서라도, 오픈 소스 프로젝트가 발휘하는 공정하고 역동적인 관리 시스템을 활용해 크라우드와 혁신 커뮤니티를 형성하는 데 투자를 늘려야 한다. 궁극적으로 크라우드와 커뮤니티는 규제 및 정책 결정 기관의 영향을 획기적으로 개선하고 확장함으로써 규제의 집행과 대응 시스템을 새로운 수준의 대응과 혁신으로 이끌 것이다.

집단 지혜가 만들어내는 리더십

디지털 전환의 영향을 이해하는 것은 기업의 성과를 유지하기 위해서뿐만 아니라 제도를 지키기 위해서도 매우 중요해졌다. 디지털 시대 기업의 특징인 새로운 운영 모델은 산업, 국가, 시장, 정치 성향을 넘어 우리를 하나로 묶고 있다. 그에 따른 수많은 상호 의존성은 무시할 수 없을 만큼 중요해졌으며 새로운 종류의 집단 지혜의 필요성을 불러일으켰다.

디지털 기업이 사람과의 마찰을 줄이고 전통적인 내부 장애물을 제거하면서, 커뮤니티와 기업들 간의 복잡한 상호 관계도 중요해졌다. 그런데 최근 갑자기 발생한 새로운 집단적 실패가 여전히 남아있는 커뮤니티의 유일한 제약으로 보인다. 우리는 페이스북과 트위터의 가짜 뉴스와 개인 정보 보호의 위기에서, 그리고 수십만 명의 소비자들에게 영향을 미친 에퀴팩스와 야후에서 발생한 대규모 데이터 침입에서 가치의 급격한 파괴를 목격했다. 앤트 파이낸셜의 투자 계좌에는 수많은 중국 인구의 저축 내역이 담겨 있다. 이것은 상대적으로 작은 회사의 리더들에게 주는 책임 또한 매우 크다는 것을 시사한다.

AI 중심의 사회적, 경제적 네트워크의 집단 역학은 경영과 리더십에 대한 관점을 변화시킨다. 집단적 영향력이 점점 중요해짐에 따라, 디지털 기업들의 성과는 전통적인 경영 효율의 요인을 훨씬 뛰어넘어, 우리에게 미치는 영향력의 크기에 달려 있다. 이것은 경영의 전통적인 관념에 대한 새로운 시각을 요구하고 있으며, 우리가 단일 기업 차원을 넘어 기업이 의존하고 기여하는 방대한 경제 및 사회 네트워크에 미치는 영향에 더 많은 관심을 기울여야 한다는 것을 시사한다. 더 넓은 커뮤니티에 미치는 결과는 흔히 2차 효과로 간주되어 대개 사후에나 논의되곤 했다.

디지털 기업들이 세계 경제의 형성에 더 많은 부분을 담당함에 따라 디지털 기업의 경영진은 과거와는 다른 기준의 책임을 지게 될 것이다. 디지털 기업들은 서로 경쟁하면서도 개인 정보 보호의 개선, 뉴스 편향과 조작의 제거, 대체된 노동력의 장려 및 재교육을 위한 효과적인 시스템 구축과 같은 집단적 성과를 통해 이익을 얻기도 하고 고통을 겪기도 할 것이다.

경영자들이 중요한 사업 결정에 직면할 때 공통적으로 포기하는 관점이 있다. 겉으로는 AI 중심 경제, 디지털 연결 경제라는 개념을 받아들이면서도 최적의 성과를 뛰어넘는 의사 결정을 앞두고는 주춤하는 경우가 많다. 그들은 자사의 시스템과 경쟁사의 시스템이 모두 서로 연결되어 있고 공동으로 집단적 개선을 향해 나갈 수 있다는 사실을 무시하고, 자사의 시스템이 경쟁사의 시스템보다 낫다는 주장을 고수하는 경향이 있다. 예를 들어, 페이스북, 구글, 트위터 같은 허브 회사들의 리더들이 진실과 편견 같은 분야의 문제들을 감시하고 해결하기 위한 일관된 접근법을 확립한다면 나머지 보통의 회사들도 훨씬 더 좋아질 것이다. 이처럼 회사들끼리뿐 아니라 커뮤니티와 규제 당국도 공통의 원칙을 수립하고 개방형 디지털 기술과 플랫폼을 개발함으로써 서로 도움을 줄 수 있다. 그 대표적 예가 인공 지능의 집단적 약속 실현을 돕기 위한 '파트너십 온 에이아이(Partnership on AI)'라는 협의체이다. 이 협의체는 앞으로 AI 연구와 협업을 위한 유망한 모델을 제공할 것이다.

만약 우리가 경제 네트워크라는 개념을 진지하게 받아들인다면, 우리는 경쟁이라는 전통적인 개념을 넘어 기업 간의 역학이라는 보다 진보적인 이해로 생각을 확장할 수 있을 것이다. 지금까지 우리는 개별 기업들이 네트워크화된 경쟁 환경을 형성하고, 이를 더 잘 활용하기 위해 어떻게 해야 하는지를 개략적으로 설명했다. 또한, 이를 구현하기 위한 주요 자산과 기능, 운영 모델에 대해서도 논의했다.

그러나 이러한 개념의 가능성을 완전히 이해하기 위해서는 보다 깊은 철학적인 변화가 필요하다. 개별 기업들은 그들이 속한 생태계의 집단적 건전성에 따라 생사의 운명이 갈릴 것이며, 사업 결정을 내릴 때 이런 근본적 사항들을 깊이 고려하는 공동의 대의명분을 만들어야 한다. 페이스북의 CEO 마크 저커버그가 잘 이해하고 있는 바처럼, 페이스북이 의존하는 네트워크의 회원들이 앞으로 더 좌절하고 소외감을 느낀다면 페이스북은 계속해서 성공하지 못할 것이다. 기업의 네트워크 건전성에 대한 개념과 그 기반이 되는 책임이야말로 경쟁 상황 속에서의 새로운 리더십의 지혜라고 할 수 있다.

집단 지혜를 추구하는 데 있어 가장 큰 책임을 져야 할 당사자는 네트워크 허브 역할을 하는 소수의 기업이 될 것이다. 알파벳, 마이크로소프트, 페이스북, 알리바바, 아마존, 텐센트는 우리 경제와 사회 시스템에 매우 큰 영향을 미치면서 사회에서 엄청나게 중요한 역할을 수행하고 있다. 아마존과 알리바바에서 쇼핑하고, 알리페이와 페이팔로 결제하고, 위챗과 페이스북에서 소통하는 수십억 명의 운명을 불과 수천 명이 형성했다고 생각해보라. 몇 가지 문제가 있긴 하지만, 이런 기업들은 그들의 네트워크를 강력하고 탄력적인 생태계로 만들어내는 데 성공했고, 그들이 지금까지 성취한 것에 대해 충분히 인정을 받을 자격이 있다. 그러나 결정적으로, 기회로 시작해 영리하고 효과적인 전략으로 회사를 끌어왔던 것이, 이제는 근본적인 리더십의 책임이 되었다.

우리는 우리 경제 및 사회의 역사에서 매우 중요한 순간을 살고 있다. 디지털 네트워크와 AI가 우리 세계를 사로잡으면서 기업의 본질에 근본적인 전환이 일어나는 것을 보고 있다. 이러한 변화는 규모, 범위, 학습에 대한 전통적 제약을 제거하고 엄청난 기회와 함께 격동의 시대를 초래했다. 그러나 이 새로운 디지털 자동화가 이루어졌어도 우리는 아직 경영의 문제를 완전히 해결할 수는 없을 것이다. 이 도전들은 너무 크고, 너무 복잡하고, 너무 비정형적이어서 기술이나 기술자만으로 해결할 수 없다. 이러한 격변의 시대를 이끌어가기 위해서는 우리 경제 및 사회를 비대한 기업에서 새로운 벤처기업 중심으로, 규제 제도 중심에서 커뮤니티 중심으로 나아가도록 하기 위한 새로운 종류의 경영 지혜가 필요하다.

우리가 이 책에서 제시한 틀이 새로운 사고를 창출하고, 이러한 중요한 역학에 대한 논의를 충분히 제공하기를 바란다. 이는 새로운 세대의 리더의 사고방식을 형성하는 우리 모두에게 광범위하고 중요한 영향을 미칠 것이다. 다행스러운 것은 최고의 순간은 아직 오지 않았다는 것이다.

디지털 전환을 이끄는 리더의 임무

감사의 말

자신의 무지를 아는 것이 깨달음의 첫걸음이다.

- 패트릭 로스퍼스 《현자의 두려움(The Wise Man's Fear)》

이 책은 오랜 논의의 끝에 나온 것이다. 우리 둘 다 제조업이 기업의 경쟁력에 얼마나 영향을 미치는지, 기업의 전략이 그 기능에 따라 제약되어야 하는지, 기업의 운영 부서에 기술 혁신이 어떤 위협을 가하는지에 대한 논의를 들어오며 자랐다. 그러다가 7년여 전쯤에 어느덧 이런 논의들의 열기가 식어가고 있다는 생각이 들기 시작했다. 우린 뭔가 놓치고 있었다. 문제는 어느 한 개별 기업이 실패를 한다거나 혼란에 빠지느냐에 관한 것이 아니었다. 여행업이나 농업과 같이 전혀 다른 산업에 있는 모든 기업이 본질적으로 동일한 문제를 경험하고 있다는 것이었다. 무언가 근본적인 변화가 우리 경제에 일어나고 있었다. 기업의 본질이 진화하고 있었다. 데이터, 분석, 인공 지능으로 무장한 '디지털 기업'들이 태어나 디지털 네트워크의 힘을 활용해 우리 경제를 형성하고 정의하고 있었다. 이러한 기업들은 운영 업무를 다르게 수행함으로써 100년 된 낡은 장애물들을 제거하고 규모를 키우고, 범위를 확장하며, 학습 효과를 거두고 있었다.

우리는 이러한 통찰력을 형성하는 데 도움을 준 많은 멘토와 동료들에게 감사한다. 전통적 기업에 대한 우리의 이해는 윅 스키너(Wick Skinner), 밥 헤이스(Bob Hayes), 스티브 휠라이트(Steve Wheelwright), 켄트 보웬(Kent Bowen)같은 위대한 사상가들의 영향을 받았다. 그들은 오랜 세월 동안 기업 기능의 중요성에 관해 연구한 분들이다. 현대 기업에 대한 이해는 명저 《Design Rule》을 저술한 칼리스 볼드윈과 킴 클라크의 연구에서 영감을 얻었다. 이 책은 분리되고 단일화된 산업에서 모듈형 클러스터 네트워크로 정보 기술이 경제를 어떻게 재편하고 있는지를 가장 먼저 보여준 책이다.

혁신, 네트워크, 커뮤니티에 대한 우리의 생각은 에릭 본 히펠의 도움을 받았다. 그는 우리 둘의 멘토로서 기술이라는 '블랙 박스' 속을 들여다보는 법을 가르쳐주었다. 마이크 투시먼(Mike Tushman), 린다 힐(Linda Hill), 체달 닐리(Tsedal Neley)는 디지털 전환을 이루는 과정에서 내재된 조직적, 문화적 도전들에 대한 훌륭한 통찰력을 제공했다. 우리의 코치인 젠 코헨(Jen Cohen)은 우리가 겸손을 유지하면서 새로운 도전을 할 준비가 되도록 중요한 통찰력을 제공해주었다.

우리는 특히 키스톤 스트래티지 팀에 감사한다. 이 팀은 다양한 산업 전반에 걸친 '혁신적인 아이디어'를 추적하면서 수많은 회사와 수백 개의 프로젝트를 우리와 함께 연구했다. 그렉 리차드는 창의적인 의견을 끊임없이 제공했고, 제프 매로위츠(Jeff Marowits)는 통찰력 있는 제안과 다양한 종류의 중요한 의견으로 많은 도움을 주었다. 로스 설리번(Ross

Sullivan)은 우리를 지도하면서 많은 프로젝트에서 사려 깊은 의견과 사례들을 만들어주었다. 로힛 채터지(Rohit Chatterjee), 댄 도나휴(Dan Donahue), 샘 프라이스(Sam Price)에게도 감사를 전한다. 그들은 우리가 자료를 개념화하고 구체화할 때 중요한 조언과 피드백을 마다하지 않았다. 탐 커들(Tom Kudrle)과 숀 하트먼(Sean Hartman)의 도움도 빼놓을 수 없다. 세일라 아조즈(Seyla Azoz)에게도 감사한다. 그들은 많은 영향력 있는 아이디어와 기여는 물론, 대단한 에너지와 열정을 보여주었다. 또 넷플릭스에서 월마트에 이르기까지 훌륭한 통찰력과 적절한 사례를 찾아준 잭 카드웰(Jack Cardwell)과 제시카 솔로몬(Jessica Solomon)에게 특별한 감사의 말을 전하고 싶다. 이들 키스톤 팀이 이 책을 생동감 있게 만들어준 주인공들이다.

하버드 비즈니스 스쿨은 우리의 아이디어를 발전시킬 수 있는 특별한 플랫폼을 제공해 주었다. 니틴 노리아 학장님의 지속적인 지원과 격려는 우리 연구가 결실을 맺는 데 결정적인 역할을 했다. 하버드 비즈니스 스쿨의 여러 부학장님과 연구소장님들은 우리가 이 주제에 깊이 뛰어들 수 있게 해주셨다. 스리칸트 데이타(Srikant Datar), 얀 리브킨(Jan Rivkin), 레슬리 펄로(Leslie Perlow), 마이크 노턴(Mike Norton), 신디아 몽고메리(Cynthia Montgomery), 테레사 아마빌레(Teresa Amabile) 등 그 외 여러분 정말 감사드립니다. 카린 크누프(Carin Knoop)와 케리 허먼(Kerry Herman)이 이끄는 하버드 비즈니스 스쿨의 사례 연구 및 집필팀은 우리의 연구 여정의 상당 부분을 차지하고 있는 사례들을 개발하는 데 특별한 공을 세웠다. 줄리아 아르노우스(Julia Arnous)는 이 책을 집필하는 전 과정에서 든든한 연구 조교로 큰 공헌을 했다. 무엇보다 우리의 지적 아젠다와 임팩트는 하버드 비즈니스 스쿨의 기술 운영 관리부의 뛰어난 교수진들에게 크게 자극받았음을 고백하지 않을 수 없다. 그들 모두에게 큰 빚을 졌다. 또 네트워크와 플랫폼에 관한 혁신적 연구와 통찰력으로 우리의 생각을 크게 일깨워주고 이 책의 여러 장에 직접적으로 큰 영향을 끼친 펑 주에게 특별한 감사를 표한다. 셰인 그린스타인의 수상 저서 덕분에 인터넷 역사에 대한 이해를 심화시킬 수 있었고, 다양한 AI 기반 스타트업에 대한 훌륭한 사례 연구를 개발하는 등 다양한 주제에 걸쳐 큰 도움을 받았다. 우리가 공동 소장을 지낸 하버드 비즈니스 스쿨의 디지털 이니셔티브(Digital Initiative)에 참여하신 교수진, 직원, 방문객들에게도 감사를 드린다. 그들은 우리에게 지적 자양분을 지속적으로 공급해 왔으며 경제에서 일어나는 디지털 전환의 중요한 측면에 대한 많은 단서를 제공해주었다.

지난 10년 동안 우리의 연구 에너지의 대부분은 하버드 통계 사회 과학연구원(Harvard's Institute for Quantitative Social Science)의 LISH를 통해 발표되었다. LISH와 이전의 여러 연구소(나사 토너먼트 랩 NASA Tournament Lab과 크라우드 혁신 연구소Crowd Innovation Lab) 덕분에 엄격한 사회 과학 연구를 동시에 진행하면서 협력을 통해 혁신 과제를 해결할 수 있었다. NASA의 동료 제이슨 크루산(Jason Crusan), 제프리 데이비스(Jeffrey Davis), 윌리엄 H. 게르스텐마이어(William H.

Gerstenmaier), 린 부쿼(Lynn Buquo), 스티븐 레이더(Steven Rader)의 연구 협력에 감사를 전한다. NASA와의 초기 연구에서 가장 어려운 우주 과학 문제들을 해결하는 AI 기반 알고리즘의 힘을 보았다. 또 소프트웨어 개발 기업 탑코더(잭 휴즈Jack Hughes, 롭 휴즈Rob Hughes, 마이크 모리스Mike Morris, 앤디 라모라Andy LaMora, 데이브 메싱거Dave Messinger)의 파트너십에도 감사드린다. 이들이 키워낸 놀라운 크라우드 소싱 커뮤니티를 통해 AI 혁신 과제를 해결할 수 있었다.

LISH는 하버드대학교 전체의 연구원들과 협업하는 특별한 파트너다. 특히 하버드 의대의 에바 귀난(Eva Guinan)과 하버드 폴슨 응용과학공대의 데이비드 파크스(David Parkes)는 우리의 연구에 대한 기술적 감수를 해주었고 연구가 실용적으로 되도록 도와주었다. LISH의 직원, 연구원, 박사 과정 대학원생들, 그 외 여러 방문객(백진Jin Paik, 마이클 메니에티Michael Menietti, 안드레아 블라스코Andrea Blasco, 니나 코호즈Nina Cohodes, 제니 호프만Jenny Hoffman, 스티븐 랜다초Steven Randazzo, 리나트 세르게예프Rinat Sergeev, 마이크 엔드레스Mike Endres)은 우리 연구에 끊임없는 혁신의 원천이었으며 통찰력을 제공해주었고 강력한 본보기가 되어 주었다. 그들의 헌신과 노력에 감사를 전한다. 또한, 충실한 조교 카렌 쇼트(Karen Short)와 린지 스미스(Lindsey Smith)에 대한 감사도 빼놓을 수 없다. 그들 덕분에 우리의 연구는 항상 잘 정리되고 균형을 유지하며 생산적일 수 있었다.

이 연구가 훌륭하게 진행되고 급변하는 AI 분야에 집중할 수 있도록 격려해준 멜린다 머리노(Melinda Merino)와 하버드 비즈니스 리뷰 출판부에게도 감사드린다. 또 존 스비오클라(John Sviokla)와 블라디미르 자키모비치(Vladimir Jacimovic), 그리고 제프 매로위츠에게 거듭 감사를 전한다. 그들은 이 책에 매우 도움이 되는 중요한 조언을 해주었고 덕택에 책의 수준이 한층 더 높아질 수 있었다. 특히 블라디미르는 우리가 AI 팩토리 개념을 이해하는 데 결정적 도움을 주었고, 현대의 운영 모델에 미치는 엄청난 영향에 대해 우리를 열광하게 만들었다.

무엇보다도 이 책을 개념화하고 쓰는 데 놀라운 영향을 끼친 에이미 번스타인(Amy Bernstein)에게 감사하지 않을 수 없다. 그녀는 상황이 좋을 때나 안 좋을 때나 항상 우리 곁에 있으면서 지적 발견과 통합 과정 내내 부드러우면서도 단호한 손길로 우리를 인도하며 우리가 이 책에 전념하도록 기운을 북돋아주고 책이 완성되도록 도와주었다. 에이미는 지난 8년 동안 우리의 지적 사고의 파트너였으며, 항상 우리의 아이디어를 더 좋고, 더 날카롭고, 더 선명하고, 더 시의적절하게 만들어 주었다. 그녀가 없었다면 우리는 결코 이 일을 할 수 없었을 것이다.

마지막으로, 우리는 지적 아젠다와 이 책의 저술에서 우리 가족이 중심적 역할을 했음을 상기하고자 한다. 그들은 우리가 이 책을 쓰느라 컴퓨터에 붙어서 집에 들어가지 않고 고독하게 지낸 많은 날을 참아야 했다. 카림은 이 책 작업이 끝나고 또 다른 '멋진 프로젝트'에 들어갔는데, 아내이자 최고의 친구인 샤힌(Shaheen)의 인내와 지혜에 심심한 감사를 전했다. 그녀는 카림의 탐험이 반드시 성과가 있을 것을 확신하면서 카림에게 안정과 격려의 말을 아끼지 않았다. 카림의 딸 시타라(Sitara)는 카림이 미래에 대해 경외심을 갖게 해주는 장본인이며 그가 세상을 더 나은 곳으로 만들도록 영감을 준다. 카림의 어머니 두라트(Durat)는 그녀의 아들이 모든 놀라운 기회를 만날 수 있게 엄청난 희생을 치렀고, 카림의 여정에 언제나 버팀목이 돼 주었다. 마르코는 아내 말레나(Malena)의 뜨거운 애정과 열정에 감사를 전한다. 그녀는 수없이 많은 아이디어, 기사, 게시물들로 그를 깨우쳐주고, 이 책이 진정으로 중요한 문제들에 초점을 맞추고 길을 잃지 않게 끊임없이 질문을 던져주었다. 또 마르코는 모든 토론에서 질문을 던지고 이의를 제기하며 현명하게 '반대 입장'을 설명해 준 줄리아와, 이 책의 CTO 역할을 해준 알렉산더(Alexander)에게도 감사의 뜻을 전한다. 그는 우리 연구가 실제 공학에 근거하도록 해주었고 AI의 현실적 영향에 대한 많은 통찰을 끌어냈다. 마지막으로 마르코는 이 책을 쓰는 과정 내내 에너지, 열정, 그리고 많은 미소를 보내준 바네사(Vanessa), 수아(Sua), 그리고 어린 SJ("할아버지 어디 있지?")에게 심심한 감사를 전한다.

마르코 이안시티
매사추세츠주 도버에서

카림 R. 라크하니
매사추세츠주 케임브리지에서

참고 문헌

서문

1. Moderna, "Moderna's Work on a COVID-19 Vaccine Candidate," 2020, https://www.modernatx.com/modernas-work-potential-vaccine-against-covid-19.
2. All the quotations attributed to Moderna executives are from interviews with the authors conducted in May and June 2020.
3. All the quotations attributed to MGH executives are from interviews with the authors conducted in May and June 2020.

1장

1. For more on the video, see https://nextrembrandt.com/.
2. Blaise Aguera y Arcas, "What Is AMI?" Medium, February 23, 2016, https://medium.com/artists-and-machine-intelligence/what-is-ami-96cd9ff49dde.
3. Jennifer Sukis, "The Relationship Between Art and AI," Medium, May 15, 2018, tps://medium.com/design-ibm/the-role-of-art-in-ai-31033ad7c54e.
4. Clayton M. Christensen, The Innovator's Dilemma: When New Technologies Cause Great Firms to Fail (Boston: Harvard Business Review Press, 1997; 2013).
5. Bret Kinsella, "Amazon Alexa Now Has 50,000 Skills Worldwide,

Works with 20,000 Devices, Used by 3,500 Brands," Voicebot.ai, September 2, 2018, https://voicebot.ai/2018/09/02/amazon-alexa-now-has-50000-skills-worldwide-is-on-20000-devices-used-by-3500-brands/.

6. The title of this section is inspired by a quote by Walmart president and CEO Doug McMillon, "We are becoming a more digital company."

7. Lauren Thomas, "Sears, Mattress Firm and More: Here Are the Retailers That Went Bankrupt in 2018," CNBC, December 31, 2018, https://www.cnbc.com/2018/12/31/here-are-the-retailers-including-sears-that-went-bankrupt-in-2018.html.

8. EDI, "electronic data interchange," is a standard communication protocol used in supply chain management. RFID stands for "radio frequency identification" and is used to track objects, often used in supply chains.

9. "JD .com to Launch 1,000 Stores per Day," Retail Detail, April 17, 2018, https://www.retaildetail.eu/en/news/g%C3%A9n%C3%A9ral /jdcom-launch-1000-stores-day.

10. Liberally translated as "WeChat, thank you."

11. Jonathan Jones, "The Digital Rembrandt: A New Way to Mock Art, Made by Fools," Guardian, April 6, 2016, https://www.theguardian.com/artanddesign/jonathanjonesblog/2016/apr/06/digital-rembrandt-mock-art-fools.

12. Vipin Mayar, interview with the authors, January 2019.

13. Keystone Strategy is a technology and consulting firm focused on the strategy and economics of digital transformation.

14. Carliss Y. Baldwin and Kim B. Clark, Design Rules, Vol. 1: The Power of Modularity (Cambridge, MA: MIT Press, 2000).

15. Carl Shapiro and Hal R. Varian, Information Rules: A Strategic Guide to the Network Economy (Boston: Harvard Business

School Press, 1998).
16. See Jean-Charles Rochet and Jean Tirole, "Platform Competition in Two-Sided Markets," Journal of the European Economic Association 1, no. 4 (2003): 990–1029; Annabelle Gawer and Michael A. Cusumano, Platform Leadership: How Intel, Microsoft, and Cisco Drive Industry Innovation (Boston: Harvard Business School Press, 2001); Geoffrey G. Parker, Marshall W. Van Alstyne, and Sangeet Paul Chaudhuri, Platform Revolution: How Networked Markets Are Transforming the Economy—and How to Make Them Work for You (New York: W. W. Norton and Co., 2016); Michael A. Cusumano, Annabelle Gawer, and David B. Yoffie, The Business of Platforms: Strategy in the Age of Digital Competition, Innovation, and Power (New York: Harper Business, 2019); F. Zhu and M. Iansiti, "Entry into Platform-Based Markets," Strategic Management Journal 33, no. 1 (2012); M. Rysman, "Competition between Networks: A Study of the Market for Yellow Pages," Review of Economic Studies 71 (2004); A. Hagiu, "Pricing and Commitment by Two-Sided Platforms," RAND Journal of Economics 37, no. 3 (2006); K. Boudreau and A. Hagiu, "Platform Rules: Multi-sided Platforms as Regulators" in A. Gawer, ed., Platforms, Markets, and Innovation (London: Edward Elgar, 2009); Eric von Hippel, Democratizing Innovation (Cambridge, MA: MIT Press, 2005); Shane Greenstein, How the Internet Became Commercial: Innovation, Privatization, and the Birth of a New Network (Princeton, NJ: Princeton University Press, 2015).
17. Erik Brynjolfsson and Andrew McAfee, The Second Machine Age: Work, Progress, and Prosperity in a Time of Brilliant Technologies (New York: W. W. Norton and Co., 2016); Kai-Fu Lee, AI Superpowers: China, Silicon Valley, and the New World

Order (New York: Houghton Mifflin, 2018); Ming Zeng, Smart Business: What Alibaba's Success Reveals about the Future of Strategy (Boston: Harvard Business Review Press, 2018); Ajay Agrawal, Joshua Gans, and Avi Goldfarb, Prediction Machines: The Simple Economics of Artificial Intelligence (Boston: Harvard Business Review Press, 2018).

2장

1. We are extremely grateful to both Feng Zhu and Krishna Palepu, who originally wrote about Ant Financial and introduced us to its remarkable business and operating model. This chapter draws heavily from their case study series: Feng Zhu, Ying Zhang, Krishna G. Palepu, Anthony K. Woo, and Nancy Hua Dai, "Ant Financial (A), (B), (C)," Case 9-617-060 (Boston: Harvard Business Publishing, 2018).
2. Lulu Yilun Chen, "Ant Financial Raises $14 Billion as Round Closes," Bloomberg, June 7, 2018, https://www.bloomberg.com/news/articles/2018-06-08/ant-financial-raises-14-billion-as-latest-funding-round-closes.
3. According to Forbes, in June 2018 the market cap of American Express was $87 billion, and Goldman Sachs was $92 billion. Ant Financial raised almost as much money in 2018 as did all the fintech startups in the United States and Europe.
4. Alfred D. Chandler, Scale and Scope: The Dynamics of Industrial Capitalism (Cambridge, MA: Belknap Press, 1990).
5. See, for example, David J. Teece, Gary Pisano, and Amy Shuen, "Dynamic Capabilities and Strategic Management," Strategic Management Journal 18, no. 7 (1997): 509–533.
6. Robert H. Hayes, Steven C. Wheelwright, and Kim B. Clark, Dynamic Manufacturing: Creating the Learning Organization

(New York: Free Press, 1998).

7. Zhu et al., "Ant Financial."

8. Eric Mu, "Yu'ebao: A Brief History of the Chinese Internet Financing Startup," Forbes, May 18, 2014, https://www.forbes.com/sites/ericxlmu/2014/05/18/yuebao-a-brief-history-of-the-chinese-internet-financing-upstart/#68523023c0e1.

9. Don Weiland and Sherry Fei Ju, "China's Ant Financial Shows Cashless Is King," Financial Times, April 13, 2018, https://www.ft.com/content/5033b53a-3eff-11e8-b9f9-de94fa33a81e.

10. Ming Zeng, "Alibaba and the Future of Business," Harvard Business Review, September–October 2018, https://hbr.org/2018/09/alibaba-and-the-future-of-business.

11. Alexander Eule, "Wearable Technology with Pedals and Wheels," Barron's, December 13, 2014, https://www.barrons.com/articles/wearable-technology-with-pedals-and-wheels-1418445513.

12. Zoe Wood, "Ocado Defies the Critics and Aims to Deliver a ₤1bn Flotation," Guardian, February 21, 2010, https://www.theguardian.com/business/2010/feb/21/ocado-flotation.

13. Anne Marie Neatham, speech and Q&A with authors, January 2019.

14. James Vincent, "Welcome to the Automated Warehouse of the Future," The Verge, May 8, 2018, https://www.theverge.com/2018/5/8/17331250/automated-warehouses-jobs-ocado-andover-amazon.

15. Stephanie Condon, "Google I/O: From 'AI First' to AI Working for Everyone," ZDNet.com, May 7, 2019, https://www.zdnet.com/article/google-io-from-ai-first-to-ai-working-for-everyone/.

3장

1. We are truly grateful to Vladimir Jacimovic, who energized us to study many of these ideas and provided invaluable help and advice.
2. "CineMatch: The Netflix Algorithm," Lee's World of Algorithms (blog), May 29, 2016, https://leesworldofalgorithms.wordpress.com/2016/03/29/cinematch-the-netflix-algorithm/.
3. "Netflix, Inc. History," Funding Universe, accessed June 6, 2019, http://www.fundinguniverse.com/company-histories/netflix-inc-history/.
4. David Carr, "Giving Viewers What They Want," New York Times, February 24, 2013, https://www.nytimes.com/2013/02/25/business/media/for-house-of-cards-using-big-data-to-guarantee-its-popularity.html.
5. Todd Spangler, "Netflix Eyeing Total of About 700 Original Series in 2018," Variety, February 27, 2018, https://variety.com/2018/digital/news/netflix-700-original-series-2018-1202711940/.
6. Nirmal Govind, "Optimizing the Netflix Streaming Experience with Data Science," Medium, June 11, 2014, https://medium.com/netflix-techblog/optimizing-the-netflix-streaming-experience-with-data-science-725f04c3e834.
7. Xavier Amatriain and Justin Basilico, "Netflix Recommendations: Beyond the 5 Stars (Part 2)," Medium, July 20, 2012, https://medium.com/netflix-techblog/netflix-recommendations-beyond-the-5-stars-part-2-d9b96aa399f5. For more on this topic, see Josef Adalian, "Inside the Binge Factory," Vulture, https://www.vulture.com/2018/06/how-netflix-swallowed-tv-industry.html.
8. Ming Zeng, Smart Business: What Alibaba's Success Reveals

about the Future of Strategy (Boston: Harvard Business Review Press, 2018).
9. To us, one of the most astonishing examples of datafication is an AI-based system that tracks student attention and learning outcomes through facial recognition cameras in classrooms, as pioneered by China's Face++—naturally a personal favorite of professors who want to ensure that every participant is fully engaged in the class session.
10. Ajay Agrawal, Joshua Gans, and Avi Goldfarb, Prediction Machines: The Simple Economics of Artificial Intelligence (Boston: Harvard Business Review Press, 2018).
11. For an excellent treatment of the six main types of algorithmic design, see Pedro Domingos, The Master Algorithm: How the Quest for the Ultimate Learning Machine Will Remake Our World (New York: Basic Books, 2018).
12. The outcome can be a category (dog or cat), in which case a logistic regression is used. Or the outcome can be a numerical value (the score of English proficiency), in which case a linear regression is used. Other, fancier approaches—depending on the depth and breadth of data you have and the kind of problem you are trying to solve—include support vector machines, K- nearest neighbor, random forests, and neural networks.
13. Ashok Chandrashekar, Fernando Amat, Justin Basilico, and Tony Jebara, "Artwork Personalization at Netflix," Medium, December 7, 2017, https://medium.com/netflix-techblog/artwork-personalization-c589f074ad76.
14. "It's All A/Bout Testing: The Netflix Experimentation Platform," Medium, April 29, 2016, https://medium.com/netflix-techblog/its-all-a-bout-testing-the-netflix-

experimentation-platform-4e1ca458c15.
15. Zeng, Smart Business. See chapter 3 for more details on how Alibaba has implemented APIs and a data infrastructure.
16. R. H. Mak et al., "Use of Crowd Innovation to Develop an Artificial Intelligence-Based Solution for Radiation Therapy Targeting," JAMA Oncol, published online April 18, 2019, doi:10.1001/jamaoncol.2019.0159.

4장

1. API Evangelist, "The Secret to Amazon's Success—nternal APIs," January 12, 2012, https://apievangelist.com/2012/01/12/the-secret-to-amazons-success-internal-apis/.
2. Melvin E. Conway, "How Do Committees Invent?" Datamation 14, no. 5 (1968): 28-31.
3. One of us (Marco) did some research on this topic a couple of decades ago and showed this to be empirically true. Marco Iansiti, "From Technological Potential to Product Performance: An Empirical Analysis," Research Policy 26, no. 3 (1997).
4. Lyra Colfer and Carliss Y. Baldwin, "The Mirroring Hypothesis: Theory, Evidence, and Exceptions," HBS working paper no. 10-058, January 2010.
5. Rebecca M. Henderson and Kim B. Clark, "Architectural Innovation: The Reconfiguration of Existing Product Technologies and the Failure of Established Firms," Administrative Science Quarterly 35, no 1 (1990): 9-30.
6. This is not particularly surprising given that both Rebecca Henderson and Kim Clark were on Christensen's thesis committee at the Harvard Business School.
7. Clayton M. Christensen and R. S. Rosenbloom, "Explaining the Attacker's Advantage: Technological Paradigms, Organizational

Dynamics, and the Value Network," Research Policy 24, no. 2 (1995): 233–257.
8. If we include armies and governments, we can find examples of componentized organizations going back thousands of years. The ancient Roman military organization is only one example.
9. See Marco Iansiti and Roy Levien, Keystone Advantage: What the New Dynamics of Business Ecosystems Mean for Strategy, Innovation, and Sustainability (Boston: Harvard Business School Press, 2004), chapter 7.
10. Despite its clever operating architecture, the company also engaged in a number of disturbing activities, from slavery to the opium trade, which we emphatically do not endorse.
11. R. P. Wibbelink and M. S. H. Heng, "Evolution of Organizational Structure and Strategy of the Automobile Industry," working paper, April 2000, https://pdfs.semanticscholar.org/7f66/b5fa07e55bd57b881c6732d285347c141370.pdf.
12. Robert E. Cole, "What Really Happened to Toyota?" MIT Sloan Management Review, June 22, 2011, https://sloanreview.mit.edu/article/what-really-happened-to-toyota/.
13. Amazon Inc. v. Commissioner of Internal Revenue, docket no. 31197-12, filed March 23, 2017, p. 38 (148 T.C. no. 8).

5장

1. Richards is Keystone Strategy's CEO and cofounder.
2. Microsoft, "Satya Nadella Email to Employees: Embracing Our Future: Intelligent Cloud and Intelligent Edge," March 29, 2018, https://news.microsoft.com/2018/03/29/satya-nadella-email-to-employees-embracing-our-future-intelligent-cloud-and-intelligent-edge/.

3. Satya Nadella, interview with authors.
4. It is ironic (but exciting!) to us and underlines the deep transformation at Microsoft to note that it has become a leading contributor to open source software. One of us (Karim) became an academic researcher to understand the open source phenomenon, and at that time Microsoft was viewed as the nemesis of the open source community. The company's executives during the 1990s and 2000s called the open source movement "un-American" and a destroyer of intellectual property. Quite the transformation! See, for example, Charles Cooper, "Dead and Buried: Microsoft's Holy War on Open-Source Software," CNET, June 1, 2014, https://www.cnet.com/news/dead-and-buried-microsofts-holy-war-on-open-source-software/.
5. Interview with authors, January 2019.
6. Microsoft, "Microsoft AI Principles," https://www.microsoft.com/en-us/ai/our-approach-to-ai.
7. The benchmarking analysis was a collaboration with Keystone Strategy LLC, funded in part by Microsoft Corporation, and focused on the impact of data and analytics on a company's business and operating models. See Robert Bock, Marco Iansiti, and Karim R. Lakhani, "What the Companies on the Right Side of the Digital Business Divide Have in Common," HBR .org, January 31, 2017, https://hbr.org/2017/01/what-the-companies-on-the-right-side-of-the-digital-business-divide-have-in-common.
8. Interview with authors, January 2019.

6장

1. See, for example, Albert-Laszlo Barabasi, "Network Science:

The Barabasi-Albert Model," research paper, http://barabasi.com/f/622.pdf.

2. Marco Iansiti and Roy Levien, The Keystone Advantage: What the New Dynamics of Business Ecosystems Mean for Strategy, Innovation, and Sustainability (Boston: Harvard Business School Press, 2004); David Autor et al., "The Fall of the Labor Share and the Rise of Superstar Firms," NBER working paper no. 23396, May 2017, https://www.nber.org/papers/w23396; Marco Iansiti and Karim R. Lakhani, "Managing Our Hub Economy," Harvard Business Review, October 2017, https://hbr.org/2017/09/managing-our-hub-economy.

3. Feng Zhu and Marco Iansiti, "Entry into Platform Based Markets," Strategic Management Journal 33, no. 1 (2012); Feng Zhu and Marco Iansiti, "Why Some Platforms Thrive and Others Don't," Harvard Business Review, January–February 2019, https://hbr.org/2019/01/why-some-platforms-thrive-and-others-dont.

4. Note that network analysis is a general term that is also applied to the analysis of people (social), computers, the electric grid, software modules, proteins, and the like. The essential components are nodes in the networks and the links (edges) connecting them.

5. Hal R. Varian, "Use and Abuse of Network Effects," SSRN paper, September 17, 2017, https://papers.ssrn.com/sol3/papers.cfm?abstractid=3215488.

6. Harold DeMonaco et al., "When Patients Become Innovators," MIT Sloan Management Review, Spring 2019, https://sloanreview.mit.edu/article/when-patients-become-innovators/.

7. This section draws extensively from Zhu and Iansiti, "Why

Some Platforms Thrive."
8. Sadly, the US health care system still relies heavily on fax machines for most of its interoffice and interorganizational communications.
9. This section also draws extensively from Zhu and Iansiti, "Why Some Platforms Thrive."

7장

1. As we discuss in detail in chapter 8, in doing so, these learning analytics almost inevitably introduce some sort of bias. The more the algorithms customize the content to encourage user engagement, the more they will suffer from bias. Users will inevitably click on, engage with, and watch more of what they are interested in.
2. We are grateful to our Harvard colleagues Tarun Khanna, Juan Alcacer, and Christine Snively for their excellent case on Nokia (Juan Alcacer, Tarun Khanna, and Christine Snively, "The Rise and Fall of Nokia," Case 714-428 [Harvard Business School, 2014, rev. 2017]).
3. Ming Zeng's book on Alibaba's journey, Smart Business: What Alibaba's Success Reveals about the Future of Strategy (Boston: Harvard Business Review Press, 2018), provides an instruction manual on how traditional retail businesses can be dismantled by competitors using a digital operating model.
4. RealNetworks has its origins in Progressive Networks, founded by Rob Glaser in 1994.

8장

1. Centers for Disease Control and Prevention, https://www.cdc.

gov/measles/cases-outbreaks.html.

2. Peter Hotez, "Anti-Vaccine Movement Thrives in Parts of the United States," Spectrum, November 19, 2018, https://www.spectrumnews.org/news/anti-vaccine-movement-thrives-parts-united-states/.

3. Vyacheslav Polonski, "The Biggest Threat to Democracy? Your Social Media Feed," World Economic Forum, August 4, 2016, https://www.weforum.org/agenda/2016/08/the-biggest-threat-to-democracy-your-social-media-feed/.

4. B. Edelman, M. Luca, and D. Svirsky, "Racial Discrimination in the Sharing Economy: Evidence from a Field Experiment," American Economic Journal: Applied Economics 9, no. 2 (2017): 1–22.

5. See, for example, Robert Bartlett, Adair Morse, Richard Stanton, and Nancy Wallace, "Consumer-Lending Discrimination in the Era of FinTech," Berkeley research paper, October 2018, http://faculty.haas.berkeley.edu/morse/research/papers/discrim.pdf.

6. Jeffrey Dastin, "Amazon Scraps Secret AI Recruiting Tool That Showed Bias Against Women," Reuters, October 9, 2018, https://www.reuters.com/article/us-amazon-com-jobs-automation-insight/amazon-scraps-secret-ai-recruiting-tool-that-showed-bias-against-women-idUSKCN1MK08G.

7. Joy Buolamwini and Timnit Gebru, "Gender Shades: Intersectional Accuracy Disparities in Commercial Gender Classification," Proceedings of Machine Learning Research 81, no. 1 (2018): 1–15.

8. Sam Levin, "A Beauty Contest Was Judged by AI and the Robots Didn't Like Dark Skin," Guardian, September 8, 2016, https://www.theguardian.com/technology/2016/sep/08/artificial-

intelligence-beauty-contest-doesnt-like-black-people.
9. Emiel van Miltenburg, "Stereotyping and Bias in the Flickr30K Dataset," Proceedings of the Workshop on Multimodal Corpora, May 24, 2016, https://arxiv.org/pdf/1605.06083.pdf.
10. Adam Hadhazy, "Biased Bots: Artificial-Intelligence Systems Echo Human Prejudices," Princeton University, April 18, 2017, https://www.princeton.edu/news/2017/04/18/biased-bots-artificial-intelligence-systems-echo-human-prejudices.
11. See Aylin Caliskan, Joanna J. Bryson, and Arvind Narayanan, "Semantics Derived Automatically from Language Corpora Contain Human-Like Biases," Science 356, no. 6334 (2017): 183–186.
12. Tom Simonite, "Machines Taught by Photos Learn a Sexist View of Women," Wired, August 21, 2017, https://www.wired.com/story/machines-taught-by-photos-learn-a-sexist-view-of-women/.
13. Tristan Greene, "HumanBias Is a Huge Problemfor AI. Here'sHow We're Going to Fix It," TNW, April 10, 2018, https://thenextweb.com/artificial-intelligence/2018/04/10/human-bias-huge-problem-ai-heres-going-fix/.
14. A brute force attack is a trial-and-error method to discover a user password or personal identification number; a web hacking attack is a cyber threat designed to steal data assets, such as credit card details; a distributed denial of service (DDoS) attack is an orchestrated attempt to make an application unavailable by overwhelming it with a massive amount of fake traffic from many hijacked sources. Rosa Wang, "How China Is Different, Part 3—Security and Compliance," Medium, March 13, 2019, https://medium.com/@Alibaba_Cloud/how-china-is-different-part-3-security-and-compliance-3b996eef124b.

15. Brian Fung, "Equifax's Massive 2017 Data Breach Keeps Getting Worse," Washington Post, March 1, 2018, https://www.washingtonpost.com/news/the-switch/wp/2018/03/01/equifax-keeps-finding-millions-more-people-who-were-affected-by-its-massive-data-breach/?noredirect=on.
16. AnnaMaria Andriotis and Emily Glazer, "Equifax CEO Richard Smith to Exit Following Massive Data Breach," Wall Street Journal, September 26, 2017, https://www.wsj.com/articles/equifax-ceo-richard-smith-to-retire-following-massive-data-breach-1506431571.
17. Tara Siegel Bernard and Stacy Cowley, "Equifax Breach Caused by Lone Employee's Error, Former C.E.O. Says," New York Times, October 3, 2017, https://www.nytimes.com/2017/10/03/business/equifax-congress-data-breach.html; United States Accountability Office, "Data Protection: Actions Taken by Equifax and Federal Agencies in Response to the 2017 Breach," https://www.warren.senate.gov/imo/media/doc/2018.09.06%20GAO%20Equifax%20report.pdf.
18. Bernard and Cowley, "Equifax Breach Cause by Lone Employee's Error."
19. US Accountability Office, "Data Protection."
20. Chris Isidore, "Equifax's Delayed Hack Disclosure: Did It Break the Law?" CNN, September 8, 2017, https://perma.cc/WB44-7AMS.
21. Tao Security, "The Origin of the Quote 'There Are Two Types of Companies,'" December 18, 2018, https://taosecurity.blogspot.com/2018/12/the-origin-of-quote-there-are-two-types.html.
22. Jen Wieczner, "Equifax CEO Richard Smith Who Oversaw Breach to Collect $90 Million," Fortune, September 26, 2017,

http://fortune.com/2017/09/26/equifax-ceo-richard-smith-net-worth/; Ben Lane, "Equifax Expecting Punishment from CFPB and FTC over Massive Data Breach," Housingwire, February 25, 2019, https://www.housingwire.com/articles/48267-equifax-expecting-punishment-from-cfpb-and-ftc-over-massive-data-breach.

23. Suraj Srinivasan, Quinn Pitcher, and Jonah S. Goldberg, "Data Breach at Equifax," case 9-118-031 (Boston: Harvard Business School, October 2017, rev. April 2019).

24. Elizabeth Dwoskin and Craig Timberg, "Inside YouTube's Struggles to Shut Down Video of the New Zealand Shooting—and the Humans Who Outsmarted Its Systems," Washington Post, March 18, 2019, https://www.washingtonpost.com/technology/2019/03/18/inside-youtubes-struggles-shut-down-video-new-zealand-shooting-humans-who-outsmarted-its-systems/?utm_term=.b50132329b05.

25. United States Department of Justice, https://assets.documentcloud.org/documents/4380504/The-Special-Counsel-s-Indictment-of-the-Internet.pdf.

26. Elaine Karmack, "Malevolent Soft Power, AI, and the Threat to Democracy," Brookings Institute, November 29, 2018, https://www.brookings.edu/research/malevolent-soft-power-ai-and-the-threat-to-democracy/.

27. Harry Davies, "Ted Cruz Using Firm That Harvested Data on Millions of Unwitting Facebook Users," Guardian, December 11, 2015, https://www.theguardian.com/us-news/2015/dec/11/senator-ted-cruz-president-campaign-facebook-user-data.

28. Julia Carrie Wong, Paul Lewis, and Harry Davies, "How Academic at Centre of Facebook Scandal Tried—and Failed—to Spin Personal Data into Gold," Guardian, April 24, 2018, https://

www.theguardian.com/news/2018/apr/24/aleksandr-kogan-cambridge-analytica-facebook-data-business-ventures.

29. Nicholas Confessore and David Gelles, "Facebook Fallout Deals Blow to Mercers' Political Clout," New York Times, April 10, 2018, https://www.nytimes.com/2018/04/10/us/politics/mercer-family-cambridge-analytica.html; Davies, "Ted Cruz Using Firm That Harvested Data."

30. Robert Hutton and Svenja O'Donnell, " 'Brexit' Campaigners Put Their Faith in U.S. Data Wranglers," Bloomberg, November 18, 2015, https://www.bloomberg.com/news/articles/2015-11-19/brexit-campaigners-put-their-faith-in-u-s-data-wranglers.

31. Mathias Schwartz, "Facebook Failed to Protect 30 Million Users from Having Their Data Harvested by Trump Campaign Affiliate," Intercept, March 30, 2017, https://theintercept.com/2017/03/30/facebook-failed-to-protect-30-million-users-from-having-their-data-harvested-by-trump-campaign-affiliate/.

32. Donie O'Sullivan, "Scientist at Center of Data Controversy Says Facebook is Making Him a Scapegoat," CNN, March 20, 2018, https://money.cnn.com/2018/03/20/technology/aleksandr-kogan-interview/index.html.

33. Jane Mayer, "New Evidence Emerges of Steve Bannon and Cambridge Analytica's Role in Brexit," New Yorker, November 17, 2018, https://www.newyorker.com/news/news-desk/new-evidence-emerges-of-steve-bannon-and-cambridge-analyticas-role-in-brexit.

34. Kevin Granville, "Facebook and Cambridge Analytica: What You Need to Know as Fallout Widens," New York Times, March 19, 2018, https://www.nytimes.com/2018/03/19/technology/

facebook-cambridge-analytica-explained.html.
35. Nicholas Thompson and Fred Vogelstein, "A Hurricane Flattens Facebook," Wired, March 20, 2018, https://www.wired.com/story/facebook-cambridge-analytica-response/.
36. Robert Hackett, "Massive Android Malware Outbreak Invades Google Play Store," Fortune, September 14, 2017, http://fortune.com/2017/09/14/google-play-android-malware/.
37. Feng Zhu and Qihong Liu, "Competing with Complementors: An Empirical Look at Amazon .com," Harvard Business School Technology & Operations Mgt. Working Paper No. 15-044, Strategic Management Journal, forthcoming.
38. Marco Iansiti and Roy Levien, The Keystone Advantage: What the New Dynamics of Business Ecosystems Mean for Strategy, Innovation, and Sustainability (Boston: Harvard Business School Press, 2004).
39. Matthew Martin, Dinesh Nair, and Nour Al Ali, "Uber to Seal $3.1 Billion Deal to Buy Careem This Week," Bloomburg, March 24, 2019, https://www.bloomberg.com/news/articles/2019-03-24/uber-is-said-to-seal-3-1-billion-deal-to-buy-careem-this-week.
40. Jackie Wattles and Donie O'Sullivan, "Facebook's Mark Zuckerberg Calls for More Regulation of the Internet," CNN, March 30, 2019, https://www.cnn.com/2019/03/30/tech/facebook-mark-zuckerberg-regulation/index.html.
41. Cade Metz and Mike Isaac, "Facebook's A.I. Whiz Now Faces the Task of Cleaning It Up. Sometimes That Brings Him to Tears," New York Times, May 17, 2019, https://www.nytimes.com/2019/05/17/technology/facebook-ai-schroepfer.html?action=click&module=Well&pgtype=Homepage&section=Technology.

42. Tim Starks, "How the DNC Has Overhauled Its Digital Defenses," Politico, October 17, 2018, https://www.politico.com/newsletters/morning-cybersecurity/2018/10/17/how-the-dnc-has-overhauled-its-digital-defenses-377117.

43. Iansiti and Levien, The Keystone Advantage.

44. See UC Davis Law Review, "Information Fiduciaries and the First Amendment," https://lawreview.law.ucdavis.edu/issues/49/4/Lecture/49-4_Balkin.pdf; "Jonathan Zittrain and Jack Balkin Propose Information Fiduciaries to Protect Individual Rights," Technology Academics Policy, September 28,2018, http://www.techpolicy.com/Blog/September-2018/Jonathan-Zittrain-and-Jack-Balkin-Propose-Informat.aspx; and Jonathan Zittrain, "How to Exercise the Power You Didn't Ask For," HBR .org, September 19, 2018, https://hbr.org/2018/09/how-to-exercise-the-power-you-didnt-ask-for.

45. "Zittrain and Balkin Propose Information Fiduciaries."

46. Jack M. Balkin and Jonathan Zittrain, "A Grand Bargain to Make Tech Companies Trustworthy," Atlantic, October 3, 2016, https://www.theatlantic.com/technology/archive/2016/10/information-fiduciary/502346/.

47. Katie Collins, "Facebook Promises to Back US Privacy Regulation," CNet, October 24, 2018, https://www.cnet.com/news/facebook-promises-to-back-us-privacy-regulation/.

9장

1. Clive Thompson, "When Robots Take All of Our Jobs, Remember the Luddites," Smithsonian Magazine, January 2017, https://www.smithsonianmag.com/innovation/when-robots-take-jobs-remember-luddites-180961423/.

2. Erik Brynjolfsson, Tom Mitchell, and Daniel Rock, "What Can

Machines Learn and What Does It Mean for Occupations and the Economy," AEA Papers and Proceedings 108 (2018): 43–47.

3. In many cases, from fax machines to media platforms, networks have been shown to increase in value as Ne, with e>1, or as N log N.

4. The Luddites at 200, "Lord Byron's Speech," http://www.luddites200.org.uk/LordByronspeech.html.

10장

1. W. R. Kerr and E. Moloney, "Vodafone: Managing Advanced Technologies and Artificial Intelligence," case 9-318-109 (Boston: Harvard Business School Publishing, February 2018), 1.

2. "We have incurred significant losses since inception, including in the United States and other major markets. We expect our operating expenses to increase significantly in the foreseeable future, and we may not achieve profitability." US Securities and Exchange Commission, registration statement "Uber Technologies Inc.," https://www.sec.gov/Archives/edgar/data/1543151/000119312519103850/d647752ds1.htm, p. 12.

3. Marco Iansiti and Karim R. Lakhani, "The Truth about Blockchain," Harvard Business Review, January–February 2017, https://hbr.org/2017/01/the-truth-about-blockchain.

4. Shane Greenstein, Yuan Gu, and Feng Zhu, "Ideological Segregation among Online Collaborators: Evidence from Wikipedians," NBER working paper no. 22744, October 2017 (rev. March 2017), https://www.nber.org/papers/w22744.

5. Feng Shi, Misha Teplitskiy, Eamon Duede, and James A. Evans, "The Wisdom of Polarized Crowds," Nature Human Behaviour 3 (2019): 329–336.

6. See https://www.partnershiponai.org/.

온택트 경영학
위기를 기회로 바꾸는 디지털 트랜스포메이션 전략

초판 발행일 2020년 11월 23일 ‖ **1판 1쇄** 2020년 11월 30일
발행처 비즈니스랩 ‖ **발행인** 현호영 ‖ **지은이** 마르코 이안시티, 카림 라크하니
옮긴이 홍석윤 ‖ **편집** 이해미 ‖ **디자인** 임지선 ‖ **마케팅** 이영욱
주소 서울시 강남구 테헤란로 146 현익빌딩 13층 1315호
이메일 bizlabkorea@gmail.com ‖ **팩스** 070.8224.4322

ISBN 979-11-88314-62-1

비즈니스랩은 유엑스리뷰의 경제경영 전문 출판 브랜드입니다.

COMPETING IN THE AGE OF AI:
Strategy and Leadership When Algorithms and Networks Run the World
by Marco Iansiti and Karim R. Lakhani

Original work copyright © 2020 Harvard Business School Publishing Corporation
All rights reserved
This Korean edition was published by UX REVIEW in 2020 by arrangement
with Harvard Business Review Press through KCC(Korea Copyright Center Inc.), Seoul.
Unauthorized duplication or distribution of this work constitutes copyright infringement

이 책은 (주)한국저작권센터(KCC)를 통한 저작권자와의 독점계약으로 유엑스리뷰에서 출간되었습니다.
저작권법에 의해 한국 내에서 보호를 받는 저작물이므로 무단전재와 복제를 금합니다.